左上／1967 年全家合影，作者（右上）
左下／作者父親（右二）軍旅生涯
右　／1934 年作者母親（左一）全家合影

上　／作者幼時住地，花蓮市美崙溪菁華街現景
左下／作者回訪父親當年於花蓮墾荒之地
右下／作者（左）與大哥

上／作者與馬克博士於 O.S.I. 私有大鹽湖碼頭
中／美國海星公司
下／歌戈紅林生物製藥有限公司，於中國鎮江

上／聯邦參議員 Rick Scott 於作者家合影
下／共和黨贈禮感謝作者夫婦

上／㊧川普總統 ｜ ㊨作者受邀白宮晚宴
中／㊧彭斯副總統 ｜ ㊨聯邦參議員 Mike Lee
下／聯邦參議員 Orrin Hatch

作者的名駒
Dream Hiker

作者的葡萄園

猶他莊園

作者全家

苟壽生 著

豐年蝦之王

KING OF ARTEMIA

一個億萬富翁經歷的真實故事

推薦序

彭欽清（前政治大學英語系系主任）

認識芶董事長超過六十年，過去對他的印象都是片段式的。讀政大時，他念國貿，我念西語，都是窮學生，兩人同年。最初在校外教會的伙食團相識，他很健談，愛開玩笑，有話直說。

後來同在政大公企中心服務，他是研究組講師，我是英語訓練班助教，都住在三樓的單身宿舍，空閒會到地下室打乒乓球，喝點啤酒，他老兄仍然是大蓋仙，兼差很多。有一次中午我忘記簽到，人事單位要我補假單，我在事由欄寫病假，加註健忘症，他聽我講完大笑說：老彭啊，以後你要多喝點醋，可以軟化骨骼。

一九七四年我考取交換學生獎學金，到加州州立大學教中文，並在英文系工讀及修習英文碩士學位。但是留職停薪，台灣有妻兒，有經濟壓力，急著要早點拿到學位回台。當我正在忙著爲論文完稿時，有一天突然接到老茍的來電，說他已在印第安納大學讀博士班，問我有什麼建議。憶起我們在公企中心時高談闊論談雄心壯志的情景，我有感而發的說：「老茍，先賺了錢再談大志吧！」沒想到他竟然當眞，後來他告訴我，我這句話讓他決定棄學從商，走上億萬富翁之路。眞是言者無心，聽者有意。

我拿到學位回台灣幾個月後，木柵地區下大雨，景美溪暴漲，當時住學校宿舍一樓，淹了半層樓的水，家當和書籍幾乎付諸流水。之後忙著教學，又當公企中心小主管，要養家活口，付房貸，還參加客家運動。老茍則在美國留學打工創業，東奔西跑，歷盡各種滄桑，因此彼此就幾乎沒聯繫。

到了一九九〇年代中，他透過在台北的辦事處聯絡到我，我才知道他這幾年在商界努力打拚斬獲頗豐。二〇〇一年，他邀我及內人去參觀廣東汕頭的豐年蝦卵廠，並到梅州旅遊，還去上海住了幾天，同行的還有他母親及妹妹與同事。有幾次和他促膝長談，才知道他這一二十年靠著不屈不饒的拚搏，累積了一些財富，還打算轉投資製藥業。聽完老友述說他在美國艱辛奮鬥的精彩故事，看他事業發展得如此順利，很是替他高興。建議他把自己奮鬥的故事寫出來，讓故事說明「要怎麼收穫先怎麼栽」的道理。

很高興，前幾年老茍在全球走動之餘，利用時間斷斷續續寫出自己的故事，這兩年新冠肺炎讓整個地球上的活動緩了下來，而他就利用這段時間把全部故事整理完成。我有幸先拜讀過全文，終於把老茍「看透了」。

本書投射出來的老茍是：衝勁十足、感情豐沛、熱誠待人、能言善道、霸氣、果決、樂於助人、能饒人則饒人、知恩必報、記憶力佳，和我認識的他一模一樣。過去如此，現在如此，相信未來也是如此。

英文諺語「Action speaks louder than words」，即中文的「坐而言不如起而行」。老茍就是這句話的最佳詮釋者。他從大陸逃難到台灣花蓮，從小學，研究所到就業；從父母親面對龐大財務壓力，到自己在美國求學創業，歷盡艱辛，深刻體悟到多說無益，付諸行動才是王道。

他從初中到研究所都念商，卻在豐年蝦這行業以實際行動，下水捕撈、乾燥、做各種實驗、研究開發及銷售，都是親力親爲，帶領團隊取得豐年蝦卵相關技術超過百分之九十的專利權，成爲該行業的龍頭。如此誤入「歧」途，走上「特種行業」而致富。

讀完老茍的故事，不禁令我想起美國詩人Robert Frost「The Road Not Taken」（未擇之路）這首詩的結尾：

Two roads diverged in a wood and I—

林中有兩條岔路，而我——

I took the road less traveled by

選了一條人跡罕見的路

And that has made all the difference.

從此決定我人間的迴途

四十年前，老芶選了一條少人走的路，而這就造就了他的豐年蝦王國。

自序

帶著謙虛，打造千鬚王國之路

我早年到四川訪親，捐款給廣漢市建造一座淡水蝦養殖場，市長故而請我吃飯。當時有位四川山線建設時任四川省委書記的楊超先生也在座，我們很談得來，他得知我從事養蝦生意，答應送我一幅字畫，我很高興地接受了。

他表示其書法了得，而且送與我的字畫與我的養蝦事業

前四川省委書記楊超先生贈與墨寶

有關，我也沒有多想，把他的親筆書法帶回美國，放在抽屜裡，一放就是七、八年之久。有一天我清理抽屜時，打開了這幅書法，驀然發現寫的是「謙虛」兩個大字。書法筆鋒強勁有力，令我爲之震撼。我立刻裱好掛在辦公室最顯眼的地方，宛如高堂明鏡，時刻提醒自己。

有一天我家鄉早年的廣元市市長、後來到中央任職「發展改革委員會」的王主任來到舊金山拜訪我時，看到辦公室這兩大字「謙虛」，立刻告訴我：「你可知道寫字的人是誰？」我告知這是楊超先生，他說：「你能有他的題字，可要好好保存，這位楊超是毛主席的祕書，書法文學功夫是相當了得的。」

「謙虛」這兩個字不僅得之不易，我深知行之更難。我因「養蝦」之業成了億萬富翁，蝦有千鬚，所以楊超先生送我「謙虛」兩字，含義深遠。我寫這本書，不能稱「自傳」，只是私人故事，「謙虛」一點稱作「我的故事」。故事可說也可不說，但說出來應該有眞實性。我的記憶力是非常好的，但是「時間催人殘」，仍然會有文字錯誤或不能順君之意的，就請諸君厚愛諒解了。

青年半工半讀，搞事業苦於無本難成商

家父是軍人，五十餘歲時，在軍中不得意，一九五七年退伍回家，當時沒有什麼退休金，聽說美援中有一筆款項是給最早的退伍軍人，但是國家只給了幾萬元就打發了他們，把他們完全拋開。

當時我們全家六個兄弟姊妹都還在中、小學的讀書階段，後來家父做生意失敗，還借了不少錢，債台高築，找工作又困難重重。換言之，他退伍後是長期失業在家，全家生活艱難，而且在台灣也無其他親屬，所以我青年時，就想找一份教書的工作來養家糊口。

後來考上國立政大國際貿易系，畢業後，考進國立政大企管研究所。在校期間爲了家計，第一年在桃園新屋國中擔任初二導師，第二年在醒吾商專擔任五年級導師。兩年後畢業，因爲不會說台語，也不通日語，找工作處處碰壁，幸好老系主任魯傳鼎教授請我回校任講師，開授「消費者行爲」、「消費市場調查」及「企業管理」等課程，爲了順利授課，我到圖書館找資料，發揮現學現賣的精神。

所幸在校時得過辯論賽「明理杯」冠軍，口才還可以，而且很有研究精神，對於吸收新

的學理知識，很能夠有「一分學問，三分學用」的本事。我的老同學卓武雄教授，很羨慕我這個本事，我這一生也因口才便給佔了不少便宜。

爾後我進了印第安納大學（IU-Bloomington）商學（D.B.A）博士班，讀了三年，成績很勉強，又沒獎學金，同時還要償還出國的借款，生活困難，只好放棄做學者、教授的夢想，決定到社會打工，找機會從商。因無本錢，也只能幹點貿易，賺點佣金，雖然也的確做了不少生意，但總是碰壁，要不就是利潤太低。即便終於有機會接到一筆賺錢的鵝絨生意，可惜做了兩筆以後，買家要求自理，把我拋諸在外，深思以後決定不搞貿易，要搞點實業，畢竟貿易生意太不穩定，靠佣金過日子，永遠發不了財，甚至不夠我的跑路汽油錢。從此堅定決定搞實業，但是談何容易，畢竟「無米不成粥，無本難成商」。

漂浮的黃金，豐年蝦之王

皇天不負苦心人，我的機會終於來了！就是採收、乾燥及銷售目前我仍然在經營的「豐年蝦卵」。我決定做這個生意時，完全沒有相關知識，純因好奇而研究，並經過辛苦的諮詢與研討，最後走上一條新路徑。

猶他州野生動物管理局，認為這採收的是大鹽湖的垃圾，可以考慮給我獨家經營，在美國，我能有一張採收執照就可以了。於是局長要我繳交二十美元，並且在幾天後電話通知我，發給了我這張採收執照。這是一九八三年發生的事，猶他州政府在一九九四年永久停止執照發放申請，四十年後的今天，每張執照的價格已經高達千萬美元。

一九八九美國年的CBS電視節目訪問我的海星國際（O.S.I.），稱這種「豐年蝦卵」是美國西部「漂浮的黃金」，從此我這個外來中國移民就脫離了貧窮。我為這個漂浮的金礦生意幹了近四十年，仍然還在繼續打撈，經過特別處理後，銷售到全世界四十餘個國家，北至冰島，南到南太平洋的島國及印度洋馬達加斯加附近的法屬島國，當然最大市場是東南亞、印度及日本，生意已做到了此行業稱王（King of Artemia）的地位。

有了資金，我感覺應該發展一個更有展望的大品種，施展更大的能量。一九九四年，在四川成都建立了藥廠，經過幾年經營，並不理想，年年虧損，究其原因，發現當時專業人才是個大問題，因此決定在二〇〇二年底遷廠至北京市懷柔區，重新組織公司人馬。

重整後的前三年進行新藥品種開發，雖然是仿製藥，仍然慎選品種，積極尋找生產技術困難高、且擁有廣大市場的產品。經過數年的努力，直到二〇〇九年，獲得了幾個藥品臨床批件，而至二〇一一年獲得了國藥批准文號，但眞正開始成功獲得利潤是在二〇一七年以後。

二〇一六年開始依照政府藥監局要求，進行了新一輪的藥品審評，又稱「一致性評價」的另一次審評投入。到二〇二〇年，四個產品獲得審評通過，其中最主要的兩個在中國唯一具有四項專利的控釋製劑，除了降糖藥「格列比嗪控釋片」，還有最具價値的降壓藥「硝苯地平控釋片」，特別獲藥監局新藥審評中心及藥典委員會批准，將藥品名稱正式正名爲與原廠德國拜耳公司的藥品名稱同名。此藥品爲中國國內技術難度高、價格好、銷路非常廣泛的降壓控釋製劑產品，我們紅林製藥的營業額立即每年翻倍成長。

我在二〇一九年著手開始進行新一輪的生產技術革新，採用了國際高新機器設備，增加產量、減少生產人工及品質管理的處理時間，大大改進了質量；並在公司管理上進行更大調整，採用目標管理、預算制度、生產與銷售政策等的協合，公司不僅獲利更高，而且管理更加合理化，透過企業管理規則化，爲我自己減少日後工作的負擔。

同年，公司同時在江蘇鎭江投資，成立「歌戈紅林生物製藥（江蘇）有限公司」，建立了全新廠房，進口德國、美國、日本最先進的製藥設備，以全新的科技面貌出現。

二〇二〇年初，因新冠疫情流行，我大部分時間留在美國，在這期間開展了葡萄酒業，種植新品種耐寒葡萄（有專利權）數百公頃，同時建築了一個猶他州最大的酒莊。這項事業雖然屬玩票性質，因爲我不喝酒，倒是我妻娜佳（Nadja）是位葡萄酒愛好者，因此我也很認眞的規劃了這次投資。

即便有了這些年做生意的經驗，加上資金充裕，做起事來自然更順利些。然而由於外在環境的不可控性，這些年美西的大乾旱，世界的新冠瘟疫擴散，二〇二二年俄烏大戰兵刀之災，世界經濟一團糟，只嘆「人生之路從不平靜」，仍然需要「兵來將擋，水來土掩」，繼續奮鬥走完人生。

謙虛何來，去矯情。
禮教傳統，瀟灑行。
艱難創業，億萬身。
光明磊落，自由人。

掛上人生勝利組獎章，終成自由人

回憶是可愛的，每一件事情的背後，都有情懷，儘管常有「早知如此，後悔當初，路子從來不平靜，困難重重，後悔眞不該走這一趟」的遺憾，但是我仍然不停地前進，想到人是渺小的，終要終結的，一切的努力、成功與失敗，最後都是一片灰燼。

唯一感到安慰的，自己終於成爲一個「自由人」，有產有業，不再求人，而且在社會上受人歡迎，自己可以在不依賴任何政府、社會救助下，自由活著，偶然還可以隨心所欲的報答以前的恩人及好友。

財富未必帶來巨大的幸福感，但卻彌補了一生中許多的遺憾與不快樂。年輕時，有些同學是以同情的口氣與我交談，現在則以嫉妒的語氣對待，眞是時事轉移，我雖感欣慰，但也有不勝唏噓之感。

「自由人」擁有足夠的財富，不再哀求任何人的同情，可以過自己想擁有的生活。也更讓我坦然活在「自我」感覺是人生戰場上的勝利者，爲我自己漆上了不少成功的獎章。

目錄

家世成長篇

學識經歷篇

器識造局篇

小記

祖宅，於2022年拍攝

家世成長篇

KING OF ARTEMIA

第一章 大時代下，我們一家的愛與怨

我的父親茍維勛（原名茍天杜），身高一八一公分，他雙肩寬大，身形挺拔，走路昂首，渾身充滿將軍的威武氣勢。儘管他看來英姿凜然，令人不由自主的肅然起敬，但長相卻酷似一位帥氣的好萊塢外國電影明星，這是我在高中與父親到理髮店的時候，聽到理髮小姐對他的戲稱。

他是家中九位兄弟的老大，老家在四川省廣元市的旺蒼縣尙武鎮勝利村。祖父因大房育有一女，未能生子而娶了二房，並在住房前小河邊的風水地，築了一口風水井。這口井特別用糯米打邊建造，井邊有兩塊圓形大石頭，下雨漲水時，水流過滿蓋大石頭，常常看起來像小孩兒在大石上玩耍，祖父築了這口特別的糯米水井，有祈求發家、添丁之意。

此事說來也玄，這口風水井似乎眞的很靈驗，二房幾乎一年生一個兒子。我父親出生後，很快的，二叔、三叔到九叔接連出生，後來祖母又懷孕，卻因紅軍到了旺蒼老家，祖父爲了帶全家到外地避風頭，致使祖母因舟車勞累、難產去逝而埋葬在外地。此事發生在一九三三年。

我在一九八八年從美國回家鄉時，當地政府很是禮遇我，一則因爲我曾經在台灣政治大學任教，又是美國華僑，在當時的時空背景應統戰需要，我在旺蒼的家族都得到優遇，條件較佳的堂兄被推進市政協工作，順利把全家族的反動帽子都拿了下來。

其實這一切要歸因於幾年前，我隨意寫了一封家信回老家。由於這封信來自美國，很快在當地引起注意。地方相關人士很快知道是我家族的人，並且立刻想到我父親，確認信是他的子女所寫。爲愼重起見還特地打了長途電話到舊金山領事館調查，確定是我寫的信之後，立刻改善了我的叔叔們以及堂兄弟們的政治待遇，因此我回到老家時，也特地前往感謝政府。

中國解放後開始清理內部，打地主、反富豪，我的祖父是以殺了三名紅軍之名被鬥爭，而解放前他是民團司令，主要保治安的。當時政府要求我祖父認錯就可以免死，但是我祖父堅持這三名紅軍是土匪而且強姦殺人，堅持不認錯，因此在公開鬥爭會上，被當場一槍從後腦打下、子彈從前口出來而倒下，爲他一生堅守的正義信念壯烈犧牲，家人則匆匆在老家後山坡給埋了。

我的祖母當年在外地離世，墳墓也葬在外地，在我祖父過世多年後，由我五叔把他生母、即我祖母的棺材親自移回老家後山，與祖父草草的葬在一起，做一個簡單的黃土包墳。五叔身高快二百公分，是我父親兄弟中最英俊的，也是一個寬厚老實勤快的標準農民。我一九八八年回鄉時，與政府交涉後，特別為他們建了一個有點氣派的家墳。為了感謝當地政府，我也出資贊助修繕許多文化古蹟，包括廣元市的千佛岩、武則天皇帝的皇澤寺等古蹟，也花錢修了一條路到我老家的村子，並建了兩座拱橋與一所希望小學。

期盼回饋地方的善行，是要安我芶家族人在地方上的怨氣，也安慰我在台灣台北去逝、永不能回他生長老家的父親在天之靈。他是這個大家族九個兄弟的老大，半個世紀過去了，他的兒子為他把其父母親（也是我的祖父母）重新築墳安葬，相信我的祖父母天上有知，也一定會含笑安息。

南柯一夢　半世隔
抗戰內戰　孤島怨
孝思難圓　魂未歸

奈何愛子　安祖靈
為父祈　祖靈嘆！

以傳承芶姓為榮

一九四五年抗日戰爭勝利後，我父親帶著我們全家，即我的母親、姊姊、哥哥及我，一起回到從未去過的老家。我母親是上海人，也是第一次回我父親的老家，這在當時可是一件大事，因爲家父是軍人，因此也帶了一小隊衛兵同往，沿途放炮竹，眞是衣錦還鄉。這是他離開老家到南京中央軍校特訓班，長達十年以後，第一次回家，足足停留了三個月之久，卻沒想到這也是他最後一次見到生長的故鄉。

我的祖家從湖南遷徙到了川北，依我父親及家譜上的敘述，我的姓「芶」氏，是由「雙十」加勾踐的「勾」組成，而「雙十」代表十年生息、十年教訓，因此我父親一再強調我們是勾踐的後代，一再要求我們是有別於「苟」這個字；又由於勾踐有一子在歷史上失蹤，可能這正是我家族的來源。我這個姓氏常常要和人解釋半天而造成不便，但是我們家族都以姓芶爲榮，堅持繼續傳承下去。

我父親的生母，也就是我的親祖母不是漢人，父親說她是外地娶來的外族人，體格高大，五官分明，也就是頗有我們說的洋人的「範兒」。這也就是她生了九個兒子，每個都長了高鼻樑，加上帶有明顯的鷹勾鼻，五官輪廓鮮明，體格高大，身材魁梧，頗有西方人的挺拔姿態。

我的母親告訴我，父親年輕時放假回家，祖父要他到外地收款，沒想到騎馬出外一星期回來，居然沒有收到太多錢，原因是那些被收款的佃農都拿不出錢來，而被祖父用火剪（弄炭火的鐵剪）打他。我聽了母親的話，總認爲我祖父是大地主，家父爲何騎馬一週來收租，肯定是良田萬畝吧？直到我回到四川，看了家譜，請教了七叔、八叔，才知道原來我祖父是經營煤礦開採的大礦主，我老家旺蒼是四川知名的第一大煤礦產地，祖父手上有三個產量最大的大礦場，爾後三叔也擁有另外三個大煤礦。

此外，祖父有一座油桐樹山，收集桐油（一種名貴的油塗料）出口，並在山坡上種桑樹養蠶，建有絲綢廠。至於良田僅有百餘畝，並非所謂的大地主，但在清末那個時代，的確可算是新派的實業家。

他是四川開發煤礦的第一人，而且是最早採用騾馬運煤的人，養有騾馬百餘隻，專門用騾馬車運煤到各地，不但解決運輸問題，同時更在川北各市鎮建立分銷站，有南充、閬中、廣元、成都、漢中等，可以想像在十九世紀的中國內陸地區，他老人家在商場上是很有氣魄與生意頭腦的經營者。更別說還要養育九個兒子，對於教養都投入心思，費盡心力。

不只如此，我們山裡是有土匪的，爲了保衛地方安寧，祖父擔任地方上的民團司令，這只是一個鄉里組織，要出錢出力的工作。爺爺經常每天在當地茶館裡，爲地方人士排難解困，如有發生糾紛，還得做個臨時的裁判官。我父親告訴我，祖父在茶館裡喝茶抽菸，常常不停有人前來跪求：「大老爺評評理吧！」如果是金錢糾紛，他都出手相借或代爲支付以息事寧人，令雙方皆大歡喜。此外，逢年過節祖父還開倉濟糧，讓鄉里的窮人好過節，並且辦了一所小學，校宅就在附近的一座廟裡，創辦時還親自教學，之後就交給三叔負責。祖父的義舉，讓鄉里人都萬分敬重他。

一九八八年初，我第一次回四川老家，在成都雙流機場，當時有位濃眉大眼官長，領頭帶了一群隨員在飛機下迎候，我一時不明所以，接著這位官員給了我一張名片，上面印了「四川省共產黨顧問委員會主任」。他告訴我：「我是你老家隔牆鄰居，在你爺爺學校上了幾年小學，是你爺爺的學生。」我頓時湧上一股暖流，感覺非常親切。在成都及四川家鄉，這位老鄉長幾乎視我為世侄，經常請我到他家裡吃飯，並經常安排其他官員招待我在川期間至各地走走，並且非常關心的教導與安排一些事情。

這位老鄉長就是韓正夫大伯了。這位韓大伯，他的兒子是國內電影界大名鼎鼎的韓三平先生，是中影集團的韓董事長。韓老伯也提及了一些我爺爺的事，使我感覺，我爺爺當他那個時代，確實是我家鄉里的一個肯做事的重要人物。

我老家的宅子，在當地還是頗具規模，當地市裡把它申報為省一級國家保護古宅，理由是代表性的川北民宅。在二〇〇三年我特別為這事造訪時，市文管所主任告訴我，他們專家多次鑑定此有一百六十年的歷史，基本建築木料保持完整，未發現有任何白蟻蛀蟲，很多木柱都是採用數百年青剛櫟樹為主，木質堅硬，莖幹高大，是非常好的棟樑之材。

老宅前有小河環繞，水深兩米餘，河寬二十餘米，位於兩座山丘之間，門前有百餘棵大青剛櫟樹及富饒的良田。老宅的建築分左右兩側廂房，木質結構，兩層樓，每側長達近百米。中間是主廳及主房，有客室及廚房等，門窗是木漆，雕塑多為彩繪工藝，技巧極為精良。

我母親告訴我，爺爺因養了九個兒子，在家裡雇用了三十個長工，長住在家中食宿，並花了長達數年的時間來修繕改建這棟祖宅，同時也作為煉製桐油及倉庫等作坊之用。全部的建築是一個U字型格局，中央廣場是用花崗石磚塡築而成，並非黃土稻場。在一百多年前、十九世紀的川北，這樣的宅邸絕對稱得上恢宏氣派。

一九八八年我回老家時，當地縣書記及縣長，在飯桌上公開表示：「芶先生，你是你祖父長子的兒子，受國家的優惠政策，可以繼承你祖父的遺產，包括鎭裡及市裡的房子。」我知道祖父在抗戰勝利後，在城裡建了一個大宅子，爲的是想留住我母親住在老家，他知道他的上海媳婦是不可能住在我父親的老家，所以那棟新大宅子也成爲我有權繼承的財產，我很高興這件好事，便接受了這個好處，並且敬酒表示感謝。

然而鮮姓縣長接著告訴我，必須住在老家才能享有這個權利。「你能從美國移民回來住嗎？」聞言我傻眼了。於是他仁慈的補上一句：「假如你不能住下來，我們可以折價，換算一筆錢給你。」我自然心裡想，這也是一筆大錢，如果捐出來，也能爲芶家出出怨氣，因此也高興的接受了。

但縣書記立刻又補充一句：「沒有多少錢的，因爲要計算這個錢，只能從解放時的價值來計算，大概只能換到幾百元而已。」我聽了直覺反應：「如果是這樣的價値，我就捐給國家或地方吧！」縣長及書記立刻高興的站起來：「我們就在等你這句話，一言爲定了，你是能代表你家族的，我代表人民謝你了！」並舉杯敬酒完事了。

我這個不孝子就這樣一桌飯菜，把祖宗近百餘年努力省吃節用的家產，幾句話就丟了。最後鄰座的副縣長告訴我：「苟先生，你捐出來是早晚的事，因為你祖父在城裡的大宅，已經做為當地最大的人民醫院了。你們美國華僑心地好，就是給你，你也不會要的。」

川北老宅　爺血汗
滄桑古樓　山河變
慚愧子孫　易手寒
祖宗辛勤　奈何哉

父母親的俠與義

我的父親及母親在抗日戰爭勝利後，曾短暫回家鄉探望爺爺及我父親的祖母（即我的曾祖母），以及他的兄弟們。

提到我父親的祖母，時年九十歲，眼力不好，她是女性中以尊長之位可以上桌的人，此外就是我媽媽及姊姊了，其他女性是不能上桌的。有一次吃飯，在她吃下第一口酸菜粥時，她很不高興「哦？」了一聲，爺爺連忙解釋：「因爲大孫子回家，所以殺了豬加菜，因而有豬肉吃了。」爺爺表示祖祖（曾祖母）很節省，如果不是大日子，都是吃清粥素食，今天是平常日子，何來有豬肉煮粥呢？因此老奶奶是有意見的。她應是十九世紀中期的人，以我爺爺當時的家財已能過上好日子，但她老人家竟然還是如此節省度日。

宴席總有散時，我父親接到命令前往南京，南京是當時國民政府的首都。他雖然是軍人，但是他的工作都在兵工上面，也就是與武器有關，而且後期他的工作又多與訓練學員、教育及督察軍備等工作密切相連。

我父親全權負責安排他的兵工學校等有關單位轉遷南京，他很不願意帶我們全家同行，希望把我們全留在老家，但是我母親想回上海的老家看看，畢竟八年抗戰，我母親也在四川住了八年（母親是在上海松滬會戰「一二三之戰」以後前往香港與我父親成婚），最後我父親及爺爺商議把我留下，但是在最後關頭，我母親還是強行帶了我及姊姊、哥哥一起離開。爺爺說：「這一走，可能永不見面了。」此話後來可是成眞了，眞是「十年盼子，一朝見面，終成永別；人世悲歡離合，無此爲甚，嘆呼！」

我們全家順流嘉陵江，下走重慶，再轉大船下行長江。找了兩條江舟，一條載我家的人，一條載貨及隨員並安排伙食之用，順江而下，並在小市鎮碼頭停下，採購食物、鮮蔬。我母親告訴我，足足走了兩個多月才到重慶，中間停留在閬中一所教堂兩個月，會見了我做牧師的二叔。當時母親身上正好懷著身孕，是我的一個妹妹，懷孕加上暈船，整個路途眞是辛苦非常。

這次全家人從家鄉出來隨父返南京工作，其中有個人値得在此一提：他是我父親從老家帶著的一個家鄉茍家的年輕人，但是非親屬之輩，此人名叫「茍開文」。

話說源頭，原來在我父親回老家不久，有位「茍開滿」夫婦，家住大巴山上，前來見我父親。一見面夫婦倆立即下跪拜求，因爲他有個兄弟參加了八路軍，在延安生活了兩年，因爲想家而溜回老家旺蒼探望老父母，不幸被國軍抓起來了，並交給了當地鄉長看守待處。事態非常不利，故而請我父親出面相救，同時也請我父親把他的兄弟安排到父親部隊裡混碗飯吃，只要能救出來，如何處理皆由我父親決定。

我父親是一位菩薩心腸的好人，立刻把鄉長找來，指名要此人，並爲他補了一個名額到部隊裡。鄉長不敢遲疑馬上把人找來交給了我父親，家母看到此人「茍開文」才十八歲，相貌忠厚，指定要求就在我家裡幫忙家務吧！同時也有機會學習文化，不需要送到軍中參戰。

當然他的兄長聽了很是滿意，然而如此命運，卻也讓他從此走上永別故鄉的另一條路。爾後，他隨我家也來到台灣，四十年後魂歸孤島從未歸鄉。假如他留在家鄉或者回返延安，解放後，以他在延安的歷練，誰能料到他不知是何等尊貴的人物呢！

我父親及芶開文都爲了思親返鄉，雖然圓夢，但卻永別，以後逃難台灣，可以想像他們離別家鄉、遠在天邊的思鄉之情，眞可謂夢迴牽繞，日日夜夜而不得解，悲呼！這是個人命運，還是國運滄桑呢？

生離死別　命中定
革命救國　萬人魂
遊子思親　永別呼
此生再見　地下知

抗戰勝利，復原氣氛濃烈，一九四六年以後，我們家往長江下游移動，相繼住過好幾個地方，詳細時間已不可考。我是一九四四年一月二十日出生，我母親說那是陰曆一九四三年十二月二十五日清晨子、丑時，我母親說：「你是灶王爺升天的，而且你生在瀘州黃花坡。」那時正是抗戰後期，我們家住在山坡上的當地大戶家裡，面向滾滾大江長江。

五十多年後，一九九八年，我特別與我公司的黃勇利司機，也即「黃師」前往探尋查實，結果眞如我母親所說，的確是一座大戶鄉紳巨宅，目前爲鄉政府所在地，並有數付牌名，其中有「抗戰瀘州軍事指揮司令部」等。家母常常說我出生地風水好，有大氣壯志，自己身臨其境時，面向浩浩大江，心境開闊，令人激動萬分。

打從我有記憶開始，應該是三歲那年頭吧，也即一九四七年我們家搬到安徽馬鞍山，住在鄉下，有幾件小事在此值得一記：

我家住在農民的大院內，院中有一座水井，門前有小河流，架了一條小橋通向大路，是碎石路，當時是不錯的，路面偶然有軍車行駛，遠處並有一條鐵路。有一次，我哥哥與鄰居兒童到鐵路橋下的河裡玩，大夥兒排隊在冰上學開火車，因爲我太小，不讓我參加，只好在岸邊看。我哥與鄰居孩兒正往鐵路橋下的河冰上開他們自由行的火車隊「嘟嘟」，一閃間，幾位小孩（我哥大我三歲吧）全落到水裡了，因橋下冰薄，陷了下去，還好水很淺，大家爬起來身上衣服都濕透了。我哥嚇壞了不敢回家，叫我在鐵路邊找煤炭，當時運煤落在路邊不少，與鄰居孩兒生起了火，想把衣服烤乾，以回家不被處分；我雖小，但是不相信他們能解決問題，所以我自己一個人就往家裡走，準備報告家人來救他們。果然家母帶了勤務兵來幫忙他們，我哥哥也因此挨了一頓好打，他被打得很慘，從此老哥對我心中很不順當，好一陣子不理我。那時我只有四歲吧，直到現在還記得此事，卻有如隔日軼事。

另外一事，家中養了一隻小狗，某天發現被軍車輾撞倒下，我姊姊非常傷心，並把這隻可愛的小動物埋在路邊，我還記得我姊姊流著眼淚，很是傷感。以後我長大後，還夢到這個傷心的場景。

又有一次，某天清早芶開文急急忙忙報告我父親說，有部下出了意外。原來是一位司機開著吉普車在霧裡，因爲夜間的緣故視線更不佳，把河上的冰誤當成大路來開，結果駕車往冰上行駛，掉落水中凍死了。我好奇的跟他去看這位凍屍，可把我嚇壞了，到現在仍記憶猶新。

還有一天，鄰居農民留我吃飯，因他女兒在我家幫忙洗衣、做些雜事，我在餐桌看到了一碗蘿蔔燒紅燒肉，一口氣把那碗肉都吃光。我母親知道後，趕緊弄了幾斤肉送到她家裡。母親責怪我，這些農民的紅燒肉燒蘿蔔，只能吃蘿蔔，不能吃肉的，他們的肉是重複下鍋的，只有蘿蔔是新鮮的。

在馬鞍山住了一段時間，我們隨單位又遷到了南京，住的問題是一個麻煩，託我母親的福，請我舅舅幫忙找了一座茅草屋，座落在玄武湖濱。當時我們算是後來的人，在南京是大官雲集，一切都被先到者先得，何況我父親也是人微言輕，看來在南京住下並非易事，幾番向上陳情周折後，他的單位遷到了上海市吳淞口，我在那兒上了學，因此頗有一些記憶。

接下來談談我的父母親。

父親做「大」事業的生意經

我父親原來在成都上大學，學的是化學，也許是大三暑假回老家，祖父要他去收佃租，這是父親說的。一九八八年我回家鄉得知，他並非是收佃租，而是收煤炭銷售的款子，所以他才要騎馬遠行達一星期之久。但是我父親太同情各地分銷站及客戶，這項工作完成的績效欠佳，受到祖父的嚴厲責備，我父親心中不是味道。

在這時正遇上祖父爲我父親安排一門親事，對方是有錢人的好家庭，名號也是響叮噹，我爺爺立刻答應了這個門當戶對的姻緣，可是我爺爺可是連未來的大兒媳婦是什麼樣子都沒有看過，就這樣認了，而且雙方聘禮都收了，只等成婚。

我父親當年上私塾時，就常作詩諷刺老學究，腦子還是比較新派的人，加上弟弟們都特別關心這位名門閨秀的未來嫂子長得什麼樣子，二叔及三叔甚至祕密去私下造訪一下。第二天他們兩人急忙來見我父親，嚴詞警告我父親：「這個大嫂，大哥千萬不能娶呀！」但是這婚事已定了，豈能隨意改變呢？叔叔們說未來嫂子是個兔脣女子，你不能娶的，我父親一聽也嚇壞了，兩人本無情意又不相識，自然打心裡不能接受，可是這是鄉里有頭有面的兩家人大事，怎能拒絕呢？

幾位叔叔出了一個主意，讓我父親離家前去報考黃埔軍校，一來理由正當，二來在經濟上可以不依賴爺爺。我記得母親告訴我，父親離家前往軍校時，身無分文，他爲了籌資經費，竟到大山上找了當地的土匪頭，要了幾個大洋（銀元）以作爲路上車資花費。

我父親進入南京中央軍校特訓班，與兵工有關，而且特別強調化學方面，有時又稱之是化學兵，負責有關防毒及噴火器等工作，爲當時中國的第一批特訓班學員。他畢業後的第一份工作，就是在上海的江南兵工廠，即江南造船廠。

由於我父親高大英俊，被我母親的五舅看上了，認爲我父親是一個人才，加上他來自川北山區，出生大家，氣質很好，把他介紹給我母親，因此經常前往我母親家裡，與我外公小酌，當時我母親年歲很輕，約十七歲左右。七七事變以後，因爲他們是兵工單位，立刻就往後方轉移，我母親仍然在她老家上海，住在英租界內，也是南京西路附近。

一二三戰爭開始期間，很多中國區的難民湧入英租界，家屋外面都睡了人，偶爾我母親還須給予飯水及食物救助他們。某一天早上，一聲巨響，日機丟了一顆炸彈落在英租界內，離家門不遠，我母親正在洗面，嚇得臉盆子都掉在地上，我外公認爲這次對日戰爭可能要打很長的時間才能結束，所以決定要我母親儘快與父親成婚，當時我父親已離開上海進入內地了，後來決定他們在香港結婚。我外公任職招商局買辦（經理），給母親弄了一張英國輪船瑪格麗特皇后號的特別艙位，她單獨坐船到香港與父親成婚。

母親告訴我，在這一次的行程上有兩段小趣事：

其一，在英國郵輪上，有位英俊的大學生，對我母親極盡殷勤的服務，頗有愛慕之情，只可惜我母親心中已有主了。此事經過很長的歲月，我母親已五十多歲以後，還對我提起這段往事數次，可見我母親第一次外出，遇上這等浪漫之事，雖是短暫時光，也是一段極爲難忘的往事。此位男士如能有知，也應感到驕傲的。

其二，我舅舅當時是上海復旦大學生，他託了一件禮物，請母親到香港拜訪一位年輕女友。我母親是第一次出門，年僅十九歲，而且當時香港已是一個繁華大城。她從未到過香港，但是我母親認爲這是她哥哥女友的事，應該認眞的尋訪，找了幾天，終於找到了，發現我舅舅的女友居然是一位舞女。一九八九年我母親回上海老家見我舅舅時，還在舅媽面前批評了一番她哥哥早年的風流韻事。她爲她哥哥在香港向舞女送禮這件事耿耿於懷，居然在經過了抗戰八年、國共內戰及遷居台灣四十年的滄桑歲月之後，仍然無法忘懷，當然對我而言，只是茶餘飯後的一件趣事罷了。

我父親是軍人，但是很少與我談及軍中的事，反而很喜歡談做生意及如何經營企業與國家、社會經濟問題，尤其是生產及發展經濟，包括一些經濟學原理的知識。如今回憶起來，他還是有不少道理的，他思考問題是很有哲學邏輯的，也具有實幹的精神，但偏偏他做的生意幾乎沒有一件是成功的。

終其原因，我父親是少有的「心地善良，助人忘己」的性格，我母親及我自己成人以後，都對我父親過分忘我的善心很有意見。此外，我父親太缺乏理財的觀念，對收益與成本及利潤之間的關係，並不精明盤算，以致每次生意都做得很大，但都是無利收場。

在大陸期間，抗戰時，父親到了湖南桃園，在那兒他發現有不少李子可以賣到漢口，他從祖父那裡借了一些錢，開展他收購李子的大計畫，弄幾船鮮李運到了漢口，並派了兩位手下親信，前往漢口負責收款。結果這兩位手下在回家的船上遇到大風浪，船沉沒了，人也沒了，最終我父親分文未得。

抗戰勝利後，他聽友人說，四川的錦綢緞運到上海可賺大錢，此時物價上漲，一定可以獲利，他又正好主管船運，於是買了不少錦緞，隨船運到上海。沒想到戰後中國貨幣法幣換僞幣及經濟重整，絲綢產量急增，上海錦緞狂跌。我母親說因爲此事，她把積存的好多根金條都賠了進去。

我父親一生，從未忘記做生意，而且喜歡做「大」生意，在商場上，膽子也很大，不過做的生意也都是生產及實質買賣交易的事，並非買空賣空。或許是時不我與，命運捉弄人，直到他去世都沒有大成功過，還也因此讓全家人的生活始終在困頓之中。

他的一位老同學，也是軍中同事，告訴我母親：「老芶經常想做大生意都沒有成功，但是小芶卻把生意做得有聲有色。」小芶就是指我本人，他的兒子。

母親身世之殤

我的母親沈凌曼，原來老家住在浙江杭州，她的祖母，也就是我的外曾祖母是杭州的名門大家族。但是因爲家中無子嗣，爲了繼承家業及香火，就由我外曾祖母招贅，所以我母親的姓是來自她的祖母家。

有一年杭州的祖家大火，主要的家業一把火燒了。因此曾祖母決定搬家到上海。我的外祖父（外公）是個讀書人，曾到英國留學，就我母親的敘述，他一直在早年中國的盛傳宣督辦的招商局下工作有很長一段時間，在漢口招商局做買辦，也就是經理，所以對於船務很熟悉。

外公早年是在上海局裡工作，因婚後與自己的母親處不來，時有爭執，曾祖母常年守寡，性格也比較死板，加上她又是一家之長，外公是長子，不想把氣氛弄得太僵硬，所以就要求局裡遷調外處口岸工作。當時漢口也是中國首要的港埠，內陸九州之通衢口岸，外公順利轉調到漢口招商局任職主管。

我在二〇〇九年曾到漢口招商局拜訪，發現一張外公與我母親合照的的老相片，仍然未變。總之，外公在漢口任職至少有十年以上的時間。

有一件我母親的祕密，這事我知道的時間，已經是我中年以後了。因我離婚，一個人在舊金山灣區林邊（Woodside），住在一棟豪宅裡，經常又因國外商務忙碌，家裡實在無人打理，儘管我沒有子女，但是我有一隻心愛的小白狗「來喜」，因此我母親主動從台北趕來美國舊金山，特別照顧我及打理我的這棟豪宅。母親時年也七十歲了，但是身體依舊健康敏捷，非常健朗。

當時我與母親常常一起吃飯聊天，偶爾在院子陽台上喝茶，相處得很是愉快。有一天她告訴我一段她的身世祕密，我是全無準備，不知所以。原來她的父親在漢口工作的日子，有了一位紅粉知己，並且生下我的母親，在她七歲時，生母生病去世了，她仍然很清楚的記憶著，她與她父親在墳墓上祭拜燒紙錢的哀傷情景。當天是清明時節，天下著小雨，她與父親都流著眼淚，母親談到這件幼年身世，已是六十年以後了，想起來仍然非常傷感。

她告訴我，她的父親有一張她生母的照片，穿的是當時流行的青單布旗袍，頸上有條白圍巾，長期放在她父親的書桌上，她非常後悔當她離開上海去香港與我父親結婚時，未能向他索取做爲紀念。

那時她的上海媽媽只有一子沒有女兒，外公也無法照顧她，因此帶她回到了上海，由我外婆領養了。後來我母親在她十九歲時離開上海，正是抗戰初期，到一九四七年才回到上海家，已經時隔九年餘。悲傷的是，此時她的父母已經雙亡，而且正當盛年，他們是生病呼？或爲國捐軀乎？不得而知。總之，是這場戰爭造的禍。

我舅舅告訴我母親，她的母親經常到廟裡，燒香拜佛求神保佑她的女兒平平安安。但是抗戰勝利後母親回到家裡，她的父親及母親卻已離開人世了。

我的母親回四川老家時已有身孕，但因舟車勞苦，後來生了個妹妹，大眼睛很漂亮的，但是多病，初到上海又感染了肺炎，父親立刻到城裡去買所謂特效藥，也就是盤尼西尼抗生素。正好在車上遇到了一位老部下，需錢孔急，因爲這位軍官欠了一筆公款，如果不能立即補上，定有死命的危險。我父親就把這筆買藥的救命錢先借給了他，自己再轉到舅舅那兒取錢買藥，這一來回耽誤了些時間，我這位大眼睛妹妹就去世了。

此事，我母親一直心中感傷，我母親常說：「我父親是重道義遠超過愛家及自己的人。」這一點在我成年以後，眞正親身感受，而且我發現自己骨子裡似乎也有這個特性，想來或許是在潛移默化中受到父親無形的影響吧？

此事過後不久，我母親又懷孕了，一九四八年二月底，她生了另一位妹妹取名金燕，當時我們住在鄉村農民的房子裡。妹妹出生在中午時刻，醫生是阮大夫，是我父親軍隊中的醫官，安徽醫大畢業，他從屋裡出來，告訴姊姊與我們：「你們有位妹妹了。」姊姊拉著我的手，一起進屋裡去看小妹妹！這件事，我如今記憶猶新。

那時我們全家已經隨部隊遷到了上海的吳淞口，我目前仍有些清楚記憶，家住的木屋房子是農村村長的，感覺上房子還是很高的，因爲做了一個半樓的床位給芶開文住在上面。附近是一大片稻田及菜田，姊姊常帶我們去採青，大部分是嫩豌豆（雪豆）及紅蘿蔔之類的東西。

有一次，一位田伯伯打死了一條狗，在我家找了幾個兵幫忙處理，我的屋主（應該是村長吧）告訴大家：「這條狗是村民養來防賊的，你們有槍可以打野鴨野雞之類的。」於是父親拿了一些錢給村長，交給他做補償用，此後就未再打狗了。我的印象野雞鴨倒是常常看到，但是未見他們再打什麼的了。

我被送到當地兵工學校所辦的子弟小學，是一所新學校，因我勉強五歲，只能送我到幼兒班。但是芶開文每次來找我，發現我人都不在幼兒班，而是在小學一年級的教室，我坐在最後一排那兒，回家報告給我母親。我母親決定與老師商量，就把我送到了小一就讀。

有一天，學校剛建好一座小孩遊樂設備，叫蹺蹺板，用重心槓桿原理，兩頭坐人，可以一上一下的相互玩耍，老師說：「從年齡最小的先開始玩。」我被第一個選上，大家都沒經驗，老師也沒說如何玩，就叫我們爬上去。傾刻間，由於對方重心太大，蹺蹺板往下落下，我被推向上層，因我未做任何準備，立刻被甩了下來，手骨折壞，彎著手在胸前，流著淚很是痛苦。但我認爲這是自己的錯，也不敢告訴老師，回家後被母親發現，同父親一起送我到上海的醫院去治療。到了醫院，醫生及護士都說這是下班時間，不給我看病，母親慌了，立刻叫父親打電話給她的五舅，就是當年介紹我父相親的舅舅。

沒多久，芶開文進到醫院的候診室，急忙說：「不好了，所有的醫生及護士都到大門去排隊了，不知發生什麼事，可能沒法看病了！」說時遲那時快，我的五舅坐車來了，這些醫生及護士們都在大門口列隊歡迎。當然他是爲我而來，可想以後，醫生立刻給了我最好的醫療服務，我也終生難忘這件特權待遇的事。

爲何我的五舅有這般能力？因爲他是上海青幫頭目之一，而且專門管理上海傷兵醫院；換言之，在上海傷兵的安排上，他有很大的權力。如要談此事，必須說說我外婆家的身世，也就是我母親的上海養母了。

我對我外婆（外祖母）的身世知道的不多，但我了解她是湖南湘鄉人，她的長兄（大舅公）是留學日本陸軍士官學校，與蔣介石是屬於同一家日本士官學校，而且年齡相近，應爲前後期同學。回國後頗受重用，主管過全國公安警察業務，又主管過聯勤等業務，姓王，因此是國民政府時代的大官，早期常住南京，並安家在上海。

我外祖母住在上海「卡德路」，亦即南京西路的房產，就是我大舅公贈送的。其五弟，也即是前面所提的五舅，是我父母說親的媒人，他所以能在上海「呼風喚雨」，在青幫中佔有一席之地，與他大哥的政治地位有很密切關係。我母親常說她五舅是一位好人，絕大部分時間爲戰爭中的傷兵謀權益、救助他們，上海很多醫院在戰爭中，幾乎全變成了以傷兵爲主要服務的對象。

我母親告訴過我關於大舅公的一則小故事。我父親因爲要與我母親成婚，必須向上司報告批准，他的上司發現我母親是上海人，很是反對，認爲上海女人不適合革命軍人，因爲通常大城的女人，一定不能適應勤勞刻苦的生活。我父親把實情告訴我外祖母，她立刻請大舅公出來說話。我大舅公直接打電話給我父親的長官，當時父親正站立在長官旁，接受回話。他的長官接到我大舅公的電話，一時嚇壞了，不知所以，二話不說立刻批准了我父親的這樁婚事，而且特別安排父親到香港去接受一批武器，經鐵路押運到湖南，並藉此公幹，在香港與我母親會面成婚。

不過事後我父親的長官數落了我父親一番，責問爲何不早早告訴他我母親有如此一個位權重的親人，以致他差點犯了錯，阻止我父親的一門婚事。其實這段插曲，只是說明當時中國那個時代下的背景，如此而已。

第二章　初到台灣，我的求學之路

我記得是一九四八年底，我父親的兵工學校隨部隊從吳淞口遷往台灣，從上海登上太平輪船開往基隆港。

我父親負責這一次的船運工作，曾經設法弄了一些船票給我舅舅全家人，但是舅舅說：「日本人打中國經過八年抗戰，上海也淪陷了八年，我在這兒住著，生活清苦一點，靠著把房子租出去過日子，也安然度過了。這次共產黨到上海來，他們是中國人，也就是自己人。我是鐵路局的財務處長，我會把單位的財產全數移交；同時我又是復旦大學的教授，留在學校教書，也能過日子，不會有任何事的。中國人不會對中國人如何，肯定比日本人好多了。」

但是我舅舅在大陸解放後，在一次反右運動中，就被發送到青海勞改了二十三年，我舅媽及表弟妹則被送到甘肅好幾年。舅媽與舅舅兩人是同班同學，她以最大的毅力，帶了五個孩子從甘肅偷偷逃回了上海，很長的時間過著如叫化子的生活，也沒有戶口。

我在一九九〇年第一次找到舅舅的時候，他與我母親通了個電話，但是兩人電話接通後，雙方沉默了很長時間，久久說不出話來，電話兩端如咫尺天涯，衝擊他們內心的那股滄桑與淒涼，是時代的悲歌。戰爭使他們兩分離，對日戰爭是九年，解放內戰，海峽兩岸相隔又是四十二年。

當時我慎重的問舅舅：「你受苦的日子，被勞改了二十三年，有何感想？是誰的錯？」他親口回答我：「一切都是我自己的錯，不能怪任何人。」我認爲他會把這個不幸的命運怪罪於某個人及某個黨，後來他補充說：「我太愛上海了，我應該聽你父親的話，隨同你們遷往台灣，這樣家裡及你舅媽都不會受苦。」往後每次我見了大表弟沈石安，他偶爾還是會埋怨他父親未能追隨我們去台灣，以致他這一生未能受到好的教育，只能做一些低下的農民工作混日子，老了以後還得靠自己妻子當差做事過日子，他常說：「我是做家務的人。」

這趟前往台灣的路途，我們全家在太平輪上，大家都是睡上下床位大艙中間，所有人的行李、箱子、暈船的人，到處都是，我媽也暈船得很厲害。安全到了基隆港，小孩們都在亂叫：「太平輪開回去會沉掉的。」此話也眞是後來驗證了孩兒們的胡言亂語，這艘有名的大船，果然在回程上海時，遇到大風浪，沉入了太平洋。

我最記得的事，是這艘大船靠岸時，有條小木舟滿載台灣香蕉，靠近我們的大船，有位軍官用草繩捆了一張綠色老台幣一角錢，慢慢的放下到小舟邊，舟上賣香蕉的小販取走那張一角綠色紙幣，接著立刻將一大串香蕉丟到我們船上，孩子們立刻上前哄搶香蕉，那一刻我至今記憶猶新。

初到花蓮菁華街

我們家隨兵工學校遷來台灣，從基隆靠岸，先在台北短期停留，就搬到了台灣東部花蓮市。我記得初到花蓮，看到滿街的本地人，不是打赤腳，就是穿木屐鞋，走在路上，耳邊不停傳來「呵答呵答」的響聲。我們很是好奇，因爲我們穿的是布鞋，是我家的老媽子在上海時縫製的。

有一天，我與父親到花蓮市美崙溪邊的一座高山上，那是當年日本司令部及高級軍官與電台用地，老松林滿山，旁邊還有一個花蓮的自來水廠，都是日本人建築的，遠望還能看到花蓮市及太平洋海岸，地理位置甚佳。

我父親經常在軍中負責一些部隊遷徙及住宿等總管的事，因此看上了這塊高地，他的機關及眷屬都暫時住在那裡。某天，他與幾個軍官，穿了軍裝在高地向下遙望，發現在美崙溪轉彎之處，有一大片河川地，上面蓋了許多日式平房卻無人居住，而我父親部隊的軍官及眷屬，當時都住在高地日軍留下的司令部及暫時營房。

我父親立刻找人查詢，得知這一片房產是當年日本鋁廠（又稱第八機廠）的宿舍，鋁廠被美軍炸了，日本人也戰敗回國了，所以全部空了下來，目前由一個縣政府的福建人顧老先生管理，我們管他叫「顧科長」。他負責管理這批日據時代留下的大片房產。我父親找上了他，與他幾遍商議，他立刻答應將這批房子全部移交給我父親的部隊使用。因此，他們部隊（兵工學校及化學兵學校）的軍官、教授及眷屬都搬了進來。

我父親滿腦子想弄點生產事業，農業思想很濃厚，因此首先選了一棟在美崙溪邊轉彎處的房子，座落在菁華街三十五號，因爲沿河邊有一大片空地可以種植一些蔬菜及養雞鴨之用，在空地上還有一間是當年日本人建的洗澡房，但是被美軍丟了一個炸彈炸壞了，而且還留了一個大洞在地上，但是仍然留下很多水泥築的小洗澡池，還有水泥平台，可能是澡堂的客室吧！

這棟房子是我美麗的童年及年輕時生活的中心，我那時可能只有五歲餘，一直到我讀到了研究所以後，我們才搬離那裡，遷到了台北居住，這棟花蓮菁華街三十五號的房子永生難忘。

那一片日本人留下的宿舍區菁華街區，後來又漸漸有不少名人入住，其中我印象最深的是杜聿明將軍的家人，其中有他的媽媽。有一次他老媽給我們這一些小孩講故事，說到有官員在西瓜裡放毒而毒死人的故事，我年紀小第一次聽到這種事，很是害怕，如今六十年後了竟還印象深刻。

她的孫女與我姊姊在花蓮女中同校上學，該校就在我們住地菁華街附近，有一次我姊姊在高中時帶我去他們女中游泳池游泳，她告訴我這位頸上有一條金項鍊的漂亮女同學是杜聿明的女兒，這位我姊姊的同學，而她大姊杜致禮就是後來中國第一位得到諾貝爾獎的楊振寧的夫人。六十年後我對她的印象，還是那條金項鍊，其他就很模糊了，僅是這件事的記憶而已。

因為住這兒的人，很多是兵工學校教授、學者，這是國民黨軍事科學研發的重要機購，這個學校約十年後遷到台北新生南路台灣大學旁，之後又遷到桃園，改制為中正理工大學

（陸軍）。

我記得我們家搬進這間菁華街三十五號新家不久，我父親就叫苭開文（當時他仍然留在我家中服務，那時稱勤務兵）種植一些香蕉樹，在大院子近河邊的空地，他認眞告訴我爸：「我們馬上就要反攻大陸回老家的，種香蕉怕沒時間吃到吧！」沒想到這片香蕉林地產的香蕉，我們足足吃了二十餘年，颱風吹倒了，我們又種植一批，陪伴了我們的童年、少年和青年，感情深厚。

在這塊地上，我父親養過雞鴨，尤其是養了一種紅臉鴨，我與我哥哥常常早上很早起來，到河邊及附近山坡上，收集一些約同鴨蛋大小的野生非洲蝸牛，回來打碎餵鴨子吃，有時也用地下土中的蚯蚓餵小鴨子。

同時我爸爸也養「來亨雞」，是一種白色的蛋雞，最多時養了兩千多隻；父親也養鵝，因爲我家在河邊，時常有大蛇（一種棕黑色的菜蛇）約八、九斤以上，有時還會爬進房屋內，因此我媽媽養了七、八隻大鵝作爲防蛇之用。

院子內同時種了大約四十餘棵的大木瓜樹，還有一棵大龍眼樹，每年樹的一半結龍眼果，隔年換另一半邊結果。此外還種了棵芒果樹，我在初中時，父親到菲律賓帶了一籃子大芒果回來，我將其中三粒果核種在土裡，最後活了兩株，長大後，一株被颱風吹倒了，最後一株，某天在我讀大學回家後，發現滿樹結了大芒果子，我父親每每都說這是他種的，我也只好認了。最後究竟是誰種了這棵大芒果樹，我父親去世以後，仍然是家裡未定的「懸案」。

我家的房子是標準的日式建築，一棟獨立木製房屋分成兩單位，我家佔了半邊也就是一個完整單位。每單位有一個廁所、廚房及三個房間，鋪的是水泥地，在約一公尺的高度，用木板造了第二層，上面墊上榻榻米，也就是日本式的草製蓆墊子，左上角有一個木製大門，加上水泥換鞋空間，並連接一個放衣帽的地板，我們用它做為吃飯的小飯堂。

後面是一個房間，是有榻榻米的地板，我姊姊去世後，我與哥哥住在這間房。早期是她一個人的房間，有一個高高的窗台，我常常坐在上面，遙望美崙溪及西邊高高山坡上當年日軍司令部的樓房，以及那一片老松林。幾年以後，韓戰開始，那個司令部的樓房住了美軍，這些美軍常常在那裡用槍打老黑鷹，幾年以後他們離開了，老鷹也看不見了。

早年的美崙溪是一條美麗的河流，河中到處有水草，釣魚的人也常常釣到大尾的金黃色鯉魚及草魚，有十來斤重，我們也常去釣一種叫「弄哥」（日語）的小魚，很是有趣。河邊有一大塊凸出的沙地，靠近我家院子部分，我父親送給了附近一位以送報過日子的周先生用來種紅薯，以便養豬之用，偶爾他也種一些花生等的農作物。

我父親在院子裡，到處種植花草，尤其是菊花、大理花、茉莉花及金魚草（一種花科），同時也養了一些台灣知名的蝴蝶蘭。我小時候最大的興趣是到河裡捕魚，我的工具是家裡掃地用的竹畚箕，加上我們花園用的灑水器，到河邊有水草的岸邊捕小魚，然後放進灑水器內，帶回家裡養在日本澡堂的澡池內。

我後來大約捕獲了兩大洗澡盆的各種魚類，以河中的「弄哥」為主。我用家裡的雞糞來養，小澡池的水大部分是雨水，然後又放了一些從河裡找來的水草，即使沒有換水及增氧的設計，魚兒還是長得很快，後來這些魚還長得還挺大的，讓我很有成就感。此事我終生難忘，給我最美好的少年回憶。

我父親也喜歡種菜，在排水溝裡種了很多空心菜，我也將排水溝中一小段做了一個小水壩，種植水稻，生長得很好，綠油油的；可惜長大了，發現稻子不結實，也就是沒有米不出穗，是空心的。我一直找不出原因，直到我長大了，才知道是因爲用了一般的雜交改良稻種的第二代，而非親種，就是米店打米的原穀子，以至於不結穗。對我而言，這也算是一個經驗的學習。

花蓮大地震遇難記

民國四十年（一九五一年），發生花蓮大地震，這個塵封的裂痕，驚嚇到當時剛進入小學二年級的我。記得那天清晨五點半左右，突然房屋搖晃得很厲害，而且伴隨著巨響，著實是天驚地動的感受，大家不由自主的叫著「地震」向戶外奔去，嚇得臉色發白。由於我們都是剛從大陸退居台灣寶島，幾乎沒有這種經驗，加上我們的居住地接近太平洋，在美崙溪入海的河口不遠，地震時有一種像是天要塌下來、地要裂開的巨響聲不斷，這種如同海嘯的聲音，我長大以後，在台北、東京及美國舊金山的地震中，從未遇到相同的情況。

震後，母親趕緊來安慰我們，父親進房裡檢查，發現不少牆壞了。當時我們日本老房的牆壁是用竹子做骨架，再用稻草加黃土做內裡填充，最外面是用白石灰塗上厚厚一層，的確很實用，冬暖夏涼，也可防火，並且也美觀，只是遇到強震就顯得極為脆弱。父親從房裡出來，就知道零亂不堪的房子暫時不能居住了，而後父母又在院子的遠處，發現這間木造房子有些傾斜，安全性堪憂。

我們的鄰居是位當地報社的記者，立刻轉告我們，這次地震五．七級而已，中午會有一個更大的地震發生，讓我們不要進屋裡，以免發生危險。我母親問他如何得知會有更大的地震在中午發生？這位溫姓記者回答，是從許多本地有經驗的老人預測而來，我們也很相信他的話，不禁害怕下一波地震的發生。

父親冒險到房裡搬了一些東西出來，而且把一個大木床也抬出來，在院子的角落安置下來，並安放了一些藤椅及茶几，母親也進房裡拿出一些吃食及米油等生活物品。此後大家什麼都不能做，震後餘驚還在，鄰居們聚集討論清晨這一場大地震，每個人的境遇及心裡的驚慌，尤其是我們這些從大陸來的遠方客，不停詢問本地居民是怎麼一回事，更喜歡問問受了點教育的原住民同胞們的看法。

我記得我母親正站在這一日式宿舍區中央的一個小廣場，幾乎大部分的居民都在那兒，她附近有好幾位年少的女孩圍在我母親四周說事吧！頃刻間，時間是十一點五十分左右，頓時轟轟的巨響聲不停，一個八級大地震出現了，果眞如本地老人的預言，準時發生，此事我到現在都很佩服，這些老人怎能對大地震預測得如此之準。

話說回來，地震發生時，幾乎沒有一個在廣場的人能站得住腳，全都倒了下來。那幾位圍在我母親身旁的女孩子，全部很自然的抱著我母親倒在地上。八級地震後，餘震不停，彷彿每幾分鐘就有一個，在我的感覺，接下的幾小時，大地都在不停搖晃，整個菁華街日式宿舍區的房子無一完整，有一半以上的房屋全部倒塌，我家的房子也傾斜得不成樣子。這些日式房子，大多都有防震設計，但是仍無法抵抗這一次的八級大地震。

當時許多人喊叫著往高處跑，我也不知所措得跟著一大群成年人向高處跑去。地上到處流著水，因爲自來水管震破了，有些馬路更裂成深約一、二公尺深的長條大口，更有不少大樹被震倒，眼見之處滿目瘡痍，怵目驚心。

當我跑經花蓮女中，最後到了花崗山上，正好遇上我的一位年長的同學于永福，于永福是山東人，比我長六歲吧！他是一群大陸來的小流亡學生之一，出發時人數有一二〇人，從山東遷到廣東、海南島轉到台灣，最後只剩下十六個人。

于永福找到了在城裡開了一家山東飯店的叔叔，跟著叔叔過日子。他雖然還只是二年級的小學生，但是因爲比我年長很多，在地震時非常照顧我，並安慰我別怕，當時我害怕得流著眼淚不知所措。

在花崗山上有一大批人群，在這一塊高地上，不多時，忽然有人出來大喊可能有海嘯，此地不可留，應往高處走。這一聲大喊，大家立刻像一群野馬，不停向美崙山的方向奔去。

此時我已經走不動了，是于永福背著我往人群的路奔去，到了美崙山坡邊的一塊草地時，我發現一個我認識的人，是我父親的朋友，他是當時花蓮師範學校的校長。當然他並不認識我這位小朋友，我告訴于永福，他是一位校長，我們就跟著他絕對不會走錯路。沒有多久，這位校長與數位老師找了一塊野草地坐下休息，並談起天來了。我們坐在附近，我清楚的聽到他說：「下起細雨了，不會有海嘯的，也不會有大地震，我們大家可以安心回家了！」說完就站了起來，我立刻告訴于永福，我們也回家吧！

經山路轉小路再回到一條大路上，不久有位同年的女孩叫我，轉頭一看，是我鄰居家的阮南生，他哥哥阮松齡是我同班同學，比我大一歲。她的父親是安徽醫大畢業的軍醫主任，常來我家爲我們看病，此時阮南生大喊：「小氓子，你媽媽在找你，快些回家吧！」我聽到以後也急了，快步向家裡奔去。到了日本宿舍區（菁華街）時，每看到一個熟人，就驚訝的告訴我：「小氓子，你媽媽在找你呀！」我小時，我母親在四川給我哥取了一個小別號叫「大氓子」，因此我就被他們叫成「小氓子」了，這是我在兒童時期經常聽到母親及鄰居人這樣叫我，是否有什麼涵義不得而知，或許也沒有什麼其他意思吧?!那天我回到家，已經是下午接近黃昏的時光，我母親給我弄了碗麵條裹腹。我看到父親在院角的大木床上，做了一個簡易屋頂，可以防雨水。

我鄰居的一位潘教授，是加州理工大學的化學博士，我小時，就知道有一位錢學森博士，就是從這位潘教授那兒說出來，他們是同學。他的太太是國大代表，後來聽說到台北女師範做校長了。

他們有一位女孩名叫「小鳥」，我母親叫我跟她睡在這張木製大床上。她睡在我身旁，入睡後，不知多時，我夢見大水淹了我，不由自主在夢中大叫。我母親立刻前來喚醒我：「你作夢呢！」我說：「漲了大水，淹了我！」說時遲那時快，我母親發現我睡的床單、被子都濕透了，原來是這位名門閨秀的小小姐，夜尿在床上，把我的衣服也弄濕了。想來這泡尿液，倒眞是小龍女發大水吧！此事，也成爲這場大地震後給我留下的一件難忘的趣事。

這次地震爲花蓮市帶來巨大的破壞，我姊姊的明禮國小幾乎全倒，但是死亡的人很少，因爲所有小孩都躲在書桌底下。當時日本人建築的房子都是木質結構，房屋倒塌是需要長時間的搖晃才會傾斜倒下，因此有很長的時間能讓屋內的人得以走避，當時房子又都是平房，可見木質房屋本身就是很好的防震設計。爾後我到美國住在加州舊金山灣區史丹福大學附近，我們就住上全紅木建的房子，也遇上了一九八九年七．九級大地震，幾乎沒有任何損害，當然主因花蓮地震頻繁，讓我對地震也很有經驗。

二〇〇八年五一二四川大地震，北京有四級以上震感，我們公司在朝陽區四環遠洋中心有一層辦公室，員工們全跑下來，告訴我大樓已經傾斜了，太危險了。我立刻查看大樓的窗戶，沒有一扇窗門及玻璃被損壞，所有門窗完好，就以這點證明大廈沒有傾斜的可能，只是大家的心理作祟罷了。

這是台灣二十世紀最大的一次地震，也是我一生中遇到的最大自然災害。屋漏偏逢連夜雨，當時還在戰爭時期，韓戰已經開始，台灣是國窮民貧，這次的破壞，光是水電及簡單的房屋修繕，足足花了年餘的時間。無電無水，尤其自來水全部破壞了，加上台灣的颱風又多，可以想見當時的災難，帶給我們的是怎樣的痛苦生活。

所幸，美國當時支援救災很是賣力，而且各基督、天主等教會也大力幫助救災，台灣國民政府（省政府）徵召了八千名木匠到花蓮協助重建工作。我家來了一位高個子的山東木匠，因爲他吃麵及饅頭，所以他工作了四個月，我母親都準備麵食爲主。

第一天他來我家看了以後說：「這房子傾斜得很厲害，因爲是木造房，可以用千斤頂來矯正。」這的確是個大工程，他不知從哪裡找來好幾套大型千斤頂，花了幾天的時間才把房子矯正，基本結構還是完好，土牆則是完全崩塌，某些木樑及門窗仍要重新更換。我們全家動員幫忙，包括勤務兵芶開文，並找了幾位戰士（兵）前來工作，在缺水、缺電的情況下，完全是用人力的老方法來工作，其困難可想而知。沒有房子睡的日子裡，我們長期睡在外面，父親修建的簡易難民房內，生活得非常克難。

小學被迫越級，影響學習力甚深

我家住在花蓮市菁華街三十五號，南邊不遠處是花蓮女中，越過女中往坡路上行，是花蓮有名的花崗山；北邊是美崙溪及溪邊的美崙山台地，也就是當年日軍司令部、電台、水廠及一大片老松林。

我們剛到花蓮時，曾住了一些時間，因爲記憶中，我父親曾在那兒養了不少路雞（柴雞）或稱土雞，有一次我父親的部下用哨子吹了一下，所有雞都從樹林中出來，然後開始餵食它們。還養了一群羊，足足有一百五十多隻，後來這些羊賣不出去，沒人要買，我爸異想天開，找了兩位部下，到市場上弄了一個攤位，賣起了羊肉來，而且還有熟滷的肉，仍然很難銷售。因爲當地老百姓太窮了，吃不起羊肉，而且他們也沒有吃羊肉的習慣，最後我父親決定把所有的羊分配贈送給部隊及眷屬加菜了。

不過說也奇怪，我父親究竟從哪弄來這麼多的羊呢？我記憶中，芶開文告訴我，很多羊是從上海坐船到台灣時帶過來的，不過這個說法對我來說，如今仍是一個謎。

花蓮師範附屬小學求學記

一大批國軍部隊及眷屬到了花蓮市，其中有一些人是我父親單位「兵工學校」，在吳淞口的單位子弟學校的老師，因此很快的成立了一個子弟學校，讓我們立刻復學。後來這個子弟學校就附屬到花蓮師範學校，成爲附屬小學，簡稱花師附小，並由花蓮師範把一部分校舍及教室供作我們這批大陸來的小孩就學之用。

很不幸的是，沒兩年，就發生了大地震，房屋全部倒塌，在我腦海裡仍然帶有這個淒涼悲傷的記憶。我記得有很長一段時間，我們是揹了一個小木板做桌子，並帶了一個小木凳，如同戰士打野戰一樣，前往花崗山上到處找地盤，樹蔭下是最好的地方，可是每逢遇到下雨，老師就只好讓我們回家。

由於我年齡小，而且人也瘦小一些，我母親有一段時期根本不讓我去上學，我在家裡悶不住，自己偷偷的到花崗山看同學上課。老師自備一個大黑板，教同學大聲讀書，在記憶中我很是羨慕。一年以後，學校房屋修繕好了，但是不能滿足太多學生使用，就安排一些在教室裡，一些在走廊上，同時還實行上、下午兩班制，亦即有些是上午上課、下午回家，而某些班則正好相反。另外還有春季班與夏季班之分，換言之，同時有小學三年上學期班，也有下學期班，一切都在非常刻苦的環境下學習。

我讀三年級時，學校採用夏季班制度，強令我從三年上學期班，直接跳級升讀四年級上學期，完全沒有接受三年級下學期的教育。我當年讀小學一年級時就是從幼兒園跳升的，年紀未滿五歲，如今又跳了一級；老實說，我是一個沉默但是有太多自己思維的小孩，不合群也不活潑，並不是好成績好學生那一類的孩子，不斷跳級對我造成非常不良後果，幾乎影響我一生。

我從一年級到六年級，幾乎都坐在第一排，而且大部分時間是第一號，只因我個子矮小加上年齡又小。我的小學生活很悲慘，不是被同班同學欺負，就是被老師打手心，尤其不會背書，也就是不懂把課文完全記憶下來。而且上學時，經常把當天用的教科書給留在家裡，忘記帶到學校課堂上，加上當時都是兩人用一個桌子，我的鄰座記憶中幾乎全是女生，都對我這位比她們小的小朋友很不友善，如我沒帶書上學，她們從來不會把她們的課本，與我在上課時分享閱讀。

我經常因爲背書不行或考試不好，被老師打手心，當時的老師採「鐵的教育」，很愛打人，有些同學還被搧耳光，很嚴厲的處分，完全不留情面，所以我的小學生活並不很愉快。每每同班同學玩遊戲「官兵抓強盜」，兩方猜拳選人，我都是最後一位被他們挑選，或者根本不挑我參加；大夥兒站在那兒分隊挑人時，我常常都認爲自己是多餘的一員，因爲我太小了，不符合他們的條件。

老實說，當時我心中對上學並不太有興趣，只是母親很仁慈，希望我們能受好教育，就是爲了父母才去上的學。我在五年級時，有一次上音樂課，考了二十七分，當時任何課目必須六十分才算及格，一百分爲滿分，音樂老師宣布不及格的學生要打手心，少一分打一下，因此我的右手被打了三十三下。我的手被打紅了，眼淚也被打了出來，但老師看來無動於衷，一點也不心痛。這位老師，後來我進花蓮高職初中時，我又遇上了他，在花蓮中央電台工作；沒多久，他不見了，聽一位長輩說，他因匪諜罪（共諜）被政府抓了。

我知道這個消息後，還有點幸災樂禍，因爲我一直很害怕他的。我的音樂水平因爲他的過度處罰，從此永遠失去興趣。這位老師打掉了我人生中應該享有的一項藝術之樂，可悲乎？

當然在小學生活中，也有些奇特的成績出現，我至今都想不通，爲何讓我有此榮耀。小學二年級，我得到一次全校同年寫字比賽第一名，在每週一的週會上，被點名上司令台上領獎；還有小學五年級時，也得到一次寫毛筆字的冠軍，在我平淡生活而事事不如人的小學生涯裡，對我而言還是充滿激勵的。

在此我也要特別提到一位地理老師，在小學五年級時，教授我們地理課，經常找我說話，並且請我吃糖，在我心中他是一位無比仁慈的老師。他是一位從大陸來台的中年單身漢，我去了他的宿舍，看到他在洗衣、縫補衣服，說話非常溫柔，對我特別關懷；所以我的地理課考試成績都優秀，並且在往後中學及大學裡，對地理這門功課極爲有興趣且成績優越。「師道有專，慈心爲上，學生前途，仁心誘導」，我的少年學習命運，因爲老師的緣故，就如此被安排了。

打架成了贏家？

由於美國的援助，我們的花蓮師範附小，接受到最早的一筆款子，在美崙山山下的新市區建了一個全新的校舍。老師說這是美國人建的，所以很現代化，教室及走廊的地面，都是用黑色瀝青混料鋪成的，而非水泥地面。如此不僅行走聲音小，而且地面行走也有彈性，這在當時我們的花蓮縣市，的確是一間最現代化的小學學府了。

老師爲了加深我們對美國人的富強觀念，還特別告訴大家：「你們要知道，美國小孩喝牛乳就像喝水一樣的容易，是不要錢的。」在當時韓戰期間，我們都很窮，牛乳更是缺乏。我記得我母親常用米漿代替牛乳餵我的小妹妹瓊燕，她是一九五一年出生的。老師在課堂上如此一說，眞在我的小小心靈種下了一個模糊的美國夢。

但是學校離我住的菁華街有些距離，我到新學舍就讀時已是五年級了，我哥哥是六年級，每一年級有甲、乙兩班。由於每天要走很遠的路，加上路上有不少軍車，常常輾壓到小孩，極度危險；因此我母親只讓我及哥哥就讀這所學校，我的兩個妹妹都在附近的明禮國小就讀。

因爲上學、放學都有不少時間可以在路上閒逛，我記得上學時我們附近的幾位同學，都在路邊的花生田偷採花生，洗清潔以後放入便當盒內。受惠於學校有蒸飯的設備，我們也因此能享受一餐熟花生午餐了。

回家的路上，幾位同學就沿途偷拔農民的紅薯，番薯種類很多，有黃心、紅心及紫心的。我們各顯神通，如同摸彩，誰找到紫心的就大叫一聲，每次放學回家，滿腦子都在想著如何弄個好傢伙，拔完以後就在溪邊洗乾淨，然後就像吃水果一樣生吃這些番薯。有一天，某位同學告訴大家這些番薯是用人的糞便施肥種出來的，生吃會在肚子裡長蛔蟲，也就是人的寄生蟲，嚇得大夥兒立刻把手中的紅薯丟掉，而且從此不再幹偷拔農民紅薯的事了。

我在小學的時候，日子不是很愉快，朋友也很少，常常被同學欺負；因爲年齡比同年級小，身材也矮小，學校的成績也不很好，運動上也無特殊成績。只是口才還算好，常常被勞作課老師叫到台上，給同學們講故事；每次有上台講故事的機會，我都很高興、很快樂。這位教授工藝勞作課的老先生，我如今還記憶深刻，因爲他給了我當年被欺壓下的榮耀。

此外我姓「茍」，在小學時大家叫我「小苟」，也即「小狗」同音，並做些玩耍狗狗的動作，雖爲開玩笑，但也常常讓我不得不發脾氣，找他們打架。我常常被打在地上，爬起來流著眼淚回家。因爲這種事經常發生，回家時我母親發現我的眼眶泛紅，問了一聲：「又被別人欺負了，打不過別人，就少找人打架。」立刻叫我洗洗臉，把摔倒在地上弄髒的衣服換下，偶爾會把她做好的包子給我一個，以示安慰，我的心裡還是很受用的。

我個性剛烈，只要與我打過架的同學，幾乎永不來往，所以小學同學中，幾乎一半沒有來往。班上的女生，我因爲自卑，從不與她們說話的；所以在小學五、六年級時，我的朋友可能只有三、五個，很是孤寂而不愉快。

我在小學時在教室的座位都是排第一號，近教室進門處，在任何活動中，如果以年齡小個子矮爲標準，我肯定是排第一號，在學習上並不是那麼優秀的，但也有例外。

我記得小學三年級上學期，有一天我帶了學期結束的成績單回家，母親問我考了第幾名（以前學生的成績是要排名次的）？我不知該如何回答，我媽好奇又帶著開玩笑的說：「是不是倒數第三名？」我一聽到有個「三」字，聯想到在成績單上彷彿有個「三」字，因此立刻回答：「是吧！」晚飯後，我母親與父親閒聊，提到了我的成績不太好，是倒數第三名，我父親對我們的學習是罰比較多，立刻就要處罰我，打了我手心，他打人是不留情的，把我打得眼淚直流，母親看我可憐前來安慰。

第二天早上，我請母親在我成績單上簽章，以便繳回給學校老師，母親打開成績單，驚奇的發現上面寫的是第三名，而不是倒數第三名，此時趕著上學去，她只好笑著說：「你是好學生，怎麼你自己都不知道？昨晚白白挨打了，以後可要精明一點。」說來慚愧，我這一生到如今，上面這類的事倒是經常出現。或許是我從來低估自己的能力及實力，只知拚命往前衝，而不回頭盤算已經走了多遠，或許這正是年齡小、提早入學的自卑與後遺症吧！

尤其從三年級跳升到四年級以後，我因少讀了半年，加上年齡小、身材也矮等問題，功課就一落千丈，尤其是國語課。到今天我的國語注音符號還是不能完全了解。

我在小學時，總是被人欺負，打架是常有的事，都是別人先惹我，而且我都是輸家，被人打敗了，流著淚回家。不過有一次例外，我如今還摸不著頭腦是怎麼回事。

我有一個鄰居，姓余名定安，小名「小寶」，比我小一個學年級，但年齡應與我相當或大我一歲吧！爸爸叫余偁，爾後是台灣東吳大學的外文系系主任，可能是蘇州人。當時他是兵工學校教授，住在菁華街日式宿舍眷區內，離我家有點距離，他父、母親都是有修養有文化的人，家裡院子種了很多花草。

猶記得我母親告訴我：「余教授不會下廚做菜，連蛋炒飯都不會。」當時我們聽到這話，總認爲余教授是很嬌生慣養的人物，直到幾十年以後，我才發現原來我自己的蛋炒飯也做不好，蛋炒飯這門看似簡單的廚藝，其實並非易事。

話說回頭，我的這位小同學很聰明，外表也很清秀，家教更是好得沒話說。有一天他媽媽跑到我家，又急又憤怒的告訴我母親：「妳兒子『小氓子』把我寶貝兒子『小寶』打傷了！」她怒氣沖沖的控訴，但是我母親打心底不相信，她這位經常被別人欺負、每打必敗的兒子，今天怎麼會成為贏家，把這位聰明小孩給打傷了？

我母親問我：「是不是你打了余教授的寶貝兒子？」我說：「我只是同他下棋，我下輸了所以就不玩了，並沒有打他。」後來我母親為了表示善意，還到余教授家去拜訪小寶表示歉意。回來以後說，他只是手指受傷，不像是被我打傷的，但是我母親加上一句：「你是不是用口咬他的手？」我是丈二和尚摸不著頭腦，我早就不用嘴咬人了，甚至早忘了還有「嘴能咬人」的這個方式。從此以後，我看到小寶便退避三舍，不敢跟他玩，也不跟他說話。我小時候膽子很小，也有些自卑，知道會惹上麻煩就不跟人來往，從此與小寶各走各路。

二十年以後，我在國立政治大學企業管理研究所就讀時，我的研究所英文課，就是這位余倆教授上的。見了面，他告訴我：「余定安（他唯一兒子）台灣大學土木系畢業，到美國留學去了。」其他的事，我們都未談及，真是往事如煙，就這件小事，我與這位小寶，至今未再來往，想來還是很懷念的，因爲這是小時候唯一的一次，在我記憶裡，彷彿是我可能把別人打傷了，也算是意外成了打架的贏家?!

憶小寶

兒時玩伴　純天真
無怨無仇　好朋友
父母過慮　奈何嗟
雛鳥驚鴻　永隔離
往事如煙　長相憶

局勢不變，父親急退伍

民國四十七年（一九五八年），我父親從軍中退伍了，那時我正在花蓮商校高職部一年級就讀。當時從軍中退伍的條件很差，政府給了一筆錢，就讓你解甲回家，沒有年俸，也沒有醫保，稱之謂眞退伍，也即全退，這筆錢是不夠養家活口的。

我母親是上海人，深知這件事會給家裡帶來一些災難，因此得知父親堅持要退伍時，兩次主動前往他的工作單位，要求撤回申請。但我父親意志堅決，第三次申請時，並未告訴我母親，上級立刻批准。他領到當時在花蓮是最大一筆的全額退休金新台幣四萬餘元。

我家必須用這筆微薄的退休金養育八口之家，當時小弟和生已經出生了，姊姊、哥哥及兩位妹妹和我都在中小學讀書，父母希望我們能接受良好教育，家庭生活很是艱難。

好多年以後，有次我向父親問及此事：「當年為何如此堅決退伍呢？」

他告訴我：「自從台灣最大的一次政治事件『陸軍司令孫立人案』發生以後，老蔣對所有在印緬抗日作戰而與美國有些關係的軍人，很是猜忌。小蔣（經國）負責大規模清除軍中與美國有關係的軍人。」因為害怕美國不支持蔣家政權，而利用這些親美派進行政變。現在看起來，這件事的確是蔣家輸了大陸後，心有餘悸，過於憂慮，太過敏感了。許多在印緬作戰抗日的英雄及所有官兵，也曾經在東北與中共打內戰效命的人，一個不留的被清除掉，入獄坐牢的不計其數。

我父親在抗日戰爭期間，曾到印度做過與遣送兵員及裝備武器有關的事，加上他的上司與印緬戰美軍的密切關係，原本盟軍中國戰區司令史迪威將軍（Joseph Stilwell）上任後，第一個舉薦選拔的人是我父親的上司宗隊長。因為他是美國西點軍校畢業，又是蔣介石所喜愛的軍官，當年廬山軍事會議，只有將軍才能參加的會議，他是以上校軍階特選參加，可見老蔣很是重視他，史迪威將軍又指名舉薦，因此老蔣立刻答應。

在他前往印度組建新軍之前，特請風水算命師測度流年命運，該算命師測得最壞的七殺之命，叫他當年最好不要遠行，但是上峰軍令在先，不走也不可能了。家父是他的第一愛將，家母也與他夫人聯合勸他取消此行，然而這是何等大事豈能隨意更改行程，原來美國有意要組建二十八個現代化師，家父被安排是訓練營的大隊長，將來也是這些現代化的部隊軍級領導，前途似錦。

宗隊長因此坐機前往印度，家父本應隨行，但家母懷有我的身孕，堅持要我出生以後，家父才能遠行。因爲家父戰時常不在家，我哥福生出生時是一九四一年，他也在外地，因此他的領導答應他晚些日子再行前往。

人生焉知禍福，宗隊長這位前途似錦的有爲軍人，因座機撞上中印邊界的喜馬拉雅大山，魂歸天國，如今屍首尚未知何方，悲唉！這事說到此爲止。不過此事卻也大大影響家父的軍人運仕，雖然從此停止不前，但所幸逃過生命難關。

話說回來，也就因爲這層關係，在台灣蔣家害怕恐懼美國的陰謀下施行大清除，只要與孫系及印緬戰上與美軍扯上關係的軍人，都會受到池魚之殃，家父同樣也受到波及。原本家父應準備接受少將官階，成爲化學兵班主任，儘管命令已經下達，還是立即又被降級改爲副員，成爲無正職的閒員。以家父的性格是不可能再幹下去的，因此得知政府要裁減軍員，便堅決要求退伍還民。

此外，家父告訴我：「不知蔣家清除的力度如何，擔心更進一步的深入清理，不知上峰是否會找個莫須有的罪名，把我也送入牢房了。」當時是送「火燒島」，也是關押政治犯的綠島。家父說這話時，我已經在大學就讀，但聽聞父親講起此事時，不禁有些後怕。

家父在軍旅時期，辦理與軍械教育方面有關的任務，在台灣經常受國防部聘爲各軍種及警察部隊等單位，校閱檢查軍械及化學防務有關的教官，以及校閱督查官之類的工作。他經常出差，每次出差都會帶各地特產或買一些東西回來，我記憶中，有一次給我買了新衣，還買過上海回力牌球鞋，印象之深至今難忘。他還給家母帶了些台北的桃酥餅乾，告訴我們：「這是你母親在上海時愛吃的點心，你們不可以吃。」但是家母還是私下給點讓我們品嚐。

在退伍前兩年，他去過兩個地方，在此值得特別述說：

一江山戰役前夕，父親有驚無險平安歸

有一次我父親被國防部派到當年大陳列島及一江山等浙江沿岸島嶼，當時仍然由國軍部隊駐守，他是以軍械裝備視察官身分前往。一九五五年，當時戰爭風聲很緊，韓戰剛結束，共軍正準備強行奪取上述島嶼。

我當時年紀尚小，正在念初中，以爲父親又一次到外地巡教，畢竟大部分他的工作是以教官身分到三軍做教育，也常以國防部的視察官身分出行。但是此行之前，我母親格外擔心，直到我父親安全回家後，才從他那兒得知，原來他這次前往大陳列島，是一次生死別離之行。

我父親這次出行是奉緊急命令前往，主要地點就是一江山島，因爲這個岩石小島已在中共的包圍圈下，情報顯示，共軍勢在必得，美國因韓戰剛結束，並無意保衛這些補給困難、離台灣有些距離的島嶼。

由於中共參加韓戰，受蘇俄的大量援助，軍力大增，老蔣雖然有意保住大陳列島，但在形勢所迫下與美國暗中達成協議，由美軍第七艦隊保護下，把大陳列島的居民全數撤離遷回台灣，唯獨一江山島不在其內，準備與共軍拚個血戰。當時一江山島上有駐軍七百二十名，

我父親是最後一名國防部派往視察的高級軍官，並有隨員三名。

到達大陳列島時，當地地區司令卿司令其兒子是我小學同班同學卿太行，告訴我父親，一江山戰事吃緊，共軍隨時會大舉包圍開戰，讓我父親不必冒險前往。我父親也是轟射火器及毒氣方面的專家，想到這個岩石島嶼做些戰前防禦工作，而且共軍必定會採用這些武器，所以也急於想要貢獻一些防禦戰術給當地駐軍。

由於他堅持前往，卿司令準備了小機動船，安排他們數人立即啓程，並且一再叮嚀速去快回。黃昏時分，一行人到達了島上，當時一江山島上司令是王生明，已安排好酒菜給我父親一行接風。王生明緊張的說：「這是我與上級官員的最後一餐告別宴了。」衆人舉杯互敬，王生明亦對餐桌上的官員含淚表示，必將爲國成仁，沒有生還的機會了。

王生明並向我父親交待遺言，流淚送別我父親的一行人。他特別叮嚀我父親，他有一女由其兄養育住在花蓮，要我父親轉告，請大陳卿司令照顧；並請我父親返回台灣後，也前往安慰他的女兒及其兄長。

當時共軍已經開始砲轟，戰事已開始，王司令備有一條特別小漁船，已是黑夜時分，讓我父親他們藏身船艙下，僅由裝扮好漁民模樣的戰士，能說當地方言，靜靜的開往返回大陳島。在海域水上，好幾次被共軍燈光照射，但是見小漁船僅一人駕駛，因此無上船檢查。

兩小時後，一江山島已開始爆發大戰，砲聲隆隆，遠處已能看到火光。清晨黎明，我父親一行回到了大陳島，卿司令及數位官員在碼頭上迎接，卿司令說他們一夜未眠，非常擔憂這群最後訪問一江山島的國防部官員。「在大陳列島上很清楚的聽到砲聲從一江山島傳來，你們能回來，眞是幸運。」他說。

一江山之役七百二十名官兵陣亡，幾個月後大陳列島在美國第七艦隊的保護下，官兵及島上的三萬居民全數撤走，遷往台灣。大部分的島上居民都是浙江人，被安置在台灣各地，花蓮美崙山下的一處坡地上也有，生活很是清苦。許多中年及年輕人，從事一些低賤的工作，包括清潔糞便的活兒，有些中老年女士，替人幫傭打雜，眞是留了一條命，丟了家園，成爲浮萍似的流民了。

我父親這次出差外島回家從大陳帶回二十餘條乾製大黃魚，每條足足有十來斤至二十餘斤，並帶來了不少淡菜，也即「海紅」，又叫mussel的乾製品，紫菜更不在話下。由於我外公家是杭州遷到上海的人，我母親很會烹飪這些當地的海產品，她經常燒給家人吃，口味很好。這種野生大黃魚在江浙海域幾乎已經完全絕跡，如今母親走了，要吃媽媽味的黃魚再也沒機會了。

我父親告訴我，卿司令說這場一江山戰役是完全可以避免的，美軍也願意保護安全撤退的，島上官兵也不必白白犧牲，而且這一戰也肯定會失敗，保也保不住的；只因老蔣為了展現自己的面子及鬥志，非打一次明知不可能勝利的戰爭，且共軍也處心積慮非要較量不可，真是「一個願打，一個願挨」，周瑜打黃蓋吧！

英魂豪傑　一江山
兩雄爭霸　萬骨枯
願打願挨　本可免
國共烈士　皆冤魂

紅火迴瀾閣餐廳，奈何付之一炬

我父親在退伍前曾在花蓮市警察局擔任督教工作，他是負責人，因此結識了一批地方警界上層人士，來往密切；加上我先前提及的，我母親的大舅公是抗戰以前的警界權貴人士，儘管抗戰勝利前一年在重慶去世，使我父親在官場上失去了一線躍升的後台支柱，但是在台灣地方警界，都是大陸遷台人士，因此我父親還能利用這種淵源關係，結交不少朋友。

這些警界人士，在我父親退伍以後仍頗具影響，我姊姊高中畢業後，我父親透過關係，為她在花蓮市警局謀得一份雇員的職務，也是得來不易。此外，他認識一位張督察長，是當地警界第二高位，幾乎與局長平行，在他的遊說推薦下，我父親與另外三人合作創立一家東台灣首屈一指的大餐廳，請了當時台灣七大文豪之一的名士駱香林取名，稱此大餐廳為「洄瀾閣」。洄瀾是花蓮的古地方名，寓意深刻。

原本是四人合作，但是大家希望讓張督察長加入為暗股，以便在地方上有所保護；但他不需出資，並訂投資總資本新台幣十萬元，分批出資如下：大廚劉長雲二萬元、跑堂總管兼收帳經理二．五萬元、另一位提供飲料的菸酒專賣商人二．五萬元、我父親是三萬元，合夥契約股份則平分成五份，各人持有五分之一的股份即二萬元。

這對我父親是不公平且吃虧的，但是我父親掛名總經理，因為他的地方關係不錯，也是將軍級的軍界主官，又長得一表人才，更重要的是其他合夥人，都因各種個人問題，不能公開出面代表企業，甚至其中兩人還有案在身，文化素質也拿不出去。

最重要的是，我父親是老實人，出資也多，人品極佳，他的這些合夥人可說沒有一個是善類，相戶之間早就為私利勾心鬥角；只有父親是厚道人士，在出資配股上也自願吃虧，因此抬他出來，一則可撐住企業場面，二則不會影響他們這批宵小之輩的私心，擔心我父親會與他們爭利。

這個洄瀾閣餐廳規模宏偉，開張以後，生意興隆，完全是以上海的鴻賓樓架式出現，專門包辦酒席。那時，我正在高商一年級讀書，當地報紙還特別專欄介紹。因為兩位大記者都住在我家對面，自然大力捧場，而且他們也登報做廣告，所有的廣告及宣傳，都掛上了我父親的名字。以我這個內隱保守的少年，因老爸而名氣而惹人注意，還是覺得非常不自在。

由於這家大飯店是包辦酒席，海參、大黃魚（糖醋魚）、樟茶鴨等好東西，幾乎每天都由跑堂送到我家裡，母親只好叫在家中幫忙的一位老兵（四川人、名叫黃成福），在屋外院子內做了一個大鍋菜的柴火灶，以便把魚、鴨、雞、海參等一次在大鍋中烹熟。主要因為當時並無冰箱，所以當天必須加熱，第二天才能保持新鮮衛生。

這種大魚大肉的日子，足足維持了三年功夫，到我高三時，大姊生病，住進台灣大學附屬醫院，後來去世，而洄瀾閣餐廳也因一場大火，被燒得一乾二淨。

餐廳開業以後，我父親把他的一位老部下，名叫葉南京，在嘉義一家飯店做跑堂（服務生）的工作，請他前來幫忙。此人原是我六叔的老管家，從大陸撤退到台灣時，六叔想跟我父親一起到台灣，主要想在我父親軍中謀個好官職，並要求他的老管家也能在部隊中一起謀個官差。

我父親幾番努力，把兩人都安排做少尉排長，但是我六叔很不高興，雖然我父親安慰他，慢慢再找機會，暫時忍耐一下，畢竟這個官差來之不易。但他最不高興的是，怎麼他的下屬居然與他的官階相當，百思不解，一氣之下，留了一封生氣罵人的信給我父親，就帶了老婆從南京跑回老家四川旺蒼了。

五十年以後，我回老家，父親的小弟九叔告訴我，我六叔後來在一家肥料廠工作，有一天禍從天降，一塊大木頭從屋頂掉下來，把他壓死了。又再過五十年後，我回老家見到了他的妻子，也是我的六嬸，年已八十六歲，看來精神很好，走路還很捷快的。

話說回頭，葉南京工作了兩年，就要求返回嘉義，回到老朋友處工作，他走之前告訴我：「大餐廳內幾位股東都在各自弄些私利，你父親是唯一正直的人，將來會吃虧的。目前餐廳生意很旺盛，應不會有大問題，但是如出了什麼事，或是生意不好，這些人都會把責任賴在你父親身上。」此言甚是，容後再述吧！

餐廳生意的確火旺，我父親的地方關係很好，花蓮的官方生意幾乎包盡；再加上地方黑社會、流氓知道我父親是軍中將領，也避之千里。其實那位當年拿乾股的警界頭子「張督察長」，餐廳開業的前一月就已經被調到台東縣任職，以後對企業完全沒有幫助，僅僅是他們白送了一份實股給他，外面的關係及招徠生意，都是我父親熱心努力的結果。

「洄瀾閣」的名聲是東台灣花蓮、台東兩縣最大最有名的大飯店，如果不是發生一場大火，對我們家裡的生計，還是能支持且有餘的。真是天有不測風雲，正在十月生意火紅季節，清晨出現一場大火，居然把這間餐廳燒得乾乾淨淨，還在當天報紙登上頭條新聞。

我當時隨父親前往觀看這場大火，而此事結束後，我父親的麻煩也跟著來了。我母親告訴我，他們餐廳沒有完全保險，僅有責任險，燒了，什麼錢都拿不到，而且鄰居也受到損失，要求賠償。這些股東躲起來避不見面，我母親說這火是大廚（劉長雲）有意放的，其中最壞的是跑堂兼收外帳的經理，他把大部分外面收的錢藏爲私有，中飽私囊，而不交回到企業裡來。

頭一年，有位我父親推薦介紹的會計，常常在外帳上與他爭吵，但是火災的前一年，因患胃出血去世，他這個經理就大膽了。當時的餐廳宴會生意，官方是百分之八十賒帳，而民間也有四成，一年間總有四成的外帳進了他的私房；而賣酒飲料的這位合夥人更是賺飽了他的酒水錢，大廚在採購上也貪取價格及回佣之利，但是他發現上述兩人舞弊奪取之利遠大於他，心中不平。

在管理上，大廚劉長雲一手獨攬，排斥我父親，不讓我父親做內部管理，僅代表企業對外，或做一些銷售及公關的事。劉大廚曾向我遊說勸導家父不要干涉他對企業內部的管理，總之目的在專權，我父親有君子風度，就任由他了。

但沒想到，此三位合夥人各懷鬼胎，因此爭吵時起，內部分贓不均，尤其是跑堂經理與劉大廚兩人，更是不愉快，因爲是劉長雲推薦了這位經理入夥的，應是鐵桿子的夥伴，但是發現他爲了私利也出賣恩人，所以劉長雲很是生氣。加上他是單身，在工作上的確辛勞，廚房手藝更是了得，此時正有華僑想找他到國外開業，平常火氣也大，一時想不開，就放了這把火，燒了這一家火旺興隆的東台灣第一大飯店。

這場火，最後吃虧的是我父親，他留下來收拾殘局，劉長雲大廚因爲是單身，沒多久就躲起來，不知去向，另兩位則找理由不管了，他們還告狀到張督察長那裡，把責任全推到我父親頭上。我父親曾向跑堂收外帳的經理索取收回的款子，同時把他告上官府，由於帳冊已燒毀，無從查證，最後不了了之；加上大餐廳僅有責任保險並無火災全險，張督察長很是不高興，還好銀行帳上還有一筆不小的款子，我父親優先拿出一筆錢給了督察長，並處理了善後，自己剩下的餘額，聽母親說，也就是當年投資的那一筆金額了。

惡運當頭，倒楣事接二連三。有一天，一批稅務官員及刑警前來我們住的菁華街三十五號，拿了搜查令，我母親心裡立刻明白，是父親的合夥人張督察長告的狀。說時遲、那時快，我母親很機敏的把第一個衣櫃打開，日本房屋有很多建好的衣櫃，依靠牆面裝潢，外有紙拉門。這些人員看到櫃內有兩個封好的箱子，我母親立刻去開箱子，警官問道：「是什麼東西？」我母親說：「是衣服。」他說：「不必看了，我們檢查其他地方。」我母親回說：「你們隨意搜查吧！」他們到天花板上層搜查，同時翻開榻榻米，查看底下，最後什麼也沒發現，向我父親表示歉意就走了。

不多時，母親讓我出去看看他們走了多遠，不一會兒，我報告我母親：「看樣子已經走遠了，不會再回來的。」母親立刻命令我與哥哥、以及家中的一位老兵（黃成福），趕緊把她第一次打開的櫃子中的兩箱「衣服櫃」抬到院子中一處近河邊的低地，將櫃子裡的帳冊燒掉。原來這全是洄瀾閣餐廳的帳冊，真是捏了一把冷汗。

好多年以後，我母親提到此事，仍然心有餘悸，我問母親：「妳怎麼在第一時間，把這兩個箱子顯露給警察、稅官呢？」她說：「我只是心中猜想，我主動給他們檢查的，他們反而沒興趣，果然不出所料，他們沒注意到。」

這次事件總算沒有被張督察長把我父親告倒，我父親也算因我母親的機警，逃過一劫，免得牢獄之災。這是一件大事，我的確牢牢記得它。

這家大飯店經營期間，我正在讀花蓮高職高中部，也是發育成長的年齡，家中每天都有山珍海味，的確對我成長的體格貢獻不小。我記得有一次，葉南京與另一位跑堂帶來了十八隻烹飪好的香酥鴨，當時沒有很好的冰凍設備，很少把菜蔬放置隔夜再銷售的，都是當天三點起來準備當天宴會的需要。有一次海軍有三條軍艦來花蓮港，正遇到海軍慶典，當地海軍巡航司令部訂了七十桌酒宴，邀請地方首長同慶，地點就選在花蓮市區的中正堂（老市區），外面還安排了些帆布帳篷席位，我父親的餐廳足足準備了四、五天，加上平時經常有二十餘桌的酒宴。這真是火旺生意，我記得訂金就是三萬元，等於我父親的投資總額。

可惜這筆生意訂的日子不佳，一個大颱風，忽然轉向，直奔花蓮而來，發生在二十四小時內，一切準備菜宴都已就位，宴會當晚，僅來了十分之一的人；而主持的海軍艦艇官兵，因爲保護艦艇安全，全部上崗嚴正以待，僅有某艦艦長劉繼翰隻身前來我家，表示願意支付半數酒宴費用，另外半數則由當地海巡司令部負責。

此事，我父親感激不盡，答應數天後另辦數桌特別餐宴，以示致謝，這位年輕軍艦艦長，是花蓮警局一位何課長的親友，而何課長當時正與我姊姊在同一單位服務，而且也是四川鄉親，因此這位海軍艦長爲此次慶典餐宴的損失特別支持。

數日後，我父親請了何課長出席，我姊姊也被我父親邀請參加。因爲這次的宴會，我姊姊與劉艦長相識，兩相有情，此後發生一段可歌可泣的愛情，容後再詳述吧！

迴瀾閣餐廳譽東台（花蓮）
太平洋佳餚勝川揚
怎知無情火焚灶神
奈何利難均困老爹

第三章　狀元上高中，家運苦難奈何天

小學畢業時，我母親考慮我年僅十歲餘，一則年齡小，身材也矮小，學校成績也不理想，主張留校再繼續多讀一年，但我心裡其實很是不願。

險重讀國小六年級

我母親叫我父親去會面班導師，聽聽老師的建議。我父親穿了一身軍裝來到我的教室，我很害怕看到他的到來，擔心他是來要求班導師讓我留級，不准許我與其他同學一起畢業。

我父親平時確實很關心我們的學習，但是他從來沒有到學校來拜訪老師，這還是我記憶中，在我小學讀書期間唯一的一次。他爲了我特別來花師附小拜訪我的導師，而且又是在決定我是否能順利畢業的關口上。

他先是與導師談了一會兒，接著導師把我叫到他的辦公桌邊，拿了一把椅子，讓我坐在我父親的右邊。導師的桌子在教室的右後角，依後窗角放置，他拿出我的國文畢業大考試卷，用紅筆批閱中。

我對自己讀書考試從來就很沒自信，心中很是擔心成績太差，在我父親面前下不了台，而被迫留級不能順利畢業。

導師很慎重的當著我父親及我的面批改考卷，這不是明擺著用成績是否及格、理想，來決定我的畢業前途嗎？國文是我最差的一個科目，尤其注音符號我是不懂的，偏偏這個項目的分數占一成之多，我一分也沒拿到，至於其他考試項目，我也沒有萬全把握。總之老師在批閱考卷時，我幾乎不敢正視，腦子處於靜止狀態，我坐立難安，無法思考。

沒想到最後老師在考卷右上角，批示了紅字八十分，並且大聲說出來，我才猛然清醒過來，震驚得看著老師，幾乎不敢相信自己的耳朵，疑惑怎麼可能有如此高的分數?!畢竟我當時的期望值是能有六十分就好，不在父親面前丟臉、能及格就心滿意足了。

老實說，至今我仍在懷疑老師有意高抬貴手，從寬計分的結果，但是我父親及我都坐在旁邊，他能寬限的地方也很是有限。總之，我父親找不到任何理由，讓我留級再讀一年。我也因此得以不到十一歲的年紀，就從小學畢業了。

父母爲了我不到十一歲就小學畢業，要我留校再讀一年，因此延誤了我報考初中的機會，他們還計劃讓我換到在家附近的明禮國小重讀再讀一次六年級，這事弄得我不知如何是好，心裡很是徬徨。

有一陣子我天天在家中院子抓小蟲，或是在河邊摸魚遊玩，每天下午，我母親常叫我做的工作，也是我最喜歡的事，就是拿著一個酒瓶，到附近美崙溪出海口的一家私人酒店，爲我父親打一塊錢的米酒。儘管必須來回走一小時，我還是很開心，每每叫上鄰居的一位劉曉明小朋友一同隨我前往，他都是有叫必應，很高興地與我同行。

我每次到酒店都告訴酒掌櫃，我只打九毛錢的酒，另一毛錢買兩粒彩色圓珠糖，酒掌櫃很樂意的照我的意思照辦。

他們會用一個特製的大鐵酒令，一種鐵製盛酒器，從大陶罐中提舀酒出來，他給我盛裝的酒量從未減少，與一元錢是相當的。他給我的兩粒彩色圓珠糖（稱圓顆顆糖），價值一毛錢，可以說是免費送我的。後來酒掌櫃告訴我，只要我來打酒，他都會給我糖吃。這件事在四十年後的某一天，我在美國與妹妹金燕說起這個往事，她說她也替父親打過酒，但是從來不知原來還有這個巧門，自然也從未拿過老闆一次糖。聽到妹妹這樣說，我驚訝不已，沒想到當年老闆對我竟然有此特別待遇。

意外考上初職，高分上榜不敢相信

話說回來，我整天閒賦在家，又未參加初中入學考試，假如我又不願去小學重讀六年級，勢必面臨失學的窘境。我恍惚度日，讓母親很是爲我擔心。

但沒想到意外總是來得這麼驚喜。有一天，我父親回到家裡，正是正午時候，父親對母親說，他開會時遇到一位黃芝潤校長，黃校長告訴他，他辦的商業職校初中部，正在補招收初一學生，是第二屆的正科班。

我父親得知消息後，立刻帶我去報名，準備參加入學考試，幾天後我就進了考場，看來我的應招報名是事後補辦的。這次考試，我完全沒有太多準備時間，考完之後，我母親問我：「考的如何？」我回答：「我完全不清楚。」兩星期後放榜了，我與芶開文去學校看榜，沒想到我居然考了第一名?!雖然我母親很高興，但她憑著對我的「了解」，還是對我說：「這些與你一起在榜上有名的同學，可能學業程度及頭腦都有問題。」

爾後我知道那次入學考試，在數學這門學科上，我拿了一百分，史地及自然科學方面的成績也極佳。這些上榜及後來與我同進花蓮高職高中部就讀的同學，畢業後在社會上、在銀行界都很有成就，絕非我母親認爲的「頭腦有問題」之輩。

當時小學畢業後，一般人都會選擇普通中學就讀，其中花蓮中學及花蓮女中是最爲優秀的學校。我就讀的花蓮商業職校是新設立的補習學校，只是用初中的正規教育授課，一年後改爲花蓮商業職業學校，僅有初級班，我們應算第二屆，到我升到初三時，已經增設了高級班，亦即爲高中部。

目睹時代悲歡離合的上學之路

由於我的家離學校很遠，而我每天必須走路上學，如走大道，我必須經過花蓮女中的正大門，而且上學時間又是同一個當口，對我這位有些自卑而內涵保守的小男生，很是難堪。我記得每次我經過花蓮女中這條大道時，白衣黑裙的女學生如過江之鯽，我只好把帽子放得很低，低下頭快速通過這段對我來說很「要命」的女生大道。

爲了減少這段路的行程，我大多選擇通過花崗山側邊的森林小路，有一次爬這條樹林小路時，發現一個吊死鬼，是一位當兵的吊死在樹上。我閃了一眼，知道有人吊死在樹上，就不敢再看下去，趕快衝過樹林，跑步到了學校，整天神魂不寧，也不敢告訴別人。下午回家時，我邀請兩位同學陪我回家，並告訴他們，有機會在花崗山上的樹林內看到「吊死鬼」，他們雖怕，但還是好奇的想一看眞相。結果我們走到了那片樹林外面時，就發現不少大人往那兒走，不停的說著「有一位患思鄉病的外省軍人吊死在樹上」。

我催促兩位同學加快腳步，往前跑去，看到不少人聚集在那，我膽子也大了很多，而且好奇心更是旺盛，猜想今早見的吊死鬼，是不是還在那兒？假如我與同學及這一群人都圍在現場觀看，有這麼多人都在場，晚上我就不害怕做惡夢了，畢竟清晨只有我一個人走過，的確令人毛骨悚然。

有二十餘人圍在那離小路有十餘米距離的吊死鬼樹下。這個上吊的可憐軍人，穿了一件破軍裝，看來像是個低等位階的軍官，四周圍觀的大人都是說同樣的話：「這個軍官從大陸撤退到台灣，一定是拋家棄妻，孤身來到此地，想不開呀！一死了之。」那時已是下午五點，從早上七點多我發現到下午五點，還不見有人來收埋屍體，在當時這種事經常發生，戰爭的痛苦，只會隨著時間繼續延續下去。我與同學不敢久留，快快離去，大家都很沉默，看來大家心中都有一些憐恤與感傷的心情。

我當年上學如走大道，每天會遇到川流不息迎面而來的花蓮女中女學生，非常害羞的我，此路不想走，轉改走花崗山邊樹林小道，沒想到又遇到可憐人吊死樹上，我害怕走這條路，最後決定開闢一條捷徑，橫渡我家後院的美崙溪，走一條截彎取直的路線。但那是一條河流，而非小溪。

有一天，我沿河岸往上游走去，約離我家一公里處，有人在河中大石頭上，用木板做了簡單的便橋，僅容一人小心謹慎才能穿越，而且許多地方還必須跳越一個個的大石頭。便橋下的流水很急，剛開始走會有些害怕，順利走了幾次後，得心應手，也就通行無阻了。

美崙溪對面，住了我的一位同學何俊濤，他的弟弟何俊生也是小學同學，但轉讀工業職校了。因此更激勵了我冒險的精神，除了颱風時漲大水，河流水急不易行走外，我在讀初中時期，幾乎都是這樣過河去學校的。有一次不小心掉到水中，還好那時正好有位農民也在走橋過河，立刻把我救了起來。我母親知道我走石頭過河，很爲我提心吊膽，有時她親自送我過河，以保平安。

有一次我從學校回家，渡過了河，沿岸走了不遠，發現一大群人，在那兒從河中撈起了一個綠色帆布袋大包裹，裡面有一個軍人被溺斃在袋內。我經過時看了一下，有些害怕，立刻走開。回家告訴我母親，她知道這個軍人是一位財務官，因爲單身來台，老家有妻有子，由於他的出納貪了一點小錢，被判了幾年刑，他擔心自己受牽連，再加上自己離家思鄉，想不開，就用大帆布袋，把自己套在裡面，並打了一個死結，滾進了河裡。

我母親說，這軍官也是太想不開了；父親說，在法律責任上，他其實沒什麼事，只是當時老蔣到台灣初期，這些離鄉背景的外省軍人很沒保障，被冤枉的人，很多人無以爲助，只好自殺以死結束生命。

我在此提了兩例自殺的可憐大陸來台軍人，只是略爲舉例子而已，在我早期時，這種事其實非常多，我知道的可說不計其數。這些人間冤案，眞是「國家有難、政法不清、拋家離妻、奈何小民、賤兵，其命如草芥了」，更談不上什麼民主、法制、人權了。

蔣毛兩人爭天下

士農工商成烹雛

爭名奪權全荒唐

強國愛民皆謊言

小弟被拒診背後的時代裂痕

一九五六年，我就讀初中三年級時，我的小弟和生出生，當時在花蓮找了一位接生婆負責母親分娩的事，因爲處理衛生上有些不當，七天以後，我小弟得了急驚風，也就是「破傷風」的急病，發高燒、口吐白沫，很是緊急。

我父親從床上抱了我小弟，這個僅有七天大的小嬰兒，因他剛從部隊回來，穿著軍裝，連鞋子都忘了穿，快步從我家菁華街往花蓮市區奔跑。

第一家是博愛醫院，爲一家私人醫院，院長拒絕醫治；我父親又跑到第二家，又被拒絕了，一共連續被四家拒收。後來我姊姊的同班同學父親是醫生姓邱，開了一家春日醫院，因此託我姊姊的福，春日醫院的邱院長親自爲我小弟診斷，確定是破傷風引起的「小兒急驚風」，是一個有生命危險的病，主要是接生婆的用器感染破傷風菌而引起的。是否能活過來脫離險境，決定在嬰孩的健康、免疫性，以及母親的體質。

邱醫生非常熱心善良，並建議我們可以找中醫，爲嬰兒補補身體。我們把中醫請到西醫醫院的病房內，邱醫生也很客氣，託天之福，小弟三、四天後高燒退卻，脫離危險期，慢慢恢復健康。

有一次我問我姊姊：「爲什麼那麼多醫院拒絕了診治弟弟的急病？」她說：「我的這位邱同學告訴我，因爲父親穿了軍裝，很多醫生是台灣的上流社會分子，由於當年老蔣用了位警備司令彭孟緝，殺了不少台灣人，就是所謂二二八事件。因此這些醫生看見父親穿了軍裝，心中恨意油然而生，顧不了所謂醫德仁心救人這一套了。」邱醫生是客家人，祖先也是從大陸遷徙來台的人，比較能體諒我們這些從大陸離鄉撤退落難來台的外省人，加上女兒又是我姊姊的高中同學，很是善心積德，救了我小弟一命。

關於二二八事件，我有一位小學同學，後來又與我在花蓮高職高中部成爲同班同學，名叫林吉雄，家裡開了間小中藥鋪，想必其父輩也是一位中醫吧！他告訴我：「我的伯父很有學問，曾留學日本，家裡也有資財，二二八事件後，被當局抓了，在軍用囚車押送前往台北，路經蘇花公路時，跳車逃生，最後死在懸崖邊的太平洋海岸上。」我當時很吃驚，但是我也相信他說的話，這位小學及高中同學，之後在基隆市稅務局成爲元老級的高級領導。

話說，我有一位大學同班同學，沉默寡言老實，上課時坐在我後面，大學畢業三十多年以後，民進黨掌權，陳水扁當總統，他忽然躍升爲台灣金融界響叮噹的人物——台灣銀行業理事公會主席、台灣銀行董事長，名叫蔡哲雄。我從美國返回台北，請同學吃飯，邀請他參加，坐在我的旁邊。他告訴我，他是二二八事件的受難家屬，因爲他有一位伯父在二二八事件中遇難。

他的一番話頓時讓我了解，他有良好的政治背景支持著他光明前途，因此能平步青雲。看來當年彭孟緝將軍爲老蔣做了一次劊子手，其影響還是很深遠的。他也從此受老蔣倚重，官運亨通，比起一大群黃埔軍校的老前輩、抗日名將及在國共內戰中賣命的忠黨愛國的將領，其命運眞是天壤之別。眞要令人懷疑，何謂是非曲直，殺人的劊子手，也能福壽雙全呀！

一九五六年，我讀初三，花蓮有一次日全蝕，約在中午時分，我記得天上的太陽漸漸被侵蝕，最後變成一個橙紅色的圓球呈現在中天，天地立刻黑暗，而且氣溫頃刻間急速下降，一陣大風吹來，如同秋風掃落葉。如果事先不知道是日蝕到來，可能誤以爲天象大變，神妖作怪。二〇一〇年，我在湖北武漢也經歷一次日蝕，但是我的感受沒有什麼特別，與平常日子差不多，更談不上妖神下凡了。

兩次日蝕，時間區隔半個世紀，人事全非，敵友恩仇也消失了，眞是逝者去也，來者趨之，戰爭破壞的荒蕪大地，早已綠草如茵，遍地開花了。那些因戰爭帶給痛苦的人們，在世時沒有人同情，半世紀以後，更是被遺忘殆盡。人事全非，痛苦與惆悵如過往雲煙，轉瞬間早已消失於無形。思此，嘆哉！嘆哉！

家運急轉，良田轉瞬成雲煙

初中畢業後，我參加花蓮商職高中部入學考試，當時正是暑假，天氣炎熱。有一天我的初中同學何俊濤跑來告訴我：「老芶，學校已經放榜了，你好像是備取第十六名。」他說的很認眞，我也信以爲眞，立刻告訴我母親這個消息。她催促我快去看榜，並責怪我已經公佈錄取名單了，怎麼自己還不知道？

我立刻騎著自行車前往學校。到校後發現幾位初中同學也在那兒準備看榜，我們幾個人膽子很小，躲在廁所附近。此時校長黃芝潤正好在走廊內，坐在一把籐椅上，同學看到我過來，立刻把我推向走廊上。說時遲那時快，校長看到我，把我叫了過去，與我閒聊起來，並叫我去宿舍把趙喊三教導長（教務與訓導）找來。他正在睡午覺，我叩了門，他看到是我很吃驚，但是比平時「凶神惡煞」的態度要和藹許多，他立刻準備好，與我一同前往學校辦公室面見校長。

途中他很親和的問我暑期的生活，接著忽然轉了一個話題：「芶壽生，這次學校高中部招生考試，你的數學成績是最好的。」停了一下，接著又說：「你的理化也是所有考生中的最高分。」我當時腦海總想著備取十六名，還沒消化這個訊息的涵義，把腦子轉過來，但是我自己知道在歷史地理方面，我的成績肯定優良，從小學起，在這方面，我的興趣及學習都是非常好的。

聽了趙教導長的話，我心中仍不敢相信，他也沉默了好幾分鐘。可能是發現到我都沒有回應他的話、進一步問他什麼事？他忽地迸出一句：「你這次高中招生考試得了個狀元，第一名。」我立刻明白了，我考了最好的成績，但又很害怕，總想著所謂「後補備取」這個令我擔心害怕的事。

直到見了校長，他也告訴我：「你今年招生考試考了狀元。」我才眞正清醒，確定這是眞的，放下心中大石，然後很高興的向他們兩人鞠了一個大躬，立刻騎車回家報喜訊。興奮的我大約離家還有一百公尺遠的地方，就大叫：「媽！我考了一個狀元。」我母親聽到以後，臉上表情很是茫然，不知所以，疑惑地問了我：「你不是備取後補第十六名嗎？」我立刻回答：「校長親口說的，我是狀元！」

聞此，我母親也高興極了，她欣慰地說：「小氓子，你從來對自己的程度、能力怎樣，是摸不清楚的，怎麼你有第一名的水準，也能相信別人告訴你，你是後補備取的成績呢？」五十年以後，我回憶起這件事，仍感覺有點不眞實。

話說從頭，我這一生從來讀書做事，決定了要往前奮鬥，經常爲達目的，努力過頭，衝得太遠而不自知，總是有些自卑感加上強烈的成就慾，這種性格從未改變。每次回頭遙望自己走的路，才發現有過之而無不及，後悔不該走這麼遠，想到這段路的艱辛，痛心自己根本一開始就不該有這個奮鬥的念頭。

我年齡在班上是最小的，很多同學比我大上四、五歲，因此我在班上比較乖與沉默。當時班上最熱門的運動是足球，幾乎全班的男同學都參加這項班級熱門體育，更曾經代表學校參加東台灣運動比賽，得了冠軍兩次。

我的這些同學，其中有位與我關係特別密切的叫鍾茂竹，後來是台灣電力公司花蓮區總經理，也是花蓮縣地方議會重要議員；在足球方面，曾是台灣國家代表隊的領隊及總教練。另有一位叫林逢來住在花蓮市北濱街，也是國家足球隊的裁判。

在學校裡，同學們之所以如此熱心足球運動，主要原因在於我們有位導師名叫張昆厚，他是大陸中央大學地理系畢業，早年解放前，曾是中華民國的足球隊員。我記得每次他的地理課考試，如果不知道該如何回答問題，只要在試卷畫上一個三角傳球「pass」，你一定能及格。平時上課時，有一半時間上正課，一半時間上足球戰術，他自己更是親自帶領大家在操場上鍛鍊球技。

當時大家都很窮，每個人只有一雙皮鞋，這雙鞋是要度過高中三年的。大家經常踢球時也穿著這雙皮鞋，常常把鞋踢的張大嘴，皮鞋上層與鞋底分家，如張了大口，經常得找鞋匠修理。至於腳上傷痕纍纍，更是不在話下，許多足上痕跡結成傷疤，成為一生的標誌。

談到皮鞋，當時對我們來說是很昂貴的東西。三年高中只有這一雙皮鞋可穿，沒有球鞋穿，就是上體育課也是穿皮鞋或是打赤腳。我們進入高中時，穿的皮鞋是咖啡色的光皮大頭鞋，高二時，學校宣布大家必須改穿黑色皮鞋，大部分同學都很窮，買不起黑皮鞋，但又礙於這是硬性規定，此時不知是哪位同學，很「天才」的發明用一般黑墨水染鞋的簡便方法，於是大家就用這種偷吃步的方式來應付學校規定。

有一天，軍訓教官前來檢查，大家列隊在球場的水泥地上，沒想到當時下起雨來，不一會兒，教官走到我面前，發現我的黑皮鞋居然是花色的，有棕色也有黑色，他笑了笑，什麼也沒說，只叫我回去再染一下。教官的這一笑，不僅讓我緊張心情放鬆了，而且從此記憶深刻，至今仍記得那抹慈愛關懷的笑容，烙印在我的腦海中。

我們那時都很害怕，擔心沒有遵守校方規定購買黑色新皮鞋而遭受處分，但是我又真的沒錢買黑色皮鞋，教官這一笑解決了我的煩惱，整個高中三年，我就是穿著這雙花皮鞋度過的。以後我也有機會成為小學、中學以及大學的教師，我對學生的寬厚，在潛移默化中，受了這位教官的啓示不少。

大姊因病離世，無盡的哀痛

在高中時期，我是沉默而用功的學生，大部分的時間都在讀自己的書，閱讀我姊姊買的《古文觀止》，以及她高中的英文課本。當時，我曾請姊姊在台北為我買兩本大學生看的書，一本是《心理學》，另一本是《大衆心理學》，這兩本書都是我指名，請我姊姊在台北書店找來的。

想到這件事，心中對早年去世的大姊玉燕，無限懷念及愁悵。她是一位非常漂亮，無論容貌、身材、皮膚及氣質，都是一等的美女；再加上她的心地極其善良，全心為弟妹及父母分憂，眞是一位難得的好姊姊，而且有寫日記的習慣。

她在二十歲時，大學一年級升二年級時的暑假，生了一場病，當時我們以爲只是黃膽炎之類的疾病，後來才驚覺竟然是胰臟癌，最終英年早逝。我母親總說：「她是紅顏薄命。」我現在仍然有她的照片，每每看著她的照片，總是忍不住潸然淚下，至今仍不敢相信，這麼漂亮、善良的女性，是我的親姊姊，又居然在我高中三年級時，早早離世而去，只留下我們對她的無盡思念。

我母親因爲她的去世，足足悲痛了三年之久才走出悲傷。她視我姊玉燕如同她的親妹妹。我母親當年懷著姊姊時，只有十九歲，一九三九年出生在湖南桃源。

當時我父親的部隊正好駐在當地，也是中國苦難時期，對日作戰正烈的日子，從她出生後，經過抗日戰爭、國共內戰，然後國軍從大陸撤退到台灣，經過韓戰的物資奇缺時期，直到台灣一九五八年金門的八二三炮戰。她的一生從童年、少年、青年，都是生活在艱困奔徙中，不停的遷徙、轉移，最後又到了台灣花蓮，這個對我們家來說，完全陌生的環境，而且戰爭從未平靜休止過。生活貧困的日子、環境的陌生，加上戰爭的恐懼，這是我姊姊年輕生命的一切。

她也是一位虔誠的天主教徒，神父及修女都深深的喜愛她，她去世時，教會特別爲她做了大彌撒以示哀悼。我仍記得小學五年級時，她帶我去教會，並會見一位孔神父。神父見到我姊姊穿的學生制服上身補著破布塊，立刻從箱中拿出一件自己用在教堂做彌撒的白禮服，交給我姊姊，讓她縫製一件新衣服。後來，我母親也用那件衣服，爲我們弟妹做了一件衣裳。

土地糾紛，辛苦開墾拱手他人

我姊姊的去世是我們家中最悲傷的一件事，她在台北台大醫院治病時，我父親與母親都在台北陪伴她。但是家父這時正擔任花蓮土地利用合作社的總經理，集資開發花蓮縣南華鄉地區的大片荒地，使其成爲有用的水田，全部承包了一千五百公頃荒地，當時已經成功的完成了六十公頃水田地。

我父親從縣政府那兒取得了所有權，並有土地劃撥的紅線圖，所以他也組織大量人馬，很多是當地的退伍軍人，平常共有七百名之多，忙碌時增加了一倍的人力。

一切事情都是火旺熱烈，而且已完成了六十公頃水田，並種植了水稻，眞是前程似錦。

但是我姊姊生病，我父親在台北陪我大姊醫病，就在這心力交瘁的時期，開荒工地的工頭發了一個電報，緊急電請我父親返回花蓮開荒之處。

我姊姊去世後，家父安排好喪葬之事，就懷著痛失愛女之心匆匆返回花蓮，這時他發現一件對他更是致命打擊的滔天大事——他一心經營的花蓮開荒的土地，已經被強佔了，而且奪取土地的這一方，是當時小蔣（蔣經國）所屬的退伍軍人輔導會。

當時小蔣任主任委員，小蔣扣押了美國給台灣裁軍退休軍人款，撥出部分款項成立了退伍軍人輔導會，並將其中小部分的款子，發放給當時大陸來台的退伍軍人。我父親以少將之階領了四萬元，而一些士兵只拿了三百元就不管了，還得把身上的所有東西繳回公家，因此很多退伍的士兵，到我家裡找到了我父親，請求安排一口飯吃。我母親發現他們什麼都沒有，休要說被子、毛毯之類了，我記憶深刻的是，他們連內褲都被沒收回去了。幾天內，十幾個退伍戰士來到我家，當時我父親還在軍中，立刻打電話叫部隊裡的士兵，捐獻一些內褲、毛毯之類的舊品，以便捐贈給他們應急之用。

美國的撥款是十多倍於當時政府退伍政策下的退伍金，尤其是第一批的三萬人，全部美其名為眞退伍，實際上，蔣經國想利用這筆美國對華裁軍退伍軍人計畫的美援款中，弄一筆自己的政治資本。美其名爲替退伍軍人謀福利，用這筆錢成立了退伍軍人輔導會。斯哉，來台的大陸早期軍人，就如此被小蔣「好好的宰了一大塊」，以致這些早期退伍軍人什麼也沒有，與「裸退」沒什麼兩樣，晚景非常淒涼。這些軍人爲蔣家打天下，抗日愛國，又爲蔣家在忠黨（國民黨）愛國之下，抵抗共軍，退守台灣，拋家棄子的緊緊跟隨蔣家到台灣，最後的下場，竟是如此而已。

話說回來，我父親在台北爲我姊姊醫病，足足有好幾個月，在這期間，花蓮縣南華的開荒工地正在停工期間。某天忽然來了一位大人物，此人來頭之大，驚動了縣老爺陪同，並動員了軍警人員護衛。當時縣長爲了討好這位大人物，順其心、投其好，告訴他這片荒地約幾千公頃，花蓮其他各鄉鎮河川地，如能開發，何止上萬公頃？並用最便捷之路，帶他參觀了我父親開墾的良田，介紹了如何墾荒的方法：

花蓮縣因山高水急，而且颱風季節，雨量大而急，短時間山洪氾濫，從高山沖下的泥沙、山石，把山下的平地都沖成一大片亂石，帶沙礫及黑泥的荒蕪之地，面積廣大。當時南華鄉一帶是一條有名的木瓜溪，其河床寬度廣達數十公里，雨季時浩大溪洪流入太平洋，旱季時就是一條溪水而已。

不知我父親如何發現這個大商機，可以把荒地開墾成良田，我父親一生都喜歡作生意，而且是大生意。其實他心中的生意，不是賺大錢，而是成大事業，木瓜溪開荒這對他來說，正是他心中最好的大事業，激發了他一股奮發的勇氣，勇往直前。

我曾去看過幾次他的開荒工程，基本上是把地整平，築上田壟，並建了溝渠，如果遇上大石頭，就用炸藥將其炸成小碎石，埋入土中。這個一塊塊整齊的方塊田，滿是沙石，沒有任何土壤，是沒法種東西的。但是我父親告訴我：「颱風季節來臨，山洪能帶下最肥沃的新生土，只要把山洪水引進田裡，讓水中的肥土沉澱，一個夏季會有數次颱風山洪水引入田中沉澱，就能在田裡留下沉積的肥土三十餘公分以上，就可以開始種植水稻了；兩三年以後，至少能沉積六十公分的新土，頭幾年種水稻，幾乎無需肥料的。」

而來到荒地的大人物，就是蔣主任委員經國先生，他那時正領導退伍軍人輔導委員會，簡稱「退輔會」。他看到這個開荒的好機會，又能增加退伍官兵的就業機會，何樂而不為？立刻就向當時的縣長柯丁選要求把這些荒地全部交出來給「退輔會」進行開發，並當場下令成立「土地開發處」下屬於「退輔會」，短短一個月的時間，幾乎每天都有人來看地，做些前期測量、規劃的工作。

我父親手下「土地利用合作社」的職工及工頭也驚恐不已，一再告知來人，這些土地已經被縣府明文撥付給合作社了，而且其中六十公頃已經開發完成，並種植水稻了。這些職工及工人，包括一些社員，也多次發生肢體糾紛，拒絕退輔會土地開發處的人前來開墾區進行工作，然後立即向我父親報告，可惜我父親正在為我姊姊的病情惡化憂心如焚，無暇顧及其他。

此事愈演愈烈。土地開發處為了爭取從世銀借筆錢，居然大興土木，用堆土機在我父親開墾好的水田地上，開築一條大道，並在路口修建一個大牌坊，寫上「光華墾區」的大字，當時小蔣旗下的文宣單位都喜用「光華」二字。這事把合作社土地上的工頭弄得緊張萬分，立刻與一位副手坐飛機到台北，面見我父親，親自請教有何解方。

當時南華開荒工地上有數百工人，全是第一批以眞退伍之名下來的軍官與士兵，而且大部分是當年的遠征軍及青年軍，在我心中，這些人都是奮勇吃苦而且見過世面的英雄人物。由於我姊姊病況惡化，家父只能面授他們，優先安撫工人，交待他們千萬不要與土地開發處的官員發生打架等肢體衝突，僅能忍讓了。更何況這案子是由蔣經國主持，我父親心中明白，此事非同小可，只能找縣長柯丁選理論，要求他來解決，為何把批撥給我父親「土地利用合作社」的土地，又批撥給了「土地開發處」呢？

我姊姊去世以後，父親帶著悲傷的心情回到花蓮，立刻前往南華開荒工地檢視狀況，他們破壞了已開發的稻田耕地並修了路，又立了光華墾區的牌坊，聽工地工頭說：「世界銀行已經派人來視察過，可能答應援助貸款，因此目前已有工程師前來荒地規劃中。」另傳出消息：退輔會想投資一個紙漿廠，地點也選在我父親預定使用的土地，近木瓜溪下游近海岸的二百公頃的土地上。這就是後來台灣最大的中華紙漿廠了。

我父親並與當地的土地開發處（退輔會）的工作官員諮商討論，他們認為一切手續是合法的，因為花蓮縣政府是土地主管單位，縣府有正式批撥的土地文件，也有土地的紅線圖。在這張圖上明顯的包括了你們「土地利用合作社」的所有地區，以及已開墾使用的六十公頃良田，所以他們完全有權使用及處理應該屬於我們的土地，修築大門牌坊及建設一條道路，這些都是理所當然的權利。

他們告訴我父親，如果此事發生了雙胞案，縣府同時批撥了土地給「土地利用合作社」，又重複給了「退輔會土地開發處」，對於這項問題不應是他們的責任，所以應由你與縣政府交涉，同時也應由縣府負責任。

很明顯的，「退輔會土地開發處」認爲他們是「合法」強佔我父親開墾的土地，把所有責任推給縣政府，他們當然清楚縣政府早在兩年前，就把這塊一千五百公頃的地撥付給了我父親的「土地利用合作社」，完全合法有據的；而且合作社也投資大量金錢與精力，有效開墾利用這片荒地，更有大量工人正在繼續開發中。這幫人雖然心知肚明這件事，但是有蔣經國的指使及後台，又有縣府的正式文件，哪裡管得著世間是非曲直？

爾後退輔會東部土地開發處設立了浩大的辦事處，選擇的地址正是我家附近的菁華街「花蓮山林管理所」，也是日據時代台灣東部最大林場「木瓜溪林場管理所」住地，有一間日式的大型招待所，鋼筋水泥建築，地板用最好的台灣楠木鋪設，並有圖書雜誌室、籃球場，規模宏大非常氣派。

我在高中時，曾見到台灣的名人連戰及方瑀兩人到花蓮蜜月旅行，下榻住宿在招待所裡。有一次他與方瑀小姐在山林管理所大門拍照，因爲方瑀曾當選爲中國小姐，在我們的心目中，方瑀的光輝照人遠超過這位台灣望族後代的公子哥兒，連戰當時穿了一件灰色西服，人很消瘦而文雅。在那間招待所內住過不少名望的人，有一次我父親安排白崇禧將軍及楊森等人到花蓮打獵，也是住在招待所內。

話說回頭，眞是冤家聚頭，我心目中的佔地強盜，居然搬到我家附近了。這件土地糾紛雙胞案，把我家弄得破產而且債台高築，這件事從一九五八年發生起至一九七一年我父親去世，這場官司還未終結，而我父親則含恨於九泉之下。

糾紛不斷，母親被迫走在風頭浪尖

我父親到南華工地弄清楚情況以後，立刻前往縣府，找到了柯丁選縣長問了個明白：「爲何把給了我『土地利用合作社』的土地，又再一次重複撥付給了『退輔會土地開發處』呢？」

他回答說：「蔣經國看上的東西，他要下來爲了安置你們這些大陸官兵退伍下來之用，我能拒絕嗎？」

我父親向他說：「花蓮這麼多荒蕪的地方，你可以拿出來，爲什麼把我們『土地利用合作社』已開墾好的土地拿出來？」

柯縣長說：「他最先看上而有興趣的就是這些開墾完成的田地，因爲這些樣本模範田可以展示給世界銀行，以便更容易取得貸款，他指定的事，我有說話的權利嗎？」

柯縣長很慎重的告訴我父親：「芶大哥，你與他們都是外省人（大陸人），你們的事，你們自己去解決吧。我這個台灣人能做什麼事呢？」

經過幾番與柯縣長的交涉，他還是主張，叫我父親與「退輔會東部土地開發處」直接談判來解決，而且他撥劃土地給「退輔會」時，也明白告知他們這塊田地已經劃撥出去給了「花蓮土地利用合作社」，但他們還是要了過去，所以「土地開發處」已有準備談判賠償這些強佔的土地。換言之，他們的作風是「先斬後奏」的土匪作風，因此，我父親開始轉向與土地開發處談判。

初期談判很不順利，他們一再咬定是合法由縣政府批撥的土地，如有問題，應找縣政府去商量，拒絕與我父親談判。但是南華開發荒地上有不少退伍官兵身分的工人，發不出工資，也出不了糧，同時合作社的社員也開始不滿，很多是軍官及退役官兵。

我父親更是債臺高築，要債的人知道從我父親這裡沒法要到錢，要求我父親把「土地利用合作社」已開墾的土地拿出來分給他們，以便抵押債務。家父是個守信義的人，他明知把已開墾的田地拿出來分給債權人作抵押會吃大虧，但是爲了解決問題，我父親也就主動做了安排。

這些債權人心中很清楚，早晚「土地開發處」會撥付一些賠償費，於是我父親就以每公頃一萬元爲基礎折算給債權人；如此下來，滿足八成的債務，很多債權人還索取預付高利貸金額，如此可要求更多的田地分配。

這件事的安排，暫時安定了人心，後來發現這個安排是一件吃大虧且錯誤的策略。我父親心中也知道這樣做的損失巨大，如果能爭取到高額的賠償，以田地分配下來，沒有一位債權人會把錢退還給我父親，所有的債權人也全部成了擁有土地的合作社社員。他們將以自己利益來盤算，有多少投入，能合理的收回來，就是這些人的終極目標。

而且在分地時，家父也已經給了最大的利益從優分配一些，最凶狠的人，利用我父親的軟心腸，佔盡了便宜，甚至有人僅借了少少的數千元，也爭取了三公頃的良田，當時每公頃的田地，最低也價值十二萬元以上。

輔導會東部土地開發處把這項補償費的談判無限拖延，我父親還有不少其他債務及開墾工人工資、生活等問題，家庭生活也開始面臨困境。由於談判不成，所有分到土地的債權人，仍然不時到我家裡吵鬧，要求我父親更積極行動。

有一次，我也主動要求我父親能夠前往開發處，採取更強烈的爭取方式，但是他告訴我：開發處的安全官，即當時「東部土地開發處」的處長是一位少將官階的軍人轉任，所有的工作人員都是軍人轉業，如同一支軍隊編制，全屬蔣經國系統。

這位安全官是上校官階，過去是軍中的政戰保防官，這位安全官曾很嚴厲的表示：「你如果爲了土地的事，不停的前來爭取補償，尤其帶領社員及其他人集衆前來，我們將以國家戒嚴時期的戡亂條例，認定你有叛亂行爲，甚至是匪諜及政治犯，把你送到火燒島，就是台灣囚禁政治犯的外島（綠島）。」

我聽了父親這一番話，不禁有些害怕，更深深覺得他才是最痛苦的那個人，這種四面楚歌、八方而來壓力，已經超過一般人所能承受之重，只能想辦法把此事拖下去，慢慢來。

然而「開發處」也實在太霸道欺人了，衆人漸漸失去耐心，不想繼續搞拖字訣。吵鬧的人愈來愈凶，漸漸集合成衆，連家庭婦女也摻和進來。他們發現眞正抗議的對象應該是「東部土地開發處」，決定群擁而上，並要求我母親也必須加入他們，共同前往。這一大群婦女加上部分退伍軍官，集體前往我家附近的「開發處辦公室」的人數，足足有百餘人之多，聲勢浩大。

我母親被推在前頭，跑進了他們最高領導的處長辦公室，當時處長正在室內與數位官員研討處理此事的辦法。處長得到有一大群人前來鬧事的報告，要想躲開也已太晚，就叫他們把我母親以代表身分請進室內，以免人數太多，衆人情緒失控，麻煩更大。

我母親與另外兩位女士及兩位男士進到室內，處長很禮貌的笑著接待我母親，但是處長身邊的官員態度惡劣，衆人立刻就吵起來了，一旁觀戰的處長不但未加制止他們緩和局面，反而火上加油，而且態度轉爲強硬。我母親積恨已久，忍不住一個耳光打到處長臉上，旁邊的人一時驚嚇住了，說時遲那時快，不等外面的保安、警察前來，我母親清楚這是很危險的犯法行爲，立刻轉向就往外跑出來，並叫其他人也離開，並且聰明的丟了一句話：「你們要立刻解決問題，否則下次我們將集體死在你的門口。」這句話把處長及所有官員，以及保安都嚇住了，沒有人敢上前阻止他們往外回走。

這句話讓我母親及其他跟隨者全身而退，處長被打了一個耳光，也只能摸摸鼻子認了白挨一耳光，沒人敢再追究這群婦人抗爭犯紀的行爲。我對這事記憶很深刻，就是我母親最後急智的那句話，看官要知人命關天，他們再凶狠也怕無冤無故的弄出命案來，這可惹不起。遇到一群不怕死的婦女，而且這些人還有一些身分，這還得了，惹不起呀！所以那幫官員眞的嚇壞了，處長更怕把事鬧大，雖受了一記耳光，也只好忍了，立刻開會研究解決方案去。

話說回來，這件土地開發案糾紛的眞正大主角、我的父親人在哪裡呢？他知道我母親及一大群人到開發處鬧事，並非他可以阻止；尤其這些鬧事抗爭的人，隨時都有可能把他作爲箭靶，推出去成爲出氣筒；他更擔心輔導會土地開發處這批太子黨的人，把他以叛亂罪抓起來，送往火燒島上長期拘禁。我記得，他那時是躲在我家廁所裡。

這事發生前後，我家也成了另一方的總部，不停的人來人往，只有躲在廁所反倒是最隱密的地方。

我母親打了處長一巴掌的事，立刻就有人跑到我家大叫：「芶大哥，大嫂打了處長呀！不得了呀！快出來解決問題。」我趕快到廁所告訴我父親：「媽媽打人了，爸爸你要出來辦事了。」父親重複向我問明白以後，告訴我，叫他們這些人離開我家，趕快解散回家，我父親會立刻處理的，千萬不要說他躲在家裡。

我告訴開荒工地的工頭，叫這些人離開我家，其中還有兩位是「東部土地開發處」的官員，他們也怕群衆鬧事，規勸這些人回家。我母親也很冷靜的加入勸導之列，不停表示我父親不在家，但是他會盡快出面前往「土地開發處」解決問題，會深入與他們談判的。

由於多方勸說，而且中午吃飯時間也到了，他們又找不到我父親，看來無戲可唱，也就各自回家了。我到廁所告訴我父親，這些鬧事的人都走了，但是我母親還是很害怕，她建議我父親最好立刻去土地開發處見一下處長，否則後果堪虞。

他立刻穿上衣服，沿美崙溪河岸的小路繞道去了土地開發處，走到大門口，正好見到了處長，我父親立刻向處長表示萬分的歉意，直說：「此事我完全不知，如果我事先知曉，一定會阻止我內人及這些人前來貴處吵鬧，保證這種事，下次絕不會再發生。」

聞言，處長很不客氣說道：「我們正準備把你抓起來，你聚眾鬧事，而且記者也上門了。」我父親只得不斷低聲下氣的道歉，一再保證不會再有下一次，處長終於消氣，並約定第二天到他辦公室再行商量。

當時我父親會見處長的談話，很快就傳到我母親那兒，她非常不高興，認爲我父親太過軟弱，其他幾位參與此事的男人，也持相同的看法。我父親只得一再表示：「你們這次抗爭做的應該可以，但是下次絕不能再做集衆抗爭權益的事，這是很危險的。」事後，我父親告訴我母親，土地開發處的官員，隨時想找個藉口，把他以《動員戡亂時期臨時條款》處罪送到火燒島，這對他們是很容易幹的事，這也就是他爲什麼躲起來不出面的理由。因爲他是領導，在集衆鬧事上，他只能不在場，也必須一再否認他知情，並未參與策劃，讓對方（土地開發處）找不到藉口，否則後果眞是不堪設想的。

看官要知道，老蔣及小蔣兩位總統在台灣治理時期，爲強化其獨裁、專制統治，訂了《動員戡亂時期臨時條款》，此戒嚴法「法力無邊」，任何人如果不小心，或是可能的政敵及違抗命令者，都能用此法行軍法處置，以「莫須有」罪名被送到火燒島上監禁的比比皆是。

這就是爲何當時蔣經國向花蓮縣長柯丁選要地，柯縣長二話不說，就把合法授與我父親的土地，馬上交出來給他，何況那時柯縣長還是人民選舉出來的地方首長，也都得俯首稱臣，而我父親從大陸來台的退伍軍人，焉能抗拒呢？

我當時年僅十七歲，對這些政治社會下的白色恐怖，知道的不是很清楚，直到歲數更長了解更多之後，想起這些事，還眞是捏了一把冷汗。

十年苦難奈何天

話說回頭，第二天我父親依約前往，拜見他們的領導，也就是處長。事後我父親回來對我母親說：「他們這幫人早就把我的情況調查清楚，尤其是如何處理債權債務的關係，了解的一清二楚；甚至已經買通不少由債權人而分配到土地的社員，縱容他們為土地開發處搖旗吶喊，支持他們提出的任何解決方案」。

經過多次協商，周旋爭論，他們給了一個土地補償方案是：「花蓮縣土地利用合作社」已經開墾利用的良田為基礎共六十公頃，每公頃補償開墾費台幣七千元，交換這些土地的轉移所有權利給「退輔會東部土地開發處」。

台幣七千元是一個非常低的數字，這數字從何而來？原來他們發現我父親在開墾土地時，曾將部分工程轉包給花蓮監獄當局負責工程承包的合約，每公頃的工程費是七千元，土地開發處就振振有詞咬定這是合理補償。當然我父親認為不合理，因監獄當局僅承包小部分工程，我父親說是給花蓮監獄贊助的，其實這些人來荒地工作，都帶了腳銬手鍊，在工作時手鍊取消掉，但是腳銬還是要的，並且伙食全由我父親合作社大廚房包辦，也供應一些香煙之類的物品，再加上他們的工作效率很差，大部分還是由我們自己的工程隊勞動開墾出來。

實際上僅工資一項，每公頃最少要一萬五千元，加上伙食、住宿等都是合作社免費供應，其他的成本還包括車輛、工程車的租金、炸藥等總和起來，不能少於三萬元，這還不包括投資成本、其他管理費用及付給縣府的規費。

由於我父親急需這筆補償款解決當前債務問題，同時考慮到政治問題，不敢太得罪小蔣的這幫手下，也必須爲自己留下後路，以便將來向縣府請求再撥一些荒地。畢竟這件事也是柯縣長答應的，他一口承諾另在他處撥付一片荒地，以便彌補他的錯誤，當然這項承諾最後也跳票了，因爲他被小蔣調升到省政府當建設廳長。

我父親代表他的機構要求的金額是每公頃三萬元的補償費，兩廂喊價有很大的差距，都找理由爲自己辯護。當時中華民國（台灣當局）《土地法》是民國三十六年在大陸時期訂立的，不僅過時，而且政權環境早已變遷；何況在一個專制獨裁的老蔣政權，怎可能依法行事，法規只是用來規範老百姓，騙騙被統治的人民的工具；再說蔣經國留學俄羅斯，他本人及他的那幫人哪裡有法治的觀念。所以這件糾紛，我父親肯定是大輸家，只能以大失敗、忍氣吞聲的態度，卑屈的接受補償費一萬元，這還是東部土地開發處給予的「莫大恩典」。

在這期間，我父親曾有兩次直接面見蔣經國（也就是上訪經國先生），這是很危險的事。他被情治單位警告過好幾次，但是我父親還是勇敢的做了。第一次到台北上訪未能見到本人，只見到了輔導會的祕書長。第二次，我父親到花蓮天祥風景區，等待蔣經國前來考察中部橫貫公路下榻天祥的機會前往面訪，這次成功的見面並做了簡報，蔣經國只是點頭，未做任何回答。

這次見面後，「東部土地開發處」的態度，明顯有了兩個改變。

第一項是對我父親的態度改善，不再用把他抓到火燒島的言語來威脅他，同時以平等的態度與他談判討論，很明顯的對他客氣許多。第二項改變，就是不再堅持補償費七千元的金額，而是提高到每公頃一萬元。如果我父親能接受，就請我父親立刻把社員及土地分配的名冊造就出來，他們也能立刻給予撥款。

此外，他們也把風聲情報火速傳播到我父親所有的債權人那裡，利用這些債權人，給我父親施加壓力。這項手法非常成功，每天都有大批債權人前來要求我父親答應這個條件，而且這些人也禮貌客氣的非同平常，「老大哥長、老大哥短」的不停叫喚著，我們聽了都感覺肉麻得很，心裡清楚明白，他們的目的不過就是想從補償中，爲自己多謀些利益而已。

但是我母親告訴我：「這個一萬元的金額，使你父親損失太大了，他不能接受的，如果答應這條件，外債的壓力會減輕很多，但是我們家很窮，生活上不知怎麼過下去。」母親又說，由於債務壓力太大，而且「東部土地開發處」也不是好惹的，這次是找了蔣經國才有如此條件，如不順勢而爲，過些時日，他們可就不是這樣對待我父親了。

聽了母親這番話，最後我也支持並說服我父親接受這個條件算了，先減輕外面的壓力再說。另外一個原因是，在這一段時間，我母親心愛的大女兒去世，又接著發生這件令我家債台高築的土地糾紛，已經超過我母親所能承受的極限，她自殺過兩次，一次是吞服碘酒藥水，另一次是服安眠藥，兩次都是阮醫生前來救治，他用肥皂水給我母親喝下去，強行使她吐出來。

有關安眠藥那次，我母親有意藏了一瓶安眠藥在衣櫃內，半夜起來翻箱拿藥，還好我父親驚醒立刻大叫一聲：「妳做什麼？」看來我父親還是時刻警覺母親有自殺的可能。這一聲大叫，我與哥哥瞬間驚醒，並衝進父母親的房間，看到父親把母親手上的藥瓶奪下來，但是她還是吃了幾粒，並未整瓶吞服，真是好險啊！

我擔心的哭了，當時我母親說了一句話，至今我永遠無法忘記，她說：「如果不是爲了這幾個兒女，可憐他們，我早就不想活了。」並立刻用手摸我的頭，安慰我「不要哭了」，並叫我把阮醫生找來。我立刻跑出門去附近找阮醫生，他馬上給我母親用同樣的方法，用肥皂水並用手伸到她咽喉裡，加快她把肚裡的東西催吐出來，我母親也很配合。現在回想此事，當時我母親的壓力，確實已到了無法承受的地步。

從另一方面來看，我父親還能在壓力下奮鬥，爲爭取公道及權利，忍耐一切的壓迫及威脅。而且當時，不僅外面的人指三道四、幸災樂禍，就是我們兄弟也沒有全力支持與鼓勵我父親在這件事上的奮鬥。偶爾我父親也會找我做一點文書工作，略爲討論提示一些事情的眞相，但是我並沒有積極爲他分擔憂愁，僅是因爲我母親在各方面很支持我的父親；由於她的支持，我只得順應家母的意見，也在某些事情上同情我父親，心中爲他遭受的不平之冤感到氣憤。

這種憤怒的心情，使我從此對台灣蔣家幫政權異常不滿，常常告訴我父親：「國民黨退守台灣，流於安樂，歌舞昇平，不知進取，完全是亡國景象，哪裡還能反攻大陸呢？」家父發現我思想太過急進，恐有危險，常警告我：「你這種想法，別人會說你是共產黨，這是很危險的！」那時我心中的確非常反蔣，由於自己年輕，批評政府憤怒的言語，時常說出來，我的母親也爲我擔憂，叫我要小心點，好好讀書，考上一所好大學，將來才有前途。

後來，我父親接受了這個條件，造了名單及清冊。這段期間仍有不少債權人，或者曾在平時幫助我父親一些小忙的朋友及當年軍中的同事，不停懇請我父親，能在名冊上多記載一些土地，好讓他們也能分一杯羹。在這件事上，我父親這位心地厚道的人，的確犯了錯誤，他把所有剩餘下來未分配的土地，在小人好話誘惑下，分配了出去，自己僅留了三公頃的田地。

當然此事並未告訴我母親，最後結案，領錢以後，我母親才發現家父的這個「善舉」，當然非常憤怒，大罵我父親不該如此，不顧家裡貧困，自己都快沒飯吃了，怎麼還心地如此軟弱慈善？但家母也告訴我，這是家父一慣的老毛病，經常不顧自己而救助別人，這種大善人的心態，就是他出生大家——祖父是大財主，又是九位兄弟的老大，養成照顧別人的習慣，這個「毛病」很難改變了。也與我重提在上海用救我死去妹妹的醫藥費，去救助下屬的事。

因此我母親說：「你父親是不能做合夥生意的，只要與人共同經商，最後努力的結果都給了別人，他一定會吃虧的。」我對母親的這番話記憶深刻，而且也很反感，家父常常不顧自己家人的死活，全力照顧外人，搞得我們家有很長的一段時期窮困潦倒。

沒想到多年以後，我在美國開始經商，有一次造訪香港，找了一位算命先生給我指點運路，他告訴我：「你最好不要做合夥生意，凡事獨自經營，因爲你會『賓主不分』、『喧賓奪主』。也就是說，合夥生意做下去，最後都是別人的，假如你能發大財，也是財來財往，分給了別人，只有獨幹，才能保住財道與福分。」

此話一說，我就想到父親做合夥生意經常失敗，以及我母親說的話，當場立下決心，自己要單打獨幹，如果與人合夥，一定把自己放在絕對優勢。後來我做生意從未與人合夥，如果有合夥的生意，其他合夥人的股份，都是我贈與給他們的，打定主意，生意可以小做，絕不給自己添麻煩。我這一生走過來，對人與錢的思維，頗有家父的作風，在今日這種分秒必爭的社會，還是會吃虧的。如是合夥生意，這種大手大腳作風，必定影響其他股東利益，焉有不爭執的可能？

話說回頭，這一件事總算告一段落，東部土地開發處正式解決了糾紛，一千五百公頃的荒地開墾權，也轉讓給了他們，但是這六十公頃良田，以及他們破壞的損失，我父親也不追究其責任了，產權問題則交由縣府處理裁決。

換言之，開發處、家父及某些租地種田的佃農，都成爲未來可能的主人，這一項糾紛一直延續到一九七一年我父親去世前三個月，縣府才正式公告，這六十公頃土地屬於我父親；但公告期爲六個月，如果無人提出異議，此田地自然歸屬家父享有其產權。

從一九五八年開始發生糾紛到一九七一年，整個時間長達十三年之久，家父不停奮鬥，不屈不撓，勇往直前，雖然成功了，但是縣府正式公告後不到一個月，我父親就因腦溢血住進馬偕醫院，然後轉入榮總，得病兩個月以後去世了。家兄無意承繼父業，我又正準備赴美深造，最後決定放棄這一大筆財富。

從我姊姊生病去世，家父經營的洄瀾閣餐廳大火，以及木瓜溪開荒的「花蓮土地利用合作社」土地糾紛等一連串的不幸事件，都開始發生在一九五八年至一九五九年的兩年間。土地糾紛是最大的致命傷，這一糾紛，我父親用盡了他的最後十餘年，爲爭取不平權益奮鬥奔走，而我們當時正是求學年齡，弟妹不過是小學、初中階段，家中沒有一份正常收入來源，母親少有的從外祖母遺給的心愛寶物，也以賤價出售，支助家用，生活之貧窮困苦，眞是不敢回憶。這是我一生中最苦難的時光，在此特別另立專章詳述於後。

墾荒蒙冤　太平洋

良田血汗　木瓜溪

家父奮鬥　東流水

十年苦難　奈何天

雙包案情　柯縣長

獨裁極權　蔣家幫
專政不清　法不明
存心造福　禍難當

學識經歷篇

KING OF ARTEMIA

第四章　春日國小，杏林道上長相憶

高商職校畢業後，我準備參加大專聯考。當時聯考分甲、乙、丙三大組，甲組以理工科系爲主，乙組以文法商爲主，丙組則以農業、生物、醫學爲主。甲組入學科目不需要考史、地、生物，而以物理、化學取代之。乙組則以史、地爲主，丙組則以生物、化學代之。

我當年在高商讀書時，對自然生物很有興趣，或許是家住在河邊及近海不遠之地，因此很想研究漁類生物學。此外菁華街有花蓮山林管理所，是日據時代遺留下來的，很有規模，所內人才不少，尤其山林管理所有一間完美的圖書閱覽室，室內有不少農業及森林等雜誌。我在初、高中即不停接受到環境及林管所的耳濡目染，因此決心投考丙組。

再加上我父親介紹一位他們兵工學校的化學教授名叫王典文，親自指導我化學這門課程，因此我對化學也頗有心得。在我高一的時候，我有一個與我頗爲要好的鄰居，林彥山，是花蓮中學畢業，福建人，爸爸在縣政府當會計吧！他的英文很好，有些文學嗜好，後來一九五九年考取了台灣大學森林系。此外，另有三人也進了台中農學院的森林系，都是我的鄰居，其中有一位叫劉智能的好朋友，這所學院後來改為中興大學。

由於以上這些原因，我決心改商習農業或生物，而決心投考丙組，生物這一門科目靠自學，而化學這科目有名師指導，也大大增強了我的信心。

跋山涉水教書去

在一九六一年的聯考，我以第三名考到屏東農專森林系。當時家裡經濟環境極差，無能力供給我上學就讀，於是我有意先找一份工作，準備第二年重考希望能上國立台灣師範大學，如此可以公費就學，減輕家裡的經濟負擔，所以未去屏東農專報到。

就在這個時候，花蓮縣因小學老師奇缺，縣政府教育局公開招聘小學代理教員六十名，只要有高中學歷就能報名考試甄選，因此我幸運的以第一名的考試成績輕鬆上榜。

我父親非常高興，立刻帶我去見教育局局長，以便安排一間理想的小學任教。局長介紹我給人事課長，他很客氣的問我有什麼選擇條件？我回答：「希望能在教書期間，靜下心來自習，以便來年再參加聯考。」一聞言他表示：「你們被分派的小學都在鄉間，條件會差一些，大部分是沒有電燈的地方，這是最大的痲煩。」

沒想到此時正好有位玉里鎮春日國小的黃校長來拜訪他，想要他推薦幾位小學代理教員到他的學校任教，他看到我便立刻大力遊說我能前往他的小學任教，同時告訴我：「學校目前還沒有電燈，但是幾個月內就可能安裝了，住宿及吃飯都很好安排，環境條件很不錯，是一個富有的農業區，而非大山裡窮鄉僻壤的地方。」

這位黃校長給我的感覺是一位外表非常莊嚴、高大個子，是一位可尊敬的客家人，我立刻答應他的邀請，家父也認為能直接與校長見面而被聘用，這是再好不過了。於是校長當下立刻與我約定好，第二天就帶我去春日小學。

我母親為我這位從未出遠門，僅有十七歲的兒子，匆匆安排了簡單的行裝及一些書籍，準備在那遠方的農村任小學教員，並自習些功課，好來年重考，以便考取公費的師範大學。那時我家的經濟環境極為貧困，而且債台高築，我有個工作，能有一點微薄的收入，對家裡也是不無小補。

我與校長坐上日據時代建造的小型火車，它的鐵路車軌比國際標準還要小，自然火車的寬度也狹窄一些，但是在我心目中，這是大火車，因為我從來沒有坐過真正的寬型標準鐵軌火車。一路顛簸了四個多小時，從花蓮總站經吉安、壽豐、鳳林、光復到瑞穗車站下車，猶記得車站前有一個北回歸線通過該地的標誌，令我印象深刻。

那時已是下午三點多，我與校長在火車上吃了一份火車上的便當，所以一下了車，就匆匆趕路，步行兩個小時之後，到了秀姑巒溪河床地帶，當時並沒有大橋，我們還必須在河床上再走上半小時，才到達一個渡舟口。

那裡什麼標誌及碼頭都沒有，與其他河邊的沙礫地區完全一樣，而且河水洶湧急流而下，我心想：「這裡什麼都沒有，如何能渡河？而且校長又怎麼知道停在這裡就能找到小船？」

看著水流如此湍急，我真有些害怕，校長看出我的恐懼，笑著為我解惑，說他每星期都要渡河辦事，從這兒渡河是很安全的。聽他這麼說，我還是有些恐懼，但是人都到這裡了，也只能聽天由命。

不一會兒，有個人從河對面的小茅屋出來，只聽校長大叫：「我是黃校長！」對方一名老農（船夫）招招手，就從草叢內推出一條小舟，並拿了一根長竹桿，原來是用來撐船的，他就慢慢把船撐過了河，到了我們這邊。他在渡河撐船時，校長帶了我就往下游的方向沿河岸走下去，因為水流很急，船夫沒有辦法把船直線過河；受到急流的影響，船是斜著划過來，所以我們必須往下游方向走去會他的船，等我們上了船以後，天已黃昏近黑了。

這位船夫是位當地的原住民同胞，約三十餘歲，當時我們的船是順水划回對岸的上陸地點，因此往下游移動了百餘米的距離。我上了岸以後，船夫想幫我拿行李，但是我看他撐船很辛苦，而且天也快黑了，同時他還需要把小船慢慢往上游拖回他的原駐地停放好，也就婉拒了他的好意，表示自己來就可以。

船是不能放在溪水岸邊的，因為花蓮隨時會有大雨，山洪下來，急流立刻就會把船沖走，因此船必須放在離岸稍遠的地方，只有在白天，船夫得空時守候在岸邊等候客人，才會把船停靠在河邊，但是黃昏以後渡船的人非常少，他一般就會把船拖進離岸較遠的草叢裡。

有一次，我回花蓮市菁華街與家人過中秋節，返回春日小學時，趕了一個晚班火車，到達划船地點已經是晚上十點多鐘了。我看到遠處小茅屋有點燈光（油燈）亮著，高興的大叫：「我是春日小學的老師！」對方立刻有了回聲，有個人拿了盞小油燈出來，這位山地船夫知道是我在等船過渡，還特別加快速度把船移出來，還好那天是中秋節後，月亮特別明亮。在他撐船渡河時，大地一片寧靜，只有洶湧的急流聲不停的在我耳邊吼嘯，我一直禱告上帝，不要發生危險，請上帝多加保佑。

回到學校時，校長鄭重提醒我，以後不要夜間坐渡船，這是很危險的行為。我在春日國小教書時期，那兒至少發生三次渡船沉沒的事件，船上的人幾乎有八、九成是被水沖走而溺斃，甚至一次有十四人喪命之多。秀姑巒溪水量豐富，但是非常湍急，掉在水裡如果沒有穿救生衣，很難活命。當時那個年代，我們渡河的安全設備極差，根本沒有人會穿救生衣，有時還會超載。如今想起來，眞是上帝保佑，沒有發生意外。目前這條大溪已經成為台灣知名漂流愛好者的急流冒險運動旅遊勝地，也建築多座堅固的大橋，已經不可同日而語。

底層原住民的負債輪迴

春日國民小學當時學生人數還是極為可觀的，這些學生大部分是客家子弟，也有部分原住民，以布農族為主，泰雅族次之。一年級與二年級，每個年級有三個班級，分甲、乙、丙三班；三年級與四年級則改為每個年級兩班，五、六年級則各為一班。校長認為我出生官家，而且考取了大學，對我極為重視，讓我這個十七歲的小毛頭，教學五年級這個班，而且是班導師；主要教學國語（中文課）、算術，並負責課外活動及自習督導，以及生活教育等工作。

學校坐落在一塊平整的台地上，校長告訴我，日據時代，這座小學就已經存在，因爲秀姑巒溪從中央山脈流經花東縱谷，從瑞穗穿過花東海岸山脈而入太平洋，在沿海岸山脈以西的花東縱谷地區，形成一塊長型的台地，是一塊很富饒的農業地區。由於太平洋的季風越過花東海岸山脈吹向內陸這塊台地，形成焚風，氣溫升高，加上土地肥沃，因此是水稻生長的特別優良環境，品質奇佳，長期做爲日本天皇的貢品，在地理上又稱河東四里（德武、春日、松浦、觀音）。

唯一的缺點是交通不便，尤其是雨季，發洪水時期，常常就很難與其他城鎮溝通聯繫。

這座小學四周環境很好，佔地好幾公頃，因爲是一塊平坦的台地，視線頗佳，遙望遠方是花東縱谷及中央山脈的大山，校門前面是一條穿越河東四里，從瑞穗南行到玉里的公路，當時是良好的碎石路。

我與幾位新來的老師住在校門橫過道路邊的一小排新建的單身宿舍內，由於沒有家眷房可用，因此把宿舍的左右邊間給了一位陳老師（本地人），及一位崔老師，他是從師資特訓班出來的退伍軍官。我與一位名叫牛彤勳的山東師資特訓班出身的年輕退伍戰士合住一間，在陳老師隔鄰的房間。

陳老師嗜酒且脾氣不好，常對老婆拳腳相向，我們也常規勸他善待夫人。他的岳父有些資財，每次到了農忙收穫期間，其岳父都會趕上五、六車的稻穀從我們宿舍經過，並送上不少吃食，同時送上幾袋大米給我們。老陳告訴我們，他岳父放高利貸給當地人，每到穀物收穫日子，他們就趕了牛車到農民家的穀場強收稻穀，以此抵債。

有一次，我看到一幕發生在我的一位原住民女學生家裡的悲傷故事。在黃昏的下午，我無事散步到這位學生家裡，看到好幾人在曬穀場收乾穀子，有一部牛車停在旁邊，有人正在載運用麻布袋裝好的乾穀子。我問我的學生：「你們在賣自己的收成嗎？」這位學生流著淚，沒有回答，只叫了一聲：「老師！」但是這位載運穀子的牛車主人，看我是當地的老師，就主動的回答我：「他們跟我借錢，每到收成時期，我就來把他們的穀物收回，當作債款取回。」我問道：「爲何收成的全部都載上你的車？」他說：「他們借的債太多，每次的收成都不夠抵債。」

女學生已經五年級了，心裡肯定明白，這個困境是無休止的未來，我拍拍她的肩膀安慰她。看著她可憐而善良無知的父母親，我立刻轉頭要求這位要債的人，請他給他們留下兩袋收成吧，不要全部拿走。對方立刻問我：「你認識陳老師嗎？」我回答：「我就住在他的隔壁，我是茍老師。」他立刻笑著說：「我就是他太太的弟弟（小舅子）。」

看在這層情分上，他立刻停止手上的動作，把穀場剩餘的幾袋留在曬場上，叫我的學生告訴她爸媽：「這是茍老師要我留下來贈送給你們的。」她的爸爸高興得立刻拿了椅子及一瓶米酒出來，要我們坐下休息聊聊，並喝一瓶米酒，用酒待客，這是原住民的風俗習慣。

這位小舅子很高興地與我聊起來了。他告訴我，他們並沒有直接放債給這些農民，他們把錢借給附近的雜貨店鋪，幾乎是當地最大的一家，八成的生意都屬他們，包括也做借貸的業務。農民前往買日用品、雜糧及供應品，全部都可以賒貸，也可以要求給一點現金。

雜貨店鋪再把這些紀錄提供給老陳家小舅子，做資金週轉，也就是他們把錢以較高利息借給了雜貨鋪。每次農田收穫時期，他們就直接拿雜貨鋪的借貸記帳單據，前往每戶討債；不是討現金，而是以實物收成的東西來抵現金。這位老陳的小舅子說：「我們沒法給農民直接貸款，因爲他們的知識程度很差，連最簡單的算術都不懂，只能用這個方法，相對簡便一些。」

我是高商職校畢業，立刻想到一些帳目、實物計價及利息問題，我發現這一條高利貸的整個過程，肯定是到處牟利及剝削行爲。這些原住民們知識水平不高又嗜酒，完全沒有意識到自身的財務困境，眞是可憐了下一代。我班上這位可愛的女學生，如今我還記得她流淚無言又無助的模樣。

一朝被蛇驚，惡夢數十年

春日小學坐落在北回歸線上，亞熱帶氣候，附近到處都有毒蛇，其中又以龜殼花、眼鏡蛇、百步蛇爲多，也有不少菜蛇。有一天我在上課，突然學生一陣喧嘩，大家都抬頭往天花板的方向看去，我忍不住也嚇出一身冷汗。

由於前年大颱風，學校屋頂的瓦片被吹壞了，地方政府因風災嚴重，救災經費缺乏，撥給的經費很少，校長只好用茅草暫時修補屋頂，先暫時解決漏雨的不便，至於天花板這項工程，就節省不裝修了。因此從教室內抬頭往上看到的，就是屋樑及厚厚的茅草，房子本身則是木料、磚塊加水泥的建築。

學生們的喧嘩讓我一時不明所以，不知發生了什麼事，有幾位女學生嚇得往我這裡跑過來，直大叫：「老師！蛇！蛇！」我立刻把視線轉向地板，有位男同學指著屋樑大叫：「老師，蛇在那兒！」我抬頭見到一隻頗有分量的大菜蛇，盤踞在樑上，而且頭向下，很有「精神」的吐著舌頭，從來沒有遇過這種場面的我，完全嚇壞不知所措。

就在我驚嚇萬分不知如何處理時，班長及時叫了隔壁一位中年老資格的教師，他手上拿了一根藤鞭，快步衝了進來。說時遲那時快，他用鞭子快速揮打那條吊在樑柱上的黃褐色菜蛇，不一會兒蛇就落在教室的水泥地面上；另有一位老師熟練地用雙手把這條還在緩慢蠕動的、臨死的東西，移開了地面，帶到教室外去了。

打蛇的老師把手上藤條給了我，提醒我道：「你每天到教室上課，都不能忘記手執這根藤鞭，為的不是用來處罰同學，而是防止長蟲。因為屋頂的茅草很厚實，是小鳥及老鼠的藏身之地，作巢的好處所，常常有大蛇喜愛上屋尋食，所以在教室上課，也要注意這種大蟲光臨。」

當天下午放學後，有位廣東籍的單身教員，叫我到他那兒吃晚餐，我提早了一個小時赴宴，居然看到這崔姓老廣把早上打的大蛇掛在樹上，用小刀斬殺中。當天夜裡，我做了個被那條蛇咬的惡夢。

之後，夏夜黃昏後散步，月光照在碎石路面上，經常會看到各種毒蛇躺在路面上，我們有時必須跨過懶洋洋躺在那裡、動也不動的可怕毒蛇，或是早上經常看到被車輾壓的死蛇。

我們的宿舍老鼠爲患，我的鄰居陳老師喜歡抓到老鼠後，就玩一種火燒老鼠的遊戲，我的室友牛老師告訴我，他想抓幾隻老鼠來玩玩遊戲。晚上這些小動物總是從天花板跑到地板，又跑到屋角各地方，發出不少的噪音，很是煩人。牛老師把米放在木製的垃圾桶內，把重重的木桶蓋放在自己床邊、伸手可以操作的位置，等到夜裡老鼠來偷吃糧食時，他就立刻把蓋子放在垃圾桶上頭封住，如此老鼠就跑不掉了。

有一晚上，他聽到垃圾桶內噪音大起，他立刻用手把蓋子封住桶子，第二天，他告訴我垃圾桶內有不少老鼠，叫大家來看，他準備玩火燒老鼠的遊戲。等到大家到場看他抓的老鼠，打開垃圾桶蓋子時，著實把了大家嚇了一跳，原來裡面抓到的是一條大菜蛇。

另有一次，我們學校有位老師結婚，安排了二十餘桌席宴，菜色非常豐富，餐宴後，剩餘的酒肉讓我們幾位宿舍老師打包回去，足足吃了一星期。校長也常來參加我們的大餐，喝酒聊天，每次晚飯都要吃上三小時以上。

某一天，黃校長想回家拿一些自己珍藏的茶葉，飯後可以品嚐，當時他已略含醉意，走進家門跨過門檻，說時遲那時快，門檻上躺了一條百步蛇。受到驚嚇的毒蛇立刻咬上黃校長腳掌大拇趾，這條長蟲足足有一米過半之長，校長立刻一腳踢了過去；閃眼間，驚見此蛇爲一條百步蛇，心知不妙，立刻大聲求救，我們幾個老師聽到喊叫聲趕緊跑過去。

此時他的妻子也從屋裡出來，把校長扶上了床，一位有經驗的莊姓教員，立即協助療傷，先幫校長把腳趾的有毒血液擠出，同時間，校長叫喚其妻，把箱內的治毒蛇祕方拿出來，趕快到小街上的中藥店採購祕方中的各種藥材回來煎煮。

當時毒性已經發作，校長難受得呻吟不已，冷汗直冒，他告訴我們吃了三付其父的祕方，並將藥物敷在傷口處，經過二十四小時，如果無事就能活命，並讓我們回家。不過仍有兩位多年一起在那兒工作的老師留下，隨時照應他。

第二天中午，我們很是擔心，前往看望時，他已有些好轉，但是仍痛楚不堪，並且身體發燒，體溫偏高，直到夜裡，情況才大加改善，能夠關心校務，我們閒聊了幾句。數天後校長終於回到學校，康復如常，讓大家鬆了口氣，這才放心下來。

不過故事還沒有結束。約一星期後，學校一個四年級兒童，玩著玻璃彈珠遊戲，男孩把玻璃彈珠滾進校長家附近的木材堆中，他把右手伸進木材堆底下，試圖尋找珠子。突然大叫一聲，並把手立刻抽回來，說時遲那時快，原來是一條大百步蛇咬了他的手指，跟著他的手掌一起從木堆中被拉到外面來，大蛇很快鬆口，又爬進原來藏身的木堆裡。

同學們都驚嚇的大叫起來，此時莊老師正在附近，立刻前來救治這位男孩，發現傷口雖然有明顯的蛇牙咬印，但不像有毒液感染的情形。他在這方面是一位頗有經驗的人，立刻指揮幾個老師及學校工友，合力把木材堆移開，準備抓住這條大蛇。

很快不到一刻的時間，這條靜靜躺在木堆下的長蟲，被一位原住民老師活抓，莊老師一看便大聲說道：「這與上次咬黃校長的百步蛇是同一條！」又說：「因為咬了黃校長，毒液已經釋放完了，短時間未能恢復，所以剛剛咬小同學時，並未射出毒液，只要將傷口消毒一下，即可痊癒。」我們當下都相信專家的話，事後也證明，這位小男孩的確沒發生什麼事，很快就痊癒了。

這段與長蟲「相處」的後遺症就是，自從我在春日小學教書以後，經常夢中見蛇，蛇成了我的噩夢及一切恐懼的幻影，而且長達數十年之久，奈何呼！

原民同胞的樸實待客，中秋節的淚與酸

當年，我還只是一個十七歲的年輕人，外貌清秀莊雅，班上的男女學生都視我為他們的

兄長。少數幾位原住民女學生已經發育得如同春花含苞待放，頗有少女的風韻，每次同我說話時，總是姿態羞澀、面帶粉紅，帶有一股「少女情懷總是春」的風情。

年少初開的情懷

有一次，一位十一歲的少女學生坐在最後排，因爲功課不懂，作業未交，我找她談話。看到她用左手按在自己的上胸部，很是奇怪，我問她：「妳不把妳的手拿下來用筆寫字，如何能寫作業呢？」就看她面有難色、一臉害羞的樣子，我心想：「她的胸部一定受了傷吧？」便轉問另一位鄰坐的女同學，對方回答：「老師，她的衣服破了，胸部露出來了，很不好意思。」我說：「那要快些修補或換一件好的衣服啊。」這位同學又說：「她爸爸生病了，她能來上學已經很不容易，她身上穿的這件衣服，是她唯一的一件上衣了。」

這位鄰座女同學說完後，她有意而害羞的把自己遮胸的手拿開，並轉側了一下身體，讓我看到她露出的胸部，以表示同學說的話都是眞實。我當時也害羞不已面色發紅，她也發現了我不好意思看她的神情，立刻低下頭沉默下來。

我當時有兩種心情，一是吃驚的發現這位才小學五年級的原住民女學生，居然能有如此白潤如小圓饅頭的美妙乳房；二是非常同情她的貧困苦難，不禁想盡一點心力來幫助她，也後悔當時不該責備她爲什麼不做功課。

中午我回到宿舍，就與鄰舍陳老師的太太商量此事，她是一位家境較爲富有且心地非常善良的婦人，時年三十餘，沒有子女。聽了我的話，她立刻拿了兩件衣服給我，下午上課時，我就把女學生找來我的辦公室，把衣服交給了她。這位美麗可憐的原住民少女感動得流下眼淚。那一刻，我發現她相貌輪廓有西方人的風味，五官深邃，鼻樑挺直，身材也略顯阿娜多姿，已經是一位知道愛美的少女了。只可惜生長在窮鄉僻壤的地方，又是一位家境困難的原住民姑娘。如今回想起來，不知這位美麗姑娘，以後的人生會是多麼坎坷?!

我每次返回花蓮市，然後再回學校，都得從春日里走往德武里，再坐撐划的小船過秀姑巒溪，接著再走上一個半小時的路程到火車站，趕上花東鐵路的小火車返家。路上經過的地方都是鄉間小道，附近偶爾有些稻田，山坡上種了大量的香茅草。

我經常遇到一位原住民姑娘坐在水牛背上，在田間小路上高唱著屬於她自己的歌，是情歌還是讚美詩歌呢？不得而知。只是那悠揚的旋律及清脆的歌聲，使我傾刻間愛上了這遙遠的土地青青小草、藍天白雲，以及和風吹著綠油油的稻禾，彷彿都在爲這位原住民少女的歌聲伴奏舞踏和歌唱！

我們住在宿舍內，有好幾位單身漢，因爲三餐麻煩，校長安排宿舍山坡下的一家農舍，包辦我們的伙食。這位農家有兄弟老三、老四在家務農，老三還兼任當地農會小組長的工作。此外，還有一位小學六年級的楊小弟，老父老母皆健在，老頭無事會吟詩唱歌，老母每早起來就不停忙碌幹活。她有一位好幫手，就是那位十七歲的美麗勤勞的女兒楊秋妹了。

這是一家傳統的客家人，他們準備的伙食，每天早上以青菜、空心菜爲主，在大鐵鍋中用熱水灼一下，整齊排列切好上桌，再用自製的柑桔醬拌食。還有豆腐及土雞蛋，偶爾也有紅燒肉，另有一道菜每天都會上桌，而且是我終身難忘的美食，就是他們自製的蘿蔔乾。她將自家種的大白蘿蔔在陽光下曬乾，放進酒瓶裡加鹽及酒，用蠟封口，埋入地窖或地下，來年拿出來品嚐，帶有酒香氣味的醃蘿蔔乾，極其味美可口。

客家人的衛生還是極爲講究的，餐食也是，不鹽、不油、不辣，很合健康的標準。他們家裡有三公頃的良田，應是當地富有人家，只是生了八個兒女，到了兒子成年娶妻時，這三公頃就不夠養活新增加的成員了。田裡種有葡萄、柑桔以及水稻，並種了不少菜蔬，尤其冬天種植不少大白蘿蔔及大白菜，得以自製各種可以保存的醃菜。另外養有雞、鴨、鵝及幾頭肥豬，很有田園農家生活的品味，但卻忙碌而不安逸休閒，每天有做不完的工作。

每天晚餐，是我們最休閒快樂輕鬆的時間，大夥兒可以利用吃飯喝茶的時間聊天，說一些自己的故事。這家的主事者是老三，身體稍瘦，頭腦很機敏，常常講述一些當地農村裡務農的事，這個清靜的鄉村，在他口裡的事兒還眞不少，總是有說不完的故事。他的工作也挺忙碌，永遠做不完，每每想起陶淵明詩裡講的「採菊東籬下，悠然見南山」的那種悠哉心境，再對比我在楊老三家渡過的鄉村農家的日子，看來農村生活並不像陶大詩人描述的那般輕鬆瀟灑吧！

楊家農舍近鄰有一戶林家，有位四年級的小女生，長的非常美貌，特別喜歡來找我問東問西，週末吃飯時，常常把自己家的柑桔送來給我們品嚐。有一次硬要我到她家玩，我就隻身跟她去參觀她家的柑桔園。

她把她十八歲的姊姊叫了出來，介紹給我認識。其姊很漂亮，大眼睛、濃眉、鼻樑挺秀、嘴唇豐潤而向上挑動，兩個酒窩更是增添她的豔麗，天生是一個甜姐兒。本來就豐滿的身材，加上務農的鍛鍊，婀娜多姿，著實動人。這位漂亮的小妹妹，居然大膽的在爲我拉紅線，把她姊姊推薦給我，居中做媒。

她當著她姊姊的面直白問我：「喜不喜歡我的漂亮姊姊？」又說：「老師，我姊姊很漂亮的，你如果喜歡，就把她娶回家吧！她會做很多事情，很勤勞的，她是春日里最漂亮的小姐了。」

這位活潑可愛的小妹妹，天眞的一番話，含有多少美妙的善意與聰慧？她是一位客家女孩。我曾經想過，如能娶上這位小妹妹能有多好？她的美麗姊姊，正是小妹妹長大以後的模樣；她除了會像姊姊一樣漂亮外，還有一個天眞善良的心，而且我能感覺到，她對我其實也含有某些愛慕的情懷吧？

我至今印象深刻，她是四年級甲班的班長，個子也是最高的一位，每次開早會時，她站在前面，又在我的五年級近鄰，我這位五年級導師，常常就站在她旁邊。她見到我總是笑著看我，眼睛很會示意，如果她是一位成熟的少女，那種微笑及烏溜眼睛含著閃光的心靈言語，彷彿默默含情、隱諱地傳達對我的愛慕之意。我覺得，我好似也喜歡上這位只有十一歲的小姑娘了。

學生們都是鄉下窮小孩，有八成的小學生都是打赤腳上學，我們老師中包括教導長是一位福州人，也常打赤足上班。我看這位小妹妹長得如此可愛，但也是打赤腳，所以有一次我到城裡，特別為她買了一雙紅布鞋，有一天早會時，我發現她們班上除了一位老師的女兒有穿鞋，其他幾乎全打赤腳，她穿了我買的紅布鞋，的確像是一位富家女。我當時心想，如果以我留在這寧靜安祥、綠油油的鄉村，我肯定會等待這位小妹妹長大，以後娶她為妻的。

我班上的小朋友都很可愛，他們常揶揄我是城市土包子，我就說他們是鄉下土包子。他們樸實天真、聽話、有禮貌，尤其特別尊敬老師，比城裡的孩子乖巧多了，這是他們純樸的天性。因為都是農村小孩，偶爾農忙時，家裡人口少、勞力不足的，常要孩子回家幫忙。此時我會特別準備一大桶糖果，只要小男孩來向我請假一星期，回家收穫稻子，我都會讚譽他們、鼓勵他們回家幫父母做農事，並且發一包糖果給他。

同樣的，只要小朋友來找我問功課或什麼事，我也都會給糖果，他們拿了糖，非常高興快樂，而且會分享給其他同學。我一生都記得，我上小學時，有一位仁慈的地理老師經常給我糖果、鼓勵我的往事，那股溫暖始終盈滿我的內心，所以現在我也以同樣的方式來對待孩子們，這是我所能做的回報。

紅薯簽的待客深意

春日小學坐落在河東四里，近瑞穗鄉的地方，但在行政區上隸屬玉里鎮春日里的管轄處，人口約萬餘人。有一位退伍軍醫在那兒濟世救人，心地善良，常常給窮人免費行醫。員警派出所所長的公子是位瘦小的可愛童子，正是我班上的一位好學生，他有一次拿了一水桶的豆腐給我加菜，告訴我這是他爸爸每天一大早起身親自製作的，而這也是春日里唯一的一家豆腐作坊。

我有次見了他父親、也是當地最高治安的警長，他告訴我，員警派出所的經費不足，不僅養家活口困難，幾位警員及辦公費用開支也不足，想做點善事更是缺錢，所以決定開一家豆腐作坊，親自做工加班增加一些收入，彌補政府經費的不足。在我的心目中，他的確是一位可愛可敬的公務員，也是從大陸遷台的福建福州人。

某一天，縣政府教育局的督學官前來學校視察，並留宿在校長家裡，晚餐時，校長把我及幾位重要的教員叫去一起吃飯。縣督學告訴我們，在他來學校之前，剛走了兩小時的深山小路，到我們春日附近一處僅有三十餘名學生的遙遠山地小學，該校只有一位老師，他在上課時間到了課堂教室，發現這位老師喝醉了酒，睡倒在地上，教室講台上還放了一瓶酒，小學生們就在教室內嬉鬧玩耍。

他問道：「老師爲何睡在教室內？」學生說：「老師生病了。」他立刻把老師叫醒，問他：「是否太勞累了？」這位老師也知錯了，老實回答：「我喝醉了。」縣督學弄了一些水給他，並告誡他：「身爲老師應好好工作，以身作則，怎麼可以在上課時喝酒呢？」老師也驚慌認錯，聽由縣府教育局的處分。

我們聽完這個故事，都認爲這位山地小學教員肯定要被記兩個大過，撤職查辦，大家當下沉默不語，有技巧的轉移到別的輕鬆話題。沒想到兩個星期後，縣府的獎罰公報上卻登載了這位山地教員是「教員過於勞累，病倒在教室內」，反而特予嘉獎，記大功兩個，升級一等，把大家吃了一驚。大家在教員辦公室裡議論紛紛，都認爲獎罰公報有誤，怎會如此天差地別，「大過改爲大功」呢？

不到一個月，縣督學又來學校視察，我們都好奇的把這件事提出來問他，督學很善意仁慈的告訴我們：「深山裡的小學教員太辛苦了，沒有人願意去當這份差，很難找到老師，如果記他大過撤職，可能兩年內都找不到合格的老師去任教。他只不過是喝點酒，自己也知道錯了，多給他一點鼓勵，留住他繼續在這偏遠地方工作，對孩子、對地方才是最好的安排。」

偏遠學堂　無人問
醉酒當差　教無類
督學明察　智急轉
師道尊嚴　獎代罰

我們有位三年級的老師姓曾，是玉里高中畢業，與我一起參加代理教員考試，成爲小學教員。有一次我倆到瑞穗鎮上出差，中午時分，他帶我去拜訪他的舅舅，他舅舅在當地是一位有名的中醫生，開了一間鎮上最大的中藥鋪，店鋪門面看起來氣派極有規模。

午餐時間，我們留下來吃飯，他的舅舅及表兄與我們一共四人，菜色極爲簡單，有蘿蔔乾、空心菜、花生米及半個鹹鴨蛋，並給我盛了一大碗白米飯。

在餐桌上，他們三人都把飯碗抬得高高的，幾乎擋住了臉，只有我是平常的吃飯姿態，我看到他們這種吃飯的樣子，很是奇怪，但又不知所以然。我一碗飯完畢，正想添第二碗時，他們三人很快的把手伸過來，要爲我服務代爲盛飯。

我不好意思讓他們為我服務，說時遲那時快，我已站起來趕先到達飯鍋處，當我看到飯鍋內全是紅薯簽（細條紅薯），僅在鍋底有一點點的飯粒時，我心裡立刻明白了。原來他們把碗抬得高高的，是因為他們三人地碗中盛滿的全是紅薯簽而非白米飯，我立刻也在碗中裝滿了紅薯簽，也同他們一樣，把碗舉得高高的，直說這道午餐很合口味。

當時在台灣吃紅薯為主食過日子的大多是窮人，然而即使他是當地有名的中醫師，並且是招待外甥及朋友的午餐，他一樣吃紅薯簽，把最好的拿出來招待客人。這是一九五九年的事吧！我至今仍深深記得這個特別具有教育意義的午餐！

我在八月份上旬前往春日小學任教，月底當地的原住民文化中，恰逢豐年祭，校長安排所有老師參加，也以這次宴會作為學校歡迎新教員的正式歡迎宴。故而特別在當地最大雜貨店並兼營飯館之處，開了兩桌宴席。

雖然是當地本幫客家菜，但在烹調上，大多用酒燉雞或燉五花肉，作法是把全雞、一大塊五花肉，或是整隻鰻魚，先燉成濃湯鍋，接著再灌入一大瓶米酒；幾乎所有的肉類燉菜都是如此，我過去從未吃過這種菜餚。

老師們都是用土碗盛滿雞湯，他們又稱雞酒。每一桌至少吃了三盆雞酒湯，在我面前還有一盆五花肉米酒湯，也換了兩盆，再加上大塊五花肉約兩斤以上，燉得非常軟爛，在肥油、水、酒混交織下，味道極佳，整個氛圍還眞有些像土匪窩的山寨宴。食物味道堪稱可口，很容易飲食過量，老師們互相對喝，看似喝湯，實是飲酒，幾碗湯水下肚，我已是面紅耳赤。

另外我們也品嚐了當地的一種酒「烏豆酒」，顏色淡褐色如黃酒色，大家也是以土粗碗盛飲，只是這種酒用烏豆釀製，我離開春日以後，就再也沒有看過這種酒了。十年以後，我曾兼職台灣菸酒公賣總局銷售部顧問，問及是否有釀造「烏豆酒」，他們也沒聽說過，看來此味只能永存記憶了。

當天夜宴到半夜，校長叫了我及幾位年輕的教員，一同參加原住民的豐年祭舞會，地點就在飯店後面廣場。一群人圍住一堆熊熊火焰繞了一圈跳起山地舞，大都是年輕原住民姑娘，她們看見黃校長帶了我們這些外地老師，很高興的拉著我們進場，手握手開始一邊唱一邊跳。

不一會兒，有位男士提了一個鐵水桶，舀了一碗水桶的水給我，我拿到嘴邊一飲而盡。校長看到了，立刻跑過來叫另一位老師扶我回宿舍；因爲那鐵桶裡裝的是酒不是水，我居然酒水不分，一飲而盡。

校長知道我醉了，何況我年輕無酒量，加上餐宴上，早被雞酒灌得差不多，醉意已濃。校長的確是明眼人，否則我可能不知要醉倒在哪位原住民姑娘的石榴裙下，成爲那位原住民的乘龍快婿了。後來聽說當地原住民也的確有這種風俗，如果眞有這種「韻事」發生，我是不能不認帳的。看官到此，眞是禍福不知呀！

前程無亮　命運擺
山地姑娘　火邊舞
醉酒情韻　兼糊塗
堪知乙夜　怨終身

中秋節將近，我也正好領了第一個月的薪水約三百餘元，初次離家又逢佳節倍思親，校長也極爲通情達理，放我三天假，加上週日一天，我立刻在週五下午匆匆踏上歸程。

當時家境非常窮困，姊姊去世，爸爸的事業已經破產，所以我僅買了一盒月餅，其餘薪水分文未動，把現金裝在薪水袋裡。

回到家中已是中秋節的下午時分，全家人包括爸爸、媽媽、兄弟及兩個妹妹都在門外等我。可能已等了多時，我大妹金燕告訴我：「今天中午我們都沒有吃飯，因爲家中已經沒有米，也沒有錢了。」當時我聽了這句話，內心極爲酸楚，媽媽笑著對我說：「你回來眞好，大家都盼望你回來，可以過一個快樂的節日，你帶回的薪水，這個時候是非常需要的，我們都在等你帶回來的救命錢。」

媽媽高興地對我說，就立刻安排採買並準備晚餐。這是一九五九年的中秋節，是我最難忘的一天，本該開心過節，卻因爲小蔣隨意作的一個決定，他的手下就如同強盜土匪般強佔我父親的土地，縣府也是助紂爲虐，害了我們一家人，致使我們家陷入極端悲痛而困難的日子裡。此冤也因家父去世，永無還清之日了。

第五章　多彩大學生活，政大情牽一生

我在花蓮商職讀書期間，教授英文的是教務長趙喊三老師，他的山東口音非常濃厚，儘管我母親找了當地防空學校的一位年輕留美教官，為我課外補習略有進展，但是效果仍然有限，這位空軍教官不計任何報酬為我夜間上課，後來我母親才知道，原來他看上我家那位漂亮姊姊。等到我姊姊到台北銘傳商學院時，也就不再為我補習了，以致我英文仍然很差，每次大專聯考，這門課程的成績都很失敗。

一九六四年的聯合招生考試，數學出題較難，我又非正規普通中學出身，只好臨考前，一面研究、一面答題，心中完全沒有把握。英文不好，只好把希望放在其他功課上，從別的科目拿點高分，其中三民主義政治課，我只有一本教科書，從頭背到尾，自認可以回答得滿分。

聯考放榜後，在家中聽收音機，家母及家兄都沒聽到榜上有我的名字，失望了一夜。第二天送報的周先生把報紙給我，一眼就見到了我的名字，原來我考進了政治大學國際貿易系，全家欣喜若狂。

爾後聯考成績單寄到家中，發現我的數學成績拿了個極高分，而政治課三民主義居然低於平均水準很多，爲此我很不滿，曾寫信查詢，但毫無下文。多年以後，我自己任教母校國立政治大學國貿系，經常到溝子口考試院參與閱卷，才發現很多閱卷老師很懶，心情不好或考生回答太多，都會影響閱卷成績。

上大學是要花錢的，當時家裡的經濟環境仍然很差，我父親還在爲他的土地事業奔走努力，爭取損失補償，沒有正常收入，我爲自己能否入學很是發愁，想這是否要回到國立師範大學繼續完成學業。

我把自己的想法告訴在師大上學的沈六同學，他建議我應該到政大國貿系就讀。他告訴我一個訊息，說是夏丏新教授的妻子在溝子口中興小學當校長，想聘請一位數學教員，教授五年級算術課，認爲我應該能夠勝任。因此約好我倆第二天就去拜訪她，很快此事就定了下來，每天下午三點至五點，在中興小學爲五年級的學生上算術課。我非常高興，也非常感恩夏教授解救我入學的困難。

爾後，這位沈六同學是國立師範大學教授兼系主任，桃李滿天下，投身在教育界，著實是一位仁慈且好爲人師表的典範與表率。我從美國返台經常邀約他與其夫人吃飯，夫妻倆相恩相愛，未有子女，現在過著令人稱羨，安逸的退休生活。

中興小學離政大有些距離，我把這事告訴正在兵工學校當車輛班助教的芶開文，他立刻爲我弄了一輛舊自行車，是德國貨。他告訴我，有艘東德貨輪前往中國大陸，因爲韓戰期間，台灣海軍把這條東德船扣住了，沒收了所有的貨物，這輛自行車也是其中之一。雖然很老舊，但他是修車專家，經過他的一番修整，還是能騎，這輛車我一直使用到大學二年級才報廢。

我經常得騎上半個小時，從木柵政大宿舍到溝子口上課，每次回程時，車子的鍊子常常脫落，需要修理。班上的小同學都圍在我旁邊，很是同情的看著我修車，然後七嘴八舌的在一旁建議我：「老師該買新車了！」

這些可愛的小孩子，家庭及父母親都是當時台北社會的上層階級，因爲這所小學是由國民黨中央黨部專辦的私立小學，當然也招收一些地方上富有家庭的子女，每個小孩都長的清秀聰慧。班上的小女孩，不論本地人還是外省人，長大了相信都是漂亮的美女；男孩們也乖巧有教養，我很喜歡與他們在一起。可惜我只上了一年的課，就因爲他們聘請了專任數學老師，我與這些小朋友緣分也盡了。儘管我們「分手」了，但我還是時常想念他們，很懷念當初與他們相處的那段美好時光。

真是風水寶地？

國立政治大學座落在木柵指南宮山下，在台北市南部，幾乎三面環山，另一面是木柵市區。有一條醉夢小溪流經東邊山下，淌入景美溪，後經溝子口流入新店溪，匯入淡水河。景美溪在夏天雨季時，常漲大水，有時洪水淹沒整個校區，幾乎年年發洪水，只不過有大有小之分。我研究所畢業以後，留在學校任教的第一年，洪水嚴重氾濫，有位政治學博士候選人的畢業論文全部被浸入水中沖走，只得重新再寫畢業論文，延後拿到學位。那次洪水足足讓他修了八年的博士生才得已畢業，後來被聘請到我工作的公企中心圖書館擔任館長。

提到政大的洪水，故事眞是豐富得可以講上三天三夜，此處從頭說起。話說蔣介石想把南京的中央政治大學復校，請了他的地理大師張其昀（教育部長）選擇風水地址，他左右研究，決定了景美溪旁、指南宮下的這片農地，山水風景也頗爲秀麗，青山綠水，寧靜安祥，頗有菁英匯集之盛的環境。卻沒想到，這塊寶地年年發洪水，苦不堪言。

爾後，這位老蔣御用的地理大師，又辦了一所有名的文化學院（現為文化大學），這次是把校地建築在台北市陽明山的風頭上，只要有颱風，損失最慘的就是他「欽定」的風水寶地。看來老蔣果然用了一位「高超」的風水地理大師，他選的學校位址，不是有風就是又有水。

蔣先生特別用一位當年三十歲就在西安西北大學擔任校長的劉季洪，擔當政治大學的頭領之職，同事都說可眞是地如其名，季季發洪。後來劉校長又任命羅志淵任法學院院長，在兩人「發力」下，洪水氾濫更是變本加厲。

看官明察，這絕對不是戲謔之詞，上述所言千眞萬確。劉季洪當校長時，幾乎木柵政大都淹水；「季洪」加「志淵」，讓政大年年發大洪水如履深淵。

我與政治大學的關係，淵源極深，從一九六四年大學開始、一九七〇年企業管理研究所畢業後任教母校國貿系及研究所，直到一九七五年十月前往美國。而劉季洪從我初進政大，一直做到一九七四年升任考試院院長，轉由李元簇當校長，我在校長達超過十餘年的時間。

風水大師　張其昀
老蔣寵師　識堪輿
木柵政大　年年洪
陽明文化　歲歲風
有風有水　真大師

木柵當時除了政大校園以外，大門外有稀落的房屋、店鋪，勉強充作商業一條街吧。其他地區都是木柵農地，田園風光秀麗。我曾在一位台灣銀行襄理家中任家教，他告訴我，木柵以張姓居多，他家是當地的望族。

從台北市經過木柵街市，往指南宮方向走，經過景美溪，過一條道南橋，這條橋狹小，水泥建築，可行大車；過橋不遠的左側，有一個便以利教會的教堂，由兩位夫妻檔的美國人主持。教堂外有圍牆，內有廣闊的庭院，當時在我們心中，那兒充滿著洋人教會的寧靜、美輪美奐環境。

學校大門的左右邊有兩個側們，左邊近道南橋的側門因爲靠近男生宿舍及商學院，是我們常走的後門；右邊的側門則是近女生宿舍，研究生宿舍正對這個側門，我很少在此走動。從那裡往上走，先走的一段路是教職員宿舍及眷屬區，再往前行就是台北市有名的指南宮，宮廟很有規模，必須從山底下往上爬一段很長的石梯。廟內供奉呂洞賓，據說不利情侶參拜，因爲八仙之一的呂大人會拆散有情眷侶的姻緣。

在學校後面山邊有一條醉夢溪，聽說那裡才是好情侶的去處。我在大學裡連女孩子的手都沒牽過，自然從未享受過醉夢溪的夜色浪漫，當然指南宮的呂洞賓仙人也不必爲我煩心了。

話說回來，我是國貿系第八屆同學，大學四年除了求學外，就是到外面找工作，籌措生活費。離開中興小學後就利用夜間，前往台北市兼任家庭教師的工作。因爲我給人樸實厚道之感，因此很容易取得對方的信任而被聘僱，一般以初中生居多，大多是數理科目。我自認教得很有技巧，也有一定的水準，可是每一次的教學也僅半年而已。

第一次是一位空軍少將家裡，家住在新生南路空軍將官住宿區，家庭條件還不錯，客廳內放了一個大冰箱，當時還是很洋氣的。這位公子頭腦有些笨拙，平時都是他的漂亮媽媽爲我添茶水。

有一天來了一位在台北醫學院讀書的女子，夏日炎熱，她穿著睡衣，隱見胴體酥胸，容貌秀麗，身上散發了香水味，甜笑著上茶，並加了一塊糕餅。不顧我正在教學，就自我介紹攀聊起來，原來她是這位小弟的大姊，大學二年級，週末有舞會，想邀請我陪她參加。她一邊說話，一邊眉眼直瞪，我的臉色紅了又白，冷汗直冒出來，手足不知如何擺布，她看我沒有回話，也就笑著說：「你大概不會跳舞吧？下次來我家，我教你。」以後我再到她家為小弟補課時，如遇到她上茶，她只是常常禮貌而甜蜜的笑笑，問好而已。道來此事，非我豔福不享，只因當時完全沒有心理準備，沒有經驗，不敢接受她而已。

另一次我到一位陽明山天母的住家任教，獨棟洋房，後院花園，能見台北市夜景，氣派非凡，是一位私校的高中女學生，浙江人，父親是軍中財務官。半年教學下來，我從未見過她的爸爸，倒是常常見到她的叔叔前來閒聊。她的母親更是對我熱情有加，不僅每天侍上晚餐，並多次要我搬到她家居住；而且很誠懇的告訴我，假如我畢業，她可以資助我前往美國留學。面對對方的盛情款待，我一時該如何反應，因為她家離我的學校太遠，住宿不便，而且我那時從未想到交女友及結婚等事情，對於她的好意，腦子還未想通。後來不禁有些後悔，這可是門好親事，金屋美女兼得的美事，得來全不費工夫，而我竟然放棄了這樣的好運道，走上艱苦奮鬥的路途。

少年不知前程艱
金屋美女眼前福
人格尊嚴誠可敬
安逸福貴奈何棄

貴人相助，獎學金入袋

大學二年級暑假，我留在學校，替一位政治研究所博士生從事論文資料的收集工作，專職收集整理立法院的質詢內容，我很認眞的閱讀了中華民國遷台後，立法院委員向當時副總統兼行政院長陳誠的質詢。我記得有位委員每屆開會都要詢問陳誠，爲什麼不制訂《國防部組織法》？連續多年從未間斷，因此我知道當時台灣法制很有問題。

同時不少委員責問陳誠丟失中國大陸的責任與過失，陳誠回答：「中國大陸太大了，不好管理呀！」委員又問：「台灣的問題也不少，很多事情卻也沒弄好？」陳誠回答：「台灣太小了，也不好打理。」委員氣急了，罵道：「哪裡有這麼好的事，不然給你一個不大不小的國家，讓你治理好了！」原文略長，我言簡意賅，大致就是如此這般的對話。

陳誠早年在台灣是一人之下、萬人之上，位尊權重的人，老蔣極其信任。中國大陸的丟失，歷史雖有公論，但陳公難辭其咎；尤其在戰後復原裁軍，以及東北的丟失責任重大，且其提拔的親信郭汝瑰將軍，居然是首號共諜，令人不敢置信。在台期間，所謂的三七五減租，方法上的錯誤，成效優劣、有無經濟效益也令人懷疑。民無實惠，農業地主反而成了工業資本家，猶如養了一批本土新貴，國家丟失了從日據時代留下的寶貴資產。所幸人民有福，陳誠因肝病早逝，台灣民眾少受幾年苦。

話說回來，大學四年生涯，我都在艱苦困難中渡過，家中沒有一分錢能支援我，只得自己做家教及找些文明的案頭工作，不僅辛苦，而且很花時間。比如暑假，即便替政治所博士生整理立法院質詢的工作，幾乎每天工作十個小時以上。

記得我在大學四年級時，某一介紹所找我去做一個會計工作，說是地點在圓山大飯店，時間僅每週四下午，收入可觀，比一般每週三天的家教要好一些。我很高興接受這個委託，到了圓山大飯店的側門，來接待我的是一位負責門房接待的班長，外表堂堂，很客氣的告訴我工作內容，聽完後，頃刻間我有陷入罪惡漩渦之感，猶豫不定。看官可知，世道不正，歪事難免出現，聽我道來。

原來他就讀淡江文理學院商學院，因爲一門必修科目商業算術不及格，必須補修這門功課，也就是再讀一年專修此科；所以這位班長想找一位替身槍手，爲他上課，同時代爲考試。他爲了讓我放心，特地陪我上了兩節課，並介紹給上課的教授，以便安我的心。

當然我肯定是張冠李戴了，我頂著他的名字上課，一學期下來，每週的課我都準時出席，但是卻把期末考試時間弄錯了，他的態度很好，並未責怪於我，而是向校方爭取補考。很快地，他通知我前往學校教務處參加補考，老師告訴我可以查書考試，因爲題目很簡單，我沒有看書校正，最後爲他爭取一個滿分。他請我到圓山大飯店吃了我人生第一次在頂級飯店吃的大餐，但我還是覺得遠遠不如我父親開的「洄瀾閣餐廳」的菜色豐美可口。

大四去當槍手已是後話。事實上，儘管我努力積極工作，仍然無法如期把每學期約七百元的學費籌出來，經常開學註冊時，呈請校方答應我延後付款；換言之，也就是欠學費。大學三年級開學時，我已是寫陳情書欠學費的專家，有時候也幫別人寫寫這類文案。沒想到這次我自己再送陳請書時，訓導長葉尙志看見這份陳請書上是我的名字，特別把我叫到辦公室。原來我在全校的院際明理杯辯論賽中拿了冠軍，還特別在大禮堂、全校每週一晨會上表揚過，而對我頗有印象。

他在辦公室裡對我說：「苭壽生，我知道你是好學生，你的學習成績總平均又在八十分以上，應該有資格拿省政府的清寒獎學金，不僅可以免學雜費，而且每月還有三百元的生活津貼。」說完立即在我的陳請書簽上「准予領取清寒獎學金」，並告訴我：「你可以獲得這份獎學金直到大學畢業。」並責怪我為什麼不早一年就來向他報告呢？

我聽了很是啞口無言，我從不相信這種好事會落到我的身上，苦日子過多了，把吃苦當吃補，認為天底下豈有得來全不費功夫之事，所以從不出面爭取。幸有老天垂憐，訓導長關愛，因為這筆錢，我在大學四年級能抽出足夠的時間準備功課，參加政大企業管理研究所的招生考試，並且成功金榜題名。

葉尚志教授在我心中既是良師又是恩人，他退休後到美國，住在舊金山太平洋海濱區，我曾寄了聖誕卡，他回了一封信，並送了我一首詩，非常感人。他在信中寫道：「老師年紀大了，退休在家，無所事事，也不學好了，每天與人打打小麻將渡日。」從詩中及信裡能充分感受到一位名校的訓導長，老年的孤寂與平淡，他永遠是我心目中的恩師。

葉師慈心　寒學獎

吾願得志　企研所
金山孤寂　平淡日
學生永懷　感恩情

飯桌兩樣情

一九六四年我進政大時，學校伙食由校方以月包三餐的方式提供，每月一百八十元台幣。當時教務處大樓附近有兩座大食堂，早上是稀飯鹹菜，偶爾有個饅頭，中午除米飯外，主菜大部分是大塊油豆腐，如果能吃上一塊豬皮，還有一塊帶點黑毛的紅燒肥豬肉，就算是加菜了。偶爾午、晚餐也會有個滷雞蛋，一塊炸帶魚，其他副菜就是水煮空心菜或包白菜之類的蔬食。

同學們都很清苦，大部分都在學校的大伙食團進餐。早年由於韓戰，美國大力援助支持台灣，幾乎是全方位的投入，特別是尼克森（Richard Milhous Nixon）身爲艾森豪威爾（Dwight David Eisenhower）的副總統，在他來華訪問（台灣）時，提議蔣介石進行東南亞華僑的統戰工作，開放華僑青年學子來台就讀大專院校。

對此，台灣甚至還辦了華僑中學，並在入學考試上為僑生加分從寬錄取，並在求學經費上給予支助。所以我們政大校院內遍地是僑生，其中以來自馬來西亞、香港、澳門、菲律賓、越南、印尼的僑生為主流。我們班上國貿系，五十餘人中就有十餘位僑生，各地都有。基本上他們比較富有，很少到大廚房吃我們所謂的「豬食」，而是到外邊小飯店吃自助餐或點合菜或速食。

由於大包伙的伙食的確太差，我在大學二年級時，學校就從大包伙改為自助餐，改由個人隨意買飯菜了。有一位宗教官很同情我的經濟困境，安排我到新的自助餐廳當差，也就是負責吃飯時給每位來吃飯的同學做盛飯的工作，用一隻鐵碗盛滿後，再轉倒入同學的鐵盤或塑膠袋內。

我的當差工作，僅能獲得免費吃飯的待遇，並無任何工資，現在已經記不清楚，我是何時、何原因不再幹這個事了。當時做這件工作時，心裡很是羞澀不好意思，因為每天要面對全校師生，尤其見到女同學更是感覺很失面子，這可能也是我離開的原因。

有位同班同學項領是江蘇人，高中成績很好，被保送到政大國貿系，非常用功學習。我們班上只有五位外省男同學，他與我在學習上相對比較優秀，常來向我請教會計學。由於我是花蓮高職畢業，在這門主修科上，我在班上是有名的頂尖權威，他來請教我時，我也盡力分享我的所學所得。

隨著兩人交情密切，他特別介紹我一個可以包伙的地方，而且也便宜，早餐有豆漿及饅頭，就是政大的工友餐廳。這個餐廳專門服務學校的工人階級，也對外營業，飯堂不大，僅有百餘人的座席。我立刻加入，一個半月下來，很是滿意，也常在吃飯時間與項領談天說地。

項領的家境非常低微，父母親是沒有受過教育的工人，在台南新營一家玻璃瓶廠工作，我雖然貧困但是我出身大家，見過世面，對人生前途的看法與他大不相同。他的確是一位好學生、好孩子而且行事規矩。我特別介紹這位同學，因爲這是一件悲痛傷感的事，我是全程參與這事的人，所以將這故事細說出來。

在此，另有一位同學也是主角之一名叫余宏忠，嘉義人，父親是嘉義市民代表大會的主席；換言之，就是現在的議長，擁有幾家戲院，名望資財雙全。我初進政大，住宿一七一六室，八人一房，雙層床鋪位，並排在一起。我睡上鋪，他則睡在我另一邊床的上鋪，他怕自己從上面掉下來，用麻繩在床邊弄了幾層安全網。

我的睡眠習慣是睡在床的邊沿，當時我不僅不做安全防範，而且我睡覺的姿勢有如花豹，還將半身手足掉在床沿之外。可笑的事，他居然兩次從上鋪落下床底，而我則是完全安然無事，讓我這位余同學心中很不是味道。

余同學是一位非常用功而好勝的人，整天抱著書本，學期結束，他的成績是很優秀的，可是比起我的成績總是少個一、兩分。本來這也是小事一樁，不值得放在心上，但是我這位經常從上鋪摔下來的老余硬是耿耿於懷很不快樂，心情放不開；不僅不想同我說話，也不太與同寢室的另外同學來往。第一年第二學期，就申請換房到另外寢室，與我要好的項領同學跟我同室並同床上下鋪，老余居於下鋪。

有一天，這位莫名奇妙不愛與我來往的老余，忽然匆忙把我從午睡中叫醒，緊張的把我拉到他的寢室，午時，項領正在吐血，地上有大灘血，屋裡充滿著臭酸難聞的嘔吐氣味，我知不妙，項領指著血，說道：「我吐血了！」聲音柔弱可憐，我立刻安慰他：「這可能不是血吧，應該是你早上吃的黃瓜醬菜吧！你立刻把衣服穿好，我立刻帶你去看醫生。」

我離開寢室，找了另一位山東籍同學趙岐峯，他從空軍退伍，年齡較長，商量了一下，並找其他同學借了一點錢，決定送他到木柵醫院急診，而非學校的校醫。到了木柵醫院，醫生診斷後認為，有可能是胃腸不適引發的嘔吐，打了鹽水針並給了藥，治療了一個下午，晚上決定帶他回寢室休息。沒想到半夜他又開始吐血，我也嚇壞了，立刻決定送他到台北台灣大學附屬醫院急診。

隔天下午，醫生告訴我：「他是肝硬化造成的大吐血，必須住院進一步檢查治療。」但是住院需有實質的鋪保，或拿出大筆錢來擔保，我在台北人生地不熟，只好急動智，想到一位女同學陳淑惠，住在台北市長安東路，就去找了她，告知原因。她的哥哥很是慷慨，在台大醫院的住院保證書上做了鋪保，用了他父親經營的獸醫藥工廠為擔保單位，讓項領順利的入住病房。

我不僅要安撫他的情緒，還立刻開始通知他的家人。其兄在陸軍理工學院就讀，不易請假，家人也無法即時趕到；想到後續的醫藥費，我還為他到處募款，並暫時挪用為系刊募到的廣告費。當時學校正值期末考試，同學都在加時加點溫補功課，只有我積極為他奔波；沒想到三天後，醫生叫我不要再去見他了，他已經嚴重肝硬化，活不了幾天了，準備後事吧！

聞言，我頓感晴天霹靂，不願相信醫生說的話，但還是強忍著悲傷，到病房安慰他。他對自己的嚴重病情雖然心裡有數，但我相信他仍然是抱有希望的，也絕不相信自己年紀輕輕就會離開人世。在病床上，他還與我提及期末考，感念父母的養育之恩，我好幾次與他談話完畢，離開病房後總忍不住潸然淚下。他不知道自己壽命將盡，還惦記著報答朋友恩情、孝順父母、未來奮鬥成就一番事業，眞正是「壯志未成，身先逝」。

我知道他已無望了，每次聽他說話，都不休止告訴他：「靜心養病吧！」我爲他的苦難及善良，不知流了多少次眼淚，尤其當醫生告訴我：「你同學有病在身，其實自己早就已經知道了，但是不想讓父母花錢，才強忍著痛苦不敢求醫。他的確是一位少有的孝順孩子，但是諱疾忌醫卻也害了他自己，英年早逝呀！」

一星期後，他去世了，我是他去世之前唯一見他的人。他的哥哥在第二天才趕到，我抱著傷痛的心安慰其兄：「必須堅強，因爲你父母一定很悲痛。」最後我請班上的全體同學，在台大醫院太平間爲他舉辦追悼儀式，我也親手寫了一篇祭文，一面讀祭文，一面流淚，同學們也很悲傷。匆匆時光，這已經是五十年前的往事了。

我猶記得，當時余宏忠並未來參加。余宏忠政大國貿系畢業，因家庭關係擔任某企業的高級主管。從一九五八年大學畢業至今，與我從未有任何交往，我倆關係恍如隔世。

另外一位同學趙岐峯，事業有成，經營中南美貿易生意，算是眞才實用，國際貿易做到了家，也是本班同學會的會長。他最大的成就是兒女成群，有六人之多，而且個個頗有成就，還有一對雙胞胎男孩，至今與我交情如故。其中女同學陳淑惠，當時助了一筆之功，做了入院擔保，我永念此情。某次她返美拜訪我，提及想要爲她小女兒張婉琪謀取一份工作，我立即答應，邀請她加入我在舊金山的公司，她聰慧負責，至今仍在公司服務。

項領去世以後，我匆匆回校準備大學二年級上學期的期末考試，僅餘一個星期的時間了，非常匆促；但奇怪的是，該學期我的成績科科名列前茅，連近代史都考了九十八分，更不用說高等會計學得了一百分。我認爲是上天有靈，給我如此的回報吧！如今回想這件事，我雖然無回天救人之力，但盡心盡力的付出我的所能，在我良心上，永遠是一件無愧於心的安慰快事。

英年早逝悼項領
惡疾痛忍明孝心
壯志未成身先逝
前程悵惘問蒼天

話說回頭，我很快結束工人飯堂的包伙，回到學校大伙房吃自助餐。爾後透過一位基督教友的介紹，我到「便以利」教會去開伙，每天一趟需走上七、八分鐘，只爲解決民生問題。

「便以利」這個教會環境清雅優美，其中最讓我情有獨鍾之處，就是它有一個廚房加大飯堂，可以在那兒廉價包餐。六人一桌，早上是饅頭、稀飯，平常米飯更是隨意盛取；只是每次到了第三碗飯時，就只能吃白飯，菜早被大家吃完了。我大三、大四兩年在那裡吃了兩年的包飯伙食，對教會的善舉很是感激不盡，這兩年的教會包伙，才眞正把我的吃飯問題給解決了。

當年我在飯桌上結交了一位好朋友彭欽清，回政大任教並兼職公企中心研究組工作時，他也在那兒的英文訓練班當職，私交甚密，幾十年以後，見面還是親如兄弟。

他是一位好教授，嚴格認眞，人品極佳，更是保有中國傳統美德，如果社會上人人似他，國法可以廢也。彭欽清說話也常有哲理寓意，長期任教政大西語系，並積極參與客家語言文化活動，也是前總統馬英九的客家語老師。

當時我就讀國貿系，他在西語系，後來他留校服務，在公企中心任職，我又在企管研究所攻讀。畢業後，我任教國貿系並兼職公企中心研究組，借宿在公企中心電腦教學樓三樓單身宿舍內，他也住在那裡，可謂「友誼來自有緣，相識來自偶然，交情來自眞誠」。他是我一生中命中註定的良師密友，一語難盡，容後再述吧。

明理杯辯論賽連三年奪冠

我在國立政治大學期間，唯一自豪的事件，就是從大二開始到大四，連續三年參加大學明理杯辯論賽，此院際辯論賽每年舉辦一次。不知什麼原因，國貿系雷惠鳴助教找了我參加，可能是在某一次商學院的講演比賽，我拿了一個冠軍吧！

第一次參加時，我是大二下學期，每次學校都選在政大校慶這個重要的日子舉辦這項比賽，政大的校慶紀念日是五月二十日。

我的第一次比賽是一九六五年，我們商學院獲得冠軍，勝了法學院與文學院。我是六人辯論隊的結辯，也是隊長，法學院的結辯是外交系的巫和夷。在我隊裡有兩位女同學，一位是銀行系的毛莉莉，一位是企管系的李茜平，她們都比我低了一個年級。

我第二次比賽時，她們兩人又再一次被邀請參加，這一次的辯論賽，法學院六人代表隊中的第三辯論員是外交系的胡志強，我記得他的外表皮膚白細、臉圓圓的，看起來像是一位高中學生，很文靜，他的對手正是我隊的李茜平。我仍然是結辯，毛莉莉是主辯，主辯與結辯是六分鐘的發言時間，其他二、三、四、五隊員都是四分鐘的時間。

我在大三時的這次比賽，得了明理杯個人冠軍杯，這次比賽中，我隊中還有一位隊員同樣來自本系、低我一年的同學魏可銘。總之，商學院又勝利了，蟬聯明理杯的校際比賽冠軍獎。

第三次參加比賽時，我已經大學四年級，正在加緊準備報考企業管理研究所，一再婉拒參加，但是雷老師告訴我：「你是老手，又拿了冠軍，不必做準備工作，只要臨場參加就好了吧！而且這次商學院如果再勝利了，校方規定連續三年獲勝，這座明理杯大銀杯將永久保存在商學院，對商學院的意義重大，非常重要。」在雷老師的遊說下，我就勉強參加了，仍然擔任隊長，負責結辯。沒想到毛莉莉及李茜平兩人也以參加兩次、太耗時間等理由拒絕，但最後結果是，我們商學院又勝利了。因爲商學院連續三年奪冠，所以這座大銀杯就永遠屬於商學院了。

這可能是我大學生涯，唯一有些自豪的事情吧！更令我自豪的，卻是上面提到的辯論隊友及戰友。看官在此 容我細述。

辯論台上的可敬對手與美女好友

胡志強從政大外交系畢業後，前往英國取得博士學位，回國任教，並歷任外交部長、總統府祕書長，也是當年民選的台中市市長。在台灣外省人中，能在地方上頗得民望的一流人才，其口才甚佳。想當年我與他同台辯論，在高手前，我隊能夠奪冠，同時我自己也拿了個人冠軍，對我而言聊表安慰！

魏可銘與我私交甚佳，畢業後，一直在國貿局工作，曾任國貿局副局長，長年在英國為台灣政商打拚，為台灣派駐英國的商務首席代表。毛莉莉大學畢業後返美住舊金山，我與她一九八四在美國政大校友園遊會上相遇。

毛莉莉是蘇州人，家境不錯，家中老大，頗有蘇州美人風韻，膚色細嫩，白中微紅有如桃花，說話音色甜柔，當時在政大校園內，是頗有名氣的美女。因為我認識她，而且由於辯論賽經常來往，使不少愛慕她的有心人士，竟也對我略有醋意。有位公行系的小老弟，家住花蓮，有鄉親之誼，常常遊說我追求這位蘇州美女，很主動的為我出謀策劃。我還是很高興他的好意，她是商學院的知名美女，能夠有人為我敲打邊鼓，享受這番榮幸，也頗能滿足我這窮小子的虛榮心。只是我每天為混日子及求學忙碌，這些也只是空中樓閣，自己樂樂而已。

不過大三有一次，我們系裡開舞會，我是國貿系學會會長，負責籌辦，理應由我開舞，但是班上只有七位女同學，我們是上課時都坐在後排的男同學，與這些前排的女士來往不多，我自己在外面又沒有任何女朋友，正在發愁時，我的那位花蓮老鄉同學在一旁直敲邊鼓，慫恿我道：「老苭，毛莉莉不僅人漂亮，跳舞更是一流，你與她很熟，我幫你把她請來開舞，對你一定光榮無比，你也可以好好氣氣你班上的那些女同學。」

這事說來氣人，我心裡老早對班上的女同學不太滿意。因為每次考試，我們都需向這些女同學借課業筆記參考，但是她們的筆記都被其他一小群男同學包借了，我只能拿到第三、第四版的手抄本；而且閱讀時間受到限制，只能在清晨半夜一點鐘，他們睡覺以後到早上吃早飯的時段可借用。要知當時並無影印機這東西可使用，每次借用筆記的時間都被嚴重壓縮，又只能在半夜，著實折磨人。

經過這位老弟的鼓吹，我的勇氣十足，居然邀請了這位蘇州美女來開舞，而且毛莉莉也非常給面子，準時參加，穿著如同旗袍的柔質衣服。在舞會中，一眼就能感受到她的溫柔嫻淑、高貴雅致，開舞時更是舞姿輕盈，身段柔美。那時我的西裝還是找企管系一位已婚男同學借用的，這位男同學很可憐，因爲婚外戀，一年以後，想不開，還未畢業就自殺了。

這場舞會也有相好同學請她跳舞，結束後對她稱讚不已，而且在班上經常宣揚她的舞姿及美貌風度。但這可把我害慘了，逞一時之快的後果是，從此班上的女同學對我意見極大，醋意更濃，幾乎不同我說話了。我更無法借到我想要的講堂筆記，只好經常做夜鬼，在同學入睡以後再借閱，而且還只是某些男同學的第四、五版的手抄本。

夜半鐘聲　睡眼惺
考試筆記　清晨讀
美貌舞姿　點醋香
學女弄墨　慘遭殃

毛莉莉後來留美與一位翩翩風度的英俊男士結爲夫婦，夫家姓遲，婚後生有二子，事業及家庭都非常美滿有成；同時熱心社會事業，在舊金山數次被選爲旅美政大及北一女校友會的會長，社會人緣甚佳。每次上台致詞演講時，中英文口才一流，極具大將之風。她曾在台灣政大母校明理杯辯論賽中，曾與中華民國外交部長胡志強同台爭辯，而且還棋高一著。我也很是榮幸，此生能有此友，而且離校至今數十年仍保持友誼，同時均居住在舊金山灣區一地，眞是前生有緣了。

同學高官之女，竟被「靠關係」助人解圍？

話說回頭，雖然我沒有什麼大學豔史可以描述，但是我在政大四年，因爲院際辯論賽，認識了當時政大兩位「皇家貴女」，而臉上增光不少。毛莉莉在前面已述，另一位就是李茜平了。

李茜平是當時台北市的警察局長李正漢（又稱李鐵漢）的獨生女，加上她本人氣質非凡，我的同學都說她有好萊塢當時紅星伊莉莎白．泰勒（Elizabeth Taylor）的風韻，同時略有將軍之女的氣度，與我的來往也比較融洽，很談得來。

校園裡的男同學，都因爲她的鐵漢爸爸而對她敬畏有加，不過有位企管系高她一年的台灣男同學，對她是傾倒無比，夜夜單相思，白天來找我東說西聊的，我知道他想找我幫忙，替他牽線，但是我狠狠把他罵了回去，以致他對我懷恨在心。我心裡，想要追這位鐵漢之女還輪不到你這位老兄，我自己都愛慕不已，也心知肚明不敢高攀，怎麼會幫你這傢伙的忙呢？

這位企管系的仁兄，家裡做木炭生意的，倒是用功求學，後來在美國拿了一個碩士，又回到母校任教，並經營小貿易，略有資財，是一位重利輕義的人。我在政大任教時還是單身，他強行介紹一位他太太的朋友、又醜又老的女士給我，被我拒絕來往，他竟還理直氣壯來找我，把我大罵一頓，看官評理「此人無聊否」？

我有緣在大學與校院美女及名人相識，也帶來一些煩惱。

有一天我正在床上準備入睡，突然有三位低我兩年的大一同學跑進房裡，大叫：「芶壽生學長，快救救我們吧！」眞是叫得我丈二和尙摸不著頭腦，我立刻起身問道：「什麼事，如此急的找我呢？我能救你們什麼呢？快說清楚是何事？」

他們道出，大一國貿新同學舉辦班上舞會，跑到台北市包了一家地下舞廳，準備好好Disco一番。殊不知當時小蔣當政，厲行廉政紀律，歌舞昇平一概嚴禁，這些年輕人犯了大忌，不僅要被台北市少年員警隊抓進牢房，還要上報紙，學校也少不了處罰大過一個，尤其是活動主持人關慶福，丟了學籍都有可能。

我立刻與老關通了個電話，了解情形，他催促我請李茜平幫忙，這時我才恍然大悟是如何一回事了。老實說，我一點把握也沒有，只好硬著頭皮找這位局長之女了。

我記得電話打通說明事由以後，李茜平說：「芶壽生，你一定自己不幹好事，享樂了吧！」說來真是冤枉，但當時事況緊急，也沒有時間把話說清此事，至今也沒有洗脫掉這「冤屈」。

事態緊急，我坐了出租車，趕到他們跳舞的地下舞廳，警車在門外，十餘名員警圍住了他們，男女同學盛裝舞會，女同學都穿著晚禮服。見到我，老關笑著用手作拱：「芶學長拜託你，幫幫忙了！」我說：「電話已經打了，我想再打個電話問問吧。」

這時的少年組警隊隊長姓魯，他後來晉升爲台北市警察局長，主動幫我撥了電話到李局長家。我接了電話，在這位（未來台北市警察局長）魯隊長的面前與李茜平交談，茜平表示已經打電話給其父，他正在開重要會議中。幾分鐘後她父親回電，表示已經把事情交待清楚，並加上一句：「芶壽生，小心一點。」

通話一結束，魯隊長也接到李局長親自電話指示，要他把我們放了。我在旁邊很清楚聽到李局長的交代，其指示如同命令，魯隊長是立正而嚴肅的接聽他的電話。後來不僅放了大家，而且還把沒收地下舞廳的音響及唱片器材全部贈送給我們，唯一要求我與他們前往員警少年組本部辦理一點手續，我說：「這事應叫老關去，因爲我沒有參加舞會。」但魯隊長堅持還是要我「芻壽生」去警局。看來是因爲我與局長之女相識之故，所幸老關也識相作陪，一同前往少年組。

這件事從晚上弄到第二天早上四、五點才結束。究竟與這些高官美女的豔遇是禍還是福啊？我雖然也很驕傲能在大學有此好命，認識兩位美女，但是麻煩也是跟著我來呀！

李茜平後來定居舊金山，其夫李醫生，當年是香港大學聯招榜首、取得美國紐約大學醫學博士，談吐幽默，對於人生哲理及社會百態的解讀，有他的獨到觀點與幽默言語，我很喜歡與他聊天。茜平的爸爸，這位令人尊敬的長輩，活到九十六歲。至今我與李茜平仍來往如故，幾年前，我曾邀請她的母親，與她一起前往四川老家看望多年未見的鄉親故人，並遊覽了四川的名勝。

人生最大的樂事，應是青少年時間的密友，又能在異地相聚，幾十個年頭後還是親如手足，互有來往。尤其在中國近世紀的苦難年頭，中華兒女爲了戰爭，離鄉背井，我們身在異國還能常常來往見面，眞是人生快事呀！

而這位找我解圍的小老弟關慶福，在我大三時，我兩曾住宿同一樓層，爲隔壁鄰居。其人英俊瀟灑，是一名翩翩公子，娶了自己班上的班花爲妻。也是我倆有緣，他也住在舊金山，早年經營農場及批發新鮮菜蔬生意，頗有斬獲，年紀輕輕就提早退休，對人很有禮貌，人緣很是不錯。只不過我的另一位舊金山好友老譚對他有些意見，說他太小氣，每次吃飯從不請客；我與他來往，從沒注意有這回事的，看來這位太平公子退休太早，還是有人吃味的。

關慶福老兄的夫人去世後，曾經因蔡英文總統之親姊介紹，認識了蔡英文，當時她已是民進黨要員，有意競選總統。我親口問老關：「聽說你與蔡英文約會了？」他說：「的確是的，而且還有我倆的照片。」我說：「如果她選上了總統，你可是國丈了。」他開玩笑地回答：「爲黨國盡力，義不容辭啊！」我忍不住回問道：「好像你是國民黨的啊？」他說：「這不是問題，只是小蔡她的地位對我的安全有些讓人憂慮，而且做了國丈，我的日子也不好過，太不適合我想要的自由生活了。」

我於是邀請他，下次小蔡到舊金山來拜訪，我做東請他們在我家附近的「Village Pub」法式餐廳吃飯，老闞也爽快地答應了。老闞的確外表、條件都是一流，做個國文還是合格的，可惜兩人的生活差距太大，這件事後來也只好如江水東流了。

另一位在當時辯論賽裡的超級明星劉光華，與我同年級，就讀於政治系，也是一位高材生，在大學二年級就獨立辦了全校新生盃辯論比賽，而且連續三年，可謂勞苦功高，對培育政大新人，功不可沒。文、理，商學院的辯論新貴辯士，幾乎都是在新生杯中脫穎而出的高手。

我也常被他邀請至新生盃中指導並做裁判與評論員，與他私交甚佳。光華的母親曾是高雄議會議員，他自己取得母校政治研究所博士學位，曾任兩屆立法院立法委員、兼國民黨政策委員會副主任一職多年，也擔任過台灣中央選委會的委員。

台北輔導會與父同行爭取權益

大學二年級暑假，我母親通知我，家境困難依舊，家父對退伍官兵輔導會土地開發處強佔土地一事，雖然有所補償，但是資金缺口太大，損失慘重，所以決定前往台北退伍官兵輔導會申訴，爭取公正處理，我母親要我在台北全力輔助我父親處理這件事。

家父與我住在新生南路邊，一家專爲窮苦官兵及低級出公差的人準備的小旅店，一人六元，我與父親合住一間共十二元，是榻榻米房，床外有個小桌子，父親將他的陳情手稿交給我重新整理，我整理到凌晨兩點多才睡覺，發現我父親仍然未能入睡。

我問他：「你擔心什麼事呢？」他回答：「台北輔導會這些人都是小蔣的親信，什麼事都能做、也敢做。」我說：「他們會把你抓到火燒島嗎？」他回答：「非常有可能，這就是我吃了大虧也不敢前來爭取的原因，但是家裡太困難了，來爭取也是唯一不得不的辦法。」我回答：「假如他們有意抓你去火燒島，我們就低頭放棄吧，可不能硬到底。也許爸你做白羊，我是年輕人，我來做黑羊，他們找不出什麼抓我的理由。」我父親點頭，也就睡了。

看官猜猜，最後究竟誰做了黑羊？原來我父親到了官府退除役官兵輔導委員會祕書室，祕書客氣的聽明我們的陳情，把這件事交給樓下「土地開發處」辦理。到了處長室，講了不到兩分鐘，我父親就壓不住火氣做了黑羊，他怒氣沖天地對著這位土地開發處的將軍處長，不停的指責土地開發處是如何不講理，補償條件是如何不對等，氣憤得無法控制自己。

處長看來對我父親在花蓮土地糾紛的事還是一清二楚的，只好不停的說：「你不要再鬧了，如果再鬧，我就不客氣了。看來你也是位將軍，大家好好談。」另外有位英俊的主任上前來勸導，說一些好話，並叫女祕書上茶，知道我們未吃早餐，還買了一套燒餅油條給我。

我們之間的戰況是停停吵吵，一面算計損失有多大，一面審查文件核查數字，最後他們總算把問題也弄清楚一些了，主任祕書要我們明天再來商量，看來他們開了一扇門，願意與我們協調了。

第一天，我爸做了黑羊，並不是預計的扮演白羊，我也僅是半隻黑羊。會後我倆研究一下，認爲不太妙，所幸目前看來他們並沒有抓我父親到火燒島的意思，父親說這位將軍處長還算明理。綜合今天的狀況，我們商討後決定改變策略，不是與他們講道理，而是訴求他們的同情；同時決定第二天由我主動向主任祕書傳達求情協助，改做白羊。我與父親決定好新戰略後，由我重新寫了一份新的陳情書。

第二天，九點上班以前，我們就到了退輔會大樓等待，他們看到我們來的如此之早，吃了一驚，叫我們上樓，在走廊的座椅上休息。沒多久，就把我父親請到了客廳休息喝茶，給了我早點，告訴我父親，他們先處理公事後再同他詳談，並且把我與我父親分開來。

我坐在走廊上，我父親在客廳內約等了半個小時，主任祕書到我身旁空椅坐下，很客氣的同我聊起來。一開口就告訴我，讓我規勸家父不要動怒，有事好談，並問我有什麼困難，看來我這白羊已被他們安排了。他劈里啪啦說了一大堆，我聽出他的話中之意，就是，他們知道我們生活有困難，但是要動大刀來解決土地糾紛的損失補償是有難度的，但他們還是有權做一些折衷的救援方案。

顯然他來與我談話是早有安排，想從我這裡探探口風，找出一個可行的方案，當時我急中生智，只能自做主張告訴他，建議他分兩部分解決我父親的事。其一，先從安排我家的生活問題著手，畢竟弟妹還在求學，建議可以先安排一份按月可以支付的家庭生活費，並付給我們三萬元的緊急救濟款，如此我可以勸我父親回家，其他的事以後再慢慢研究如何解決。

他聽了後，讓我稍等，他先給處長商量一下，等了一個時辰，他出來告訴我：「你去規勸你父親，明天再來，我讓出納先給你們一些路費吧！」從退輔會出來，已經是下午兩點多了，我與父親一起拿了三千元。吃午餐時，我把說的話詳細告訴他，當下我父親並不同意，而且這樣解決太便宜他們，也不可能再回來向他們爭取什麼，吃虧可大了。

我告訴家父：「我是站在全家人的現實面上來解決當前的困難，我相信，媽媽一定會非常贊成我的做法。」我特別提醒父親：「母親的需要是解決眼前的生活第一，何況你爭吵下去，還是很有可能把你送去火燒島。」聞言，我父親沉默了一下，最後點頭表示同意。

第三天，我們大約十點多才到輔導會，直接上樓到土地開發處見主任祕書，我父親反而未進辦公室，由我單獨進了大辦公室見這位主任。我父親說他是一位上校轉任，我清楚父親的意思，他不想向階級比他低的人求情要「嗟來之食」。

我坐在主任旁的椅子上，他很客氣的把他安排的方案拿出來，一面說明一面勸導。基本上，他的方案我是滿意的，因爲我父親已是全退軍官，政府無分文給付，如今安排到花蓮榮民之家，只是把名字列在上面，如此即可享有八成的薪金，而且還有米、油等實物配給，以及子女的教育補助，而且是永久性的安排，比我想像中的要好上許多一些。

我知道父親心中還是掛念大筆土地損失的問題，所以特別把此事提出來，這位上校主任也詳細解釋：「你父親的土地要求補償是很困難的，目前給你們解決的方案，都是昨天將軍處長與我親自到輔導會趙主任委員那裡，特別爲我們求情，特批下來的。趙主任是部長級的官員，也是小蔣的寵臣，而且在台灣東部，花蓮也只有你父親一位有此特別待遇。」

他讓我好好向父親解釋，並告訴我，其他的損失還是可以往後再爭取。我當然清楚此話是說給我父親聽聽的安撫之言罷了，最後說著再給我一點錢，數目多少我忘了。

我出來後立即告訴父親：「中午吃頓好飯吧！這事對母親而言算是好消息，她會很高興的。」我父親聽了，心中頓時明白了。

幾位印象深刻的政大教授

我是政大國貿系第八屆的學生，班上同學八成是由大專聯招乙組中考取的，少數幾位保送生，十餘位華僑學生，可謂來自各方，全台灣省各縣市都有，有北部台灣人、中南部人，也有不少客家台灣人，外省人僅有男性五位，女生全部只有七位，我們稱其爲七仙女。二年級以後，有數位從地政系及中文系轉系而來的女生，全部人數約五十餘位。

班上同學來自不同地方，背景差距很大，加上政大當時有上課點名制度，也就是把同學的坐位排好，上課期間，有專人在教室外，依排好的座位清點每人是否出席，如果缺席太多是要扣分的，有人因此畢不了業。在我那時，我還認爲這個方法是政大管理學生的高招德政，但是現在看來可能是個笑話。

更糟糕的是，排座位的方法，是按當年大專聯招的錄取成績依次排序下來，四年大學全是一樣，左右鄰居從沒有變動。而且女同學優先坐在前面幾排，接著才安排男生，僑生則坐在最後一、兩排的位子。

看官可知，當時有不少老教授，上課說話的聲音很低，可能連教授自己聽起來都很困難，前面第一排的女生也聽不清楚，寫的筆記常常中斷或加上奇怪的符號。我坐在後面幾排的位置，一堂課下來根本「霧煞煞」，完全不知道教授講了什麼，只好自己看英文版的教科書，最後還得逼自己學不少新東西，才能勉強應付考試。

有位老教授白瑜，他是湖南人，早些年代前往英國倫敦經濟學院求學，回國後被蔣介石任命為財經諮詢委員會委員，在抗日戰爭期間及戰後都頗有名望。在台灣時期，是立法院的立法委員；國立政大復校初始，擔任國際貿易系系主任，我讀大二時，他才卸任，由魯傳鼎教授繼任。

當時白瑜教授我們「貨幣銀行學」這門課，用的英文課本倒是美國名家所寫，但上課則用自己的講稿，最大的問題是說話太小聲。有一天正好是婦女節，我們班上幾位女同學，自動遇節放假不上課，因此來聽課的全是男同學。他看了教室無一女性，說話音量突然大了起來，我立刻抬頭，想是好機會，能聽聽白瑜教授講些什麼經典的好學問，定神注意聽他講課，才知他在大談自己早年在湖南師範學校讀書的陳年往事。

他突然提高嗓門，提到了一位驚心動魄的人物毛澤東，可惜我沒有做筆記，也沒有女同學的筆錄，不記得詳情。只知大意是他與毛澤東是同學，而且是同班同寢室的室友，講了很多他們之間互動及學校生活的韻事。

魯傳鼎教授的貨幣展覽館

魯傳鼎教授曾在哥倫比亞大學研究，我在大學時，他是位年輕有爲的老師，蘇北人，有些山東人的個性，但是沒有山東口音。他的妻子是一名作家叫趙淑敏，其姊旅居瑞士，也頗負盛名，經常發表文章在各大報章上。

魯教授後來擔任系主任，教授我們經濟學原理，爲人厚實，做事認眞，我班上同學項領病倒，我曾挪用系刊廣告費兩千元，他是知道的，但是他不知道我爲何挪用，只同我說了一句：「芶壽生，有關台灣香蕉貿易協會的一筆廣告費，你已經收到了錢吧？有機會就把它交回到系裡。」如此輕鬆交待而已。一個月後，我爲項領一事發動募款，才把錢送回系裡，我很感激他的寬大仁慈。

大學四年級，我想表示自己對他的尊敬，想做一點貢獻，對他在校裡籌辦的貨幣展覽館，捐助了一批外國十九世紀的硬幣約二十餘枚，用小塑膠袋裝著送給他，他很高興。這批硬幣是加拿大及英國鎊、先令、便士等，其中有兩枚是一八二五年的加拿大硬幣，極爲珍貴。魯教授叫同學刊載在系刊物上，我看到以後很不高興，因爲系刊編記居然沒有提我的名字，我的捐獻眞是白幹了。

幾年以後，有次我見台灣大報記載一則討論加拿大硬幣的故事時，特別提示到一八二五年的加拿大硬幣，世界上留下來的數目存餘不多，是很稀少的收藏品，也是加拿大最早發行的一批硬幣。看到這則報導，我心裡很不舒服，我常想，政大那幫管理貨幣博物館的人，可能識貨的早就把它私吞了；他們也可能不識貨，把那幾枚値錢的加拿大硬幣丟到什麼地方，永不見天日。有次夢到我到政大貨幣博物館去偷回我自己捐獻的那些値錢的外國古幣，結果管理員告訴我：「早就被人私吞了。」頃刻把我從夢中氣醒！

可能有人好奇，這些外國古硬幣，我是從哪兒弄來的？

話說我外祖母王氏是大學生，三〇年代曾因大外公的關係，被推薦到四行倉庫（中、中、交、農四大銀行金庫），負責一些會計的工作。那時家母曾在初中求學，且上海已開始流行收藏字畫及古錢等玩物的嗜好，外婆因工作之便，收集了不少大龍銀，是爲袁世凱登基而鑄，有十八枚之多；並有千餘枚漢、宋等內方外圓的古銅幣。此外，她隨便收集了一些外幣，以英鎊及加拿大硬幣爲主，還有乙張中華民國交通銀行最初發行的紙幣（法幣）等等。

外婆收集的這些貨幣都具有一定的意義與價值，我母親一直保存著，從去香港結婚到抗戰時期在四川住了八年，又回到上海，遷到台北，定居花蓮，都把這些外婆爲她收集的東西保存在身邊。

我姊姊長大後，在花蓮女中讀書，當時流行踢毽子；而漢、宋古銅錢是作毽子最好的材料，銅錢有點重量，而銅錢中央有個方口，正好做爲插雞毛之用。因此我姊姊就把母親的這些古錢幣用來製造毽子，還贈送不少給同學。這些古錢幣在當時困難日子裡，我母親送給自己喜愛的大女兒，是對女兒的愛，她們哪裡想到幾十年後，這些都是有價值的古董呢？

我母親收藏的外婆錢幣，只有袁世凱的大龍銀值些錢，我母親也很珍惜。由於家父的土地糾紛，家裡已經沒有分文收入，我記得家母把這些用紅色綢緞包裹的袁大頭龍銀共十八枚，由我與大妹金燕陪同家母到一家花蓮市的手飾珠寶行，以每枚一千八百元賣給了商家。當時家母僅賣了三枚，但爲了家用，之後也分批出售了。

兩年後報載，日本人以一枚三萬元收購之，與當年的一千八百元相比簡直損失巨大。這件事，我知道我母親心裡是很傷痛的，她常說親生母親早逝，養母（也就是我的外婆）視她如生女，又是獨女千金，抗戰勝利後，她回到上海，外公外婆都已去世，舅舅說外婆爲了家母，幾乎日日求神拜佛保佑她平安。

我們搬到上海吳淞口時，遇到清明節，舅舅特別安排母親去掃墓祭祖，卻因妹妹生病不便前往，準備改日再去。可惜國共內戰，上海也不保了，上峰要求我父親的單位立刻乘船退往台灣。母親每次提及她在上海時，爲了這個家，未能前往外公外婆的墓上略盡孝思，很是遺憾傷痛，如今又把珍藏外婆的遺物出售，她心裡不知是如何酸楚。

至於那幾十枚加拿大及英國硬幣，也僅是當時最不值錢的收藏玩物，因爲無處可賣，也就留了下來。我因政大成立貨幣博物館，想做些貢獻，當時我也不知道這些硬幣很有收藏價值，但是我知道魯教授（主任）肯定很喜歡它們。只可惜，政大那幫負責管理貨幣博物館的人，我不敢相信他們了。

有一天，我在我母親的相片本裡找到一張一九二五年交通銀行首發的五元法幣紙幣，這已經是我在美國幾十年以後的事了；這次我是肯定珍藏起來了，因爲這是外婆給家母的愛，也是母親的珍惜，我應把它傳承給我的子女。

話說回來，魯傳鼎教授去世前一星期，在台北醫院裡打了一個長途電話到美國給我，提及了一些往事，也掛念貨幣博物館。後來魯師母來美國告訴我，政大校方反對把貨幣博物館冠上「魯傳鼎紀念館」的名字。我在政大十年，教學四年，有不少恩怨情感，對這件事，心中的確很憤怒。我告訴師母，我本想捐贈一百萬美元給這個貨幣紀念館，師母說不必了，政大內部分人士有意見，就別自討沒趣了。

爾後我把錢捐給我在美國念書的印第安那大學（I.U.），他們特別把Kelley商學院的一個大型講堂，以我的英文名命名。相比之下，洋人還更知仁知義些。

政大貨幣博物館，是由魯教授一手籌辦建立的，他歷任系主任、研究所所長、商學院院長，加上公共行政企業管理中心主任，資歷完整，畢生貢獻學校良多。我眞是不懂，國立政大那幫人的政治學是如何學的？可眞是不仁不義，比不上美國洋人。

所幸二〇二二年四到六月我回台北小駐，老友政大民族系張駿逸教授邀我參觀該系的民族博物館，展示品都是他私人收藏的，有藏傳佛教的法器、佛像等，也有西洋天主教及基督教在西藏傳教時的藏文聖經、唸珠和耶穌等。他自己身兼館長及雜役，經費也自己籌措。

張教授告訴我當年貨幣博物館的收藏仍在國貿系，我隨即告知郭明政校長，我捐一筆錢希望能讓這些貨幣重新展示。這些貨幣自一九八八年即深鎖在國貿系的保險箱內，蒙郭校長答應在達賢圖書館內設「魯傳鼎貨幣展示廳」，由專業人員將這些錢幣和紙鈔進行修護及展示處理。另外一筆錢則交由張駿逸教授的民族博物館使用，總算功德圓滿。

魯師血汗貨幣館
龍蛇雜處大學府
終身奉獻盼冠名
皇天不負苦心人

種下在美經商的種子

我在國貿系求學時，有位新進的教授歐陽勛，早年留學美國，就讀於紐約的社會研究新學院。他在那兒讀了許多年，很是刻苦勤學，取得博士學位時年齡也不小了，申請回政大教學。魯傳鼎主任決定聘請他來系裡任教，因此歐陽教授就來系裡上課。

魯主任把系裡最重要的一門課「國際貿易理論」交由他講授，我們也高興的洗耳恭聽，雖然有原文（英文版）的書，但是他有自己的講稿，上課時用了不少數學方程式來說明李嘉圖的比較利益，以及其他古典的貿易原理，常常滿黑板都是數學公式。同學們大部分半知半解，但很是崇拜他，認爲他是了不得的經濟大師，我也同他們一樣，佩服的五體投地。

好多年以後，我在印第安那大學，修了一門專爲博士生開的國際貿易理論，是芝加哥大學的名教授來上課。這位教授寫的書，我在政大讀書時也曾採用這本書，博士班上只有六名學生，他喜歡上課時抽煙斗。他的教學內容與歐陽教授完全不同，我就把以前在政大上課受教歐陽教授這件事提出來問他，他告訴我那些古典學派的東西，只要幾個小時說說就夠了，對國際貿易學而言，這些已經是陳年老貨。他直言，經濟學同科學一樣日新月異，國際貿易的研究方法及理論，近年來也已經有很大的變化，那些都已經過時了。

歐陽勛教授在美國的確受苦了，但是回到政大，由於魯傳鼎主任的有意提拔，真是一帆風順，雖然年歲不小，還是很快娶妻生子。不久，就擔任政大經濟系的創系系主任。

在劉季洪任考試院院長後，校長一職由李元簇接任。李校長也是老政大的人，上任後就請歐陽勛教授當教務長。那時我在政大已任教兩年多，政大成立國際貿易研究所，魯主任也升任爲商學院院長兼研究所第一任所長，把我找去協助研究所所務，並要我指導第一屆的研究生；同時在學校每星期還安排十小時的課程，包括大學四年級的課程。

有一次大學四年級的畢業考，說起來也就是大四的期末考，只是比一般年級早一點考試罷了。某一天早上九點多，歐陽勛教務長打了一個電話給我，我很尊敬的接起這位師長的電話，但是他電話一接通，劈頭就是一頓罵，很是憤怒的臭罵我這個年輕人：「怎麼畢業考卷還沒改完？成績還不送到教務處……（在此就不多說）。」足足罵了半個小時以上，我的頭都給罵暈了。

我當時很是害怕，擔心自己是否做錯什麼事而不自知，等到魯所長來辦公室，我趕緊向他報告這事，他說：「你就快些把畢業生的成績送出去吧！不要擔心，他是因爲不高興我而罵你的。」既然如此，我也沒多問，趕緊把該交的成績送出去。

我因爲早上上班被罵慘了，所以立刻批閱在國貿系任教的「市場分析」及「消費行爲」等畢業考試成績，當天下午就交到教務處課務組，組裡的職員很是讚揚我動作迅速，考試才結束幾天，就送來了學生成績，大部分教授都還沒動靜呢。我聽了丈二和尚摸不著頭腦，把被罵的一事告訴他們，他們笑說：「你是教務長的學生，又年紀輕輕就在大學任教，他就是沒有理由找你出出氣，也是應該的。」一聞言我也無話可說了，可能是我的心眼狹小，這件事已過了四十餘年，我還是記憶猶新。

歐陽勛教授後來繼李元簇爲政大校長，當時我已在美國，魯院長（商學院）有次寫信給我，建議我如果留學回國，他可以安排我到輔仁大學國貿系任教。我已決定在美國經商，或許這眞的是天無絕人之路，轉個彎又一村，海闊天空呀！

我在政大讀書時，其中有三位教授令我印象深刻，必須特別在此提及。

一位是教授「財政學」的夏道平，使用一位美國名家的英文課本當教材。他是少有的把這本書閱讀得很徹底的教授，並能形成自己的語言，的確是一位學者。

我在校時，發現大部分的教授雖然都採用原文書（英文版），但是很少人把他自己用的教科書好好閱讀並且通透明瞭，甚至很多老師對自己用的書根本從未閱讀，只是提供給學生參考而已。

夏教授教學認眞，有條不紊，很有內容。他是一位很低調的教授，當年曾在《自由中國》雜誌發表文章，而《自由談》雜誌中有反共無望論，他也是主筆，因此被蔣家及國民黨整肅得很慘，我對他還是挺同情的。儘管他一生以倡導自由民主和經濟自由理念爲職志，但上課時不說廢話，就是認眞教學而已。

另一位是教授「國際公法及國際私法」的教授，他是西班牙大學的國際法博士，也是一名神父，當時還是年輕學者。三十年以後，我回到台北見到他時，他已成爲輔仁大學校長，是一位我很敬重的老師及學者。日後我在美國做生意，產品銷售到世界各國，並在很多地區設立分公司，他所教授的國際法對我還是非常受用的。

最後，另一位教授在我大學早期有極大影響力的，就是洪寶樹教授，他教授我們會計學及高等會計學，採用自己寫的書的手稿，內容豐富，層次很高。在高會部分，包括合夥會計、公司會計、企業收購、合併、清算、稅務會計與成本會計，在當時能有如此詳細完整內容的中文會計學書籍，非常稀少，他在教授我們的期間，還是在用他的油印手稿，並未出書。

由於我曾經讀過高商職校，且當時我的老師畢業自上海商學院，因此我進入政大之前，在會計上已有很深的基礎。由於本人對數字觀念很明確，因此在班上的會計學可說具有相當超前的水準，每次會計作業，我都是班上第一位完成的。當時的助教王進昌老師，也是我們的學長，後來留學美國，在洛杉磯成為一位CPA（公認會計師）。當時不論作業及考試卷的解答，王助教都以我的答案作為標準答案，所以我在這門課經常拿滿分，而且兩小時的考試，我常常一小時就答完所有題目。

也因為我的會計成績很好，洪寶樹教授常請我為他校正書稿，有一年暑假，我經常到他家取稿子校正，他也付我少量報酬，是一位對我很慈祥的老師。但是大部分同學都很怕他，他們認爲他很凶，眞是「各人飲水，冷暖自知」呀！

人生最遺憾的，也是最可慶賀的是，年輕時最擅長、最出色的一門知識或技術，到後來完全不用它了。理論上我應走上會計師或財務經理這門專業上，但是我卻愈行愈遠，豈不遺憾？但是自己想做老闆成爲自由人，怎能把自己陷進某一特定的門道內呢？或許這也說明我另有他才吧！現在我更慶幸，自己走上了一條更自由、更能隨心所欲發展的企業經營之路。

那些難忘懷的同儕好友

大學四年，同班同學來往的多是同寢室的室友，以及上課時排座位，正好坐在附近的一群同學，雖然我算是善於交往，但是由於生活忙碌，功課繁重，交友的範圍還是受到了些影響。

還沒開始就結束的暗戀情懷

大學四年，經常想追上一位美女，除了可以在男同學中，彰顯自己高人一等的優越感，同時也期待與心愛之人共享月光下的浪漫，對愛情抱著無限憧憬。

當時交女友的第一步是邀約心上人去看場電影，能走到這一步，就算是可以開始唱愛情進行曲了。我在大學四年裡的確未曾請過一位喜歡的女孩看電影、進過台北的電影院，哪怕公館的廉價東南亞戲院，也從未涉足。絕非我自認清高不沾女色，我真正的麻煩是每個月只有三天袋中有錢，其他時間都是囊中羞澀。

看官想想，哪有可能約會的時機上門時，正好遇到我袋中有銀子呢？常有女同學笑著看我，等待我請客吃飯看電影時，敝人可是窮得不知下餐如何打發。

我曾經寫了幾封情書，嚴格說是情詩，給一位比我低一年的學妹，她也是班花。但是這些情詩後來被她裝在一個大信封裡，原封不動的全部退回給我，而且退回的信連郵資都未付，還是我到郵局補繳後才把信取回。當時心裡挺不舒服的，那種五味雜陳的滋味，猶如被澆了涼水一般的難受，著實令我三天不得安眠。

此事大約過了半年以後，我已經考完畢業考，而且也考上了政大企研所。有一天，一位我心愛的學妹的同班男生告訴我：「你寫給我們班上這位美女的情詩，她全背在腦袋裡，而且在交誼月光遊船上，朗誦給我們聽。」

我急了起來，說道：「不可能，不可能，我的詩她根本沒看，信封都是完好未拆的，怎麼可能朗誦呢？」他說：「我記得一首，重誦一遍，你看是不是你寫的詩？」他把詩朗誦完畢後，我的臉都紅了，他接著又告訴我：「你追求的女生很喜歡你的詩，所以你的信，她都是用刀片小心拆開，把情詩抄下來，再小心用膠水封好。」

這時我才恍然大悟，原來我的六封情書及情詩，她已全部看過，而且還記在腦子裡，總算我的努力沒有白費工夫，她還是領情的。我想，也許她那顆心早就愛上我，只是好幾次遇到我，正在痴痴等我邀請她吃飯看電影吧？而我囊中羞澀，身無分文，未能大方的出手，所以遲遲等不到我的邀請，讓她氣壞而不理我了吧？

想到這個份上，我心中很是舒暢，再想，愛情的確還是要有點小錢來幫忙，我也別做這個浪漫夢了。畢業以後，我再沒有機會與這位女生交談，這的確也是一件令人遺憾的陳年往事吧！

兩位日後金融業呼風喚雨的同學

話說回來，我在校前三年是住校，與寢室的室友黃景輝同室三年，他是一位認真勤學的台中大甲人，做事有些積極，因而感覺容易緊張些，但是這種人還是心中不藏壞念頭，爲人還是很坦誠的。我與他相處很好，只是他比較好勝，常常拿我來比較或開刀，不過在學校裡，他的學習的確比我好一些，我也認了。他曾經在越南及菲律賓替國家外貿單位工作，有博士學位，爾後回國在大學擔任教授。

李秉勳也與我同住三年，是一位澳門來的華僑學生，家中有七姊妹，他是唯一的男生，身材瘦小，非常有禮貌，其父是澳門電力公司的總工程師。他更是我的金櫃，我沒錢時都是先找他借用，他也從未拒絕，當然我也很有信用，儘管有時也會延遲還錢，但絕對有借有還。當時，他也是我訴說心裡話的最好對象，是一位非常好的傾聽者，我到美國以後，還常常想念這位好友。很幸運的，有一天，我在舊金山郵局，見到他在那裡工作，眞是高興的很，人生一大樂事，就是知心老友又能重逢在美國舊金山呀！

陳元美，是位客家人，人品很好，也與我從大一到大三同處一室。他不僅名字像女生，而且在學校的點名冊裡，也正好排在班上的七仙女之後，所以很多教授點名時，都以爲他是女生；每次點到他的名字，大家看到教授的眼神都會笑起來。後來回到家鄉高雄美濃鎮一所國中（初中）任教，他的身體健康較差，所以選擇這個工作，幾十年後我再見到他時，看來身體很好，他說他已退休。我在國外也常想念他，是一位從不與人爭長爭短的好人。

鄭俊彥，也是位客家人，勤勞認眞，我大三時的女生上課筆記抄本之第四、五版，全是由他在睡覺前放在我桌上，我半夜起來加緊閱讀。他們都是手抄完以後，再詳細閱讀研究，而我因爲時間有限，無法重抄一遍，因此認眞研讀他的原抄本，採取聚精會神、強記快閱的方式，努力吸收。尤其考前更是如此，眞是標準的「臨時抱佛腳」呀！如無鄭俊彥這位好同學，我可慘了，可能大學畢不了業。

趙岐峯和我不同一寢室，空軍退伍，年齡較大，坐在教室的前排。當時座位排在前面的同學，因爲見面少一些，來往也跟著有些距離，但他是山東籍外省人，我也很主動找他溝通談心；加上我的會計學很好，他在這方面需要諮詢我，也主動照顧我，友誼因此建立。幾十年以後，他負責成立班上的同學會，他告訴我：「老茍，你在學校臉上沒有笑容，很是驕傲，面目看起來不是很友善。」

我想，那時三餐無著，怎麼可能常常笑臉迎人呢？心中還是很沉悶的。但事隔幾十年，我也沒有對他的話再作解釋的必要，畢竟他的話多少有些眞實。只可惜人生只有一次，不可能再來一次，否則我會放鬆心情，給我這位老大哥來個快樂的笑容。

班上有兩位同學。座位排在我的後面，上課時，我們還是可以小聲的聊上幾句，平常也親近些。其中一位是李燕峯，他的個性外向，也愛開玩笑，對我也很尊敬。

他的鄰座是蔡哲雄，不太說話，戴了付眼鏡，處事低調，我總感覺他有點書呆子的味道，很是用功讀書，但因爲座位離我近一些，我與他還是經常互動，彼此間建立起友誼的。

這兩位同學，幾十年以後，在事業上幹得轟轟烈烈的。李兄是第一金控保險公司董事長，曾經是第一銀行董事會的執行祕書、副總經理；另外一位蔡兄，畢業後就長期在第一銀行工作。

李兄善於公關交際，他任董事會執行祕書時，有意爲這位老同學說說話，老蔡做事很實在、認眞，加上他在徵信處長期當差，學問及銀行業務的功力大增，很快就被董事會賞識，提升爲副總經理、總經理。

陳水扁當政時，由於他的家屬也算是二二八事件的受害者，加上他處事做人也很謹愼，陳水扁總統升他爲台灣四大銀行之一的土地銀行董事長，很快地，又把他推薦到台灣銀行接任董事長的寶座。

台銀早年是發行新台幣的銀行，具有中央銀行的功能，說實在的，他如果沒有點本事，這個位子可不好幹；況且他同時兼台灣銀行公會的理事長。他也很照顧班上的老同學，只要當時在第一銀行裡工作的同學，最後全部調到台北各地的大分行擔任經理之職。當然李兄燕峯更是出力不少，因爲李兄是個性很有些江湖義氣的人，我常常想，假如我留在台灣工作，如能受到他倆的照顧，也可能弄個分行經理幹幹，這在我年輕時，已經是非常令人羨慕嚮往的好差事了。

我們班上剛入學時，只有七位女同學，但是到了大二，增加幾位轉系來的女生，其中有一位美女叫楊詠絜，浙江人，頗有江浙美女的柔情風韻。身子雖然瘦了些，但是看上去頗有好萊塢電影《亂世佳人》（Gone with the Wind）裡的費雯麗（Vivien Leigh）的風情。班上許多俊男無不競相追求，儘管我也頗爲喜歡她，但我自知並非俊男，便很自覺主動靠邊站了。

有一次，某一位張小二同學，人長的高大英俊，客家人，但是人品很差，他大概什麼地方得罪這位江浙外省美女，吃了一點苦頭；又或者他正在吃另外一位男士追求者的醋，居然在教室走廊上，找我大發惡言。我一時不知如何回答，心中總覺得這事與我無關，但他的言詞中，有不少話是責備我協助另外一位湯姓同學追求小楊，而未支持他、協助他。

很多話簡直莫名其妙，我完全不知他在說什麼。他拉拉雜雜說了一堆，我一句話也未回答，不客氣的轉頭離開。看官明理，這位小楊美女也是我的意中人，我爲何要幫他？又從何幫他呢？我已經有自知之明，老實靠邊站了，甚至連對小楊打招呼的禮貌都省了。

這位張小二可眞的是一位小二阿三級的人物，怪不得早年我父親告訴我：「人高馬大的英俊男人，做事不穩，對人不負責，常因自豪自己的外表，而廢了務實本能，長於虛僞自私。」看來本班這位張小二就是這樣的一個人，從這次我被莫名責難以後，我是看輕他了。

另一位追求者，我叫他老湯，與我交情不錯，大三時，我是國際貿易學會會長，下有幾個小組，各設幹事一名，其中康樂組，我邀請楊詠絮擔任幹事，因此常有來往，也相處愉快。這位老湯早有追求的意圖，經常跟在我後面，如此可以有更多的接觸機會，我心裡清楚他打著近水樓台先得月的如意算盤。

老湯試圖以悲情與痴情的方式設法換得小楊的同情心，後來顯示，這方法對年輕少女還是有些效果的，小楊確實也對他表現出特別的關懷。有一次端午節，因爲小楊家住台北，特地帶了一些家中自製的粽子送給住在外地的老湯，這下可好了，我這位湯兄在我面前大肆炫耀，最可惡的是，我也是外地的學生，但他就是一個粽子也不分享給我，還說粽子多麼好吃，多有溫情，眞把我給氣壞了。但是我也未表現出任何態度，對他還是一樣的友好相處，只是心中叫屈而已。

沒過多久，小楊不理他了，他苦著臉又跑來找我訴苦，他問我：「有什麼方法，我可以不找小楊說話？」我說：「這很容易，只要你不找她，你就不會跟她說話了。」他說：「不行，我一看到她，就衝動的想找她說上幾句話，但是小楊不理我呀！」我說：「你在熱戀了，如此下去情形會更糟糕的。」

他定是要我找一個方法給他，使他不敢開口。我想了一下說：「辦法有了，我從今天起，每天買一個大蒜頭，吃飯的時候帶來，我陪你一起吃大蒜，吃完會有口臭，如此你還敢找小楊說話嗎？」當時我倆及彭欽清都在便以利教會一起包伙吃飯，這位老彭後來教台北市長馬英九客語，就這樣我們過了一段吃大蒜的日子。老湯和我堅持好一段吃大蒜的時期，可憐的愛情奴役，卻沒想到我也跟著受罪，現在想起來，只好安慰自己，大蒜對身體其實是好東西。

楊詠絮後來有位好夫君，是將軍之子，擔任大銀行的副總及大貿易公司的總經理，有二女一子，生活美滿。幾十年以後，我曾邀請她與夫君及她的小姑夫婦，前往我妻的出生地莫斯科一遊，我妻並接待他們在莫斯科郊外的私人大別墅午餐。現在看來，我與她的友誼才是「春水長流，流不盡，昔日花香留心間」。

第六章　海軍醫院服役，為生命創造價值的軍旅生活

大學四年級下學期，我決定報考台灣當時最好的政大企業管理研究所，是由聯合國捐助、美國密西根大學主辦、東亞最早的企業管理研究院。這個研究所當今出了不少名人，中國大陸的林毅夫（原名林正義），曾任世界銀行的首席學者兼副行長，就是我的學弟，其他名人族繁不及備載，在此略述。

我那時只依靠政大清寒獎學金三百元過日子，租住在一戶農人家的水井邊小房內，每月光是租金就得花一百元，而一餐飯錢就要五元，我僅餘二百元是不夠用的，只好自己開伙買飯菜來省錢。常常每餐只吃一個饅頭，想辦法只花一元錢過日子，家母為支持我考研究所，叫大妹暫時休學一年後再返校就讀。

我住處附近有座樓裡，住著一位同班外省山東籍男生名叫解崙，家住高雄，皮膚細膩白嫩，有些繪畫的本領，常常為女生作畫，很是善於交女朋友。經常同時有好幾位女性同時交

往，有高個子的，也有嬌小的，各有不同風情，在異性交往上胃口超大，擇而無類。

有一次他很得意的告訴我，他中午收到女友送來兩份午餐便當盒，菜色極爲豐富，是由兩位女友從台北家裡特別爲他烹飪的；並拿給我及另一位外省同學羅達明看，的確有大塊肉、香腸之類的「奢侈品」。小羅是一位孤兒，由姊姊撫養，爲人老實巴交，我很是同情可憐他。小羅眼露期待，希望分食他的大餐，解崙就是一口也不給他，他擺出一副「我吃不了，丟掉也不分給你們」的態度。

我一開始認爲他找我們是準備一起共享美食的，而且他也清楚知道我是經常吃饅頭過日子，也常餓肚子，原本以爲這次他是準備分口美食給我們。等到我了解了他的態度，知道他非常小氣那口吃食，而且是心裡有些想氣氣我們的「虐待狂」，只是想炫耀那股得意神氣罷了，就明白想吃他一口飯是不可能的事。看小羅對他很不舒服的模樣，我說他不是你能交的朋友，就算了吧。

話說回來，爲了考研究所，我也的確辛苦了半年餘，皇天不負苦心人，很幸運的，我總算金榜題名。當然有人恭喜我，也有同學心中不舒服而說些風涼話，比如那位與我同室、常常從床上掉下去的余宏忠，就說了不少難聽的酸言酸語。我實在很想告訴他，他說的話我全都知道，對於他的「指教」我也很是「領情」，請他不必擔心，畢竟閒話終究會傳到我這裡。可惜我永遠沒有這個機會告訴他，一方面我的確很怕他，一方面他已經為我考進研究所這事兒，氣得永遠不跟我往來。

父親一封信得以進後勤

不過在進研究所深造之前，我決定先到軍中服軍官兵役。我告訴我父親：「我服的軍官兵役，時間一年屬海軍兵種，可能有機會上軍艦，也可能到陸戰隊，這些都是苦差事，如果遇到與中共開戰，隨艦沉沒的可能性極大。如果能分派到後勤單位如海軍總部，或是左營海軍基地的軍區內工作，自然最好，只是工作的分派是由海總抽籤決定，不能隨我所願。」

聽到我的期盼，我父親告訴我：「壽生，我一生軍旅生活，你畢業在社會工作，我幫不了你，但在軍中我還是有些辦法。海軍總司令部的人事署署長金琛中將是我的軍校同學，我寫封信，你到海總去找他吧！」

我拿了家父的信，到台北大直海總大門的收發室，向值班官員報告我的來歷，表明想見金署長，並把信件交給了他。他讓我等一下，不一會兒，有位軍官前來大門口的會客室見我，給我一張金中將的名片，並說他的上司問候我父母親，同時告訴我，名片上寫了金中將的台北住家，要我今晚到他家裡閒述，我接過名片，道謝而回。

晚上我依約到台北中山北路圓山附近的一個海總將官單身宿舍見他，他是一位文雅學者型的儒將。我詳細向他報告有關我父親及家裡的情形，同時也告知我的學校生活，過程中，他一字不提有關我兵役分派單位之事，但是一開始，他確實曾提到看過我父親寫給他的信。但爲何談了一個多小時，卻完全不提我來的正題呢？

我心中雖有疑惑，但卻不敢主動開口詢問，畢竟心中對這位總攬台灣海軍人事獎懲大權的將軍，還是有些害怕。即便他閒聊不少家務事，我心裡略爲寬暢，但還是不敢詢問所求之事。他自然也看出我的拘謹，站起來道：「時候不早了，你也要趕早坐公車回家，請代我問候你父母安好。」

把我送到門檻處，用手放在我的肩上，叫我「壽生」，此時才低聲說道：「你的事就放心吧！但是不可告訴任何外人你曾經來過我家，如有人知道，寫一封密告信給國防部，事情就不好辦了。」

我心裡明白，預備軍官的分派是以抽籤的方式決定，私下請託基本上是很困難的。我也是想試試運氣，看看能否有機會可以分配到事務性或後勤工作，降低未來可能發生的風險。

事隔了兩、三個星期，我們這個梯次的補給兵科預官，有四十餘名屬於海軍，其他二百六十餘名是陸、空軍兵種，補給學校的教官說：「你們海軍的少尉官全收到分發令通知了，只有你還沒有消息，我也不知道是什麼原因。」

遲遲未收到消息，我在家裡很是煩心，兩星期以後我終於收到分發通知單，打開一看，海總人事署分派我到台中梧棲海軍第一醫院，眞是後勤的單位。我一看就知道金署長幫了大忙，這肯定是一個好單位。

我衝動的忍不住想趕緊告訴其他同學，得知原來他們也在互相打聽每個人分派到的單位。我有一位同學分到海軍總部工作，大家都稱他是中了一等頭獎，最後得知我被分到海軍第一醫院，大家都說：「你眞是好命，閒差事又有女護士陪伴，老茍，你根本是中了特級大獎了。」

我報到入職海軍第一醫院的第二天，醫院的朱榕楠院長，是留學美國的軍醫博士，同政戰主任單獨見我。當時有五位預備軍官，只有我一位是特別叫到院長辦公室，院長是性格非常豪放開懷的長官，問候一番以後，政戰主任說道：「你小子怎麼分到我們這醫院來，你知道原因吧！」我搖搖頭，他說：「我告訴你吧，海總在分派工作單位抽籤時，名冊上漏了你小子的名字，後來才重新分派硬補到我們海軍第一醫院來的。」

接著他對院長說：「海總人事署金署長特別關照，苭少尉要好好照顧，看來我們把他從補給處的補給官職位，換到人事處來當人事官吧！這些大學預備軍官學習能力好，很快就能勝任。我們人事處的中校主任一直缺位，醫院是後勤單位，上面遲遲不派人來，苭少尉就到人事處權充代理主任一職吧！」

聞言，我心裡不禁想：「怎麼變化如此之大？把我兵科換了，又連升五級，從少尉升到中校人事主任的職位呢？」政戰主任話畢，院長頻頻點頭並問我：「苭少尉，你爸爸與金署長是什麼關係？」我剛開口說了句：「金伯伯……」政戰主任馬上接著說：「金署長是他爸爸的好同學呀！」聲音也大了一些，彷彿在提醒院長「此人將來有大用，不必多問了，我早就調研清楚」的味道。

此事就這麼定下。整個過程我糊里糊塗，完全不清楚他們的安排，不過我也不甚在意他們怎麼「處理」我，唯一明白「他們已經準備好好用我，因爲我父親與金人事署長的關係。」

眾人得利皆大歡喜

就這樣，我就在這個職位待下來。在職半年後，金將軍來到醫院視察，院長把我叫到他辦公室，要我坐在金將軍右側的沙發上。閒聊幾句，我喊了幾聲「金伯伯」，顯示我和他的關係匪淺。

整個過程中，院長端著笑臉，政戰主任則是一臉看來有事相求的模樣，等待機會開口。金署長明眼人看得清楚，於是開門見山說道：「你們有什麼業務上的困難，可以讓芶少尉給我寫一封私函，我能在國防部及海總規定以外，做一些權宜處置，協助你們解決問題。」

金署長一遞出橄欖枝，政戰主任趕緊開口說道：「我們醫院是後勤單位，不是前線的作戰部隊，依照上面規定的獎功總額安排，是完全不夠的。大家都很努力，可是限於上峰給的配額限制，某些人在年終得不到獎勵，無法記上大功或小功而多所抱怨，我的工作實在很不好做……」還沒說完，院長也跟著開口幫忙求情。

聞言，金署長很是大氣的說：「這情形我了解，你們就按照自己的需要辦理，在正式文件送出前，讓芶少尉寫封私函給我，把新增加的大、小功數目告訴我，我在人事署中有權支配一些配額，會安排給你們，可能會比國防部規定的功獎配額增加些，就放心吧！」金署長的當面承諾，讓我上頭的兩位長官樂開懷。

中午吃飯，院長一定要我參加，醫院中比我官階大的軍官都還未能入席呢！幾個月後，召開人事獎勵會議，我們的政戰主任笑著開會，人人有功，大家有獎。其中有位軍官知道部分內情，便跑到我辦公室說要請我吃飯謝謝我，他告訴我：「一個小功也值現金七百元呀，更不用說大功了。當時我上尉每月薪資六百元，只要能記一個功，不只上面以此發放年終獎金，升官也要快些。你們預備軍官一年就能退伍，感受不到記功的好處，但是對我們職業軍人來說，這可是一塊大蛋糕呀！」

那次會議，院長以「管理大伙房有功」的理由誇讚我，表示也要給我記兩個小功。我很直接在會上婉拒他的好意：「真的不用了，我是馬上要退伍的人，而且我這個小老百姓也不想再回部隊了。」但是院長很堅持，一定要給我記上兩個小功，後來政戰主任小聲告訴我：「這事還要靠你寫信，你沒有功，在長官面前也說不過去，就如此定了。」一個半月以後我就退伍了。看官猜猜，最後我是否也得到現金獎勵呢？

伙房裡的那些事

我們海軍第一醫院有兩個伙食團，簡稱大、小伙房，大伙房屬於病房病人專屬，約一千五百人左右，伙夫就有二十五位以上；而小伙房約二百人，屬軍官，負責醫生、護士及勤務士兵的伙食。

我到醫院不久，他們就叫我擔任小伙房主委，因為以前的主委做事不認眞，帳目也不清不楚，於是行政主任找我擔當這個工作。基本上我還是弄得有條有理，菜色也常做變化，在工作上得心應手，游刃有餘。

唯一的煩惱是那些年輕的護士們，她們比我要成熟許多，這些女孩兒常常有意聯合起來向我開玩笑或撒嬌；而我這老實人總是嚴肅認眞對待她們這些事兒，這下子更是激起她們的玩心，興趣大增，頻頻製造新題目來捉弄我。

有一次她們來找我：「芶人事官啊，我們要去台北參加護士資格考試，好幾天不在家，要請你為我們看家呀。」我說：「這兒很安全，只要把門鎖好，我們不時去看看，放心吧！」

其中一位最漂亮而且還有些兒撩人的女護士小葛，經常帶頭出主意，她說：「人事官，不是這樣的，我要你睡在我們房裡，這才安全。」我說：「妳的房間只有四張床，睡了四位女生，我怎麼睡呢？沒床給我。」她說：「芶人事官，你就睡我的床吧！我已經整理清潔了，你一定舒服的。」話已經說到這份上，我只好接受了。

她們離開後的第一天晚上，我就依約睡到小葛的床上。平常我是很能入眠的，一躺下就能入眠，可是那一夜，怎麼都睡不著。她的床的確乾乾淨淨，而且軟綿綿，應該更能入睡才是；但偏偏意識清晰，於是腦子不禁開始胡思亂想起來，到了深更半夜還未入睡，此時電話忽然鈴響，原來是小葛打來的電話。

她問我：「睡得好嗎？」我回答：「還可以吧！」她說：「小芶，你在騙我，你在我床上，還能睡得著嗎？我走的時候可是在床上灑滿了迷人香水，你沒聞到香味嗎？」我立刻大悟，說道：「怪不得我一夜未睡，胡思亂想的。」她回答：「小芶，你說老實話，胡思亂想什麼？想我嗎？」

我這個情竇未開的大學畢業生、準研究生，被她大膽的話一問，頓時羞澀得不知如何回答；或許她看準我是個讀書老實人，找到機會就想開我玩笑逗逗我，樂一樂吧。其實小葛早就有位海軍少將兒子的男友，就是性格還有些花蝴蝶的勁兒，愛捉弄人罷了！

話說回頭，我在小伙房的成績，還是好評的，也因此獲得去大伙房任職的機會。

有一次，一位徐姓行政主任，是天津人，也是一位醫生，他有一位姪女是台灣的電影明星，我很懷念這位徐軍醫官。他兼任行政組主任，因爲我官階低，所以人事室也由他代管。他告訴我，大伙房的主委主管了兩個月的伙房工作以後，就買了一輛大約兩百C.C.的大型電機車，明眼人都知道，這錢是從伙食金中貪來的，他想把這位主委換掉。

某天他來找我，對我說：「院長推薦你這位預備軍官來接任這件大差事。」我心裡明白，院長知道我們這些剛從一流大學出來的年輕人比較老實，爲人不貪，因此我立刻答應接受這件差事。

不過接任以後才發現，最大的痲煩是每天早上我必須五點就起床，伙食團有專用軍用大卡車，每次載上七、八位伙夫，三、四位監委，我是坐軍用小吉普車，前往台中清水大菜市場買菜。我們的車子一到那裡，大小商人、菜販立刻很快蜂擁集合到我們前面，我們就分別與這些商販一起前往採購。

其中有一位年輕雜貨店老闆，每次都手腳迅速找到我，把我拉到他的店裡，他的隔壁另有一家商販與他競爭激烈。一位有經驗的伙夫頭告訴我：「你最好兩家都買一些，當然可以看看貨，比比價錢，或多或少買一點，但是千萬別集中在一個店裡訂貨。上次的伙食主委只在這位年輕老闆的隔壁一家採購，監委們頗有意見，你一定要小心點。」

我很是在意伙夫頭的建議，每次談價、殺價都讓監委及伙房伙夫在場，把爭議降到最低。雜貨採完以後，就去看主要的魚、肉等高價的食材。其他監委及伙夫大多已經選好這些物品，只是讓我去看一下，做最後拍板而已，比如採購們分成許多小組，彼此各有堅持，僵持不下就由我來做決定。我這伙食主委權力非常大，除了必須擺平他們的爭論，偶爾也得做個順水人情，各取所需，讓衆人皆大歡喜。

有一次，某位監委找我去看雞蛋，他把我帶到一位年輕村姑那兒，只見女孩面前放了兩大竹筐的雞蛋，每筐足足有六十公斤重，村姑希望我把這兩筐雞蛋全部買下，但我們伙房每天只會用到一筐雞蛋，實在不需要買到兩筐。她不停看著監委，眼神中帶著求助，我便問監委：「你爲什麼要把她的兩筐蛋全買下來呢？」監委笑著說：「這位姑娘答應今天下午請我吃飯看電影，主委就買了吧！我已經好久沒有跟女人外出玩玩了，你就可憐我一次吧！」他面容誠懇語帶眞誠，伙夫也在一旁爲他說話，我就用腳踢踢竹筐說：「你們搬上車吧！」那姑娘立刻笑開懷，不停道謝。

更別說我的監委主席，每次買牛肉，一定要我選他決定的那一家，爲的不是價錢，而是可以免費從牛肉販那兒拿上兩條牛鞭回家補身體。

還有一天，菜市場的魚貨地點圍了一群人，伙夫頭告訴我，市場上有一條大白鯊魚，叫我去看看，那是一條足足有三米長的大白鯊魚。伙夫頭告訴我：「這條大白鯊很便宜，如果買回去可以做一道鯊魚燉豆腐，既營養又可口，大伙兒都會喜歡的。」

這道菜我的確很有興趣，就告訴魚販：「這條大鯊魚我有興趣，從哪裡捕到這麼一條大魚貨呢？」他回答：「這是從福建的金門島運來的，你看看肚子裡還有一個鋼盔呢，牠吞吃了一個戰士，連鋼盔都吞了。」我大吃一驚，頃刻間啞口無言，頓時一點興趣都沒了。我馬上離開那兒，並且很長一段時間都不再去那家魚販，眞幸運，提早讓我知道它是吃人的大鯊魚，而且從此我再也不吃鯊魚肉了。

酒店裡見識官場潛規則

某天，我們幾位預官在辦公室內，討論女人生小孩的事，院長聽到了，笑著批評我們：「你們都是大學畢業生了，對女人有很多曲解，太沒常識了，看來你們都很少接觸女性。」

又說：「前幾天附近有個大車禍，送來一大批輕重傷的病人，這個月醫務獎金應該會很豐厚。我特別讓徐主任請你們去清水酒家，見見酒女，陪你們玩玩，見識一下女人，我也會作陪。」

就這樣，當天夜裡，我們一群預官加上新進的兩位軍官，全部都跟主任及院長去酒家「長見識」。當天有酒女陪伴，大家說說笑笑，喝點酒水，點了一大盤菜。在台灣，酒家是屬於不太正經的地方，在當時那個保守的年代，我們還是很規矩的，只是比較浪漫隨性一些。

我們五位預官中，只有一位牙醫生，三十歲了，經驗比較豐富，其他三位與我都是新鮮人，好像從未碰過女性的樣子。酒家的酒女們都很聰明，眼神很是銳利，其中最漂亮的一位是大學生，一上桌就坐在我旁邊，老闆說：「這位是我們店裡的名牌，吃飯喝酒時，其他同伴都可以抱抱他身邊的女伴，只有這位特別規矩。」

來到酒家之前，院長特別給我們講授一點女人的事，他說：「在這種地方，千萬別選名牌及最美的酒女，她們是很驕傲難伺候的，選一個看來老實中等的小姐，相處起來反而更舒服些。」這一句話我可眞是領教了，我也常常告訴晚輩：「美女雖然好看卻不受用，而且還會受氣。」話雖如此，然或許是男人天生的本性或想要征服美女的野性，明知遇到美女會撞得頭破血流，還是勇往直前，受罪也甘心。

在酒酣耳熱之後，徐主任把我叫到一旁說：「人事官，今天的費用就要你付款了。」我回說：「我哪來這筆錢？」他說：「你不是大伙房的主委嗎？那個雜貨店的年輕老闆從我們這裡賺了那麼多錢，你不會叫他想辦法嗎？」我思考了一下，想想這條路應該可行，立刻打電話給那位老闆，不多久，他騎了電動車前來，交給我四千元，還告訴我：「今晚的費用我會來結帳，這筆錢是給您的小費，或可做其他用途。」當然我也把這事告訴了徐主任。

當時在場的還有兩位新上任的中年職業軍官，他們立刻私下向我要些錢，做爲他們給酒女的特別服務費，徐主任告訴我：「你就給他們，讓他們開心吧！你們預官，吃完飯都要提前回去的。」想到一早還有大伙房的採購要辦，我很快就離開了，這場酒家作樂，就在第一次「見世面」的體驗中草草收場。

轉移繼承權，遺愛人間造福生者

我在人事室工作，以少尉軍官的正式人事官代單位主管職，手下有五個人，其中僅有一位士官長、一位士官在正式編制內，其他三人都是住院療養的病患。

我們醫院有很多長期療養病人，以糖尿病、肝病及肺病爲主，院方把有工作經驗而病情近乎痊癒的軍官調到人事室來協助工作，但是所有的責任及簽章由我來負責，負責處理獎罰、休假出入單位手續、兵冊、死亡、除役及一般人事相關工作。

由於這是軍醫院，所有病患都有軍籍，故而這些人也在我的管理範圍內，因此工作量很大。我剛上任時，只得請教一位帶病服務的少校人事官或正職士官長，不到一星期，我大致了解工作的相關內容；第二星期開始，我就把手上不屬於我必須處理的事情，分配給其他五位來處理。

他們也很高興能多做些事情，尤其是帶病服務的人，如此就有理由可以不必送回原工作單位了。醫院是療養的地方，比任何軍事單位都要自由輕鬆，他們有事做，自然就有理由繼續留下來，因此我把人事業務全分配給了他們，我自己就輕鬆了。

幾個月以後，院長公開在會上說：「現任的人事官很輕鬆，沒什麼事做，不像前任人事官，從早忙到晚，每天都有做不完的事；但是他的工作成果，卻不像芶人事官把事情辦得有條不紊，而且公文寫得簡單清楚，果然還是有些能力的。」

這位朱院長很欣賞我及另一位莊正義工程官，他經常叫莊工程官跟前跟後搞建設，申報新的工程材料等等。莊工程官與我住在同一寢室，我們性格都很豪放，相處很好，幾十年以後，我倆還在台北及美國見面。他有三位兒子，全是台灣大學理工科畢業而且留學美國，有一位還是聯考甲組狀元！其中老大在史丹福大學獲得機械博士，結婚時，還邀請我夫婦主婚，交誼如此深厚，長達半世紀之久。

話說回頭，我在人事室，做了一件值得一提的事情。有一次，我發現院方所有病患的兵籍卡上，有「遺產繼承人」這一項，我在處理去世的病患時，必須依照兵籍卡來決定政府軍人保險的遺屬撫卹金與其他保險金額；但我發現這些兵籍卡都很久遠，上面記錄的全都是他大陸的父母親的名字、地址，也許當年他們還認為能反攻大陸吧！

此一時彼一時，大部分戰士的父母都已離世，地址更早已不可考，何況政府也不可能把這筆錢送到所謂的匪幫敵對區。這筆金額相當可觀，士兵也有兩萬餘元，軍官更可能在三、四萬元以上，我當時的少尉月薪資也僅六百餘元而已，相比之下，這筆撫恤金真的是一筆大錢。基於現實考量，想想這筆款項與其死後留給政府，還不如留給親朋好友，就當作一點善事，將來也有人思念他，每年到墓上拜祭一番。

關於處理撫恤金的受益人這事，我是有權完全處理的，於是我請士官長協助，全盤清理一千多個病患的兵籍卡。只要是單身無家累而在繼承人一欄寫上大陸親人名字的，都叫到辦公室來談談；告訴他們變更受益人的理由，讓他們找一位他最好、最值得把錢留給他的對象，且最好這個親人、朋友有就學子女，讓他們足以用這筆錢把小孩送進大學。幾乎所有的官兵都了解我的善意，每個人更改簽字，打指模手印後，稱謝而回。

這項工程需時一個多月，在這過程中，某天護士告訴我，醫院急診室有三位緊急病人，要我立刻送出緊急通知。我查了兵籍卡，除了單位外，就是大陸的父母了。我與士官長立刻到病房見他們，並告知是否想過，往生後的一筆大錢想要遺留給誰？他們聽了我的提醒與勸告，都流著眼淚，把兵籍卡上的遺產受益人更改爲最要好的朋友，而且都是有妻、有子女的，也有指名給當年照顧他的長官。沒多久，這三位病患就去世了。這些可憐的大陸老兵，客死外鄉，無親無屬，政府雖然有一筆優厚的死後撫卹金，設有兵籍卡專搞此事，但卻無人眞正關心它。

這三位在臨危時，我立刻通知他新簽定的死後受益人，有些人很吃驚，我還在電話裡解釋一番，他們也立刻趕到，我準備好鮮花，好讓他們能見見這位可憐好友的最後一面。當他們知道他的朋友把一筆可觀的撫卹金遺給他時，都在臨死的好友跟前，感激的下跪流淚；而那位瀕臨死亡的戰友，則在含笑中離去。

好多位死亡病患的受益人趕到醫院，見到我，準備辦理領款手續時，都感激得向我下跪，當然我立刻扶起他們。此事後來被行政組徐主任及院長知道，都爲此事一再讚揚我，我也把此事當做一件功德，不僅讓死去的人安心，也讓他指定的親朋好友，未來能有筆救命生活的款子。

由於我工作的地方是海軍第一醫院，這種死亡的事，後來幾乎每星期都會發生；我人事室的幾位部下，因爲做了這件事，經常遇到感人的一幕。我每次都給這些可憐去世戰士受益人送去一句話：「希望你永遠記著你朋友的恩情，好好活著，教育子女，每年清明節爲你的好友祭拜上香吧！」

有一天，監委主席來找我，他告訴我快退伍了，他原來在海軍軍艦上工作了十六年，不幸染上肺病，才轉醫院到這所療養院來，且一住就是四年。

事實上，他的病早一年就已痊癒，但是他不想再回到艦上，故而申請退伍還民。從海軍退下來，找個商船幹上十來年，存點錢過好日子。目前上面已批准他的退伍令，可能就在這

一、兩星期，就要在人事官我這裡辦理退伍手續了。

我告訴他：「很恭喜你，能有機會到商船上工作，你有船員的資格嗎？」他回答說：「我半年前就考試通過了，執照已經有了，船公司也連絡好了，但是有一個大麻煩。船公司要我到醫院做一次全身體檢，但是我有肺病，雖然已經痊癒，但是有結塊在肺上，很難通過；除非醫生能幫忙，強力保證我的肺部是健康的。」

我說：「這應不是問題，我可以爲你找院長說說，他會答應的。」他告訴我：「船公司指定要嘉義榮總醫院的醫療診斷報告，這件事就要請人事官想想辦法了。」

我忽然想起，當年在大學時，我班上的空軍退伍軍人趙岐峯曾經也做了一次體檢，正是嘉義榮民總醫院做的報告。他特別提到我們同班有位外省女孩郭誠潔，她的父親是負責X光科的主任，因此我告訴這位伙食團的監委主席：「你準備辦退伍手續時，我看能否幫這個忙，寫信給這位郭主任醫生。」

一個星期後，他收到了退伍令，立刻匆匆跑來人事室辦手續，但是來的不只他一人，而是十來個退伍戰士。我詳細詢問他們對未來的打算，都是清一色想到商船上，即便有家眷仍打算跑船去，打算辛苦個幾年，賺點錢改善生活。但這些人全部都是因肺病住院療養，都有同樣的麻煩，擔心到嘉義榮民醫院不能通過體檢。這下麻煩了，原本我以爲只要搞定一人，沒想到一口氣來了十幾個人要請郭主任幫忙，眞得動腦筋寫這封信才行。

我在政大國貿系就讀時，郭誠潔是七仙女之一，外省人，非常聰明，功課很好，說她是班上第一名也不爲過，皮膚姣白，笑起來很甜美，身材也不錯，算是七仙女中最漂亮的一位。只是她身材嬌小一些，她們女生都坐在教室的第一排，我的座位則是排在後面。

早期在班上，我對她還是特別關愛的，常找這位甜美的可愛女生多次交談接觸，她對我也是頗有善意。後來班上有位男同學詹復圓，台北人，早年他喜歡剃個光頭，在那時剃光頭還是很少見的，他坐在前排女生附近，且在男生中功課很好，第一學年就被選爲班長。詹復圓很早就表示喜歡這位甜蜜小女生郭小姐，爲了追郭小姐（後稱小郭），他「攻勢」猛烈，不只與她結拜爲乾兄妹，還送她名牌鋼筆作爲禮物，哄得小郭很是開心。

老詹與我的互動非常少，但是對我同寢室的好友黃景輝很是友善，老黃在大一時就警告我：「小郭是老詹的乾妹妹，老苭你需要給他開一條路的。」我說：「要追小郭就公開追啊，幹嘛還找藉口結拜什麼乾兄妹，我不喜歡老詹這種日本式的行爲。而且他老喜愛摸小郭的頭頂，摸頭的動作，我看了很不舒服。」老黃又說：「他們相好，又是乾兄妹，你老苭就站開吧！」我就沒有回話了。

但糟糕的是，我這位室友老黃，居然把我的話轉告了詹復圓。老詹對我的話，倒是很有君子風度，沒什麼表示。但我知道我的這番話，會讓我與他的關係變得更加冷淡；更重要的是，會被他認爲他對小郭的追求，使我這個心眼小的外省男同學吃醋了。因此大學四年，我與老詹來往非常平淡，很少說話。畢業後我曾前往美國銀行看過他一次，他也很有禮貌的與我寒暄問候。從大三開始，他與小郭的關係就愈加密切，兩人畢業後也終成夫妻，後來移居美國。

話說回來，這次我要找上郭誠潔的爸爸，不禁後悔當初應與這位小甜姐兒的關係弄好一些，但是爲時已晚，只好在這封給她父親的信上，下點工夫了。我的想法是，我有一點古文的功底，如果用半文言寫此信，應該可以讓她父親看重我是他女兒的同學的這層關係。因此我用心寫了一封文情並茂的信，把這些人的名單一併寫在信上，並讓這位伙房監委主席擔任領隊，告訴他如有問題，可以請郭主任打電話給我。

三個星期以後，監委主席特別回到海軍第一醫院，代表大家來感謝我，他說：「郭醫官主任不僅大力幫忙，還請我們十來人吃了一頓飯。我們因爲人事官與他女兒的面子，享盡了優待，一切事情都很圓滿。大家很快就要跑船賺錢了，不僅可以自由自在，而且生活立刻可以獲得改善。以後要看到芶人事官的機會不多，所以特別由我代表大家專程來感謝你！」

能幫到大家的忙，我自然非常高興，轉念心想，我可欠我這位甜姐兒同學郭誠潔一個大恩情，不禁有些後悔，當年不該逞一時之快，對老詹的事大發謬論。人生路很長，怎知未來如何？山水總是有相逢。我好幾次想找機會對小郭表示感謝，總是未能遇到時機，幾十年來，即使在美國，也常感慨此事。她的父親的確是個好人，只能在本書中，聊表我的謝意！

回顧我在海軍第一醫院服役一年，這一年的兵役生活很是快樂，我們五位預官中，一位是牙醫生名黃柏文，高雄人三十多歲，他在梧棲、清水一帶有不少乾妹妹，從銀行小姐到郵局、店員再到公車服務員，遍布各行各業。他沒有足夠時間把上五、六十位乾妹妹，只好採用明信片，請我們預官幫忙用明信片與他的乾妹妹們來往。我很是反對他的這種行徑，所以他從來不敢叫我做這些事。

另一位是饒厚華，台北醫學院藥學系畢業，外省人，人很溫和，高個子，但很瘦長，也喜歡開玩笑。他有位雙胞胎兄弟，幾年以後，與他雙胞胎弟弟同時結婚，請我做他的男儐相，後來也到美國俄亥俄州留學，研究中美關係。

與我關係最好的就是老莊了，莊正義，前面已經提到了，在此就不說了，他是台北人，但是絕無地域思想，頗有大將作風，海闊天空的寬大心胸。我與他彼此心心相照，在海軍退伍後，還是彼此夢迴仍存，幾十年以後，相見如故，人生難得有此知交呀！

第七章　政大企管研究所生涯，向業界取經

我在海軍軍官兵役服畢退伍後，立刻趕往台北，目的是希望研究所未開學之前能找份兼差，以便增加收入。

當時政府對研究生有八百元的補助，而且也有研究生宿舍可以申請居住，這筆錢是夠用的，但是我想多攢點錢支持家裡弟妹就學，尤其大妹曾經爲我休學一年，她的學雜費還希望我能支持，更何況她讀的是私立輔仁大學，學費比公立大學貴上許多。

我回到木柵政大，遇到了趙岐峯，他找到一個外貿協會下屬的單位工作，接觸不少貿易商。我這位年長而活力充沛，同時頗有魯商奮鬥精神的同學，決定自己出來創業。他租了一戶新的公寓式店鋪充做辦公室，並以個人名義申請了岐峯貿易公司，但必須經過國稅局及地方稅務的臨場檢查，而且還要跑台北市政府建設局，批准才可以有經營執照。但是老趙必須上班，否則每月生活費就成了問題，正好此時我有空閒，便找我暫時成爲他的第一位員工，

幫他跑跑事，也在他的辦公室當差，基本上是做做樣子，我遇過兩次稅務局官員來檢查，就出面代表他的公司應付一下。

有一次老趙說：「你需要到新莊稅務局走一下，把這個信封及文件交給他們。」我就承諾照辦，我走到房門時，他告訴我這信封裡面放了二十元紙幣。到了新莊稅務局，我見到了一位年輕稅務官，把文件、信封及老趙的名片交給他，他把信封內的東西，抽出一半，看一下，就放回去了，二話不說回答我：「我不再到你們辦公室檢查了。」我想這眞是好事，省掉我每天八小時坐在辦公室等待卻無事可幹，也沒電視看，當時電視也不是家家能有錢買的東西。

另有一次，老趙叫我跑一趟台北市建設局送資料，申請貿易公司營業執照，拿了一百元叫我交給這位官員，我就照辦了。一個星期後，我再去見這位官員，問他進度處理得如何？他叫我在辦公室外的走廊等他，我出門一會兒，他也跟著出來，他立刻告訴我：「你們開貿易公司的，半年下來就是十萬、百萬的大財可發，到時你們也不會認我們的，我們幫你設公司發大財，但是我們的收入太少了。」我心裡有點明白他的意思，加給了兩百元，他告訴我：「你回去見你的老闆，叫他親自來見我吧！」

我原本以爲，要是把此事告知老趙，他的山東脾氣肯定把這位貪官怒罵一頓。但是第二天，我倆一同再去見這位市政府官員時，他在辦公室內見到我倆在窗外，立刻站起來，示意在外等他。他出來後，我們一起在走廊上略爲移動了一些距離，老趙立刻拿了三百元給他，他二話不說，叫我一個星期後來拿貿易商執照。整個過程對我這個非常「單純」的學生來說，可眞是大開眼界，原來社會上並不是那麼乾淨的呀！

新屋教學趣事多

每天無所事事也不是辦法，後來我想到，何不到國中（初中）找個專任教職幹幹，聽說不少研究生在中學當教員。我想起一位在師大公民教育系的同學叫呂幸一（後稱老呂），立刻寫信給他。不多久，他回信給我，保證能爲我辦妥這件差事，他目前正在中壢新屋中學當訓導主任，學校已經聘請兩位研究生了，校長很喜歡用我們這些研究生。

看了信，我立刻前往桃園新屋鄉的這所國民中學，見了校長，他有一個複姓叫范姜，所以我們就稱范姜校長。聽說當地有不少姓范姜的家族，客家人，看起來很有些書生學者味。他立刻就叫人事室送了一份聘請教員的公函，又稱「聘書」給我，告訴我：「七月份就能起薪了，約月薪一千五百元左右，你八月份就來安排吃、住及課程吧！」並且特別方便我在學校課程的安排上，可以集中在一起，如此不影響我在研究所的進修，眞是叫我喜出望外。

行程上從新屋中學需坐一段出租車，或與外客合坐出租車，到中壢市車站，再坐公共汽車約兩小時可以到達台北車站。我每星期一、二、三在中學上課，四、五兩天在研究所，大部分週六、週日留在台北金華街公企中心圖書館做功課，但是假日或休閒情況下，我還是常常回到新屋的單身宿舍中。

有位客家老媽爲我們烹飪三餐，她的女兒也常來幫忙。我的左鄰住了一位台灣大學法律研究所的同學叫郭國寶，因爲他的研究所同班同學林時機，與我很有交情，他是福建人，我與他交情更親近了一些。郭兄的隔壁住了一位籍貫北京的英俊老師，有位漂亮的太太，老呂告訴我，他的太太是新屋鄉鄉長的女兒，當年他倆論及婚嫁時，他的丈人很是反對。

這位皮膚姣白、高個子、臉上有不少鬍子的窮教書匠（當然他的臉平常修整得很乾淨），很有勇氣的去見他未來的丈人。這位鄉長很不愉快的說：「你這個窮教書匠，年齡也大了些，將來能有什麼出息或前途，我的漂亮女兒嫁給你，有什麼幸福可言呢？」言詞很是不客氣。

這位北京外省老師也很嗆的回答他：「就是因爲我比較窮沒有出息，年紀大一點，我就更老實，天天在家陪你女兒，過一個眞正美滿幸福的夫妻家庭生活。絕不會像你這位鄉長，天天到外面應酬公關，整天忙碌，沒有幾天晚上在家裡。你給了你的家裡多少幸福？我沒有出息經常在家，正是你女兒未來幸福的保障。」這話說得對方吹鬍子瞪眼，卻又無話可反駁。

老呂告訴我，事實也眞是如此，這位北京老師與他的美眷恩愛無比，在他宿舍的小後院，種養了各種蘭花及蘭草；又非常愛清潔，天天打掃沖洗房子內外，人很文雅有禮貌，也是一個非常客氣的人。

話說回來，郭國寶及林時機他們兩位，後來在台灣政壇都是很有名氣與地位的人。林時機身負立法委員及監察委員等要職，在此就不多說了。郭兄畢業後，任職台北市人事主管，我曾參加他的婚禮。

我的右鄰住了一位馬來西亞華僑，成功大學中文系畢業，還帶了他新婚夫人同住一間小屋，房間大小與我的是一樣的，而且他的夫人也懷了身孕的，是屏東高農畢業。他的岳母大人不時帶了活雞及家裡種養的東西來探望他們，夫妻生活得非常美滿。

我當時住在那兒，因爲每星期有幾天不在家，學校老師商量借用我的小房間。原來他們借來打麻將牌。這個學校的老師幾乎無人不會打麻將，聽說有些老師在外與人打牌，可以三天三夜不回來上課，我的好同學呂幸一常常要去把他們「押」回來上課，可見麻將牌風之甚。他們經常以十元、五十元爲底，而我只願意押十元爲底的小牌，這些人還是很想贏一點錢的，對於我這種純粹花小錢消遣的「牌友」，一點都不感興趣呀！

校長很看重我的學歷，讓我兼初二甲班的導師，對一群十三歲上下的小朋友，做些生活道德教育，每週要批閱約五十人的週記，還有大、小楷的書法。

有一次，我看到一個小朋友寫了一篇週記，內容大概是說：「我很可憐，我不知道什麼原因，回到家裡，爸爸罵我，要我做家裡很多事，姊姊也罵我，不幫她做事，一回到家就不停的工作。家裡很窮，還要幫哥哥的忙，家裡只有我哥哥在火車站賣小吃點心、包子，賺點錢養家，他才十六歲，小學畢業就開始爲家裡賺錢。我回家夜裡沒有時間做功課，所以到了學校，考試都不及格。上國文課不會背書，老師打我；上英文課背不出英文單字，英文老師罰我站整堂課。早上又沒有吃早飯，我的頭都站暈了。上數學課我什麼都不懂，老師看到我，什麼都不問就打我手心。我的命眞苦，家裡挨罵，學校堂堂挨打被處分，我不知道什麼時候，我這個壞孩子，才能不被處罰呀！」我看到這篇週記，眼淚都流出來了。

這個小孩非常可愛，臉上有顆小痣，我每次處分他時，他總是對我笑著，因爲我打他手心大多是用竹鞭的後段打的，他不會痛，有時還會說：「老師你打人不痛，可以多打我幾下，沒關係。」所以我認爲他還是頑皮可愛的，直到看了他的週記，我才了解這些功課不好的學生，可能每門科目都不行，所有老師都是處分同樣的學生。

班上確實有一批學生每堂課都被處分，而好學生則是每堂課都被老師讚揚。我小時候也常因爲功課不好，尤其常忘記帶書及作業上學，而被老師罰站、打手心，所以對這個小孩很是同情，從此發誓不再隨便處分這些所謂功課不好的學生了。我把這篇文章讀給台大研究所的郭老師聽，他也非常感動，心有同感，這篇週記也成爲影響我教職生涯最深的文章了。

大風大雨風流夜

話說每星期我至少有三個整天在新屋教學，另外時間就需趕往台北金華街公共行政暨企業管理中心（下稱「公企中心」），我們的政大企業管理研究所就設在這裡右邊大樓三樓，二樓是圖書館，所以我的時間總是安排得滿滿滿。

有一天烏雲滿布，正是颱風季節，我因爲第二天學校有課程，所以在黃昏的時候，就趕車到了中壢市，準備坐公共汽車回台北，雖然天氣很壞，但當時年輕，爲了不曠課，也顧不了那麼多。車子到了中壢時，已經風雨大作，而且班車也停開，想要回程也無法了。

我想找家小吃冰果室住宿一晚，也就是當時台灣的小咖啡店，走到一家設備還不錯的店門口，他們也準備提前打烊，這時出來的是一位二十歲左右的女子，像是帳房小姐，她告訴門口的小妹：「就讓他進來吧，外面風雨這麼大。」

我就坐以後，她問我：「你不像是這裡人，是外省人嗎？當老師的吧！」我說：「妳聰明，說對了。」她說：「爲何這樣的天氣，還往台北走呢？」我告訴她：「我在讀研究所，必須明天趕去上課。」她沒說什麼，問我：「吃晚飯了沒有？」我回答：「沒關係的，我沒有吃。」她便叫小妹給我弄了一杯冰果汁，然後叫我坐一坐，就走進屋內了。

不多時，她煮了一碗客家新竹米粉出來，送到我的座位檯子上，讓我充充飢。我吃到一半時，她過來坐在我的對面，我定神的看了她，細白的皮膚，身材婀娜，面貌有些古典美，看來有點文靜而秀麗。她介紹自己：「是來幫姨母的忙，自己是新竹高商畢業，做會計工作，今天姨母回新竹了，我全權負責所有的事。」於是我問她：「看來有大颱風，我是走不成了，不知道附近有沒有旅館，我可以暫住一夜，明晨再趕往台北？」

她回答我：「你看風這麼大，你到哪裡去找住的地方呢？我姨母在附近剛建好一座三層樓的房子，一樓準備開店，二、三樓每層有三、四個新裝潢好的房間，準備留下來做小旅店生意的，目前是全新的，還沒有人住過，由我負責管理。你今晚就到那兒暫住吧，那裡沒有別人，設備也很好，離這兒也很近。」我沒有說什麼，她立刻轉變話題，談一些商業會計的事情，也聊聊她的生意，看來她還是有點文化的。

八點多鐘，她說：「我清理一下店裡，我們就趕早回我的住處吧。」這時小妹早已離開，她清理好店務，就叫我一起出去，我付了她一百元，她找回我五十元，叫我不要再付錢了，其他都是免費的。出門後，風雨太大，我倆的雨傘一出門就被吹翻了，所以她叫我跟她後面快跑，一會兒工夫，就到了街邊的一座店面式建築的新房子。打開門進屋時，已經因颱風停電沒有了電燈，我們全身都濕透了。

她很快找了一個手電筒，我們小心的上了二樓，上面有四間很寬敞的房間，三間有大床及家具，近外面街邊的一間最豪華，有沙發、桌几、小飯桌，她很快找到蠟燭，在茶几上為我點上了一支蠟燭。另外拿了毛巾及牙刷等盥洗用品交給我，她說：「這是我自己的，你就用它吧。」帶我到洗澡間，雖然沒有熱水，但我也習慣了。

等我清潔完畢出來時，她拿了一件女人的睡衣給我暫時穿上，並把我濕透的內外衣用手洗好，同時叫我回房坐在沙發休息一下。不多時，她用水瓶的熱水爲我到廚房做了一碗熱麵，叫我吃完後可以上床休息了，她必須再打理自己，而且要到樓上、樓下檢查房門窗戶，以免颱風造成損失。處理完這些事務是需要一些時間的，我想協助她完成這些事，她說不必麻煩我，自己來就可以。由於整棟樓都是黑暗的，只有外面的閃電光，以及室內微小的燭光透出一絲亮意，她在我的房間再加了一根蠟燭放置在床頭，叫我早早入睡，我也只好點頭同意了。

等了她一段時間，外面颱風呼呼作響，偶爾也有閃電劃過，然而四周黑暗一片，雖然有點燭光，但這棟大樓空蕩蕩的有種莫名奇妙的寧靜，窗外的大風還把房子吹得有些震動，風聲雷聲加閃電。我獨自一人還是有些害怕的，心想這裡不只我一人，還有一位善良而文靜的倩女在這兒，想想我心下也安定了一點，決定還是早早上床睡覺吧。

我很快入睡，不知何時，一陣狂風吹得窗戶響聲吱吱叫，把我弄醒了，床頭微微燭光還透著溫暖柔和的粉紅色光線，轉頭一看，發現她睡在我旁邊，用手撐著她的脖子，笑著對我說：「你醒了嗎？好睡吧？」接著移動身子更靠近我，我感覺到她渾身散發的熱氣，還聞到了她的體香。

我發現她特別化了妝，塗了口紅，在這燭光中顯得有些迷人及豔麗，她感覺我有些興奮了，很柔情地笑著對我說：「你想做愛嗎？」我猶豫了一下說道：「我沒有這方面的經驗。」她說：「你不要緊張，放輕鬆一點，我幫你把衣服脫掉。」然後她叫我在她的上位。她女性的美好胴體，使我萬分衝動又興奮，但是我的確是第一次，因此施了許多努力都未成功，下體仍然堅實。

她很溫柔的叫我休息一下，喝點水，這時她把被子翻開，在燭光下，我發現她睡的床單上，有一大灘潮濕的濕塊灑在床單上，她看到我用奇異的眼光注視這處濕印時，她笑著說：「這是我流出來的，我來換一張新床單吧！」她很快換了張新床單，在她換床單時，她全裸的肉體散發著誘人的性感，讓我的心不停跳動，頃刻間她用手把我推上了床，叫我：「放輕鬆些，你就自然的躺下，我就到你的上位，可能更方便些。」她很快就動作了，突然我的下體有一股軟綿的刺激直衝而上，她立刻激情的大聲叫了起來，看來這次的性愛，這位古典美人比我還要興奮刺激。我倒是在心靈上，感覺自己是一個眞正的男人而已，至於眞正得到肉體歡愉的，看來還是這位與我一夜風流的倩女要多一些吧！

我內心總覺得這次的性愛是一種犯罪行為，心中對她很是愧疚與不安，這是我的第一次，偶爾也會思念這個夜晚的浪漫情懷。兩個月後，她到了台北，打了一通電話到企管所的辦公室，工作人員轉告我，「有位新竹高商的女子找你」。我相信是她，但那時我完全沒有交友結婚的打算，我有太多的願景需要去完成，家境也並非美好，沒有任何讓我自私享受恩愛夫妻生活的可能性，只能斷了這場颱風一夜情的後續發展了。

倩女風夜情

風雨狂錯　颱風緣
陰陽熱交　倩女情
巧遇溫柔　斯文眠
何日重逢　弄愛夜
夢迴相思　風夜情

新屋教學的第二學期，正遇三月二十九日青年節，又是星期五，因此有三天的假日，我因課業不很緊迫，決定在宿舍與其他老師們一起度過這個春天的假期，同事們決定在我們宿舍玩幾天麻將牌。

我的房間有外室，放了一個小書桌，內室爲寢室，有一張單人床及一張茶几，很簡單的，因此他們決定放兩個麻將牌桌，隔壁的華僑國文老師在他的外室也放一張牌桌，另外在廚房及走廊上又各開一桌牌。這個假日大家都很高興，可以賭一賭，好好的摸上幾把麻將牌，輸贏就認命了。我雖然也有興趣，但是玩上兩小時，我就坐不住了想放棄，還是在旁看牌、爲別人吆喝助興的「啦啦隊」比較適合我。

這次老師的假日大集會決定以後，大家立刻就考慮到午晚餐的吃飯問題。雖然可以找客家老媽做簡單的飯菜，但大家總感覺不吃點大菜彷彿不能助興，我也想在這方面出點力，增加大家假日的快活氣氛，何況我的宿舍也是大家主要用來賭牌的中心，我也算是這次活動的主人呀！

所以我決定在青年節的假日第一天，烹飪我最喜愛的砂鍋大魚頭，來滿足大夥兒的口福。我算一算全部人數約有二十五位男性，加上太太們也有五、六位，加起來大約有三十多個大人，我提議簡單一些，就做一道我的大菜，如此就方便快捷些，還保證大家能吃得飽。

大夥兒聽了都很高興，這次就由我主廚，客家老媽及她的女兒就幫忙做二廚了，我開了菜單，物料分由不同人去採購，內容如下：

• 大草魚或鯉魚一條，至少二十餘斤以上，也就是桃園地區的大魚池放水後，留下來最大的一條，常常由魚池主人親自下池抓補上來的池底主人魚王。

• 上等五花肉八斤、天津大白菜十顆、白豆腐一大板（約十斤）、新鮮拉麵八斤、粉絲八包、紅番茄三斤、豆瓣醬、油、米醋、冰糖、大蒜、大蔥、薑、米酒、以及五香、八角等輔料全備上。

廚房有一米二長口徑的大鐵鍋兩個，我把花園用的大鐵鏟洗乾淨備用。我因爲曾在海軍第一醫院大伙房當主委，常看伙夫做大鍋飯菜，倒是有點經驗；但是從沒有自己親自幹過，這次確實我得全力靠自己烹製了，反正做菜的名言是「油多菜不壞，糖醋能提鮮，薑蔥能壓腥，豆瓣醬等輔料可提味」。只是火候的控制很重要，我對這些菜的灼、炒、煮、燉先後秩序，還是很有考慮的。

忙了一個早上，終於在一點鐘準時上餐，大夥兒早在半小時前就已經開始等候這道「特別假日砂鍋大魚頭」了。這條魚買回來時，已經從腰上切成兩段，放進大水桶中，仍然有半節露在外面，可見眞是少有的大魚，這可能是我一生見到的最大一條草魚，有將近三十斤重，應該是從石門水庫捕上來後，再在大魚池中養了兩三年，才能長成這個分量。

這道大菜烹飪得非常成功，我連味精都沒有放，但是湯頭鮮美無比，衆人大呼過癮，最後大家仍然意猶未盡，要求把拉麵放進湯裡做個麵魚湯。我把拉麵先放到另一鐵鍋用開水煮成五分熟，再放入魚湯中烹製一番，果然這八斤麵也被大夥兒搶食一空，最後連學校的范姜校長也參加這一場盛宴。

這可是我一生中做過最大的一次砂鍋魚頭宴了，如今回憶，仍然流口水，滿懷回憶。現在看來，我應該是再無機會破我自己的金氏年鑑了。

政大研究所生活的二三事

國立政大公企中心，當年是屬於美援項目，早年那個時代，還是非常氣派的建築，坐落在金華街上。當時那塊地屬於台北監獄的附屬農地，種了稻子的，監獄的灰黑水泥牆足足有四、五米高。美國人大手大腳的給了一筆錢，也是聯合國的項目之一，大約四千餘萬美元，足可以把台北監獄外的農地買下來；其面積應是目前的十倍，包括那一整片地塊，淡江大學的城區部分也在內。

可惜的是，我們政大這位劉季洪校長太有「遠見」了，他認爲我們馬上就要反攻大陸，沒有必要弄這麼大塊地，美國給的這筆錢，一半的錢也未用掉，他居然爲了向美國人表示爲官清廉，把這筆未用完的款項退了回去。這等好人，如果在今天的中國大陸，眞要把他作爲共產黨的模範黨員，如同他們常提到的雷鋒精神了。看官可曾看過此等世間少有的大好人嗎？

我在政大教書時，每到夏季颱風，木柵總是洪水爲患。事務處主任曾告訴我，台北監獄的人還到學校找他們求售土地。要知道，如果當時政大劉校長是眞心爲建校而非只是當官，就會買下此地段。我們這群老師，尤其公企中心的師長們都感嘆，如果當時劉校長用美援款買下金華街台北監獄的這片市中心的土地，也許今天的政大校本部可能已經搬到台北市金華街了，這所大學會多有氣派，也不會在那季季氾洪的木柵山溝裡了，眞是遺憾呀！

我在和平東路三段原屬兵工學校舊址附近，與我哥哥一起租了一間房子，他因不適海上生活，已經從海軍官校三年級退役下來，經他同學幫忙，在郵局找了一份工作，僅夠自己糊口而已。第二年他考進台北工業專科學校機械系，算是台灣當時在工程方面的大專名校，此校後來改制爲國立台北科技大學。

大部分我的時間在公企中心上課及讀書，這時研究所一年級的英文老師是佘偭教授，他也是東吳大學的外文系主任，也就是我先前提到的，小時候住在花蓮的鄰居，我爸工作的兵工學校的教授。他的小兒獨子佘定安，也是我小時唯一被我欺負打傷的小朋友，從小都是被人欺負的我，居然在我記憶中，還能有此等聰明健康的小朋友被我欺負？雖然我到現在還想不起來我究竟什麼時候打了他，但是佘媽媽一狀告到我母親處，我也受了罰，這件事，至今仍是一個懸案，卻也讓我記憶猶新。

我看到了佘偭教授，上前小聲的叫了一聲「佘伯伯」，我說：「我是芶壽生，以前的小氓子。」他立刻回我：「佘定安台大畢業後就到美國去了，現在學的是土木工程。」我說：「他很聰明，肯定會有成就的。」我告訴他：「我因爲在國中兼教員工作，與您的課正好略有交叉衝突，也許不能每節課都到課室。」他很慈藹地說：「沒關係，把教材帶回去研習也可以。」他是一位非常文雅的蘇州人，很有學問，但不知爲何，我心裡總記得佘媽媽的一句話：「他是連蛋炒飯都不會做，也就是從不上廚房的男人。」

我的英文本來就不太好，如此也只好半放棄了，看來佘伯伯（教授）也準備大放其水給我。我在班上，從未告訴任何人余教授與我有此特殊關係，在這裡想到余倜教授，一位受人尊敬的語文學者，應該很是感慨吧！他的兒子余定安與我分開後，也從未再見面了。早年我們都是同一批坐太平輪，從上海到基隆港的國共戰爭的逃難者呀！

當時企管研究所的所長是楊必立教授，中央大學出身，早年的標準學者型人物，個子很高，頗有英國紳士風度。他與企管系主任任維君，後來的商學院院長，也是高個子的紳士，因爲雙方爭奪所長的位子，有些不合，任教授是老政大的人，而楊必立是中央大學，與我國貿系的魯傳鼎教授是同一個學校，政大校友在教授圈子中，對其他學校的人還是很排外的。

楊所長對學生儘量保持老師及紳士作風，謹慎平等對待班上不同學校的人，但是我們這些原屬政大的同學，心裡還不是很服氣他的，加上任教授常在他的企管系學生面前公開批評楊所長，這些事兒就成了早年我們研究所政大同學圈裡，茶餘飯後的話題了。

我是一九六九年進入研究所就讀，那次共錄取二十五名，其中政大的同學約有一半人數，我記得的人有黃景輝、劉邦忠、楊傳芳、楊勝、何愈國、江淑貞、黃秀財、黃永勝、輔大一位女生龔月琴、以及成大三位、台大數位。另有一位中興大學的同學黃營杉，陳水扁任總統時，把他從台灣電力公司董事長一職提拔爲經濟部長。

政大企業管理研究所，當時是台灣頂尖的研究所，又是美國密西根大學早年所創辦，因此很多教授都是在密西根大學深造而返校任教。當時MBA的師資奇缺，這個研究所本來就是為培養台灣大學師資所設立，有不少畢業生任教於台灣各大名校，包括台灣大學。第一屆的陳定國學長曾任台灣大學商學系主任，我要好的同學劉水深曾任職台灣空中大學校長等，至於系主任及商學院院長更是不計其數了。但是政界及工商界同樣需才孔急，也競相爭取。

在同班同學中，有一位淡江大學畢業的卓武雄，與我頗有交情，畢業後仍然來往密切，他到美國好多次，每次都與我聯絡，是一位非常用功做學問的人，在計量經濟、OR等方面頗有研究心得，曾在國際知名雜誌發表他的研究心得，亦曾任國立彰化師範大學系主任、院長等。

醒吾商專教學記

研究所二年級，我因為在中壢新屋工作與上課，頗不方便，路程也遙遠，此時正好遇到高商職校的黃芝潤校長，推薦我到林口醒吾商專任教。這是一間五年制的大專學校，由初中畢業後投考就讀，學制包括高職三年、大專二年共五年，是一間私立大專，後來改制為大學。

當時的校長是一位行政法知名學者左潞生，董事長是一位山東人，當年從大陸退居台灣台北時，他也度過一段艱苦的日子，曾經以賣燒餅油條爲生，頗有魯商吃苦耐勞的精神。

我初到學校，他要我兼任國貿科五年級畢業班導師，學校師資奇缺，我雖然還在研究所就讀，但我還是一流大學本科畢業，又是研究生。因爲我年輕，與學生們相處極佳，感情不錯，不用打罵教育方式，儘管董事長喜歡老師對學生像軍人一樣嚴格管理，但是我沒這樣做。

我除了教學以外，就是到金華街研究所上課，並利用夜間及假日開始撰寫我的畢業論文。

商專左校長只是掛名而已，偶爾來校參加每星期一的朝會，給全校師生做做精神演講，絕大部分的校務權力還是在董事長的手上，其他校務主管都是他的親信。我在學校並未重視他的權力，有些我行我素，我的一位同事是台大哲學所研究生，也兼觀光科的班導師，常常告訴我要學會拍董事長馬屁，因爲他過去是做小生意出身，更在乎別人是否尊敬他，看到他一定要禮貌做足、前倨後恭。果然這位哲學研究生，的確對中國古代的封建官場研究得通達透徹，只是我從未聽他的勸告，因此董事長對我很是不滿，我們的關係已經壞到我與他打招呼，他連理都不理我的地步。其中有兩件事，是導致這位董事長對我反感極深，甚至恨之入骨。

有一次，學校舉辦畢業同學環島畢業旅行，五年級共有七個班，國貿科甲、乙班，我是乙班導師，甲班導師是一位上校退伍軍官；另有企業管理科兩班、會計科兩班，以及觀光科乙班，共同參加這次規模宏大的七天畢業旅行，由學校出錢辦理，也算是感謝學生在校研讀這五年來，每年繳給這所私立五專的巨額學雜費的回報。

第一天，大家在台北當時中正堂的廣場集合，學生們依次上車。七部包車中有六部是大巴士，只有一部是中巴士，大巴士可坐五十人，中巴士也就勉強載上三十餘人，校方把一部中巴士分給我這一班使用。

別班同學因爲坐的是大巴士，都高興的上車了，只有我們班的同學拒不上車，我因爲前夜趕寫畢業論文，當天到集合點遲了一些，看見同學都站在車外，我到場時，班上的學生全都圍到我的身邊，強烈抗議與不滿學校爲何安排一部中巴車給我們，喧嚷著他們的不滿，要我與董事長交涉。我也覺得學校此舉毫無道理，學生們持續喧嘩，我則理直氣壯的走上前準備爭取。

董事長站在廣場上，憤怒得臉色發紅，教務長知道事態嚴重，立刻上前把我擋住，想與我研究一個方案，並勸阻我不要找董事長，「我們來解決吧！」教務長說。

此時班上有幾名男生大聲叫喝「找董事長！找董事長！」說時遲那時快，董事長已經出現在我面前，氣急大罵我一頓：「你做的是什麼班導師，學生都管不住！」我也本能反應辯駁回去，要知我在辯論上可是高手呀！董事長被我說得啞口無言，但是這位山東人的怒氣可沒減少，反而怒氣更盛。

教務長及甲班的上校退伍軍人導師疾步過來把我拉開，最後他們商量討論的結果是，表面上是我班同學與觀光科同學每天輪流換車乘坐，當時名歌手劉文正是觀光科的學生，也在車上，實際上是把我們班上同學換到他們的大巴士上，而把觀光科同學換到中巴士，只是用這種說法做爲一個藉口，可以讓觀光科的同學願意下車，否則他們也不願意順利讓我們的同學換上大車，至於每天換車，只是說說而已。

這樣的說法其實也算是給董事長一些面子，因爲他怒氣難消，非常堅持不同意給我們換車。這件事如此安排，總算是平息雙方的不滿，而解決這事的大功臣，則是觀光科的這位台大哲學研究生兼職的班導師，因爲他出面犧牲了自己班的利益。這次事件，讓董事長對他另眼相看，他的確是一個會拍馬屁、能卑躬屈膝的人，但是他那班的同學可是怨聲受屈了，因爲車太小，好些他班上的同學被分到其他班上的車子；我因爲替學生說話爭取利益，而成爲董事長的眼中釘，這位山東老董從此不再跟我說話。

另一件事更是有些湊巧，說來也有些冤枉。我們左校長有位姪女左小姐也在醒吾商專任職，高中畢業，婷婷玉立，大家閨秀，身高容貌都很不錯，而且還很豔麗，人品也極佳，我知道學校裡有不少年輕教師競相爭取這位名門佳人的芳心。

我到校兩個月以後，有位英文女教員在她家裡舉辦了一場私人派對，邀請我們這一大群單身男女參加，她告訴我：「我爲你請到了這位左小姐參加派對，她可是因爲你參加而特地出席的。」一話雖如此，我對她的這番話並不重視，沒有放在心上。

我的課業很忙，又要準備自己的畢業論文，我們研究所幾乎一般都計劃三年內完成學業，即兩年修畢課業，一年完成碩士論文，而我當時決定以兩年時間，同時完成學科與碩士論文，爭取提前畢業，以便提早找個好工作，協助家裡解決經濟困難。畢竟兩個妹妹正在讀私立大學，負擔可不輕呀！況且我每天還得在商專教課，哪有多餘時間與閒情逸致交女朋友？而我對交女友的思維，有些根深蒂固的保守觀念，認爲交女友就是找太太，準備白頭偕老、養兒育女的；如果只是純粹交女友，只圖遊樂生活，我在這方面還眞是想不開，也不習慣的。

所以這位左小姐，特別鍾情於我，有意爲我而來，我的確並未重視，但心裡還是很高興的，也準備在這場私人舞會上，好好的對她殷情一番。果然當晚她是盛裝出席，我在門口準備迎接她，沒想到女主人叫我到門外迎接她時，當我還在猶豫不決，究竟是站在門內還是門外時，哪裡知道她到舞會現場時，門外已有三位男同事搶先於我，滿懷盛情的上前迎接。說時遲、那時快，居然門內也有另外三位男同事搶了上來，眞是人人爭先，惟恐落後，阿諛的嘴臉，把這些男士都翻轉了皮肉。

女主人倒是有意把我推在前面，左小姐也很夠意思，見到我很親切的叫了我，而且還一意的走在我旁邊，慢走隨行隨著我的腳步走，並羞答答的與我寒暄。看官可知，現場是何場景，那些追求她的男士們，風度全無，冷面咬牙的嘴臉，我倒是看在眼裡，只是左小姐居然完全沒有察覺，這場舞會，我是獨佔了風采。

散場時，由於我有功課未能送她回家，由另二位男士自願送行，女主人對於我未能跟進送她回家，心中很是不滿，女主人說：「老芶，左小姐此次爲你而來，你不送她回家，以後會有麻煩的。」此言可是「郎君無意，卿有情」，何況還有不少競爭追求者呀？

不是我不想求得此美人心，而是時機不合。我的確身不由己，萬事難當，也只好讓這份豔情「江水東流，不回頭了」。回到學校以後，決心把自己的論文做爲第一優先，趕緊完成再說，情愛只好放在以後了，爲這件事，我還是考慮再三，眞可謂「棄之可惜，取之力不從心」。總之，「魚與熊掌不可兼得」。

有幾次，左小姐看我夜燈高掛，在屋裡用功勤學，特地前來我的宿舍，給以慰問閒聊，可惜我的心不在此，沒有好好接待她。她潔白的臉蛋，顯露羞澀的紅暈，我看到她如此，也不知如何是好，只好每晚做功課寫論文時，把門窗關上，免得她經過我的房門，相互尷尬。

此事很快傳遍了校園，再加上那些有意追求她的男士聯合造此不利我的謠言，很快地，董事長也知道此事，對我更是不能諒解了。所以在醒吾商專的後半年，我在學校教書的日子，一點也不好過，只好處處小心，加緊把畢業論文完成，來年另謀出路了。

政大研究所畢業後，我任教母校，有一天在台北公館的街上遇到她，我叫喚她，她笑容燦爛，迎面向我走來。她仍然是那麼高貴而美麗的女人，分別了兩年，她顯得更加成熟美麗，更顯風韻了。我很想約她吃飯談談，但一直猶豫沒有開口，分手時，連電話也未向她索取，心中很是有些後悔，或許眞的是我倆緣分未到吧。

醒吾商專坐落在風景美麗的林口台地上，離台北市約一小時車程，當時還是一個農業地區，景色風光及空氣都很好。我們這群老師偶爾會到小街上的小飯店，吃上一點宵夜的麵點，生活還是很安逸悠哉的。如果不是自己有點大志，我還眞想長居於此，生活在鄉村田園裡，成家育子，平平安安的享受小康生活，也是人生一樂呀！

看來我的命運不停的被一隻艱苦奮鬥的手招喚著，猛推著我勇往直前，萬難而不辭的努力。好幾次我想停下來，過那簡單平靜的小康生活，但總有一股強大的內在及外在的力量，推動著我放棄寧靜的日子，而投入另一個驚濤駭浪的奮鬥前程呀！

與碩論指導教授的師徒情

研究所一年級暑假，我的新屋初中教職也幹了一學年，到六月份就結束了，我想利用這個暑期找個其他好工作，因此就從報紙廣告下手，幾次應徵以後，終於在一家山東青島人開的青魯鞋廠謀得一個銷售經理的職位。

我上任後發現，老闆居然是台灣鞋業公會會長，鞋廠規模在台灣排前數一數二，機器設備以及管理技術大多自義大利引進，在一九六〇年代末期，可說是很具世界水平的鞋廠。

當時該公司生產大量的人造塑膠皮鞋，以銷售美國市場爲主，可說美國佔營收的九成以上。幾位皮鞋師傅都是當年從大陸撤退到台灣時，跟著從青島過來的，因此年齡也不小了，但設計的技術還是一流的。猶太商人來買鞋子，交出一個樣品，我把它交到設計室，不到半小時，就能依照貿易商的要求做出一雙新鞋，而且還能把整批鞋的用料、工藝等成本計算出來，我看了以後非常吃驚。

有一次，我到工廠倉庫清點廢料，準備報請稅務處減免一些稅捐，金額約二百萬元，兩個大倉庫，品類不下數千種。以鞋模而言，是一種高級木料製造的鞋子模型，用在生產時固定鞋型，以方便加工作業之用，數量約萬餘支。由於歐美人種不同，腳型也有異，加工尺碼與寬狹的身體體型等差異，顯現這是一項不容易的複雜工藝，很有些學問在其中，眞是大開我的眼界。

再加上這個廠的經營管理非常先進，老闆雖然學歷不高，但是不停的學習，尋求國外專家指導，不僅管理的有模有樣。廠裡的生產經理也是成功大學工商管理系畢業，到廠裡才三個月的時間，是個台灣人，他知道我是政大企研所的研究生，很是佩服，因此我們相處非常好。

工作一個月後，我發現廠裡明顯有不少管理問題，左思右想以後，我決定做些研究及調查工作，充分了解這個廠的生產流程、作業管理、銷售通路、財務管理，以及人群關係、員工情緒等。我想先收集大量資料，如果發現這項工作有值得研究的內容，說不定就能以這個鞋廠作爲我畢業論文的題目藍本。這位成功大學的生產經理也很配合我，主動與我研討，以及協助我做些調研及問卷調查等工作，當然，我們都沒有告訴老闆，他還是很擔心別人偷取他的生產技術。

我在那裡僅僅工作三個月，就把調研及資料收集完成了，只有不少外部情報資料必須另找他處獲取，再加上我已經收到醒吾商專的聘書，準備九月初到校任教，也就離開了那家工廠。但是這家鞋廠幫了我一個大忙，因爲它的引導與啓發，我花了一年時間，專心在醒吾商專教學期間，撰寫了《台灣塑膠鞋業之研究》的碩士論文，讓我只花了兩年時間便完成了研究所的碩士學位，班上同學幾乎全部花了三年以上，也有四年的。我爲這事，很是有些自豪的，當我提出碩士論文時，保密功夫做到了家，同學們都很詫異，老苟怎麼不聲不響，這麼快就把論文寫好了呢？

我拿到碩士學位後，曾送了兩本論文給這位成功大學畢業任生產經理的張先生，他很自豪的送了一本給鞋廠的山東籍老闆，沒多久，老闆就把他炒魷魚，但他的好運也從此開始了。他細心研讀我的研究論文，兩個月後，他就被聘爲台灣最大的運動鞋廠「環球鞋業公司」總經理，那時我也受聘於政大任教，兼公企中心研究組工作，他專程來向我致謝，並相互討論他未來的重任。

這麼好的工作，爲何我不去爭取呢？話說回來，我是外省人，當時台灣社會的本地人，還是不會把重要位置交出來給我這位異鄉人的。

話說天下事也眞是有些緣分，我的論文指導老師是在密西根大學研究財務管理的專家黃杜權教授，當時他正任職台灣交通銀行國外部經理，四十餘歲，是一　爲高個子、紳士風度的學者。我經由楊必立所長介紹，特地到西門町的交銀國際部樓下後門見到他，黃經理很高興的接下我碩士論文指導老師的工作。

不久，他的辦公室遷到了衡陽路，中山堂附近的台肥大廈內，是一間豪華的辦公室，在我碩士論文口試通過以後，他又轉任亞洲信託銀行的總經理。由於他是密西根大學最早培植的人才，也是被選送到該大學深造的學者，因此他一直在政治大學企管系及企管研究所，任教財務管理這門課程，是當年台灣各政府單位與企業爭先邀請演講的學者。我也是他第一位指導的碩士研究生，我從研究所畢業後任教國立政大，也常到亞洲信託銀行拜訪，因為他在那裡安排了好幾位我的研究所同學擔任經理工作，因此來往甚密。

我到美國以後，仍然略有來往，第一次結婚後沒有多久，我前妻段自誠回到台灣，他還特別設晚宴接待她。二十年以後，他返美擔任美國加州銀行總裁數年，家住史丹福大學附近的Palo Alto波羅阿圖，我也住在附近的山上Woodside林邊市，相互來往甚密，我與我妻娜佳的婚禮，就是請他擔任主婚人。

他是一位非常有操守的學者兼銀行家，我對他非常尊敬。有一天，他告訴我得了血癌，不到兩個月，這位我心目中極為尊敬的老師就去世了。我一直與他的公子保持密切的友誼，他的公子黃博士是一位藥學專家，後來我邀請他來到我的公司，聘任為我在北京紅林製藥公司的董事一職，也算是我與黃柱權教授師生情緣的延續。

第八章　任職政大公企中心，人生的轉捩點

政大企業管理研究所，我僅就讀兩年就畢業。最後一年完成並通過學科考試，又通過碩士論文，在班上只有我能在如此短的時間成就這兩件事，同學們也非常吃驚，畢竟在功課及學問上，我自認平平，班上有不少同學，比我下更多功夫在做學問上。

終圓學者夢

拿到碩士學位以後，希望能夠找到一個好工作，更希望能到企業界歷練，畢竟我身上還流有我老爸的血脈，將來能在商場上、尤其是工業界奮鬥一番。然而當時台灣企業管理碩士人才奇缺，且社會上普遍還不知道如何運用我們這種高學位的專業人才，大企業應是我尋找出路的最好對象，但私人大企業，不僅用親信，而且還有地域族群的觀念。

有一次，楊必立所長推薦我到當時台灣最大的食品企業味全公司去應聘，我班上的楊傳芳同學告訴我，上次他們的老板黃烈火請所裡同學吃飯，就是獨缺外省同學（大陸人），他在飯桌上質問黃烈火董事長，爲何不請班上的外省同學呢？這位老板是一位很有台獨思維的人，而且對哈日、反中都很積極，老楊於是勸我：「老芶，你就不必白花工夫去了。」

不久之後，楊所長又推薦我到王永慶的台灣塑膠企業集團工作，他是有名而思想開明的台灣經營之神，我高興得一夜未眠，夢想未來美景。然而幾天之後，我有一位國貿系前兩屆同學張信雄、同時也是研究所前一屆的學長，正好在王永慶的辦公室擔任機要祕書，他知道此事之後，立刻傳話給我：「老芶，你是研究所碩士，不是想來公司當一個普通職員吧？總是希望未來能升任經理的位置吧？如果你是這樣想，除非你老芶的日文極爲流利，否則像你這種不會講台灣話的大陸外省人，到這兒來工作，是不會有前途的。」

我因爲他這番話，還特別到台塑總經理辦公室找他，直接當面向他請教，當然他說的還是同樣的話，張信雄是很正直的人，只是說話時有些緊張。原本我與張信雄並無深交，只因大學同是國貿系、又在同一個研究所，互相心照而已，在這次的會面後，我倆開始有些溝通。

話說我在政大任教一年後，因我同時兼職公企中心研究組研究員，魯傳鼎也正好兼任公企中心主任，是單位的一把手領導。張信雄的企研所碩士論文遲遲未能寫好，已延後了兩年餘，而魯主任正好爲其論文指導老師，於是某天魯主任把我叫去，對我說道：

「張信雄的論文遲遲未能寫好，延後了兩年多，與他的中文文筆欠佳很有關係，很多地方文字不流暢，辭不達意，你芶壽生文筆不錯，就代我修改他的論文吧！可以大膽一些，而且用紅筆修改。過程中也許要花一些時間，我會讓他直接找你請教。」所以張信雄的碩士論文，我很是不客氣的改得滿堂紅，也因此交上了這位學長。他後來娶了一位名門富女，是台南商界幫主侯家的乘龍快婿，一九八〇年我見到他時，他已經是台灣有名的台南可口奶滋食品公司的總經理。

由於許多原因，我未能如願在企業界找到一份工作，楊必立所長告訴我，有一家大企業「太平洋電線電纜公司」，在台灣頗有名氣，他與孫總經理也有交情，想推薦我到這家外省人（好像是山東人吧？）經營的企業工作，我也寄予很大的希望。但是沒多久，這事又泡湯了，因爲孫總出國進行商務考察，大概要三個月才能回來，我心中很不踏實，看來希望渺茫。

接著楊所長告訴我，日前所裡來了一位美國亞利桑那大學的教授，正在做台灣企業管理顧問服務的研究，建議我不妨暫時做他的助手，也能有點收入，而且可獲得一些新的經驗，我很高興的接受了。

我為這位美國教授在台北訪問了所有電話簿上可以找到的、所謂的管理服務公司，只用了一個月的時間。當時正值夏天熱暑，我為了省錢只好坐公車，非常努力的工作，任務完成後，我寫好報告，並用口頭與他會報；本來是三個月的工作，我一個月就完成了，非常有效率。這位教授很滿意地付了我總共五千元台幣，提早打包行李回家。

楊所長說：「他原本準備三個月的時間來做這項工作，每月給你三千元，另外附加一些費用。沒想到你效率太高太認眞，把三個月的事情在一個月內做完了。」他幽默的笑道。因為這件事，楊所長請我到他家裡吃了一餐便飯，由師母下廚，對此，我深感殊榮，因為我們同學幾乎沒有人曾在他家享有此私宴的「福利」。

很快地，我又失業了，曾打算再回到醒吾商專任教，但是商專教務長僅答應給我兼一門國際匯兌的課程，專職就免談了；況且董事長是否能批准也是未知數，只好作罷。

不多時，公企中心的沈榮源老師說魯主任要找我面談，我立刻去見他，他問我：「你常常在研究所、公企中心走動，是否還沒找到理想的工作？」我把整個找工作的過程告訴了他，他立刻告訴我：「我想安排你回政大任教，此時正好有位劉水深老師因中山獎學金去美深造，你就來接替他的工作吧！同時也把他在公企中心研究組的市場調研工作一併兼任了。」

我是他的大學門生，他也是我論文口試的四位老師之一，這四位口試官是盛禮約教授、沈宗執教授、魯傳鼎主任及一位在經合會工作的田教授。我很高興且感激的接受了恩師的安排，開始了做學者夢的日子，正式接受並成為一流大學國際貿易系的講師一職。

與陳菊女士的初相遇

第一年，我在政大國貿系大四開了兩門課，一是「市場分析」（Marketing Analysis），二是「消費者行為」（Consumer Behavior）。為了能找到更好的原文書（英文本）參考教材，我在公企中心圖書館詳細查閱進口的新書，並在雜誌室尋找資料，當時應是一九七一年，有位圖書女管理員很認眞的為我服務，並陪同我在雜誌室為我介紹期刊，身高與我相近，身材略胖，看起來很有精神，對我的服務很是周到。顯然她是知道我已經是公企中心的一名重要成員，一個年輕的大學講師，那時我年僅二十五歲而已。

我不知道她叫什麼名字，只知道她是圖書館的職員，在服務過程中，她不太說話，只是跟隨在我的身邊。往後我每次去借書時，她也是主動為我提供幫助，有一次還主動把我要借的書，送到我的辦公室，她對我的服務熱烈，使我對她印象很是深刻，整體的感覺是極為不錯的。

我的辦公室還有一位名教授姜占魁，與我共用一個房間，他是密西根公共行政行為學博士。在當時來說，這間房的條件非常好，也算豪華型，有很多書架，我倆各用一邊。

某天這位女圖書管理員到我的房裡送了一張宣傳單，這位公共行政行為學博士看了以後告訴她：「妳要小心點，這可是叛國罪。」姜教授是一位仁慈的學者，只是笑笑的提醒她而已，我更不把這些事放在心裡，只是這件事又讓我對她的印象更深刻了些。

我總認為她是一位敦厚老實的普通職員，她送傳單，或許是受了別人的請託與幫忙而已；不過我看了一眼傳單的內容，可眞是了得呀！居然是「台灣獨立宣言」，由台大法律研究所所長彭明敏所撰寫。

事後，我告訴姜教授，我知道圖書館裡有位吳小姐，東吳大學畢業，其父在國家調查局擔任要職，她的這個行為的確有些危險。

這件事發生以後，她還是平安度過一段日子，不知何時，她被小蔣抓了起來。看官可知，這位女圖書管理員是何方名女人呢？她就是台灣前高雄市市長陳菊女士，目前是監察院院長，台灣民進黨的重要領導呀！

回想起來，我眞不敢相信，這位看來敦厚老實的女子、世界新聞專校畢業生，當時在我心中，是一個單純到會被別人利用的老實年輕女性，哪裡曉得幾十年後，她竟一躍成爲台灣政壇上的一顆紅星呀！

話說回頭，我除了在政大任教以外，也在其他大學兼課，最主要是在輔仁大學，當時是台灣最好的私立大學，其他大部分的時間則花在公企中心研究組的調查研究上。

當時公企中心設有訓練組及研究組兩個重要單位，各組設有主任一職，另有大學講師一名，負責實際工作。我的研究組主任是張永恆教授，他是在美國一所大學拿到政經博士，曾在外交部工作一段時間，家世背景不錯，其姊夫是台灣有名的影視明星常楓。

只不過研究組的實際工作都是由我負責，主要我是公企中心魯主任的門生，因此魯主任很多事情都直接交待我來辦理，而我的上司張主任也算是中年人，有心想做點事，以致我與他頗有摩擦。尤其在研究經費的分配、獎金的發放上，都是魯主任要我直接承他的意思編就名冊與金額，再交給張主任簽呈，每次分發以後，下屬的助教及職員若不滿意，責任常常落在我頭上，偏偏我又不能明言這是魯主任的意思，而且張主任也簽字批准，實非我所能決定之事。總而言之，這件事無論我怎麼做都兩面不是人，最後乾脆放寬心，勇於承擔做一個黑羊的角色了。

學界業界冷暖兩樣情

我在任的三年期間，研究組的工作，絕大部分是屬於市場調查，以及與企業管理相關的研究項目，除了舊有的計畫由我繼續完成以外，所有的實際業務都由我一手安排，每項研究項目都聘有幾位專家教授參與。

這些教授專家也只是在開會時比手畫腳一番，把資料分析分析，或者對我的見解，用他們的觀點討論一番，這就是他們的貢獻；而最重要的研究報告主要還是由我一人撰寫，然後每月我還得親自把顧問費送到他們家裡。

當然不乏有責任心的研究計畫主持人，也會詳細閱讀我撰寫的研究報告。研究組內有不少助教及協助研究的臨時職員，他們的主要任務是做資料整理、調查問卷管理與收集、資料統計等等。當時沒有現代化的微電腦，還是使用大型電子計算機，所有資料必須經過打卡、撰寫電腦處理程式等，作業流程非常繁瑣。

而公企中心是當時台北擁有的最好的一台大型電腦，除了開課招收社會人士學習電腦課程外，同時協助我們進行所有的資料處理工作。電腦中心部門的負責人是徐載華教授，而實際工作的是熊遜之先生，我到美國以後，熊先生轉到輔仁大學擔任電腦中心主任。

我在政大公企中心做的第一個市場調查研究計畫工作，是台灣地區的觀光旅遊調查研究。這項工作的前期規劃，是由劉水深教授開始，我接手以後，盤點了工作進度，發現所有的抽樣方法、樣本決定、調查人員的選拔及訓練、調查問卷都已經完成，雖然有幾位教授專家協助主持或但任顧問，但我相信大部分的工作，都是劉教授在負責。

我接替了他的工作，後續的實際執行、監督、資料整理、每個月的專家教授專項討論會，乃至最後的資料分析及調研報告撰寫，我也歷時一年才完成。

在這裡，特別談談劉水深教授，他是高級師範畢業生，當時師範學校是培植小學師資的，完全公費，包括食宿在內。因此在台灣各地的師範學校，招收的學生都很優秀，比起一般的公立普通中學，有過之而不及，大部分都是勤學而吃苦的人，我的朋友及同學，很多都是師範生。

劉教授原來就讀成功大學，考取政大企研所時，與我出現在同一張榜單上，但他已服完兵役，所以直接進了研究所，而我仍需服一年預官役，所以早我一年就讀。數理是他的專長，並且順利兩年畢業取得碩士學位，很幸運的，畢業後他立即被政大聘爲講師，並且在研究組兼職。一年後考取國民黨出國深造的中山獎學金，赴美留學，就讀芝加哥的西北大學。

三年後，他從西北大學畢業拿到博士學位回國時，我也正好前往美國芝加哥，並在西北大學裡遇到不少他的好朋友。他們告訴我，老劉是一位十分勤學的人，他到芝加哥入校時，上課時間已經遲了，所以下了飛機就直奔Evanston西北大學校園，與一位台大地理系的同學同住，馬上註冊開始認眞學習。此時西北大學是屬於Quarter制，以季爲學期單位，他不僅一年修了三個季的課程，還加修不少暑期學分，足不出戶，非常勤奮。最後他的博士論文還未完成，政大研究所就因師資奇缺，提前發聘書給他。政大九月開學，他十月下旬才把論文口試通過，連整理論文的時間都沒有，就交給這位台大地理系、個子矮小的室友幫忙。他常開我這位好同學劉水深最大的玩笑就是：「老劉，哪裡是來美國留學的呀，除了西北大學及Evanston城以外，沒有去過任何地方，眞是白花錢來美國了。」

我回台灣後，有一次問了劉水深教授，他那時已經是政大企研所所長了，他說，他曾經與人花了十幾天，周遊美國東部的一些地方。看來他還算是周遊了美國，稱得上是一位不折不扣的美國留學生。

話說回頭，這項台灣觀光旅遊調查是一個大項目，由國家旅遊局委託，分爲春、夏、秋、冬四季的調研工作。我從問卷分析上，發現有些抽樣地區問卷結果，幾乎全部空白，也就是完全沒有任何旅遊活動。於是我建議魯主任，是否能讓我到各地有問題的樣本地區，實地看看，以便統計時可以作修正。魯主任因此給了我幾次出差機會，到一些台灣眞正的農村，包括台南、雲林、斗六、頭份、苗栗、宜蘭等地區，而令我對當時台灣的城市邊角地帶及小城鎮有些了解。

有一次我在嘉義拜訪我的調查員，他們絕大部分是全省各地的國民小學老師，而他負責的兩個樣本村，全是空白問卷。我要求去看看回答問卷的單位樣本家庭，發現那兒是嘉義市的墓地所在，附近的居民極爲貧困，哪裡還會有旅遊意願呢？

一年以後，我把這項大調查計畫完成，利用電腦做了統計分析及推算，寫了一份頗爲豐富的研究報告。這篇報告，有研究計畫主持人及研究人員，合計有十名之多，我把自己的名字排在助理研究員之列。但魯主任說：「這都是你做的，而且你也是正經八百的學校老師，應排在研究人員之列。」於是我就把自己的名字放在六位研究人員的最後一位。

看官可知，這個小動作，可給了我大麻煩，其中一位沈宗執教授寫了一封信，把我告到政大劉季洪校長那裡了。後來魯傳鼎主任把信給我看，提醒我以後要小心，告誡我對這位老教授應百般尊敬才好。

我點頭表示了解，但心中很是不舒服，因爲我對自己的志向是很遠大的。這個小研究員的名分，我打心底根本不在乎；然而這位單身老教授，居然如此認眞告了我一狀，看來這碗學術飯，還眞是不好捧呀！

之後，台灣糖業公司請我們爲該公司的企業行政管理、作業文檔流程進行研究，我必須提出研究計畫、方法及預算等。爲此我多次前往總公司與他們的事務經理研討，後來這個計畫正式列案，並由他們撥出一筆研究經費。

這位年長的經理，很尊重我這位年輕人，邀請我到台中市台灣糖業公司訓練所，做了三次企業管理的演講。那時台灣交通還是以火車爲主，我到台中火車站之後，他們特別開了一輛紅色美國車來接我，這輛車是經濟部長楊繼曾任台糖董事長時搭乘的用車，目前安排在訓練所，作接送專家學者之用。我第一次被人如此禮遇，心中還是輕飄飄，有些神氣的。他們的訓練所坐落在霧社農場內，環境極為自然優美，當時我真有置身世外桃源之感呢！

總之，我在公企中心研究組工作期間做了不少事，完成不少市場調查的案子，也為師長做一些私人的研究報告。有一次楊必立所長告訴我，當時的經濟部長李國鼎，想請他提供一份《公平交易法》、亦即與《反托拉斯法》有關的內容，他把這事交給了我，我很認真的查閱資料，寫了一份三十頁的報告。楊所長告訴我，李部長用我的報告，在立法院說明何謂「公平交易法」。

第三年時，魯主任告訴我，他想把台灣知名學者的經濟論文摘要內容，編撰成為一份《經濟文獻》的刊物，也許是半年刊，也可能是一年刊。魯主任很想做一點大事，於是把台灣的經濟學者都請來公企中心開會，還以晚宴招待，場面很是熱鬧。這場群英匯聚的集會我也有幸參加，細數飯桌上的名人，後來有任職台大校長、財政部長、中央研究院經濟研究所所長等知名人士，個個在台灣政學界擔任要職。

飯桌上，魯主任要我給大家敬酒，此時東吳大學經濟研究所所長的侯家駒教授（所長）公開說：「怎麼找這位年輕小毛頭來敬我們的酒呢？」聞言，我立刻打住，但心裡很是不快，當衆這麼說實在太不給我面子了。後來這個《經濟文獻》在我手上完成了一期刊，頁數不少，其中的摘要工作，幾乎由我撰寫或修改，如果是現在，我不做這種事，因爲《經濟文獻》很多論文摘要是摘要自他們的博士論文呀！這位魯主任也眞是雄心太大了些，我自己也不知天高地厚。

儘管最後如期出版第一期《經濟文獻》，但從此再也沒有出版第二期了。我也被調到政大國際貿易研究所，爲新研究所的成立，替魯主任執行不少行政及籌備工作。

政大公企中心人物誌1：姜占魁

我在公企中心研究組上班時，每天接觸最多的是一位山東籍教授姜占魁老師，密西根大學公共行政行爲學博士。當時在台灣，可謂唯一的留美公共行政專業博士，是一位操守極佳、萬世師表的好老師。每天早上六點鐘，就從中和鄉、他夫人的中學宿舍，坐車前來台北市金華街公企中心大樓。

我與他在共用的辦公室內讀書研究寫報告，他經常被各大政府機關及企業、大學邀請演講，上課內容生動豐富。他一生在公共行政學的領域對台灣的貢獻，實在是無人可比，門生更是遍布政經、中央、地方各個階層，尤其他的勤學與做人態度及仁義之胸懷，更是我在台灣國立政治大學四年工作期間，從未發現有第二位學者或教授可與他相提並論。

尤其他做人正直、豪放，絕不對惡人低頭的氣度，我非常佩服，我這一生常常對惡毒之人存有忍耐、逃避的軟弱心態，比起他正氣凜然的爲人，眞是遠遠不如。

我心中這麼了不得的學者，當時政大法學院公共行政系又是如何對待他呢？不給他開足夠的正規課，居然用大一英文課來馬虎搪塞給他授課。那時政大公共行政學方面，沒有一位是從國外一流大學拿到博士學位，全是些原政大出產的博士或碩士，以及國外僅僅深造過卻無學位的學者，沒有他這種正經八百的洋博士。但政大居然可以容忍公共行政系及研究所，沒有給他安排課程，簡直是匪夷所思。

他之所以排上大一英文課，是因爲他曾經是台灣大學外文系畢業生，後來進了政大新聞研究所，接著到美國密西根大學研究公共行政行爲學。由於他的英文底子好，加上勤學專研，獲得了博士。

政大的學術圈有兩大特點，一是非常排外，不是政大大學部出身的很是吃虧；二是嫉妒賢才，姜教授的問題在於學問太好，又不肯對當時政大公共行政系所的學閥低頭，不屑於溜鬚拍馬的文化，致使這位學閥心懷仇視，他的門生也就群起而攻之。

學閥問題在政大是很嚴重的「職場霸凌」，很多系所頻頻出現這類狀況，這應該是中國文化上的學界老毛病吧！孔夫子的敬老尊賢、尊師重道，演變成師道未張、霸道橫行、老夫子、老學究、倚老賣老，這群人在學術界集衆稱霸，你不拍學術霸主的馬屁，學問再大，也只能混碗飯吃了。像姜占魁這樣的優秀學者，居然只能開大一英文課程，豈不是大笑話，我雖然是年輕大學老師，我也知善惡。

總之，這類事件與我們「季季氾澇」的劉季洪校長可是一點關係也沒有，他是做官的，這種教學治校的「小事」與他無關。中華民國有這種校長，所以就不必談什麼反攻大陸、復興中華了。最後他逝世時，還爲他舉行隆重葬禮加蓋國旗的。聽說他的治校名言就是：「我要讓每個人都不愉快，這就表示我對大家是公平的！」

話說回來，我與姜占魁教授共享一間辦公室，姜老師告訴我，他曾特別請求魯主任，保留這間辦公室的位置給他，以便他能有地方落腳，可以讀書做研究，魯主任很是同情他的情況，立即答應了，他對此事還是很感激的。

在這個研究組的辦公室內，我坐的位置，最早是會計系的盛禮約教授在使用，後來給了劉水深老師，老劉到美國留學，我就接替他的位置與工作。有一次我清理書櫃時，還發現了一張某公司股票，是屬於盛教授的，立刻找人轉交給他。我在這間辦公室內，與姜教授朝夕相處有兩年八個月時間，後來我遷到同一層樓另一間更大的辦公室，擔任國際貿易研究所成立的籌備工作，魯主任兼任第一任所長。我在政大最後一年，又遷到木柵校本部果夫樓，大部分研究所的辦公室都在那裡。我長期與姜教授相處，他帶給我更多、更廣的見識，對我的人生有極大的影響。

台北菸酒公賣局演講及研究

姜教授不僅鼓勵我出國，更建議我應該在美國開創自己的一番事業。他考量我的性格與家庭環境，特別教導我不少人生哲理，這也是促使我到美國以後，放棄學術界而走向另一個新世界的原因。他常說：「學術界是社會的一個孤島，你應離開這個島到另一個更大的世界去奮鬥，心胸會更開闊宏偉。」

姜教授同時經常外出演講授課，他也會特別爲我安排一些，其中他爲我安排了一次演講，幾乎成爲我生命的轉捩點之一，就是台灣菸酒公賣局的市場學演講，我也因此連帶做了兩項研究計畫，都是由我私人主持，不僅大大提高我的自信心，同時獲得可觀的費用，成爲我來年前往美國的一筆重要經濟支助。

我的第一次演講就是在台北菸酒公賣局，約有千餘人，在他們的大禮堂內，時間大約三個小時，效果非常好。他們的銷售處處長及主計室主任，立刻請我吃飯，委託我安排時間，爲這個台灣菸酒生產及銷售完全獨佔的大企業，做一次全省十六個分局的巡迴講課。爲方便我的工作時間，演講利用星期六及星期天進行，銷售處長每次都親自陪同我前往，給的鐘點費也是非常優厚。因此我前往全台灣所有的台灣菸酒分局及工廠參觀，幾乎用去我四、五個月的週末時光。

此外主計室主任還提出了兩個調研計畫給我，一個是公賣局正在研製的水果酒，因爲當時謝東閔省長想爲香蕉農解決香蕉銷售問題，提議菸酒公賣局釀製香蕉酒或其他水果酒，用以解決台灣果農的出路。銷售處長請我研究調查一下，市場上對水果酒的反應如何。

果然調研結果，香蕉酒最不受歡迎，那麼哪一種水果酒最受歡迎呢？排名第一無疑就是葡萄酒，其次是楊桃酒，香蕉酒則敬陪末座。我的研究方法與結果，都在我最後一年寫的一本大學教科書《行銷管理》中。只不過我對謝省長、也是後來的台灣副總統，感到非常歉疚，畢竟我把他提議生產的香蕉酒乙案給推翻了。

另外在長壽牌香煙及紅露酒方面，也做了市場調查研究。原來當時台灣有大量紅露酒滯銷，調查結果發現品牌已經退化，還有口味大不如前，不受消費者青睞。因此他們決定改爲大力生產紹興酒取代之，同時當時正在開發生產竹葉青酒，我也從市場研究結果，而在包裝行銷上提供了許多建議。

有一天，我妹妹告訴我：「台灣菸酒公賣局打電話找你，要你去取一筆爲數可觀的研究費。」當時大約是三萬元吧?!我那時的薪水也不過每月五千元而已。家妹說：「哥你在外面有私房錢了，可要拿回來給大家分享一下，怪不得哥每次拿回家的薪水袋，從不拿一文錢，全是未拆封好的。」沒想到這通電話大漏天機，其實我在輔仁大學兼有十節以上的課程，收入頗豐，也是「不爲家人所知」的外快。

台灣菸酒公賣局的確幫了我一個大忙，支助我一筆大款子，後來我能順利出國，眞是要謝謝他們了，更要謝謝仁慈的姜教授介紹安排這個到菸酒公賣局講演的機會給我。

政大公企中心人物誌2：彭欽清

我在政大公企中心的另一位摯友彭欽清教授，他任助教，做事認眞，教學嚴明，爲人正直，但是私下相處卻是非常幽默之人。他是我在政大道南橋邊「便以理教會」便宜伙食團的同桌飯友，我們三餐在一起吃飯約有兩年多的時間，也算是人生緣分，相聚恨晚。

此後他留校工作，任職公企中心英文教學訓練班及商學院語文教室助教，我進研究所時，因企研所在公企中心左樓，他在右樓，也經常聊聊。研究所畢業後，我的辦公室又在公企中心中樓，我們幾位單身同仁都住在英語班同樓的三樓，雖非同室，但也是鄰居了。我來到美國的前兩年，他因獲得加州大學的獎學金，在溪可Chico的加大分校求學深造。我來美國時，他已準備學成歸國，我打了一個電話，請教他能否給我一句「來美後有所感慨」的私人忠言，他說：「老茍你有雄心抱負要成就大業的話，先把錢賺夠了再說，沒有錢就不要談什麼大志向了。」他丟下這句話給我，不久就回國了。他這句話與姜教授的勸告，改變了我的學者夢，也成就了我這位多國企業的億萬富翁，只是我的學者大志向從此宣告結束。

彭教授與我友誼關係連續數十年，每年我從美國回台灣時，幾乎都去拜訪他。他有兩個兒子，一個是哥倫比亞大學生醫博士，在美國工作；另一位是台灣大學獸醫系畢業。當年我在台灣政大時，他與他英文班的助手因爲同是客家老鄉親，「近水樓台」相愛結婚，他的婚宴我可是吃了四頓。

第一次是他娶親時，在他未婚妻的苗栗家中，由他的岳父特別爲我們開了盛宴慶喜。接著我們到了老彭位在大湖的家，他帶我們參觀住家附近的草莓園，除了豐富的婚宴席之外，我們在他家停留期間，不知道又吃了多少餐的豐富餐宴。

後來回到台北，準備宴請政大師友及同事，我協助他辦理這一場婚宴，爲了確定餐宴是否高檔實惠，餐廳特別做了一桌全席樣品供我們試吃。我當時強調，應有浙江大黃魚的糖醋魚這道菜，再加上黃酒、紹興酒，頗有江浙婚宴的風味。當時台灣大黃魚都是從台海漁船在公海相互走私而來，是稀少之貨，但在市面上並不缺貨，只要提前預訂，這種野生大黃魚還是中等價格，從不缺貨的。反而是三十年後，這種野生大黃魚不僅缺貨，而且還飆到天價，可見海洋漁類資源已經被破壞得很嚴重了。老彭的婚宴，我眞是大飽口福，可能我再也破不了自己的金氏年鑑了。

老彭不僅是一位好老師，教學更是認眞嚴格，學生對他又敬又怕。他對他的教育工作，四十年如一日，從不厭煩，敬業勤業。後來馬英九市長聘請他爲客語老師，並請教客家文化方面的事，在選舉之時，也常向他詢查民情，對老彭以師禮相待。

老彭也積極爲台灣客家文化協會做出了貢獻，我的這位好友，才是眞正做到了他想做的大事，完成了他的大志。但是他並沒有發財，與他早年給我的忠言「要成大志，先發財，賺足了錢再說」，有些不同調之感，也許這是異曲同工之妙吧！

看來人要成大事，也未必要先賺足了錢，而後才能成就功名，看官認爲可有理否？

合歡山暗藏合歡之戀，所幸未誤事

話說有一次老彭收到救國團的邀請，到台灣中部名山、高約三千六百公尺的合歡山，進行冬季賞雪之旅。由於時間多達五天，他有公事忙碌，而我正閒來無事，因此他讓我頂替他去這座高山玩玩，我自然欣然答應，就以彭欽清的身分去郊遊了。

一台大巴車約有四十餘人，車到兩千六百公尺處的救國團招待所住上一夜，第二天一早，我們需步行爬上山坡，山路約五公里左右。當時年輕，不知道什麼叫高山反應，我的身體也非常強健，爬山路時，有位年輕姑娘總是跟著我，我也友善的與她交誼一番。約半小時後，她就不說話了，再過一些時間，她要求我幫她拿行李，然後她又叫我幫她把外衣脫了，順便拿她的外衣。她的手提行李很輕，至於脫外衣更是輕鬆小事，我說：「外衣妳自己脫吧，行李我可以幫妳拿的。」但她仍堅持要我做這件事，那時她可能已起了高山反應，狀態有點不行。

我幫她把外衣脫下後，她就要求我站在路邊，讓她倚靠我的身體休息一下，山路遙遙，我們早已脫隊，與衆人有些距離了。四處無人，又有些寒意，她大衣內穿著一件柔質白毛衣，她可能有了高山反應，呼吸上氣不接下氣，全身倒在我的懷裡。我們都是站立著的，所以她用兩手抱著我的脖子，兩人看上去彷彿是一對正在熱戀的情侶，我感覺到她豐乳的熱浪貼在我身上，似乎還能聽到她的心跳，不自覺地，她的熱臉也湊到了我的鼻尖。

她雖是站立擁抱在我身前休息，但仍充滿春情，她不自覺地用她略帶急促呼吸的鼻息，意亂情迷的嘴唇熱吻了我，我當下愣住，又想或許這短暫的一吻，只是她的一時衝動吧？我立刻調整我的身體姿態，因爲我聽到後面傳來隊友的聲音，並安慰她：「妳可能要坐下來休息一下。」她是眞的走不動了，卻仍然依著我的肩站立了一段時間，我們寧靜的沒有任何交談，她的確是有些高山反應，又帶有一位醉酒女子的狂情。

她的熱情對我有些迷情的刺激，但一下子也茫然不知如何是好，看來這程山路，我得耐心送她一程，就當眞是日行一善了。但我也心想回程時，可要避開她才好，最後我倆爬到山頂時，已經是落後的幾名了。

回程時她不停的叫我彭哥，很是溫柔的樣子，只不過我已打定主意與她保持距離，但她可是眞把我認做她的親密男友了。有幾位男士好奇的問我：「她是你的女友嗎？」我也不客氣的回答：「咱們沒任何關係，只在路上相識而已。」其中一位在航空公司服務的男士也直言：「他很喜歡這位姑娘，胸部豐滿，看來熱情，有意追求。」我說：「你就追吧！我與她沒有任何關係的。」

旅遊結束以後，我認爲此事也就翻了過去，這場暗藏的合歡之戀應該也宣告結束了吧？但沒想到我給好友老彭招惹上了大麻煩。這位姑娘發現「彭欽清」在公企中心工作，不僅三番兩次打電話來找老彭，還親自跑到辦公室來指名拜訪「彭欽清」，所幸我們的單位是有門房與門警的，把她擋在了外頭，不讓進來。

老彭正在談戀愛，他的女友也就是他辦公室的助手，聽聞這位姑娘三番兩頭找上門，不禁幽默的說：「老芶你幹的好事，可不要為我跟這個女人弄出來一個小彭，我這個爸爸可眞是說不清楚了。」這事讓我捏了把冷汗，不禁慶幸我在回程時做出與她保持距離的明智決定，否則眞讓老友跳到黃河也說不清了。

政大公企中心人物誌3：何光南

最後一年，我在政大國際貿易研究所負責所務，同時在校擔任每週十小時的重課，大部分是教必修課程，每班上課同學足足有八十餘人，每天我的喉嚨因說話太多而疼痛不已。此外，我還在輔仁大學商學院每週兼任十三小時。當時大學講師的正常授課為每週十小時，副教授為九小時，而教授為八小時，如果超出時數，學校應另付鐘點費。我在輔仁是以副教授聘請，當時有一個不成文習慣，私立大學聘任國立大學兼任老師，支付的薪資都是另加一級。

當時商學院師資奇缺，我這位二流學者有點口才，能把所學的知識很流暢的講出來，對大學部的同學來說還是很賣座的；而且學校當局對於能聘請到我們這種屬於教育部許可的老師，也算是不錯的「政績」。

魯傳鼎主任曾告誡我一次：「你兼課太多了，可不要影響你的其他工作。」他很仁慈，知道我想多賺一點錢，也只是對我說說而已，我銘記在心，對他很是感激。此外，這學年的上學期，每週末還得爲菸酒公賣局各地分局講授市場學，長達四個多月的時間，還得爲公賣局進行兩個研究計畫的資料整理、分析及撰寫報告。在如此忙碌的工作安排下，我還在家中撰寫一本市場學《行銷管理》，在當年學期快要結束時出版。現在回想起來，年輕時眞是活力充沛，精力無限呀！

話說回來，在我爲公賣局進行調研計畫時，我請兩位會計系三年級的女同學協助並略給報酬，一位是何光南，一位是鄧卓琦，他們兩人也是好友。我們由於工作密集相處將近半年的時間，彼此之間建立深厚的感情。

我到了美國，也曾給她們及她們班上的另一位汪可珍等三位女同學寫了信，我在寫給鄧卓琦的信上略有示愛之意，她看了可能有些想法，沒有回信。另給何光南的信，我表示自己在美國，孤家寡人很是寂寞，但是也未曾收到她的回信。多年以後，她告訴我，她曾寫了三封信，依照我信封地址寄出，看來我這個流動戶口如同游牧民族，老實說，我一封信也未收到，眞是可惜呀！

只有汪可珍的回信我收到了，打開信一看，在信上的稱呼居然是叫我「哥哥」而非老師，並且還解釋了一番，她從未把我看成老師，而是兄輩的人。她說：「你要把女學生認做妹妹來交往，換言之，應該把師生關係給拋棄掉，如此才能與女學生談戀愛。」

此言的確看透了我，也是肺腑之言，四年大學教學生活，我居然仍是孤家寡人飛往美國，想想我的學生中可說美女如雲，居然一個我也未交上，想來我的確有些心理問題。老實說，我媽也常批評我：「你在大學教書，年紀輕輕的，怎麼愈教愈老氣橫秋呢？」汪可珍的信，的確是給我腦袋一大棒呀！

我很感激她的這封信，她是位大眼睛的漂亮女孩，當年家住永和竹林路一〇一巷，我們還有同巷之誼；可惜她寫信給我時，她已有男友了，正準備前往法國巴黎僑居。她的這封信，我如今還記憶深刻。

幾年以後，我從美國回到台北，第一位要見的就是何光南，當我在台灣電力公司找到她時，真讓我吃驚，這位清秀的文靜女學生，三年不見，已蛻變成了豔麗的鳳凰，學生時的直頭髮，變成柔美捲浪式的時尚美女髮型，細白清秀的臉蛋，在略為打扮之下，顯得花枝招展成熟誘人，我幾乎三兩天就找她出來聊聊。

有一次她落了眼淚告訴我，她母親去世了，沒有多久，我問她願不願意隨我去美國？她說：「你已晚了一步，我不久前已經與一位男士訂婚了。」我們都是很保守的，難得的是，她與我的友誼長達四十餘年。一九八〇至一九九〇年中期，我台灣公司的財務小姐私吞公司不少錢，我就找來何小姐協助，她也熱心的為我找了兩位同班同學到公司工作，相處愉快，親如家人，幾十年如一日。人生能有這樣的友情，比起自己的兄弟姊妹更加有過之而無不及呀！

花蓮房產藏玄機，家父過世土地無人繼

研究所的第二年冬天，我們家裡做了一個重大決定——準備搬家，從花蓮市菁華街搬到台北永和竹林路一〇一巷。我母親告訴我，這巷子是竹聯幫的發源地，母親是上海人，她主張為了大家的前途、子女的未來，應該搬到大城市去居住比較好。

更何況當時我們的房子正與永豐餘集團的老闆何壽全打官司，最後裁定所有這些早期我爸要求縣府顧課長給的這一百五十間、原屬日本人鋁業公司（第八機廠）的宿舍平房，全部以市價的三分之一賣給房子的住戶，把所有權正式轉移到每戶人家，這事也是由我父親代表

出面協商，由法院裁定的。

我家的房子只需付款三萬元就可以拿到房契及地權，家母把空地的一部分賣給他人得款三萬餘元，付給永豐餘老闆取得了房地產權。母親又找了另外一位廣東客家人，他們準備出資八萬元買下我們其他剩下的房地產，這在當時是一筆大錢，足以在台北永和購買平房一棟了。只是母親考量到弟妹都還在讀書，家中預留一些存款還是安全些，以讓大家順利完成課業。

我們一切安排就緒，準備大搬家，沒想到在清理儲櫃時，發現兩只大木箱，而且被釘子封住。我母親叫父親打開來看看裡面裝的是什麼東西，結果木箱打開一看，大吃一驚。

原來這些全是舊房契之類的簿冊，每份上面有住戶的名字，此時家父才想起來，這是當年顧課長交來的，當年我們從大陸遷到花蓮市，由於大家沒地方住，家父發現了這些日本人留下來的空房子，打聽到管理人是「顧課長」，而顧課長是縣政府的官員。他主動向家父把住戶名冊要來，再把這些日本人的房子為每戶辦理房地產的所有權登記，並且把這些縣府正式權冊用兩個大木箱裝好，共計一百五十餘冊的所有權簿冊，送到了我家存放。

很可能家父這位軍人，老實厚道，從不重視這些事，而且對產權登記沒有什麼概念，因此沒把此事放在心上；家母可能也認爲這是家父軍方的文件及物品，因此並未特別注意，由於這次搬家之故，才發現這一項大祕密。家母立刻告訴父親，此事千萬不能說出去，畢竟永豐餘集團拿出來的是日本人贈與產權的契約，也很友善地與我們協議解決了，大家也已經花錢取得房契及地權，此時才把這些產權地契拿出來，爲時已晚。如果讓他們知道縣府早已把產權證明存放在我家，非得鬧出什麼風波不可，反而讓事情更難辦！爲了避免衍生出更多問題，我母親立刻叫我及我哥把這兩大木箱搬到我家庭園附近的舊防空洞，一把火全部燒毀，以免節外生枝。

天送萬貫家財　一把火　兩大舊木箱　全寶藏
善心人顧課長　空心血　只怪家父愚　奈何嗟

在這段期間，對我而言，也發生了許多大事。首先是政大工作的第二年，家父病逝，時年六十八歲。他那時還在爲土地問題與花蓮縣政府交涉，奔波花蓮台北兩地，最後花蓮縣政府同意把他最早開墾的六十餘公畝良田還給他，依規定需要登報六個月。

家兄對父親的土地糾紛本來就很反感，我父親去世後，他對那些土地興趣缺缺，加上已經交了女友，全心全力爲未來的家庭思慮，因此家父土地的後繼工作，他完全無意經營選擇放棄，眞是可惜了這筆財富呀！家父生前有意把這塊土地交給我哥哥，畢竟家父是九兄弟的老大，對長子有特殊的情感與寄望，但是家兄自己沒有興趣經營，而我因爲一直有意出國深造，目標前途在另一個方向，自然也沒有爲這塊地努力的必要。幾十年以後，我從美國回來造訪花蓮南華鎮，我記憶中的大片荒地，目前已經是一個美麗的市鎮了，我正想在那兒爲家父建立一座紀念圖書館，畢竟這個市鎮的開拓者，就是我偉大的父親芶維勛呀！

致敬一生的恩人李元簇

我在政大第三年下學期得到消息，劉季洪校長可能到考試院任院長一職，下一任的校長接班人是李元簇，他是法律研究所的所長，老政大畢業的，在德國留學多年，取得法學博士學位。

他入主政大成爲校長一職的消息，我可以說是政大教授圈中最早得到消息的人，因爲我當時擔任國民黨二七知青小組的小組長，而這個小組是特別在公企中心設立的。

當時我是年輕老師，由於我能提供服務，又是最容易被使喚的人，大家就選我擔任小組長，我足足任職了三年餘，直到我出國赴美為止。本來國民黨的小組長完全是服務性質，沒有任何權力，也無經濟利益，根本不值一提，只不過我這個小組的成員份子，都是些相當知名而特殊的人物，包括：李元簇，後來任職政大校長、行政院法規委員會主任、教育部長、法務部部長、副總統等職；雷飛龍，政大法學院院長，後任內政部次長；另有許士軍任企研所所長，後來當新加坡大學商學院院長及大學校長；祁和福，政大商學院院長；韓忠模，內政部次長；姜教授，中興大學公共行政研究所所長等等，各個都是台灣政、學界響噹噹的知名人士。我一般是兩、三個月召開一次會議，基本上大家都會出席，並有餐宴等，進行各種意見交流。

那時小蔣在台灣當家，政大在他眼中，一直是非常重要的學術機構。他那時經常利用政大公企中心來召見未來準備提拔的人選，只要是小蔣來到公企中心召見了什麼人，我們立刻猜說，某些高層會有人事變動了。其實我到現在還搞不清楚，小蔣在當行政院長時，為什麼常利用公企中心，作為他另外特別召見要員的地方；當然這也突顯當時政大公企中心在他心目中，佔有非常重要的位置。

也因為小蔣到我辦公的公企中心非常頻繁，讓我們無意間對當時台灣的高層消息自然也靈光了不少。我因爲是黨小組長，因此有一些李元簇的基本資料。他是大陸老政大畢業後，最先就要求分發到東北的安東省安東市邊疆工作，也是大陸所謂的丹東市；不久，他又要求到新疆工作了好多年。後來來到台灣時，任軍法處處長，一九五八年去德國留學，取得博士學位回國後在政大任教，兼任法研所所長。後來任行政院法規委員會及訴願委員會主任委員，爲內閣成員，因爲他的軍人氣質對我這位生長在軍人家庭的子弟來說，感覺上更親近一些。

李元簇做事很有分寸，不苟言笑，審思愼行，對於是非善惡，腦子很清楚的；但他心地善良，對於自己的部下非常愛護，只要是他手下的人，規矩做事的，他後來都提拔了。

李校長曾幫過我兩個大忙，我連謝他的機會都沒有，很是愧疚，也很遺憾。

我在一九七五年夏天準備赴美進修，美國印第安那大學（Indiana University）發給我博士入學許可（I-20），我因此向學校申請辭職，送呈上去的申請書，李校長未批准，轉交給人事室，要我考慮繼續留校任教。我把辭呈重新寫了一份，再一次送到了校長室。

李校長辦公室的服務生是一位木柵當地農村年輕女孩姓張，家住李校長木柵政大宿舍區附近，以前一直是在公企中心研究組爲我們服務的張小妹。有一次外面的商人，送了一幅裸體人像的月曆到我的辦公室，放在我的桌子上。她那時正在夜間部讀初三，午飯後為我們換茶水，進到屋裡，好奇的翻閱裸體女人月曆，此時，正好我與姜教授走進房間，她一時吃驚，臉色赤紅，我與姜教授都笑了，她當時是我們研究組的專職服務員，也稱「小妹」。李元簇任職政大校長，就把她叫到木柵校長室替他服務了。

我到校長室找到了她，與她說明我的情形，她安慰我說：「校長對你印象很好，沒關係，這個申請書給我吧，我會特別為你向校長說明這件事。」她說得一派輕鬆，彷彿在為我辦一件簡單的家務事一樣。果然當天下午，她打電話讓我去見校長，我一進房門，她就迎上來說道：「校長正在等你，我現在為你倒茶去。」見到李校長後，他詢問了我一些生活及經濟上的問題，同時告訴我：「芝加哥的駐美總領事歐陽璜是我老政大的同學，我會寫一封信推薦你，將來你到美國可以得到些照顧。」我離開以後，李校長還特別祝福我，他的服務員張小姐送我到門外，也笑得很甜的祝福我。一切看似順利圓滿，但看官可知後事如何？

第二天，校長在我的申請書上批示了「留職留薪三年」，我是自費出國，如能留職，已經是破天荒了，他還批准給我留薪三年，我當時眞是高興得快暈過去了，以為自己在作夢?!

我把這事告訴了魯主任及姜教授，兩位都說同樣的話：「這是破天荒的史無前例，因為你是他的小組長，他了解你的經濟困難，特別批准的，以後也不可能有第二人會有這麼好的待遇了。你最好保密，不要說給太多人知道，這會給校長弄些麻煩的。」所以這事，我也就不再對外宣說，畢竟這筆費用真的幫我這個窮學生一個大忙，我母親及弟妹還需要這筆錢過日子的，他們沒有別的收入來源，這是唯一養家活口的錢呀。我這一生都為這件事，對李校長心存感恩之意！

第二件大事，兩年以後，我還在印第安那大學商學院修讀商學博士，我在學業及生活上都有很大的壓力，年近三十仍單身一人，連女朋友都沒有。當時出國留學時還向台灣銀行借了一筆不小的款子，每月還需償還債款，多方壓力下，過著艱難的留學生苦日子。

某天，突然我住的Folly Hall研究生宿舍的對房，來了一位台灣行政院派來短期進修的傳某人，此人是個年約四十餘歲、看起來賊頭鼠腦、又瘦又小的中年人，自稱是蔣經國行政院裡的一位課長，曾有台灣公共行政甲種高考及格的任官身分。在印大的中國年輕學生圈中，幾乎無人與他交往，他英文又不好，在校園內行事困難重重。因為他是我的鄰居，加上我的同情憐憫之心，我花了兩個月的時間，經常特別為他辦事，用我那部水星牌的大破車帶著他採購，話說當時汽油費是很可觀的，他卻從不出分文。

相處不到幾個月，有一天，我與他在看中國留學生玩籃球，在球隊中有一位汪姓同學，他的父親是前任司法部部長汪道淵，我給他介紹一下，沒想到這位傅某人居然說：「這位高幹兒子沒有人樣，居然也能來美國留學？」口氣很是不屑。我立刻回說：「你說話可要小心些，他可是有能力一狀把你告到調查局的。」當時調查局隸屬司法部管轄，我便好意提醒他一聲。

聞言，他很是不以為意回答我說：「我也有能力告別人的狀，我在行政院小蔣身邊做事，我隨時都能整人的。」我當時認為他的話只是戲言而已，或許是他心理不平衡，對前途無量的年輕人心有嫉意而已，我也就聽聽，沒當作一回事，這事就這麼罷了。

兩星期以後，有一天半夜，我妹妹金燕從台北打了一個電話給我，當時越洋長途電話是很貴的，我從來都不撥這種電話，而且我印大Folly Hall也僅有電話在宿舍走廊中，很是不方便。這通電話在深更半夜打來，可把我嚇壞了，以為家裡發生了什麼大事，結果我妹妹告訴我：「你被人告狀了，說你是共產黨收買的匪諜嫌疑人，你要小心呀！調查局派人來家裡調查，你的所有信件都要被檢查。」我立刻驚覺，有可能是我這位卑鄙鄰居告的狀，一時怒從中來，氣憤難忍，立刻當場就用英文大聲罵了起來，因為他英文不好，所以又補上中文。

當時附近房間的美國人，還有一位日本人及黎巴嫩人都起來問我發生什麼事，我毫不猶豫大聲說了出去，因爲是半夜，幾乎大家都知道我是在接了長途電話之後發的火，都很同情我的處境。而這位「傅某」則躲在房裡不敢出來，有位老美想教訓他一下，猛叩他的門，他還是靜悄悄不出聲，不敢出來面對。

其實大家對他的印象都很糟，因爲這是美國大學校園宿舍，他才來沒有幾天，就把一面大大的青天白日滿地紅的中華民國國旗掛在門上。一則有礙觀瞻，同時這是國際學生住宿之地，又是美國，別國學生都無法理解他的行爲，我也規勸他在異地就老實些，不要過於張揚；他立刻以此舉報我是共產黨，不愛國。因爲此事件，寢室的室友對他的印象更差了，當然這事發生後，我完全不理他，與他分道揚鑣。

印大的中國同學，不論港台兩地，都爲此事同感憤怒，當時中國學生會長老楊（台灣人）會同另兩位，特地前往芝加哥台灣領事館找到歐陽璜總領事報告此事，因爲李校長曾寫信請他照顧我，因此他承諾願意出力，爲此說明我的清白。

不到十天，我收到政大一位教授，從台灣來美時家妹託他轉的毛衣一件，我打開時，中間有一封長信，這時我確認就是這位在行政院工作的太監小人「傅某」幹得好事。他請行政院的同事做幫凶，當時小蔣正是行政院院長，這件事情若被弄大，不只我自己有麻煩，連台灣家裡兄、妹的工作都會受到極大的影響。

此事搞得我兩、三天都沒心情讀書，最後想到李元簇，他那時正從教育部長改調爲司法部長，我立刻寫封信到司法部，並寄上新年聖誕賀卡。在信封上清楚標明我與他的政大關係及我的名字，更重要的是指名由張小姐收，再轉交給李部長。

當時我頗了解李校長的作風，他很可能把張小姐也一併帶到司法部。此信寄出不到三個星期，我就收到一張由張小姐寄給我的私人賀卡，卡上提到「校長看到你的信了，叫我祝賀你新年快樂」。我收到信後很是高興，但心裡還是沒底，不知我台灣家裡是否受到牽連，尤其我哥哥非常不高興，他在花蓮台電公司工作，又剛結婚，因爲此事，調查局三番兩次要他到台北來查問，他對我這位老弟可能亂說話惹上麻煩，心中很是不快，新嫂嫂更是冷言冷語，大家都不好過。

我這一個多月，都是心情不寧。所幸在收到司法部李部長辦公室張小姐的賀卡後，不到一個星期，家妹及家兄都來信給我，告訴我調查局派了高級主管到家裡來，向家母道歉，也向家兄及家妹表示誤會及歉意，讓我「一切安心吧，沒事了！」

此事總算到此告一段落，也讓我從此體會到何謂「小人」，這位「傅某」可眞眞是國家社會的敗類小人。我也親身經歷了一次何謂「白色恐怖」，當年如同我這般，無緣無故被傅某這種小人敗類殘害的，就是台灣當年的白色恐怖呀！

一個月以後，我有一位蕭姓同學，原來是中正理工學院畢業，到企業管理研究所研讀，他一直在調查局任職，原本在學校裡我們相處很好，但之後也不太來往。

某天我突然在印大收到他的來信，他信中如是說道：

「有一天調查局開會，司法部李部長親臨主持，他在會中表明：『你們調查局在美國的工作，必須謹慎行事，可不要太草率了。我有一位政大的年輕講師，我是非常清楚他的，居然也被你們調查了。』會後，大家都知道是在提到你『老芶』，但是他們不知道你與李部長的關係有多深。

又說：「你被調查時，我已經知道此事，但是我人微言輕，又不在我的工作範圍內，無理由說話，無能爲力。李部長在開會中說話，可是很有分量的重話呀！我也乘機向高級主管報告，李部長在國民黨內與你這位小組長的關係，以及你的爲人，調查局一聽眞是嚇壞了，所以派高官向你母親道歉，也叫我寫一封信消消你的氣，所以我就把事情的始末全盤告訴你。歡迎你回台灣時，能有機會讓我請你吃飯。」看了他的信，我真是感慨萬千，感激李部長的眼淚也不停的流了下來。

獐頭鼠目傳小人
堂堂政院出敗類
此輩待蔣如太監
閻王判傳十八層

我已離開台灣三年多了，李元簇部長還是如此關心我，對我來說，眞是我生命中的大恩人。雖然不苟言笑，但他胸懷仁義之情，我至今仍感念於心。在政大時，有一次聊天，他告訴我，他晚上喜歡用茶泡飯作宵夜。看官相信，此乃健康美食之一，不妨也如法試試這清淡之味吧！

抹布回鍋肉的弦外之音

我在公企中心時，有一個小伙食團，由一位大陸老兵擔任大廚，他的名菜是大包心白菜、紅燒大塊五花肉，帶點四川回鍋肉的做法。而他的烹飪技術好，口味極佳，幾乎每餐都有這道菜。

只是他做菜的最大特點是，那條用來擦鍋的抹布巾從來不清洗，五味雜陳，多年老油都在那塊抹布上，用這條陳年老抹布油燒回鍋肉，他美其名爲「老抹布回鍋肉」，可是味道的確不錯。他的獨門美食，雖然有點不衛生，但是也沒有人因此吃壞肚子就是。

而我們這些吃飯的人，也非等閒之輩，其中有兩位人物，在此略提一下，就是黃俊英與陳菊了。

這兩人都是在台北讀書的，黃俊英是台大經濟系，後來進修政大企管研究所，比我高兩屆，曾任所裡行政講師，後來考取國民黨中山獎學金，前往美國深造獲得博士學位。馬英九任職行政院研考會主委時，他與另一位企研所同班同學高孔廉，同時被聘爲馬主委的副手，高孔廉也是拿中山獎學金出國的。

我與黃俊英私人關係不錯，他是一位學者型的君子人物，後來被馬英九推舉兩次出來競選高雄市市長，雖然落選，但是得票還是可圈可點，也許是命運不好吧！

我在這裡特別提到公企中心的老廚房，就是因爲黃俊英與陳菊都是在這個廚房餐桌上吃過飯的，我相信他倆可能並未同桌吧！人生境遇難測，他與陳菊兩人幾十年以後，居然在高雄市為了競選市長激烈競爭，同台辯論。

講學問、人品，黃俊英肯定是上乘；講霸氣、鬥政治，也許陳菊還是凶一些。這是高雄選民的喜愛，本人雖熟知兩位大人物，也不敢胡言亂語。在此可有一比，略提我的大廚抹布回鍋肉，口味比起正道烹飪的四川回鍋肉要好些，是否衛生正道，就由高雄選民決定了。但是吃了抹布回鍋肉，也沒有看到有人壞了肚子呀！看來高雄人與我一樣愛上了抹布回鍋肉了，看官可知寓意何在啊？

亞洲基金會留美研究獎學金，擦肩而過

我在政大任教的最後兩年，魯主任不僅讓我開夠學校的課程，除了在國貿系四年級任教消費者行為及銷售分析課程外，還在企管系及會計系教企業管理及市場學等主修課程，同時兼任國際貿易研究所的所務工作，為國貿研究所的第一屆導師。

這一班同學中，目前有幾位都在國外任職。有一位女同學施鷹豔，一個非常聰明的女孩，大眼睛很可愛，常到所裡協助我，似如助手，後來任職台灣銀行，擔任日本東京分行負

責人。

另一位男同學，原來就是政大國貿系畢業的優秀生，後來就讀紐約大學，拿到了金融方面的博士，並在那兒工作、任教。我視他們如同弟妹，相處融洽，也是我教書多年，唯一的一次，我把他們請到我家，由家母招待晚宴的學生。轉眼已過了近四十年，我卻再也未能有機會與他們見面，我心悽悽然呀！

一九七一年曾有機會出國到亞利桑那州大讀書，當時正逢家父去世，公企中心研究組張永恆主任勸告我：「你應留在家裡孝養你的母親，以盡孝道。」他舉他個人爲例，他說：「我的父母在前後相隔一年去世，那時我正在美國，回返台灣不易，加上課業繁重，也未能成行，而且我還是獨子，因此這件事成爲我一生忘不了的遺憾。」我聽了以後，也就放棄那次拿獎學金出國的機會。

我之所以留校任教，其中一大理由，就是希望政大能有機會送我出國深造。正在我任教第四年，亞洲基金會給了政大企研所好幾個留學獎學金的名額，是以大學師資培訓計畫爲主旨，專給政大企業管理研究所的畢業生，前往國外深造企管博士，並給足四年的全額經費。

早先前一年就已經給了三個名額到企研所，當時是陳定國代理研究所所長的工作。陳教授是成大畢業，他頗懷私心，私下通知自己成大的同學及好友，把這三個四年全額獎學金的名額私下贈送出去。

這次亞洲基金會給出了四個名額，消息剛發布時，大家都認爲我是當然人選。主因在於我已經拿到美國印第安大學博士研究生的入學許可，同時我又是企業管理研究所畢業生，再加上這個獎學金是以培育師資爲前提，我又在政大任教，幾乎完全符合亞洲基金會的條件。何況我又已經在政大任教多年，再加上我那時又在爲企研所同學會服務，擔任同學會總幹事，無論從各方面來看，都應該把這個機會給我才是。

要知，世事沒有道理可言，更何況是這種利益之事。這個講學金再次被研究所裡幾位當權派想了一套別的方法，把這個獎學金給了一位台灣大學化工系及政大公共行政所的畢業生，而且他們還需要準備一年，才能拿到國外入學許可。而這位台大化工系的同學讀了不到一年，就因胃疾嚴重而放棄這個巨額獎學金返回台灣，不再求學了。

當然這件事，最生氣的就是我的老闆魯傳鼎主任了。他在政大校務會議上，當著大家的面拍桌，大肆批評了一番，而李元簇校長當時才上任不到一個月，姜教授曾叫我直接找李校長申訴。我考慮到這個申訴可能會壞事，畢竟剛上任企研所未久的許士軍所長，是我很敬愛的老師，我不想爲這事使他太難堪。

當然那時，我內心也是非常憤怒的，我這個窮學生，在政大辛苦了三年多，居然把這樣一個機會就如此丟給了外人，我的確到現在還沒想通，這幫人嫉妒之意何在？是如何想的？可能是我的馬屁沒有拍足他們吧？其實我對這些在學術界有些成就的人是很敬愛的，但是他們還端著學閥的傲氣，而我卻未能以學閥之禮尊敬他們，所以寧可把這個機會給外人，也不賞自家奴才……更何況我還表現得不像是個奴才。

經過這次亞洲基金會全額獎學金我受到的不公平待遇，讓我深刻體悟到「富貴自己求」的硬道理，因此決定自籌款項到已經給我博士班入學許可的印第安納大學進修，由大學同學羅達明擔保向台灣銀行借了新台幣二十萬元。

總而言之，這次獎學金我雖未能爭取到，但也給了我今天的另一個眞正的成就，讓我更下定決心逃離台灣學術界的孤島，從而開闢另一個充滿希望、自由而美麗的世界。

回頭來看，老實說我還眞是感激他們的「厚愛」，感謝他們沒有給我那豐厚的獎學金，否則我眞要走上學者的不歸路了。雖然我到美國的前幾年很是艱苦，但也促成我走上今日的一條光明之路。我雖未能在學術界成爲家喻戶曉的學霸，但是我也頗有資財，在某個行業上

堪爲世界之首，成爲「豐年蝦之王」，眞正享受凡事操之在我、不必受制於人的自由空間，
也算是獨領風騷呀！

器識造局篇

KING OF ARTEMIA

第九章　留美築夢，人生啓航

我這次到美國印第安那大學（Indiana University，後簡稱印大）讀書完全自費，由於我一月下旬才會出國，只能進入冬天一月份的下學期，所以還需到芝加哥修讀三個月的英文，接著才到印大上課。

為籌出國進修學費奔走

仔細盤算我這幾年也沒有多少儲蓄，僅是最後一年寫了一本《行銷管理》的書，拿了四萬元的稿酬，即使演講及研究計畫賺了一些，但是離出國所需仍有很大差距，所幸在簽證財務證明方面，研究所的同學楊傳芳幫了大忙，他爲我籌借三十萬存進我的戶頭，以便給美國大使館簽證領事證明資力。

有天老楊告訴我：「老苭，你的條件很不錯，既是年輕大學講師、企研所畢業，而且又寫了一本書，這麼好的背景，哪裡還需要如此為前程奮鬥呢？我有一個好方法，可以讓你少努力三十年，能夠提早過好日子。此事我認為是好事，已經主動為你安排，如果成功了，你出國就沒有什麼可操心的，一切問題都幫你解決了。」

我問他是什麼好事，怎麼會輪到我身上？他說：「你先出去辦事，中午正點，我在辦公室等你。今天下午我為了你的事，已經找副總請假，我會好好招待你午餐及下午茶，現在我得趕緊把桌上的公務處理一下。」一聞言，我立刻告辭不打擾他。當時他在台灣合作金庫工作，簡稱「合庫」，屬於地方儲貸信用機構的總老大，也有第二中央銀行之稱，在台灣金融業也算是老大的地位。

我對他的這番話可真是既高興又期待，總認為他是不是發現哪裡有什麼出國獎學金可以申請，可能是銀行業吧？可以全費送我出國，然後學成回來後，還有令人尊敬的工作及職位留給我任職吧?!當然這些都是我的猜想而已。

中午見到老楊以後，他立刻提到我寫的《行銷管理》一書。他說：「你的大作，我交由副總轉給了董事長，他看了你的書以後非常滿意，還特別交代總經理，打了一個電話給我，認為你是他心目中最理想的人選。」我心裡暗自高興，不管什麼情況，這個發展來自合庫高層老董、老總，這還了得，看來我今天要走好運了。

他看我不說話，就拍拍我的肩：「老芶，先吃飯呢？」我回說：「辦事還是比較重要，飯可以晚些吧！」他說：「也好，目前正好人都在辦公室，我們就先把事情理順吧！」他叫了一輛出租車，帶我到菲律賓首都銀行。在車上，我問他：「到那兒做什麼事？」他說：「我們去看一個小姐，我也沒見過她，但是老總給了我她的名字，到時候再說吧！」過了一刻，他特別提醒我：「老芶，選一個既富又貴的姑娘，你就要把條件降低一點，這是董事長的千金呀！身上總有點肉吧！打扮一下還是很好的，說不定還是個美女也不一定。」

我心裡立刻明白是怎麼回事了，不過我的確爲出國找錢的事煩心，或許這也是給個機會吧？何況我也沒有女友，所以我立即回答說：「老楊，你放心，只要這個女人大概能看的過去，身上有點肉，還能上床安家的，我都能接受，我的條件已經降低了。」

到了菲律賓首都銀行，他問了一下接待室的職員，他們告訴老楊就在樓下大堂內，我們到了大堂，望眼過去，至少有兩百餘位年輕女士在那兒工作。

老楊說：「你這位大學老師，就先在前處休息吧！我一個人來查問細看後，再給你回話。」說完他直奔大堂而去，我的心裡不禁緊張的跳動著。放眼望去，大堂的女士小姐們都很不錯，我也很是滿意，只是最裡面有位又黑又瘦的女士，不太入我意。我心想，兩百餘位女士，總不會這麼巧，剛好就是角落的那位吧？

老楊選擇從最外面問起，他專找漂亮小姐，有說有笑的詢問，我也看在眼裡，頗感驚喜，只是這位漂亮小姐把手往裡面指了一番，我略有些失望。又看老楊找了另一位漂亮女士，談笑一番之後又是同樣的結果，我又再次失望了。最後她們把他推到最裡面那位骨瘦如柴的女士，這次我看老楊連看一眼都省了，而後快步走了出來，拉著我的手說：「老苭，今天我請你吃大餐去，吃完後，我再請你去一家有歌星鋼琴酒吧坐坐，晚上再請你到青葉台菜廳吃粥菜去。」我心裡知道這件「美事」看來是泡湯了，我也不再多問，果然理想和現實。

在路上，老楊說了一句心裡的話：「老苭，我主動替你把這事兒給放棄了，我不希望你未來的女兒，也要如此辛苦的招親，這筆財富還是有後患的，畢竟將來娶個美眷，你還能有個漂亮女兒，這比什麼財富都來得重要呀！」

富貴人家招婿難
萬貫家財苦醜女
兩袖清風儷人行

台灣銀行貸款助成行

我私費出國留學所費可觀，囊中羞澀，算來算去，缺口很大，雖然楊傳芳幫我解決美國大使館簽證的財務擔保，但是手中沒有錢，到那異地他鄉還談讀什麼書呢？因此我想到去找銀行借點錢，便到信義路一家台灣銀行分行，找了一位經理談談。

他了解我的情形後，告訴我：「你眞是一位窮學生，毫無家產可以抵押借款，這條路是行不通的。但是你一定有同學在台灣銀行工作，如果能有台銀職員擔保，肯定可以借到一筆二十萬的款項，還可以分期付款。政府有一個資助留學生的專案計畫，你想想看，有沒有在台銀任職，願意幫你擔保的同學？」

我立刻想到羅達明，這位一生依賴姊姊照顧的可憐孤兒同學，恰好就在台銀工作。我請這位經理查到了他的電話，並借用他的電話與小羅交談上了，我這位好同學二話不說立即答應了，要我立刻到台銀總行找他簽字蓋章。這位經理也很高興，把資料文件準備好交給我，叫我快去快來，三天內就可以撥款給我了。

我到台銀總行見到了小羅，他馬上簽名蓋章不囉嗦，我倒是吃驚地問他：「小羅，蓋了章是有責任的，如果我不還錢，你就會有麻煩，你還眞是大膽的肯幫我，太感激不盡了。」

小羅說：「老芶，這個忙我是心甘情願幫你的，不必言謝。你記得，當年我在大一時丟了近視眼鏡，我是窮人家，心急如焚，我與你也不熟悉，但是你立刻出面發動募捐，湊了一百元給我買了一付新的近視眼鏡，我永遠銘記在心。這次我有機會助你借款出國，這是我高興做的事，你就不必言謝了。」

我說：「可是這筆款項，數目可觀，豈是當年的一百元可以比擬的？」小羅說：「老芶，只不過是做個擔保，我是知道你這個人的人品的，即便你之後有困難，我也不過是幫你還錢而已，你就安心赴美讀書吧，不必把這事放在心上。」

這件事已事隔五十多年，我是永遠放在心上，怎能忘記它呢？尤其是小羅這位命運如同孤兒的好人，比起我爲了爭取政大企研所獎學金，鬧得轟轟烈烈的事兒，這筆出國救命錢，得來確實容易，對我眞是恩重如山呀！

芝加哥羅耀拉大學，前進印大中繼站

一九七五年十月，我搭乘華航班機經東京飛往美國洛杉磯，再轉機前往芝加哥。

我的位子在機尾最後一排，近空姐服務區，也是右手依窗位，上機時我背了一個小藍色布袋，穿的是夏天的短袖黃色布衫衣與卡其褲。飛機起飛不久，我的心思漸漸冷靜了下來，同時又不禁對未來的新世界充滿好奇，就在這兩種心情中，慢慢睡著了。

睡夢間，突然感覺有人溫柔小心的把毛毯蓋在我身上，當我睜開眼睛時，這位漂亮的空中小姐低聲細語地問我：「同學，機上很冷的，要喝水嗎？」我謝謝她爲我蓋上毛毯，她還特別再拿了一條，又爲我細心蓋上，再問：「同學，你要到哪裡？」我告訴她，我要前往芝加哥，她說：「那可要飛很長的時間，而且都是夜晚，到了洛杉磯，你要在機場內轉機，就安心休息吧！」說著又把我身上的毛毯鋪得更舒適一些。在我的記憶裡，這位空姐是我一生中最體貼溫柔的空服員了，也許我那時出國留學，在她看來也是奔向未來前程的窮學生，心中含有幾分憐憫之心。但是她對我的體貼與關懷，使我的第一次異鄉遠行，多了一股安全感。

飛機到了東京，這位空姐告訴我：「機下的城市，就是日本東京了。」我從窗戶望下，燈火明亮，照滿東京灣四周，灣裡到處是閃閃燈火的大船啊！這是一個繁榮的大都市，眞是不出遠門，不知世界之大！

轉機後，飛機繼續在黑夜航行，到了洛杉磯，從機上看下去，全城似如棋盤，下機後，見到機場服務人員，都是些年輕漂亮的白皮膚女孩。換了轉機票，約等了數小時之久，轉乘TWA的航班直飛目的地芝加哥，抵達機場時，果然仍是黑夜，這是美國第二大城，比起東京，是一個更大、更明亮的大城市。

下機後，海關人員知道我是台灣來的留學生，他們不停地稱呼我：「你是自由中國來的人嗎？」我告訴他們我來自台灣，他們還是用「自由中國（Free China）」的名稱，因此，我學到的第一件事，告訴美國人「自由中國」，能讓他們了解你的來處，而且更受歡迎。

在提行李時，外面已是清晨，有位黑人很認眞的協助我搬運行李，同時協助我叫了一輛「的士」，我想給他一點小費，把褲袋中兩個台灣的兩角五硬幣給了他，他翻轉的看了看這兩枚硬幣，開口說：「這是自由中國的硬幣，可以留作紀念的，很謝謝你！」「的士」司機也是一位黑人，非常禮貌的把我載到北芝加哥的羅耀拉大學（Loyala University）。

這所大學位於密西根湖邊，風景優美，學校建築在湖水濱案。樓邊的大道，就是北芝加哥有名的一條「Lake Shore Ave.」湖濱大道，可通達Evanston城的西北大學。當時芝加哥已經入秋，秋意甚濃，楓樹大多已經落葉，公園裡及路邊，楓葉處處，密西根湖吹來的秋風，掃著這些秋葉飄蕩，彷彿他的靈魂為那殘秋舞蹈著，不停發出吱吱的哀怨聲。我穿著一件單薄的夾克，比起路上的行人，衣著還是少了些，但是我並不感覺寒冷，學校一位年輕女老師用手拉拉我的夾克，叫我快加些衣服保暖，可是我這個從亞熱帶來的人，哪裡會準備足夠的寒衣呢？

關於芝城的二三事

學校安排我住在附近的一間老公寓裡，老式建築如同上個世紀三十年代的磚樓，公寓房內有老式暖氣，因爲是秋天，爲了省錢，僅晚上供暖。

一位伊朗學生與我同室，他才十八歲，父親是位公務員，月薪兩百美元。我問他：「你沒有錢如何能在美國讀書生活？」他回答說：「只要到了美國，自然就能活下去，我們從來不考慮未來是否有錢能生活下去。」當時我並未細想他的這番話。但是不到兩星期的時光，我發現他從不買吃食，都是吃我的，而且還拿好的先享用，我很生氣，他總是賴皮的笑稱「我們是兄弟brother呀！還分什麼你我？」臉皮可眞夠厚的。有一次，我甚至發現他偷我的錢，約三百元，這可把我氣壞了，直接報告給那位漂亮的年輕美國女老師，她答應立刻讓我搬到另外的宿舍。

第二天，她通知我，有一位新來的以色列猶太人，也是到印第安那大學讀商學院的學生，年歲比我大些，歡迎我與他同住。這位猶太人看來外表堂堂，棕色頭髮，原來他也是一位以色列大學講師，來印大商學院進修博士的，我很高興終於可以交上一位各方面近似的朋友了。

他是印大贈送以色列大學全額獎學金而來的，一聽說我在公立大學教書來到美國進修，但學校居然不給我錢的事，非常吃驚。他說：「我們以色列大學的教職員到美國進修，一定是全額獎學金，我之所以選擇印大，主要是這份獎學金的金額可觀，我也可以把妻子安排在這裡一起生活。」他更計畫畢業後在美國工作，不再回祖國了。

我問他：「你這樣做不是太不愛國了嗎？而且你的學校可能也會有意見。」他說：「我們到美國的，大都不想回去，而且我們政府還鼓勵我們留在美國。」我當時也沒有再談下去了，只是想不明白究竟怎麼回事，他拿了學校的好處，居然忘了這個恩典，只爲自己盤算，未免太過忘恩負義、過河拆橋呀！

剛開始我們相處得很好，只是聊天時，他總喜歡諷刺我的「自由中國」，老提出台灣喜歡出口假貨劣貨的事；更受不了的是，每每提到國民政府打了敗戰，退守台灣，他認爲這個失敗很是羞恥。剛開始我還會與他解釋其中原由，爭取一點面子，但後來漸漸發現我倆之間的矛盾頗有些距離。這位以色列猶太人爲人自私冷酷，更是絕頂的欺弱怕強的傢伙，尤其是毫無同情心，作風也非常傲慢刻薄。

我發現我倆永遠不能成爲朋友，但至少比起前面那位伊朗人室友的土匪行爲，還是好上許多，好歹不用整天防賊，能夠安心地住下去。

有一天，在校園裡遇到一位老中，與他閒聊了幾句，他告訴我，他是從杭州直接飛到芝加哥，因爲他父親是明里蘇達州大學經濟系的系主任，同時是教會的長老，美國總統尼克森祕密訪華時，開了一張一百五十人的移民名單，他父親的教會要求美國國務院幫他家人列在名單中，因而移民過來。

又說他父親當年在國民政府時期是浙江大學的教務長，在內戰期間出國深造留在美國，因爲此等關係，他能在中美尚未建交之時，即獲得特殊的批准前來美國。他家裡有五個姊弟，他因爲沒有結婚，所以第一個來到美國。

我們後來成爲好友，他與伊朗人住在一起，也是與我一樣問題很多，因此我倆要求學校老師，安排我們住在一起，於是很快我們就搬家同住了。

我們相處的很愉快，自己開伙燒飯，因爲兩人都喜歡吃魚，芝加哥處於內陸，海魚很少，也不新鮮，但是淡水魚倒是很豐富，只是鱒魚太貴了，且肉質也略硬實了些，不太合我們老中的口味。

但是密西根湖中，盛產一種似如中國四大家魚中的鯉魚，但非同一種，在那兒叫野牛魚（Buffalo）。有大片魚鱗在背腹上，很便宜的，每磅僅四毛錢，而且把魚頭去掉，再秤秤算重量，只要一美元，有時甚至可以拿到兩條魚。我們每次買野牛魚，超市殺魚師父都問我們要不要免費大魚頭，我的這位浙江籍室友，很能燒江浙魚頭湯，魚販每次一給就是幾個大魚頭，彷彿做大善事一樣的很是高興，我倆更是樂在心裡。

那時的天氣已經常常飄雪了，寒冬、週末、啤酒，加上熱氣騰騰的砂鍋魚頭湯，佐上用加州米燒的白米飯，眞是人間一樂也。我的室友小兄弟，曾經參加文革運動，跑到了內蒙古，生了病，發高燒，被送到了親戚家，因此他逃過了被別人鬥爭的命運。他的故事說得很詳細，我則如聽天方夜譚一般，也不全然放在心上，現在全都沒了記憶，只記得那是一段可歌可泣的陳年舊事。

有一次我倆在車站上，Up-way station，屬於芝城的地鐵，大部分建在地上，很是發達的城市捷運系統，我們遇上了一位老華僑，居然是四川人，因此跟他交上了朋友。他常來請我們倆喝咖啡，吃三明治便餐，而且不停打聽大陸及台灣的情況。

他告訴我們，自從大陸解放後，他就隻身跑來美國，二十餘年了，如今也五十出頭，還是單身，很想找個中國老婆，因為它的身材是四川人的標準矮小個子，很想在台灣找一個伴侶。我倆都鼓勵他去台灣，沒幾天，他就買了機票跟我們說再見，兩個月以後，我正準備離開芝城前往印大，他就帶了一個還不錯的中年婦人，請我們吃飯。我與室友都很驚訝他的行動，著實如閃電般積極，說到做到。

結識好友司徒達賢

我在芝城時，遇上一位政大校友司徒達賢，他是台灣公費留學考試選拔出來，送到美國深造的學生。當年台灣每年每次僅選拔不到十位的博士學位留學生，而參加考試的則有數千人，能被選拔上的都是佼佼者。因此司徒達賢的名氣很大，他的夫人則是台大外文系系花，我能在異地與他見面，也算他鄉遇故知了。他有一個私廚本領，就是用電鍋作春捲皮，他的夫人會弄上一道可口的炸春捲，我不知道吃了多少次他的這道美食。

有一次，他邀請我與我的小兄弟「室友」到西北大學與中國留學生一起開座談會，約有五、六十人，由一位台灣當年大學聯招甲組（理科）狀元主持。我與我的小兄弟先後發表了演講，分別說明兩岸情況，然後大家再發言詢問，氣氛非常融洽。最後一個多小時，大家的討論話題是：我們這些留學生應該何去何從，是回台灣效力，或是回到大陸貢獻祖國呢？前者畢竟是大家生長的地方，但當時國際時勢對台灣很是不利；對後者的疑慮是生活條件太差，對當時的局勢也有些害怕恐懼感，在座的女性都不贊成回大陸，因此最後大家的決議就是，還是留在美國吧！

三個多小時的會議，一點政治爭論氣氛都沒有，大家高高興興的了解情況，爲未來打算。看官要知：當時美國尼克森總統已經訪問中國大陸，簽署了中美公報，對台灣很是不利，再加上國民政府在聯合國的席位可能不保，會議中的同學們，對台灣當前的處境，心中還是有些沉悶擔憂。

開會後，這位理科狀元開車帶我倆回宿舍，他的漂亮妻子同行。她是一位將軍的女兒，外省人，他自己則是一位英俊的台灣籍男子。中途他突然把車停在路邊，從後座拿了一瓶烈酒，他說：「車快沒有油了，暫用酒吧！」半夜時分，加油站大多都關門了，爲防萬一，就讓車喝點酒，多少能走遠一些，找加油站也方便點。此時外面還下著雪，眞是一個令我至今難忘的夜晚呀！

司徒達賢後來回台灣任教政大企研所，曾是企研所所長、政大副校長，是台灣企業管理學術界的名人。他爲人平和、友善，儘管他的家中姐妹好幾個，他是唯一的男孩，但是性格陽剛氣十足，是籃球健將。國家獎學金栽培他出國的心血，的確得到了最好的回報，他是不折不扣把他的一生，貢獻給了他生長的「自由中國」。

異鄉的曖昧情感

密西根湖這個北美最大的淡水湖，浩大無邊，吹來的涼風清新柔和，我每天清晨及黃昏都在岸邊沙灘上跑步，湖風吹來，心中的鬱悶全都消失了，感覺自己如同天上飛翔的海鷗，呼吸伴隨著浪聲的節拍，一切是那麼安祥而自由自在，遠望那浩大湖面，不論日出或日落，彷彿處在一個無爭而寧靜的空間裡。

我青少年時代在花蓮太平洋海邊度過，享受那帶有一點鹹味的海風，聽那急促而壯闊的巨浪拍擊聲，回味起來，兩者還是大不相同。太平洋岸彷若剛烈雄壯的男士，而密西根湖濱，則是一位成熟而溫柔的少婦。

與阿拉伯少女無言的結局

有一天日落黃昏時，我遇到一位烏黑長髮的西洋少女，走過她身邊，她輕輕的叫出我的名字，我回頭一看，原來她也是我們英語班的同學，比我低一班，常在圖書館見面，我與她並不認識。她是一位美麗的阿拉伯少女，來自伊朗，可不是波斯人呀！她介紹自己是伊朗南部阿巴丹油區附近的人，那兒住的很多是阿拉伯人，完全不同於伊朗的波斯人，皮膚白細，大眼睛，容貌有些東方古典美女的輪廓，看起來比波斯女人還要溫柔秀麗許多。由於他們好多代都在那兒生長，也就是所謂伊朗籍的人了。

她邀請我第二天早上共進早餐，我很高興的答應了，第二天她略施打扮，令我有些驚豔她的美麗，果眞如阿拉伯《天方夜譚》一千零一夜裡的美麗少女。早餐時，她告訴我很多她的家事，她只有十九歲，計畫留在美國，不再回那個她不喜歡的國家。

她說：「我的父母都告誡我，留在美國，絕不要再找伊朗人結婚。」更讓我詫異的是，她居然不是回教徒「穆斯林」，而是一位天主教徒，對我這位也屬天主教徒來說，更讓我感覺親近許多，在這遙遠的地方，有位大眼睛的美麗阿拉伯姑娘主動願意與我交往，我平靜的心，還是有些不規則的跳動呀！

之後幾天，我在圖書館看書時，她常坐在我的旁邊，我們彼此會打聲招呼，但是很少聊天，看來她在公衆場所還是有些保守與顧慮。美國感恩節的前兩星期，我倆在圖書館相遇，她問我：「這個大假，你有什麼安排嗎？」自然的，我什麼都沒有，也不清楚這個節是怎麼回事。她立刻坐近我身邊，很親密的告訴我，邀請我陪伴她到伊利諾州南部，她僑居美國的叔叔家過節，而且她已經給叔母打電話，告知有一個自由中國來的男友會與她同行，所有費用都由她安排。

我當然毫不猶疑的答應了，而且喜出望外，與這位美女出行，我心裡還眞有些緊張呀！一夜未能睡好，我好像被她放了迷藥一樣，看來我已掉進了戀愛的漩渦了。

第二天中午，忽然有三位我不認識的伊朗年輕人來找我，其中一位我知道是學校的同學，其他兩位就不認識了。他們開門見山，叫我不要跟這位女孩來往，更不能跟她一起去伊利諾州度感恩節，因為「她是伊朗人」。

我回答他們說：「她不是你們波斯人，而是阿拉伯姑娘，也不是回教徒。」他們很生氣的說：「她是伊朗國籍，就應遵守回教法規，你最好不要跟她來往，對她很不利，她的爸爸是石油公司的高層人員，有人在監視她的。」聽他們言語之間傳遞的「嚴重性」，我也只能被迫立刻答應，他們也很有禮貌的感謝我的配合，我當時感覺他們不像流氓行為，倒真像是有些政治任務在身上。

第二天早上，她仍然來到圖書館，看來臉色有些沉悶黯淡。她很快走到我身邊，用手觸摸著我並緊緊握住我的手，彷彿朋友間打招呼的熱情，就在握手的瞬間，她在我手中放了一張紙條，我詫異了一下，頃刻抬頭看她時，她已閃電式的離開，這一次分手後，我再也未曾見到她。這位我至今仍思念的阿拉伯少女，不知我們分手以後，她到了何方，還留在美國嗎？或是回到她不想回去的那個可惡地方呢？

我細細地看了那張字條上寫著的文字：「親愛的，我的室友告密了，這學校裡有伊朗的特務人員，他們警告並威脅我，會對我爸爸不利的。我要離開這裡，你以後要找我，可打我叔母的電話，愛你的人：莉白沙。」

我不知怎麼的，看完字條後有些緊張，看來在這裡的每個人，看似身處在自由的美國，身旁卻處處充滿陷阱，有著各種身不由己的苦衷。後來這張寶貴的紙條不知被我丟到哪裡去了，現在想來眞是人生的一大遺憾呀！

為愛奔赴千里

我第一年在美國求學，身在異國離鄉之愁，孤獨單身，我自己在學業與經濟上的不穩定，心裡總是少了份踏實與安全感，因而很是希望能獲得異性的關愛，在異鄉找個陪伴的對象，尋求心理上的慰藉。

我有一位會計系的女學生姓孫，她離開台灣移民美國前，曾在台北政大校園請我吃飯，並約我到西雅圖她家造訪。她是一位秀氣而漂亮的女學生，尤其她細白的皮膚，鴨蛋的臉型，漂亮挺美的鼻子，溫和且善體人意的性格，讓我很是心動。我在芝加哥打工時，與西北大學同樓的幾位友人聊到她，他們一致鼓勵我，應加緊追求，最好親自前往她家拜訪，我立即與她聯繫，她也很高興地答應了。

我領了最後一個月的工資，就駕車從芝加哥走九十號及九四號高速公路，經過威斯康辛州、明尼蘇達州、南達可塔州、蒙太拿州，橫越洛杉磯山脈及華盛頓州，最後順利到達她西雅圖的家。

整個路途對我而言是很大的冒險經驗，尤其我駕駛的又是一輛很舊的Mercury水星牌大車，機油經常漏油，每開兩百哩的路程就需加上機油乙罐，全程約三千多哩的路程，我必須備上一整箱二十四罐機油在後車箱中。爲了追求一個女人，我買了全美地圖，就這樣冒險上路了。

我自己一個人開車行這三千哩路，一路上最頭痛的事，就是開車打瞌睡，我常常高聲叫唱，或者咬牙咬指，偶爾也咬胡蘿蔔及芹菜，用盡各種方法來趕走瞌睡蟲。收音機裡的洋歌，是我唯一與「人」接觸的管道，我記得當時有一條歌曲，不停的在路上被重複播放出來，內容是「沒有人比我更愛妳，這世界上只有我是最愛妳的」，當時我對愛情並未有如此的深沉了解，但是這位男低音唱的曲子的確動人心弦。

這段路對我來說，眞是一段「孤車走天涯，寂寞伴原野」，美國的北疆，人煙稀少，不是大片小麥田，就是青草大原野，需要開很久的車程，才能遇上一個小鎮或加油站。我爲了去看我想追求的女人，什麼也不怕，勇往直前一路到底，眞是所謂的人有追求希望，就有用不完的勇氣膽量。

車行經過蒙州西部依洛磯山的一個山城，約有五萬人，附近是有名的美國冰河國家公園，翠綠的山林，清澈的河流，眞是美麗而寧靜的山城呀！過了大山，就到了華盛頓州的西部高原，有一個不小的城市叫斯科基（Skokie），以產鋁有名，美國最大的阿科鋁業公司（Alcoa）就在這裡，或許這也是美國波音飛機製造廠設在西雅圖的原因吧！這個高原顯然少雨，因此到處是麥田或旱地，森林就少多了。

我花了數天的時間，終於到了目的地，見到了邀請我造訪的漂亮女學生，她母親看到我，很是高興，當天下著小雨，她告訴我西雅圖是「天無三日晴，地無三里平，人無三日愁」，所以她家後園種了一些青菜，尤其是雪豆，生長的翠綠色葉上仍然飄浮著小水珠。她家坐落在山坡上，因爲是九月初了，仍然是日長夜短的涼風與細語，加上太平洋西風帶來的水氣，頗有點像英國的天氣，很有些詩情畫意！

爲著我的到來，她很有計畫的爲我安排了一些活動，她的姊姊是師大家政系畢業，姊夫是波音公司的副總工程師，在當地也是一位華僑領袖人物，我們一起前往近郊的奧林匹克公園野餐，她姊姊親自安排午餐的飲食。

第二天，她安排我倆單獨前往郊區的一個瀑布美景遊玩，這個風景區居然沒有一個人，安靜的只能聽到水聲及鳥叫聲。我倆在瀑布下的一塊水泥堤的平台上享用她準備的午餐，她給了我一顆華盛頓州盛產的五角紅蘋果，她看我用刀把皮削掉，很是吃驚，她說：「老師，美國人都是吃蘋果不剝皮的！」我們一路走來，她很少說話，我以為是我們的師生關係有些拘謹吧？又或許是青年男女關係，彼此還在曖昧中，就如初見的情人，正在試著談戀愛，我自己都很羞澀，更何況是她呢？

而她提醒我吃蘋果的事，是我們這幾小時以來，一句打破我們沉默氣氛的關鍵語呀！我倆就此找了一些有關的話題，開始聊上了幾句，那裡的氣氛是很羅曼蒂克的，我好幾次想擁抱她，她也常凝視著我，眼神中帶著期盼，但是我總認為對自己的學生如此熱情衝動，肯定是犯罪而無禮的行為，也就強忍著不敢踏出那一步。我連牽她的手都被我自己莫名奇妙的保守心理作祟，缺乏男性主動的勇氣，但是在那有山有水只有瀑布聲下，仍然微妙地醞釀著我倆之間的情感與愛苗。

我與她的家人，尤其是她的小哥哥，到海港附近用特別的工具去釣螃蟹，沒花多少時間，就抓了半桶的美國青蟹。他們是福州人，兩個兄弟都在西雅圖開餐廳，經營得很有規模，她的母親更是烹飪高手，當天就爲我們做了一道醉蟹大餐。她的母親對我這位她小女兒的老師，非常關愛與照顧，有如家人一般，很是慈祥的關照我。

有一天，她告訴我，要帶我去遠方一處國家火山公園一遊，路程比較遠，我也沒有多問，很高興就答應了。她的小哥哥聽到了就對我說：「這裡距離那個美麗的公園的確很遠，只要你能對我妹妹負責，我們不會有意見的。」

這話聽在我心中有兩種解釋。一種是，假如你與我妹有了特別親密關係，你應爲愛情負責；另外的意思是，你倆如何來往都可以，但不能有做愛之類的親密關係。這兩個暗示，我在心中盤算了一番，但是很快地，我的保守性格及師長與學生的情誼，立刻讓我決定選擇第二點：彼此應把握來往的分寸，不可越界，或者做出不道德的事，畢竟我心中一直存著一個保守的道德底線，與心愛的女人發生關係，那是一種犯罪行爲。

那天一大早，她把一些旅行的東西放在車上，叫我送她到西雅圖大學去上課，中午十一時我再去接她，開始了我們雷尼爾火山公園（Mount Rainier National Park）之旅。我從未有過美國公園之遊的經驗，只是由她給的一張地圖，循路線前往。路途著實遙遠，到了山下，我們發現一條上山的路，就依山往上走了，她來美國時間也不到一年，對路不熟，所以我們山路走了兩個多小時，路況是碎石路，漸漸發現有點不對勁，但是路上車子極少，偶爾遇上一輛工程車，詢問了一番，才知道我倆走的是後山屬林場管理的便路，如果要到公園，必須下山再走一些時辰才能進入公園上山入口處。最後我倆決定就在這林木翠綠，幾乎沒有遊人的山裡，找一個好地方吃便餐，隨意玩玩。

當我把車停下來時，已經是下午六點多鐘了，我們吃了一點三明治，雙方都已經很累了，她躺在我的肩上休息片刻，很快的我也睡著了，當我醒來時，她正睡在我的懷裡，她很快張開眼睛，紅著臉，在這樣唯美的氛圍下，我很自然的擁住她，親吻了她。

她要求到車外呼吸新鮮空氣，享受一下風景，我倆走在車外的山路上，路並不平坦，她走起來有些不順當，我自認身強力壯，就把她抱了起來，她自然的把手挽到我的脖子上，但還很略顯羞澀的掙扎著，我因爲要抱她走一段路，所以抱得很緊，以方便走的行動。

然而她身上散發出來的熱氣以及身體柔軟的觸感，對我激起了一陣挑逗，使我更加衝動而享受這種擁抱，偶爾我也熱吻她，當我累了才把她放下，她看來已經完全無力地依附著我，我必須摟擁抱著她的腰，她才能往前移動，看起來她也陶醉在我倆在那寧靜無人的林間愛河裡了。偶然我又再一次公主抱，她也習慣這種男人的另一種溫柔，而像一隻溫順的羔羊，隨我撫摸擁抱了。

浪漫的時間過得很快，天色已徹底暗了下來，此時已經晚上九點多了，我正擔心時間太晚回不了家，她立刻說道：「我們不要回去了，就睡在車上吧！」但清醒的我想到她哥哥的那句話，還是決定從原路下山，往回走了。

到了山下，時間更晚了，在路上遇到了一處汽車旅店，她說：「時間太晚，回到家可能已經清晨了，爲了安全，我們就在這旅店休息，明天再回家吧！」我想了一下，又說：「這可不行，如果不帶妳回家，妳媽媽會罵我們的。」一兩次三番被我回絕，她也無話可說了。

我在黑夜中花了將近四個小時，匆匆趕回她家時，已經是清晨四點多鐘了。我全心全力開車趕路，沒有太注意她的感受，但是後來，我漸漸發現她的態度有些不愉快。

第二天中午起來，她母親很熱情的爲我倆特別做了一份餐點，她沒有吃太多，就回房略作打扮，比前幾天看起來，更加光彩照人，不像是女學生，而是一位正在戀愛中的女性。她帶我到西雅圖的一個大公園，也許因爲不是周末，遊人稀少，靜悄悄的，我把車開到了一個湖邊，停下來，準備到湖邊散步，見狀她立即倒在我的懷裡，我們熱吻著，休息了一會兒，又再相互熱吻，她已經完全陶醉在情愛中。

久久以後，她決定到湖邊青草地上散步，她問我：「你有很心愛的女朋友吧？」我說：「是的。」她接著問：「是誰？」我說：「我告訴妳吧！」她吃驚的凝視著我，我在她耳邊小聲的說：「就是孫小姐你呀！」她嬌柔的叫了一聲，然後躺在草地上，並用手拉了我，我倆就在湖濱青草上，相互擁抱熱吻著，後來我把一根帶花的草，做了一個指環套在她的手指上，我們靜靜地沒有說話，此時無聲勝有聲，完全沉醉在大自然的愛河裡，感受著那份心意相通！

最後我倆決定到市區某地走走，我停了車，步行沒有多久，她指著希爾頓飯店說：「你累嗎？我們可到飯店休息一下。」我很清楚她的意有所指，心裡立刻矛盾的掙扎起來，最後想到我身上可能沒有足夠的錢呀！我的沉默不語，讓她立刻很溫柔的改變話題。這是我一生最後悔的決定，我們這一路上，都是她在付錢，我的男性自尊未免太強了些，這時候竟然只考慮到錢的問題。第二天，我感覺到自己這次或許做錯了，但是仍爲自己找了個藉口，說服自己，或許保持君子風度，能夠更受到女友的尊敬，她會愛一個有德有守的男人吧？！

但顯然這一次的拒絕，無法讓她消氣了，第二天立刻就出現問題。她姊姊告訴我：「我妹妹是很有個性的，她在生氣，你不要太計較。」我心裡想：「糟了，肯定是昨天的事傷了她的自尊心。」再加上晚上她告訴我：「老師，你的條件好，很容易找到對象的。」我就知道，這段感情無望了！

之後在她家停留的那幾天，我們仍然相處得很好，她同時帶我與她家人前往溫哥華，參加朋友的婚禮，但是我倆已經沒有以前的激情了，更像是一對好朋友，或者是師生之情吧！

我們相處的初期，她曾提到在台灣有位政大的助教，我是早有所聞的，這位先生與她有不尋常的交情，可以說是她的男友吧！這樣的美女，氣質文雅，相貌清秀，早就是男人的獵物了；而她又是一位深諳情義，極有同情心的女性，而她初戀的情人，又很能抓住少女的心，兩人自然感情深厚了。雖然我並不在意此事，但是少女的心，也非我這種堅強性格，遇事不屈不撓，逢人從不低頭，深沉而心軟的人，能駕馭得了的。

我離開她家，從西雅圖返回時，心裡已知自己眷念的這段感情，可能會以失望收場了。回程時，同樣開了三千哩的路，來回心情已經大不相同，抱著希望前往，懷著失望而歸。回到芝加哥西北大學朋友的宿舍，他們很關心的問了我狀況如何發展，我只是簡單的提了兩句，他們就說：「老芶，你太善良了，女人會認為你只是喜歡她，但是愛她不深的，失敗了眞的可惜呀！現在唯一的補救方法，就是立刻轉學到西雅圖，甚至立即回到她那兒，把學校換到華盛頓大學吧！」

說這話的還是那位台大土木工程博士後好友，他好幾次給我的建言，幾年以後證明都是很正確的。有一次，他建議我：「老芶，你經濟狀況不好，學生打工賺不了錢，趕快申請綠卡吧！你有台灣的碩士學位，這兒有位律師，只要六百美元就可以申辦成功。」我不相信他的話，但有兩位老中與我情況相同，就找了同一律師，不到半年就成功拿到了綠卡，得來全不費工夫。

我回到印大，還是與孫小姐保持密切來往，偶爾也寫詩一首。有一次，我用了古人的詩「有花堪折直須折，莫待無花空折枝」，如今想來，這眞是我的故事眞實寫照啊，時隔三十多年，至今想來仍是心頭的遺憾，夢中的痛呀！

異國文化初體驗

我來美國的第一個感恩節是由學校老師安排的，感恩節前一周，我的那位年輕美國女老師，詢問我是否願意到一位美國人家裡過這個特有的大節，我立刻答應了。由於要在那裡住上四、五個晚上，我預先準備了一些東西，在過節的前兩天，老師用她的小車送我到芝加哥大學附近，離芝城歷史博物館不遠的一個車站，告訴我有對美國中年白人夫婦會來接我，「你是中國人，他們會主動找你的。」我稱謝後下了車，女老師又給了我一份三明治，祝我玩得愉快。

當天芝加哥氣溫已經是華氏零度了，換言之，已是攝氏零下十八度的低溫，天空下著小雪，車站邊有兩、三個黑人，很友善的向我打招呼，以「Brother」兄弟稱呼我，並連說了幾次「Happy Thanksgiving」感恩節快樂，看來他們知道我是到朋友家過節，美國人有特別接待異鄉客過感恩節的良好傳統吧！

由於車站並沒有任何亭子，只不過是一個車牌立在一棟大樓的轉角口而已，讓我吃驚的是，有一只大汽油鐵桶放在那兒，有位黑人兄弟叫我靠近它，原來裡面燃燒著火，幾位黑人兄弟跳動著，圍繞著熱氣騰騰的明火鐵桶取暖，我也加入了他們的行列，很快的就感覺到舒適，溫暖了凍著的身子。

很快地，有一對四十多歲的白人夫妻叫了我的名字，並打開車門，我立刻跳上去。車行足足兩小時，抵達了芝城郊外的一個鎮上，雪花開始漸漸增大，下得更密，遍地已經是白茫茫、厚厚的一層雪了。我為了此行，特別買了一雙新的冬用短皮靴，是台灣生產的，因為便宜，我知道這個短靴的皮是人造皮革做的，因為我在鞋廠打過工，我的那位以色列猶太室友也買了一雙，我想他肯定暗中又要罵這是假貨了，畢竟一分錢一分貨，便宜的東西，品質有限也是難免的呀！

我到了主人家，他們的一雙兒女出來迎接我，當我脫鞋時，發現冰雪滲透到我的鞋裡，女主人十六歲金髮女兒，叫我快些脫鞋取暖，但是這種短靴的鞋，我還是第一次穿，不知怎地很難脫下來。沒想到這位美國少女，立刻跪下來用兩手幫我脫鞋子，我對她跪下的動作，既吃驚又感動，一位美國的金髮少女，竟然會為一位遠道而來的陌生中國客人，如此慇勤服務，就是在我的祖國的僕人，也很少會有如此動作，她的這番動作，對我祖國那些傲慢而又自卑、經常懷有仇外心理的某些同胞，不知又是如何想法了。

第二天，又加入了一位印度友人，是學化學的，與她父親學的很相近，我從言談中得知，她的父親有意介紹他到他的公司工作。由於我的英文不太好，大部分時間都是由她弟弟陪著我，他是一位非常活潑而聰明的六年級男孩，她的哥哥正在羅約拉大學上一年級，看來常常被他的父親嚴詞教訓，即便我們在座，他的父親也毫不避諱的訓斥，她母親及她遇到這種情形，通常都是一句話也不說，保持安靜，只是不停的侍候我們咖啡及點心，或者找一些話題與我們閒聊。我對他們處理家裡問題的方式就是尊重，並表現中立的態度，很是讚賞。

她們全家常一起帶我們出去吃早點，吃披薩餅、雪糕及玩保齡球，她的弟弟喜歡與我在地下室打乒乓球，印度學生則常與她去外面雪地走走，我沒有與他們同行，主要原因還是在於我買的那雙台灣假貨靴子在雪地裡不好用，那人造皮的鞋眞是便宜貨呀！我不禁又想到那位以色列猶太同學，可要恨透台灣貨了。

我們離開回家時，她與她媽媽兩人送我們到車站乘坐大巴回芝城，女主人特別擁抱我，而且熱烈的親吻我，柔暖的嘴脣，熱情的動作，還是充滿著異性的誘惑的，而且這還是我第一次的異國熱吻，她對印度學生，只是輕輕的握了一下手，我想也許我那時候，留了一個平頭（短頭髮），有些大男孩的可愛吧！

美國的十一月感恩節、十二月聖誕節及一月新年，合稱Holiday Season「大假季」，聖誕節因爲與新年很接近，所以學校也放了假。我計劃一月初到印大上春季班的課，因此在節前學期結束時，特別向那位照顧我的漂亮年輕女老師說聲「再見」，我到辦公室，她知道我的來意，叫我到窗外花園靠湖濱的一塊大石頭邊，笑著與我閒聊了幾句，並贈送一張聖誕賀卡及小禮物。最後她說想要擁抱我，同時也親吻我，雖然外面有些寒風，但是在她的擁抱中，我感覺她的身體如同水蜜桃般軟綿綿的身體，彷彿不停的流出蜜汁並散發著清香，而她的嘴唇更像是一片熾熱的小火爐，讓我不禁陶醉其中，還有些暈暈沉沉的。

當我回到宿舍，把這件事告訴我那位室友小兄弟，他說：「老芶，你有一個豐潤而誘人的嘴唇，它很吸引女性。」他的話，也許只是想讓我高興一下吧！

聖誕節那天，小兄弟的父親有位教會朋友，請我倆到他家吃聖誕餐，我們沒有吃中飯，就由這位外國朋友開車把我們接到了在芝加哥Skokie地區的家裡，準備享受聖誕大餐。因爲沒有吃中飯，肚子是空空的，幸運的是，他們三點半就開始聖誕節晚宴。

我走進他家的餐廳，裝飾得很是高貴，桌上擺盤也很講究，唯一的是沒有酒水，只有冷冰水作爲飲料；桌上也沒什麼菜，只有煮菠菜、四季豆、洋芋泥，以及一大塊切好的煮牛肉，烹調方法很是簡單，一看就沒有什麼胃口。當然我們肚子餓了，什麼東西都能下肚，只是這頓聖誕大餐，看來是我白白盼望了。我的小兄弟告訴我，他們是猶太人，又是清教徒，所以吃的東西很簡單，這又叫我上了一課。

印第安那大學博士生涯紀實

印第安那大學校本部位於布盧明頓（Bloomington）的鎮上，事實上就是一個大學城，當時的學生人數就有五萬人之多，另外在印第安那州各地的分校，加起來學生、教職員人數也有十五萬之多。在印州近芝加哥的蓋瑞城（Gary），是一個有名的工業城市，二戰期間，美國鋼鐵業產量佔世界的三分之二，而美國鋼鐵公司「American Steel & Iron Co.」又佔全美的六成以上，也即三分之二，而美鋼的總廠就在印州Gary城。我每次從印大到芝加哥都要經過Gary，當時的空氣質量很差，車窗如不關好，酸味刺鼻的很是難聞。

印大附近不到一小時車程的距離，有個美國知名的內陸大城，叫印地安那玻尼斯（Indianapolis），城北另有個知名的汽車城叫科科莫（Kokomo），有四家名牌車在那兒生產，包括雪福龍；印城以東近伊利諾州，有個知名的城市特雷荷爾（Terre Houte），僅一小時車程，在二戰時，因生產野馬式戰機而聞名，是日本零式戰機的剋星，市中心放了一架野馬戰機做爲市標。

印州在二戰期間是有名的工業州，農業方面也很發達，遍地種植玉米，養豬、養鴨等產業在美國都排在前位，有三個有名的大學，一家是拉法葉城（Lafayette）的普渡大學（Purdue University），世界第一個大型原子爐就是建在它的校園裡，在理工及科學方面頗有名氣。其二就是印大北部私立的聖母大學（University of Notre Dame），是美國頂尖大學之一。此外就是印大了，這裡有位美國最有名的人曾在這兒生活，最後成為美國總統，他就是赫赫有名的林肯總統了；南部以俄亥俄河與肯塔基州為界。

我們的學校位置在印州南部的丘林地區內，校園內是有些坡度的小丘陵地，都是數百年、又粗又高的大楓樹，還有一座石橋橫跨小溪，流過白色大理石的古老建築物，草地及樹林間伴著流水聲及鳥兒叫聲。校園城邊到處都是森林，秋天開車到郊外，或在高處向遠方望去，眞是秋景如畫，黃紅色的秋葉滿山滿谷。

校園裡到處是綠草如茵的廣場，草地上偶有幾棵大楓樹，學生菁英們在春夏季節及秋初時，兩、三人稀疏的坐在樹下看書及聊天，點綴了校園的氣氛。印大最美的應該還是它的白灰色建築物了，因為附近盛產白色大理石，所有的建築大樓及校舍都是採用這種當地的石材，不僅古色古香，而且還有現代化的亮麗，整個校園眞是美輪美奐極了。

這所學校有兩個世界知名的學院，一是音樂學院，另一個則是文學院。印大也以美麗的校園，在美頗負盛名；加上校園佔地廣大，因此自備發電廠、熱能廠與校內公車，第一學期進校的學生可以免費搭乘公車。

我結束芝加哥的學業後，第一次搭乘灰狗巴士到印大布城，有幸在鄰座遇上一位法國女孩，她是到音樂學院進修音樂教育，非常健談，談話時手勢及面部表情都很豐富，如同在表演一般，姿態也很優美的。我雖然不能完全聽懂她的法語腔英文，但是她豐富又生動的表情及手勢，深深吸引我的注意，我也以愉快的笑臉回應她，儘管車程長達四小時，但是我倆都認為時間很快就過去了。

我被學校安排住進愛格門大樓（Eigenmann Hall）研究生宿舍，這棟大樓可以容納二千個學生。我與一位修讀教育博士班的黑人住在一個房間裡，他最大的毛病就是睡覺不穿衣服，每天早上赤裸裸的起床做體操，而且是站在大窗前；幸好樓高十六層，附近也沒有任何房子，否則就眞不像樣了。

但在冬天就特別不方便，他因為不穿衣，所以常把暖氣溫度開的很高，以致窗外冷的下雪，室內熱的流汗。只要我一出房門，由於空氣太乾燥，首先手被門上的靜電打著，那觸電的閃光都能看見，等我進了走廊，立刻冷的連打幾個噴嚏，因為室外走道已經冷得需加毛衣及大衣了。除此之外，這位黑兄弟，還留了一點夠粗夠黑的鬍子，人也高大，看來有三十五、六歲了，人很禮貌斯文，但是說話聲音只要一開口，就如同張飛，聲如洪鐘。

我初到美國，還是有些思想隔閡，對黑人有點偏見的，如今居然與一位高大黑人同居，心中總覺堵著一塊石頭，所以盡量留在圖書館看書，很少回房做功課，其實我心裡是挺想不開的。不過這位黑兄弟也是早出晚歸，只有在週末才能有機會與我聊上幾句，我也是主動冷淡了他，不想與他多交往。一學期下來，雖然與他同寢室「朝夕相處」，但是我倆分手以後，我連他的名字都記不得，很快就拋諸腦後忘記了。

假如我能好好的與他交上朋友建立友誼，看來他還是一位有德有義的人，也頗有大將之材，說不定在印州當上個黑人大學校長、教育廳長的有實權的官員，也說不定是位政治人物，當上議員或某市市長什麼的。我父親唱訓誡我，不懂善交貴人，看來命中缺貴人相助，也是自己想不開造成的。

愛格門大樓（Eigenmann Hall）地下室有左右兩個大餐廳，每個大飯堂可以容納千餘人進餐，每星期除了星期日晚餐停伙外，每日三餐都在早上六點半開始，對我們老中來說，營養未免太好了一些。早上雞蛋、鮮乳、酸奶、果汁、香腸、醃肉、火腿、法國麵包、吐司、牛油，一樣也不少；另加蘋果、香蕉、橘子等鮮果，所有的食物，任由你取食；中餐、晚餐更可以選擇一份豐富的主食，每週還有一次國際餐食，大部分老中體重都是快速增加的。

周日晚上，手頭富有又活潑的男同學及漂亮的女生是不愁吃的，出錢請客或被邀請，對他們來說都是最好的機會。我無錢請客，也非美女，無人請我，只好與一位中年的新加坡南洋大學講師，共同煮他特備的雞蛋麵及蝦麵，過那特別的日子了。

有一天，國際學生中心通知我，這星期日下午，有對亨瑞Hanner夫婦來接我到他們家吃晚餐。這對夫婦是位退休的企業主管，來頭不小，曾是美國有名的電視機製造商RCA的總經理；一九六〇年代，台灣最早吸引外資時，他是第一個美國大企業進駐桃園的總經理。他還拿了不少與蔣經國合照的相片給我看，也曾與老蔣合照，看來他在台灣時，是響噹噹的人物。我在台灣政大研究所時，經常坐中壢大巴到台北，在公路上看到了RCA的漂亮美式標準大廠房，心裡盼望著能謀求一官半職，如果能如願，那有多神氣呀！沒想到這次在美國居然是RCA的老總請我吃飯，簡直太不可思議。

亨瑞老闆的夫人，雖然年紀大了，但是身材及容貌仍然保持的很苗條且年輕，看來年輕時也是個大美人。細談之後，才知道他們是德國人的後裔，而且印大附近有個小鎮約四、五千人，全是德國人移民，仍然以德語作爲鎮上的通用語言。

那天，他的女兒也出席晚餐，她是位芝加哥城某地的小警長；他的兒子是有名的歌劇家，兒媳則是德國有名的鋼琴家，兒子一家人常年居住在德國。而他家在一個平坦的山坡上，已經開始了他們的退休生活。我在印大幾年，每年感恩節都在他家過節，他們有著英國人的紳士風度，又有美國人無私的熱情仁慈，加上德國人的務實智慧，眞是我心目中最完美的中西部美國人了。七、八年以後，我回印大，還特地去拜訪了亨瑞夫婦，他還住在那棟風光秀麗山坡上的房子，亨瑞先生剛做了心臟手術不久，他們還帶我去拜訪當地基督教會的老牧師，這也是一位拿著很低收入，連養家活口都有問題的清教徒。大病初癒但他仍堅守己志、堅守聖職，還在爲社區服務。

宿舍外的美景與豔遇

在印大愛格門大樓住了一學期以後，暑假我就與一位台大數學系的賴希文同學合租學校的便利箱式旅行房，狀如貨櫃箱，房內廚、浴廁、客廳、寢室，一應俱全。位置在校園邊區的樹林裡，環境幽雅，從住處到學校主要講課大樓及圖書館，有校內公車可坐；同時如走小路，即穿越草坪及樹林，也很快捷便利。

基本上也不叫什麼小路，只是我們為了方便，踐踏著草坪走抄直線而已，我為了省錢，從不坐公車，都是穿越草坪找捷徑行走。那些草地雖被我每天踐踏仍然綠油油的，從不像有任何損害，我認為是學校太大；從我們宿舍區走這條經草坪採捷徑的人，每天也僅有幾個人而已，連我的室友都不走這條路，而是坐公車的。

何況校園的土壤肥沃、草種又好，不是三、兩個像我這種敗類的人可以破壞的。尤其是四月春暖花開時節，青草上開滿了蒲公英的黃色花朵，加上綠油油如地毯的青草。由於人工的修整美化，與那春風細雨的浸潤，這一大片青草地，以及小黃花自由的展露她的嫩綠及嬌貴，吸引著我，不自覺的漫步在上面。

各種顏色的小鳥兒、藍色的藍鳥，以及帶有紅色的痲雀，都圍繞著我，偶爾受驚的飛起，又吱吱的落下，好像在環繞著我，跳那春色無邊的圓舞曲。我漫步蹓躂在青草地上，偶爾也坐下或躺下仰望著藍天白雲，常常忘記自己還要上課。

有一天，正是初春暖和的日子，我低著頭快步穿過草坪，前往課堂，忽然看到一位大學女生赤著腳穿著短褲與薄衫迎面而來，我抬頭一看，她微笑著跟我打招呼，我呼吸一滯，一個念頭閃過：「啊！真是一位沉魚落雁、秀色可餐的美人，大而圓的藍眼睛太吸引人了。」我一時停止了呼吸，站在那裡注視著她，她也吃驚的笑看著我。

在那一大片綠草黃花地上，除了鳥兒外，只有我們兩個完全不相識的人，她很快就領會到我的眼神在告訴她「妳很美」，說時遲那時快，我還沒開口讚美她，她主動開口說：「謝謝，這個春天多美麗呀！」這句話頓時讓我從失態中清醒過來，趕緊回答說：「是的，小姐，妳的赤腳很美。」她說：「春天到了，我們都喜愛打赤腳的。」第二天，我也學她打了一雙赤腳去教室，並且發現有一半以上的女生都打赤腳，但男生就少多了。我永遠懷念，在印大青草地上，春天赤腳踏青上學的滋味，更忘不了那次綠油油草坪地上的驚豔！

我與老賴每天就在晚餐時開一次伙，周末就好好的做上幾頓飯。我倆發現超市有便宜的豬蹄、牛蹄出售，而且更出奇的是有豬腦上市，老賴認爲這些都是很補的東西；而我做的紅燒牛蹄略帶湯汁，他是讚不絕口，偶爾也買點啤酒，請其他同學前來衆樂樂，品嚐這道美食。

至於豬腦，更是我倆的最愛，清蒸豬腦，入口嫩如豆腐，更有肉香味，幾乎成了每日必食的極品；隔兩天我倆也燉一隻雞，它的口味略爲輕淡，他是一位江西老表，我倆很合得來。有一天晚餐時，他的母親正打電話與他閒聊，得知我們每天吃豬腦立即嚴加警告，可得留意高血脂的毛病！從此我們就不敢再做清蒸豬腦這道獨家美食了，而且我再也不吃這東西了，但看官可知，這道菜的確味美可口啊！

一學期以後，我與他及另外兩位老同學，一位姓張，是學東亞語文的；另一位學視聽教育，他的父親曾任台灣國立師大訓導長，我們都叫他老吳，四人同時租了學校的家眷公寓，相處得非常愉快。在當年深冬大雪的某一天，我的水星牌破車在路邊雪地裡拋錨，我與老賴用了近五分鐘的時間，把車推回路上；此時，我的腳已經凍得腫大如圓球，回到宿舍只能用毛巾保暖，動彈不得，如此療養了三、四天才漸漸恢復，這眞是一個寒冬呀！

由於課業繁重，我又因爲出國借了錢必須打點工，一方面賺些生活費，一方面必須償還台灣銀行的分期付款，經濟負擔著實沉重，自己又是修讀博士學位，雖然每天只睡五小時，時間還是不夠用，分身乏術。更遑論每天還得抽出時間烹飪什麼的，其他同舍伙伴也有同感，於是大家都決定回歸到住食全理的學校宿舍，只好重新吃吃洋食吧！

男孩沙灘、雞尾酒、鳥兒圓舞曲

爾後，我搬到愛格門大樓前面不遠處的富利堂（Foley Hall），只有兩層樓，也是屬於研究生宿舍，與附近大學部的女生宿舍共用一個可供千餘人吃飯的大餐廳。

富利堂座落的地勢略高於女生宿舍二十餘呎，形成一片傾斜的大草坪，面積約半個足球場大小，每到冬去春來，春暖花開時節，這個大草坪就成為女生們的曬太陽沙灘，美其名為男孩沙灘（Boy Beach）。我在那兒住了一年，而且是一樓，房窗也正面向這個可愛的女子日光浴青草坪沙灘，但是我這個大男孩從未躺下來享受過所謂的男孩沙灘日光浴，偶爾有幾對情侶點綴在這一大群年輕美女學生之中。富利堂全是研究所男生，這就是她們美其名為男孩沙灘的原因。

我的鄰居是歐洲來的男生，常有女生邀請他同到自家門前的草坪曬日光浴，但是我從未見過他眞的去了，可是我經常邀請我們這些可憐的老中單身王老五們，到我的房裡作眼睛吃冰淇淋的樂子，也就是從我的窗戶偷看美國女學生在曬太陽之前換衣服的美姿。

我問他們看到了什麼？他們說雖然這些女生用大毛巾遮蓋了全身，但是靠我窗戶的方向，則是敞開的空間；由於我的窗戶略在高處，是視線正好的位置，能看到這些美女換上泳裝，但是只看到換衣的動作，沒有人眞正看到什麼其他養眼的畫面。如有老中回報說「看到了什麼隱私」，我們都會罵他「吹牛」，根本不可能。雖然如此，仍是有不少老中朋友樂此不疲，都愛來我房裡「眼睛吃冰淇淋」，過過偷看她人隱私的癮呀！

我的房間不大，長方形，樓的中間是走廊，兩邊就是房間了。室門在走廊兩側，進門右手有個衣櫃及小空間，木床接連書桌依窗及床角放置。由於印州有半年是下雪的天氣，深冬時白雪堆在窗外牆邊達數呎之深，因此一樓房間的窗子都離地面略高一些。

學校基本上是禁酒的，不可拿酒瓶在校園及校舍內走動，但是可以把酒瓶及啤酒鐵罐藏在購物袋或報紙裡帶回宿舍，校警一般也不會干涉，在房裡把酒藏好，一般大多沒事的。

週末宿舍大堂有各式集會或舞會，我們研究生宿舍可以公開喝酒。印州是一個很保守的州，對年輕人的禁酒令是到二十歲才能解禁，大部分的學生都還沒達到這個年紀，所以在法律上是要管制的。但我們研究生就好多了，每次有派對，對面的女生宿舍都很樂意前來參加。

有一次我的鄰居是周末舞會的負責人，找我幫忙協助舉辦這次舞會，我自告奮勇為他負責調製雞尾酒，我在台灣海軍服役時，從藥學官那兒學了一點，此時正好上場冒充內行。

我買了好幾大瓶伏特加，將櫻桃汁、橙汁以及檸檬汁，對上了伏特加，再加上一點白糖，自己品嚐口味還不錯，但我的鄰居主持人認為沒什麼酒味，我說：「這事好辦，那就再多加一些伏特加吧！」於是我又在各個雞尾酒玻璃缸內各加一瓶伏特加，自己嚐嚐仍然沒有感覺到什麼酒氣，也就不客氣的，把餘下的數瓶全部豪邁地加了進去，終於「略感」酒味。我對自己的成品很是得意，心想這次的雞尾酒，肯定會受到那些未到法定年齡可飲酒的大學女生們的歡迎。

週末舞會，那些大學女生蜂擁而至，各個打扮得花枝招展，在她們心目中，這個男孩沙灘宿舍內的研究生，都是她們追求的好對象，加上有雞尾酒可飲，更是不可多得的好機會。我把分配到的工作完成後，又跳了幾支舞，就回房準備功課去了。

沒想到過了兩個多小時，鄰居的舞會主持人急忙拍打我的門叫著：「西蒙，快出來幫忙，你的雞尾酒把這些大學少女醉倒了，我是有責任的，快幫我弄出幾個空房間來，把這些喝醉的女生弄上床去。」

我趕快敲打附近房間舍友的房門，請他們前來幫忙。他們大多都是外國學生，有阿拉伯人、有日本沖繩來的博士生，也有歐洲來的，當然還有美國人，足足讓出十個房間來。他們很是好奇，這些少女們怎麼如此不堪酒力，連雞尾酒都能把她們醉倒？

那位日本人指著我說：「西蒙，你幹的好事，伏特加放太多了。」我叫他小聲些：「你也有責任，因爲是你幫我一起調製的。」此事就此打住。可是這一夜，我們那棟宿舍沒人睡好覺，也無床可用，況且這些少女嘔吐的也大有人在，把大家搞得雞飛狗跳。我的另一位黎巴嫩鄰居，也笑著向我抱怨：「西蒙，你的雞尾酒眞是太可口了，她們還以爲是輕淡果汁，哪曉得全是伏特加酒呀！」

提到酒，美國啤酒味美可口，但是按規定，房裡最好不要放酒，而且冬天室內暖器很足，溫度太高，也不適合存放啤酒之類的飲品。於是我想了一個好法子，用繩子吊了一打啤酒在窗外，白雪就成了我的天然冰箱，同伴到我房裡，我就打開窗戶，用繩子拉起外面啤酒框，然後依需要好好享用冰啤酒。冬天房裡溫度高，有上一、兩罐冰啤酒，著實心情舒暢極了。

春天到了，天剛亮，朝陽還躲在天邊，鳥兒們就開始吱吱喳喳，熱鬧的開起早會，偶爾穿插著某隻歌聲嘹亮的鳥兒在獨唱。牠們在窗外那含苞待放的花枝上不停的跳舞，有藍色的、黃色的、或帶有紅色腹毛的小鳥，肥滿的身軀、豐盛的羽毛，哪像是剛渡過了一個嚴酷的寒冬啊！

我知道了，春天正是戀愛季節，鳥兒也都是花枝招展，正在求偶的時候了。這是多美好的週末假日，我也想好好的睡個懶覺。在那黎明時分，鳥兒的吵鬧，我還覺得很可愛的，但是愈聚愈多，那清脆的聲音變成鬧市的雜音，我那一刻甜睡，反被耳邊無序喧鬧聲弄得煩心極了，但是又不想張開眼睛，還是沉迷在春日的安眠裡。這些鳥兒不是我的朋友，更不是什麼能夠唱好聽歌曲的小可愛，而是一群吵得我無法安睡的無賴！

有一瞬間，我眞想把牠們全部一網打盡，但想想不行呀！這片大地到處有牠們的夥伴，我就是滅了牠們，其他的伙伴會立刻跟上來，這些鬧得我頭痛的鳥兒眞是又可愛又可恨。

我起來向窗外望去，鳥兒全在牆邊窗前的兩棵小樹上，我撿了桌上一塊巧克力糖扔了過去，鳥兒暫時離開，我瞬間享有一片寧靜，看來他們還是怕我的，沒多久，三三兩兩的又飛了回來，歌唱喧鬧如舊。但是這一粒巧克力糖給了我一個靈感，立刻到外面沙石堆處，撿滿了一罐小石子放在桌上。每天早上清晨時分，鳥兒們的歌唱、舞蹈，吱吱喳喳，就要看我這位躺在床上的大爺的心情如何了，否則我閉著眼睛，也可以拋出一粒子彈，警告牠們守規矩些，但有時我也高興牠們在我窗前胡鬧一整天的。

就這樣，我與鳥共舞了春、夏、秋不算短的一段時間，牠們彷彿是我獨家聘請的小型歌舞團，清晨的一場吱喳圓舞曲，又飛又跳又唱的，著實叫我思念呀！

決心走上棄學從商之路

Dr. Josephen Miller 是一位研究國際貿易與投資的專家，他經常到國外大學講學、任教。我到印大時，他剛從挪威講學回來，我因爲在大學主修國際貿易，因此連選了兩門他的課程，因爲比較專業，上課的人數不多，可是博士生能認可的課程，需要有更堅實的國際貿易學及經濟學背景。

我在這兩方面還頗有功底，兩次都得了A的成績，博士生的成績最低必須要B以上才能通過，C的成績在碩士班是勉強可以接受，所以他對我的印象很是深刻。

有一次，他建議我可以提前寫一篇論文，作爲未來撰寫博士論文的基礎，而且也可以算學分，我立刻接受他的建議，他與我討論了一下，建議我寫一篇最時尚的主題：「日本的能源研究」。

當時世界正在爲OPEC（Organization of the Petroleum Exporting Countries，石油輸出國組織，簡稱OPEC）鬧得油價大漲，而且從一九七六年開始，美國也出現缺油現象，我就專心花時間收集資料。把論文撰寫完成以後，Miller教授很滿意，不僅給了我一個A的成績，而且還建議我，博士論文可從這個題目發展。他建議我可以到史丹佛大學（Leland Stanford Junior University）選修這方面的課程，又說其中一位教授是他的老友，他能推薦我去選修，順便就在那兒收集資料寫博士論文，他可以做我的指導老師。

我很高興地接受他的建議，他問我：「你的論文中，有一個篇幅寫中國大陸的能源問題，這方面的英文資料是很缺乏的，你是如何得到的？」我告訴他：「我是中國人，能說寫中文，找一些中文報導及資料是沒有問題的。」他聽了大吃一驚地問：「你是中國人嗎？我以為你是日本人呢。看來你以後應該寫中國大陸的能源問題了。」我們兩人都很愉快的大笑，他特別請我喝咖啡，吃了一頓便餐。

十多年以後，我的事業有成，他推舉我成為印大國際學生基金會的理事，我曾在香港邀請他吃了大餐，並回印大造訪了他數次。印大商學院建造了新大廈，改名Kelley School，還特別為我命名一個大講堂為「Mr. Simon Soulsun Goe」，這是唯一亞洲人能獲得的榮耀。現在他已經退休了，也是我最懷念的學者與恩師。

毅然放棄統計學博士，決心棄學從商致富

我進商學院選課時，每學期十二學分，分配在博士班選修的課程，以及MBA課程各一半。我入學選課的思維，犯了一個很大的錯誤，這對我未來的成績及時間上都造成很不利的影響。

我太高估自己，一心想學點新東西及好本事，期許未來可以做個像樣的學者，成爲一個被學生稱譽的好教授。我在芝加哥西北大學時，有位台灣大學的博士後曾告誡我，應該盡量選容易過關而不花時間的課程，他建議我多選與數學及財務相關的學科，對英文基礎不好的老中來說，一般都能順利修畢，並且能取得好成績，何況我在這兩方面的功底還是很不錯的。

但當時我想，我在大學曾教授市場學及消費行爲等課程，因此我希望朝這方向發展；再加上我想在國際金融及貿易方面多下一些工夫，以至於在印大研讀兩年期間，著實在語文上吃了不少苦頭，才知當年我應聽這位西北大學老學長的忠告，多選修不受語文及文化影響的數理及財務課程才是。

最失敗的一門課

我在印大最失敗的選修課目，就是「市場研究」這門課了。話說當初我在選修這門課時，有位同學告訴我，必須花很多時間做研究課題，還要花很多時間在打電腦卡及寫電腦程式上，以便處理研究資料；甚至有時必須花點錢，請人幫忙操作打卡等工作。最重要的是，這學年的老師是位猶太教授，爲人嚴厲刻薄，不易取得好成績。

我因爲想主修市場學，而且也未太注意老師嚴鬆等問題，心想這位教授曾得了地理學博士，然後又修了DBA（Doctor of Business Administration，企管博士），應該是值得跟隨的教授吧！

但漸漸地，我在上課後第一個月，就發現有些不太對勁了，因爲班上有近一半的人退選了這門課，我在猶疑中未能及時退選，繼續讀下去，沒想到這門課不僅花了我很多時間，而且最後只得了個D的成績。我很是不服氣，因爲期中考時，他出了一些題目與數學有關的抽樣理論，我輕而易舉的做了正確回答，但他卻在考卷上打了個B的成績，評語是「英文太差」，又把B劃了一橫線改成了D，後果是很嚴重的。

我的一位美國女同學，叫我與老師理論抗爭一番，但我總有尊師重道的觀念，哪裡有勇氣向老師爭取呢？這位叫伊麗莎白的女同學，熱心的為我向老師討個公道，我坐在位子上，看著她到講台前，為我與這位猶太老師爭辯了一番。這位猶太老師又把她的考卷拿出來看了一下，問了幾句，她也要求這位猶太老師把她的A改成A^+，同時也很不客氣的批評老師。有些故意壓低學生成績的心態，這位猶太老師有些臉紅脖子粗，最後把這位美國小姐成績改成了A^+，但是沒有變更我的成績。

她回來後告訴我，要我到他的辦公室再去爭論，畢竟我完全答對題目，就是給個A的分數也是合理的，他很明顯就是種族歧視。這裡有白紙黑字，出的是數學題，英文好壞不應當作被扣分的理由，這分明就是歧視。

即便這位猶太教授，顯然思想很有問題，但是我考慮再三，仍然未去爭論。後來我請教學生顧問，他告訴我，這個成績會大大影響我的博士班研修；我必須在下學期修讀兩門課，每門都要拿A的成績，才能通過並允許繼續博士生研修。

「看來你最好選擇數理方面的功課，如此可以保證你能拿到A的成績。」這番話我記在心裡，也是我後來決定加速申請到數學系修讀統計博士的原因。看來當初不聽別人的勸告，眞是吃虧在眼前呀！

我這一生，遇到兩位猶太人給了我麻煩，這位印大市場研究學教授就是其中之一，我如今仍然記憶深刻。另一位是二十年以後，我在商場已經頗有成就時，遇到了一位猶太律師也讓我吃了虧，此事只待以後再詳述了。

鴻鵠大志已轉向

當我頗有改變選課方向之時，我在印大數學系有位盧教授，密西根大學數學博士，他建議我進數學系修統計學博士，兼修一些商學院的課程。而且我已經修完不少數學系認可的課程，成績都是A，對我申請數學統計博士很有幫助，更大的利益是能有一份優厚的獎學金，不需要辛苦打工了，將來畢業還可從事電子計算方面的工作，可說前途無量。

我聽了他的建議後，立刻向印大數學系提出統計博士生申請書，那時我的室友老吳、老賴都支持我，盧教授主動爲我寫推薦信，我找另一位曾是我統計學的美國教授，儘管我一年多沒與他來往，但當我請他爲我寫推薦信時，他不僅大力推舉，而且還說會親自找系主任爲我說話。

他的熱情協助其來有自，當年我上他的課時，有一次期中考試，算是一次重要的考試，全班約有四十餘人赴考。當題目呈現在我面前，我一時愣住了，都是從來沒有看過的東西，只好冷靜下來，就在考場內，仔細研究思考題目該如何解答。考完後，也沒什麼把握，就回宿舍休息了。

過了兩天，老師來課堂授課，同學們都很緊張，我鄰坐的日本留學生是神戶鋼鐵公司公派來進修的，他說老師今天要公布成績了。我聽了以後，祈禱上蒼別讓我考得太糟呀。老師在黑板上寫著，二十分一名，十九分二名，十分以下的佔了三十多位，成績很是難看。我看了反而暗中高興，反正大家都不行，考的成績不怎麼樣，就算我考不好也不失面子。

老師當場發考卷，從成績最高的開始叫名，第一個就叫了「Simon Goe」西蒙苟，我大吃一驚，心想也許是老師叫錯了，直到他再叫一次，我才終於確定是我。上前去領取考卷，同學們也用掌聲鼓勵了我一番，不過我心中還是沒有信心，直到我看到試卷上有我的名字，看到老師打了分數，並且是我回答的題目，這才定下心來。

我這位老中拿了個第一，我相信這門功課最後的成績，我肯定在全班也是排名數一數二的。這就是這位美國統計教授看到我，主動推薦我的原因。

我對進修統計學博士班的計畫，充滿著希望，不僅可以順利拿到博士學位，而且有錢可拿，那份獎學金可是很優厚的。我雖然不是數學天才，但是統計學不會有太多英文及美國社會文化方面的問題，對我們老中來說，相對還是比較容易的事。

話說在此同時，我想到台灣家中，老母單身居住，我自己連個女朋友都沒有，很是孤寂，也頗爲思念家裡；再加上經濟一直有困難，所以提筆寫了一封信給政大商學院魯傳鼎院長，希望回國後能回到母校任教。很快地，他回信給我，安排我到輔仁大學國際貿易系任教。

不久，我也收到另一位當年同事的信，信中說道：「你要回校的事，同事都知道了。但是系主任說，芶壽生到美國留學，一封信也不寫回來，現在想回校任教，就知道要寫信了。」

這封信讓我對回校任教一事，心裡開始猶疑，看來他們並不歡迎我回去。好多個夜裡，我都難以入睡，眞是新仇加舊恨全湧上心頭；最後終於想通，決定放棄吃這個夢想中的學者飯了，我想，乾脆留在美國打拚，發點財吧！人生總有條路是特別爲我開的。

我又想起當年姜占魁教授所說：「教育界是社會的孤島，你何不直接走向這個大社會呢？」以及我的好友彭欽清教授贈送我的一句話：「想做大事，就先把錢賺夠了，發財了，再幹你的大事吧！」他們的話，我左思右想之後，對照我的處境，很是有些道理。因此學期結束後，我就決定前往加州舊金山，另闢自己的新生命。

三個月以後，老吳到舊金山來看我，告訴我：「你離開後沒多久，數學系就批准了你的博士生申請資格，盧教授到處找你，大家都沒有你的消息，你決定放棄這個優厚獎學金的博士進修嗎？」

我說：「我決心不再進修了，這條路太辛苦了，也不適合我目前的狀況，還有未來的抱負。」老吳說：「你太可惜了，你不僅可以在很短的時間拿到數學統計學博士，而且你還有機會獲得商學博士學位的雙重資格，何況能有很好的獎學金，眞是可惜呀！」

但我聽了一點都不心動，我告訴他：「我意已決，準備跑街做生意了，改善未來的經濟狀況，看看能否創業發點財吧！」老吳想想，說道：「此事雖然可惜，但從長遠來說，你還是有道理的，何況你的性格頗有克難創造的精神，肯定會成功的。我也打算開幾家冰淇淋店，雖然不能發大財，但盤算一下，收入可觀，肯定比打工還要好些。」他的話更是鼓勵了我，況且我對創業已有破釜沉舟的決心，志在必得。眞是一念之間，改變人生啊！

第十章

印大求學記，決意棄學從商

我在印大求學期間與最後一個暑假，曾有三個暑期是在不折不扣的幹苦活，到外地打工賺取學雜生活費，在這裡談談我的暑期打工經歷吧！

五味雜陳的暑期打工紀實

第一個暑假是在一九七六年，學校在五月中就結束課業了，我立刻開車到芝加哥，住在埃文斯頓（Evanston）西北大學那位劉水深教授當年的同居室友處。他建議我到附近一家知名的北京餐廳謀求工作。

我見了老闆，是位韓僑山東人，曾在台灣政大讀了幾年，還未畢業就移民到了美國。廚房的大廚，也是台灣政大教育系畢業，曾在美國讀了幾年教育博士班，後來回韓國中文學校，當上訓導長的位置，因爲父親是僑居韓國開飯店生意，所以有些廚藝水平，因此移民到美國。

大廚要求老闆，把我派給他當助手，訓練我當二廚用，每天早上九點上班，晚上九點半收工回家休息，每天做十二小時以上的工，每星期一休息一天，因爲這天飯店公休不營業。

老闆爲人有些傲慢，對我和大廚這種讀書人，每天總是有事沒事就要諷刺我們幾句，爲自己找點樂子，或許是想要彌補他當年沒把書讀好，心理上的缺陷吧！

大廚有時也被挖苦得很不舒服，這位大廚姓趙，性格的確非常好，在我三個月的打工期間，他從未發過脾氣，是有些紳士教養的人。廚房工作是很辛苦的，他能保持這樣的態度，的確很不容易，他還主動教我烹飪的技術，我從他那裡學到的手藝，後來還是很管用的。

兩年以後，我曾在舊金山灣區聖馬刁（San Mateo）及史丹佛大學附近的帕羅奧圖（Palo Alto）兩家餐廳，做個很短期的二廚工作。其中一家女老闆，第一天就叫我弄雞，我只用刀割了五下，就把一隻雞弄得乾乾淨淨，她告訴她老公，此人手藝不錯，可能留任時間不長，將來會被別人請走。

另外一家香港仔要回家省親，請我暫代他的二廚工作，老闆是位台灣中興大學農學院畢業的北京人，長相很不錯，妻子是台灣人，也是漂亮的甜姐兒，老闆娘對我抓雞、切菜的技術很是讚賞，希望我能繼續留下來，但是香港仔一個月後就從香港回返了，我還是承守諾言，立刻交出這份差事，而且我也無心幹這工作。這位港仔之後常找我吃飯，並想找我合夥開餐廳，也被我拒絕了，我總認為經營飯店生意，一則很辛苦，而且耗時太多，並不是可以施展抱負的行業。

話說回來，我在這家北京餐廳工作，不僅學了一些廚藝，也鍛鍊了肌肉，發達強壯身子，每天十二小時不停工作，也是很好的運動。每天晚上，我們餐廳的幾位伙伴，就到芝加哥各地找義大利披薩大餅屋，吃奶酪餅、喝啤酒，每晚十二點才洗澡入眠，由於疲勞，睡得非常香甜，現在回首，我還是很懷念這段日子的。

第二次打工在一九七七年暑假，是透過我的室友老吳的介紹，當時我也是單槍匹馬一人開車橫穿美國中部的八十號大高速公路，經過伊利諾州（State of Illinois）、愛荷華州（State of Iowa）、密蘇里州（State of Missouri）、堪薩斯州（State of Kansas）到科羅拉多州（State of Colorado），夜行科州時，天空上掛著一個大月亮，大又圓呀！想起我在台灣時的友人告訴我，美國的月亮比中國大且圓，這次是眞的看到了。

經過漫長的洛磯山區，到了猶他州（State of Utah），車行到一個洛杉磯華塞山脈的大下坡路，我的確小心萬分。看官可知，我開的是那部水星牌老爺車，煞車是否管用，我也不太有把握，只得謹慎慢行。下了山坡路不遠，看見那大鹽湖，特別停下來，就在湖邊，在車上睡過一夜。

誰能知道，幾年以後，我居然靠這個大鹽水湖發家立業；曾因此湖的恩澤，我和海星國際（O.S.I）居然上了美國CBS電視台；過沒幾天，又登上了《華爾街日報》（The Wall Street Journal），眞是當初從未想過的事。而且在猶他州自然歷史博物館（National History Museum of Utah），也特別展示我們採收船在湖上作業的圖片，介紹我的公司，州裡的高中生上課，老師只要講到大鹽湖，都要提到我這個老中「Simon Goe」。此爲後話，下章再述吧！

話說回頭，我計劃三天趕到太浩湖（Lake Tahoe）邊的賭城，因此每天開車十四小時以上，精力十足。我很快經過乾燥的內華達州，再走上一段落磯山脈山路，到了高山上，就是湖光山色的美麗賭城太浩湖了。

太浩湖的印第安話原意是深藍色大湖的意思，水深可達一千五百英呎，面積廣大，爲鴨蛋型，但是南邊較寬；西邊另有一個小湖，與大湖有一水相連，南方及東南邊有大塊的平地，建有飛機場，賭場及大量旅店、商場都在這塊寬廣的空地上，到處都是綠色的林木，尤其是松林。湖水清澈見底，丟一粒硬幣，在數呎深的水底，仍然清楚可見，事實上，從二戰時期，此處即已非常重視環境保護的工作。

由於這個大湖正好在內華達州及加州兩地之間，州界從湖中劃過，因此在內州的地界內建了不少豪華大賭場。由於湖邊金黃色的沙灘無處不在，每年暑期旅遊旺季，湖濱千餘家旅館經常爆滿，常常要開車到大湖的西北部地區，才有機會找到住宿。

我開車到了鎮上，就在郵局附近廣場等待，看看是否有中國人來取郵件，沒多久，就遇上一位老中打工仔，詢問了一下，他立刻就明白了。在他的幫助下，很快就與我印大的同學見了面，他們在賭場附近租了一間三房的公寓，裡面住了九個人，加上一對夫婦，這對夫婦的老公是一位台灣的法官，短小精幹，約四十歲，妻子勤勞而健壯。

此外，我與一位印大法律研究所的張大同，也稱胖子張，同睡在同一房的地毯上。我們每個人都同時打兩份工，白天在旅店上工，清潔房間、整理睡床及洗浴間等；下午及晚上就到餐廳及賭場做飯店洗碗工的活，因此有機會好吃好喝一番，而且還大大節省了伙食費。

我在加州境內的湖濱一間名叫Tahoe Marina，太浩海港渡假旅店的豪華賓館打白天工，在賓館附近不遠處的一家西餐廳當洗碗工，每天工作到十一點回家，早上九點又去賓館上工。

我的睡榻鄰居老張，因爲在賭場工作，回來時間更晚，早上我去上工時，他還在甜睡之中，我很難與他說上一句話，必須寫大字報張貼在衛浴間，只是有時寫了兩、三張大字報，仍無回音。

另一位打工仔，是曾經在印大東亞研究所修博士的老兄，也姓張，他與我在旅店清整床被時，常常發現女人的內褲，他收集了兩件帶回家，叫我放在這位胖子張的枕頭下面，此舉果然有效，因爲第二天老張提前回舍向我們提出抗議，但同時也帶回兩隻洋式蒸龍蝦請我兩人品嚐。他說今天廚房估算錯誤，做了太多美國紅龍蝦，他自己就吃了六隻，還偷了兩隻帶回來，現在吃多了感覺肚子有些不舒服，我倆大笑，一人吃了半打體型不小的大龍蝦，肚子還能不痛嗎？

不過我們房裡幾位打工仔知道此事，還是挺羨慕的，有人認爲能因爲吃上六隻大龍蝦而壞肚子，想想也很値得呀！我們這些窮學生，也只能以阿Q的心態來自嘲自己的處境了。

一個暑假辛苦打工加上省吃儉用，存下約三千美元，足夠一學年的費用了。但是那兒的賭場，還是挺吸引我們的，大家手癢的拿上幾百元進場賭玩個幾把過癮，順便碰碰運氣，結果各個都是輸家，沒有聽說有哪個贏錢的。

我與幾位同學工作直到開學，才匆匆趕回去註冊上課。爲了賺點學費，除了工作，一日都未曾好好渡過年輕人應有的暑假青春歲月呀！

一九七八年春季課程結束前，我因爲商學院的猶太教授在市場研究這門課給了我狠狠一刀，砍得我心灰意冷，儘管已經申請數學統計博士生的研讀資格，但在深思熟慮之後，我發現做學者並非易事，何況美國人並不笨，也頂聰明的，加上得天獨厚的教育環境及教育方式，他們很多年紀輕輕才二十出頭就已經在修讀博士，成績也很是不錯。

回頭再看看自己，年歲大了，經濟條件也差，英文不好還是其次，但欠缺對西方文化社會及法律的了解是我的致命傷，即便想要深入研究也不是件容易的事，這門學問本就屬於經濟發達國家，形成於歐美創造的商業世界中，我如果繼續走下去，就算拿了博士，成了學者，頂多也只是一個二流的傢伙，永遠跟在別人後面。印大商學院雖然頗有名氣，但是比起美國長春藤（Ivy League）等名校的水準，在學術上仍有些差距，我的學者夢，走的也不過是二流貨色的路吧！

我全盤評估之後，想著學者這條路應該行不通，何況經濟問題始終讓我煩惱不已。我把想法告訴我的母親，她出生書香門第，但是在考慮問題的方方面面上很有智慧，她告訴我：

「壽生，你從小就希望做一個學者，滿足於大學的教授生涯，爲何現在居然想跑街做生意呢？這個改變，未免太大了。」

我告訴她：「我學成教書，收入也很是有限，而且還是個二流教授。但是跑街做買賣，一年後的收入肯定翻倍。假如我眞的生意做不成，我就找個二流大學回去教書，收入與名校也相差不多。」她聽了沉默不語，最後在掛電話之前說道：「壽生，你跟你爸爸是一樣的人，都想有一份自己的事業，不願屈居人下，多保重身體呀！」

下定決心之後，我把所有買來的書整理好，移交給漢利夫妻Mr.&Mrs.Hanner，告訴他們：「假如我下學期不回來，就把這些書捐獻出去吧！」他問我是否準備回台灣，我說：「到加州去工作。」他說：「那裡陽光普照，天氣很好，是中西部美國人嚮往的地方。」我謝謝他提供的資訊，便匆匆告別這對極微照顧我的夫妻。

有一位在政大工作時就略爲相識的同學，名叫張駿逸，修讀印大文學院的西藏文博士生，以前是政大邊政研究所（後改爲「民族研究所」）的研究生。我任教政大國際貿易研究所講師時，邊政所正好是我的隔室鄰居。老張後來拿到博士，回到台灣，曾回母校任邊政所所長，且在李登輝總統任上，當上內閣閣員，蒙藏委員會的主委，是部長級的官職。

我倆相處得極爲友好，也很談得來。他是一位精明能幹的人，暑假來臨之前就與我談好，到太浩湖打工，並由我開車，一路爲伴同行，後來他又帶了兩位女性爲伴共四人。這次我們決定從美國南方的四十號高速路行走，到了加州，再北上太浩湖，足足開車走了將近五天的時間。

他最大的喜好是順路找小店買一些紀念品。當時我不太在意此事的，但現在回想起來，還是很有意義的。有一次他叫其中一位年長的女生燒飯，居然弄了一鍋生飯，我頗爲惱怒，從此以後，他就全權負責烹飪的事了。老張的台灣麻油雞做得很是道地，他作事有條不紊，看問題也是既全面又清楚。

略爲休息後，我帶他們去見上一次暑假打工的太浩海港渡假酒店的老闆，老闆娘見到我要求打工非常高興，特別請我喝咖啡，並保證給我最多的工作時數及最輕鬆的工作。但是要我幫酒店再多找一些老中來幫忙，因爲暑假生意好，人手很缺乏。我立刻前往郵局門外，等候那些來拿郵件的老中，只半天工夫的時間，我就給酒店老闆拉了十多位男女前來務工，其中也有不少港仔。香港仔是賭城有名的打工高手，有位港仔曾在沙哈拉賭城酒店做洗碗工，人的體格很平常，南方中等身材，但是可以三天三夜不睡覺，而且動作勤快，在當時被稱爲

「賭城打工王」。

老闆看到我帶了一隊人馬前來務工，眞是喜出望外，極爲高興。他安排老張來管理他們，負責補給床單、毛巾及用品，並檢查他們的工作結果。然後安排給我的是早上七點三十分到游泳池清潔泳池的輕鬆事，大伙兒都非常羨慕我，可以與那些穿三點式泳裝的美女貼身而過，偶爾還能聊上幾句，打工時數也比別人多上幾小時；游泳池的清潔工作完畢以後，就是負責花園的除草整理工作。

老闆偶爾也派我做一些特別任務，比如有一次叫我清理污水下水道，我戴著口罩趴到足足三米深的下水道，工作了三小時，老闆心中很是感激，把這幾小時的工資加倍給我。

另有一次，叫我與老張同去處理一間家庭式公寓別墅，每個客人都拒絕搬進去住，叫我們重新再清潔打理衛生，我與老張把房間打開，立刻有一股濃厚的印度咖哩味直撲而來。老闆娘告訴我們，這一家印度人足足住了兩星期，都是自己開火烹飪，可能香料用得太多。後來又發現他們還用了一種特別擦在身上的香油，以致地毯上沾上濃濃的異香味，老闆娘直搖頭，我與老張只好像專業清潔公司的工人，租用蒸氣洗地毯機輔以各種化學洗潔水，用盡各種方法，足足清潔了兩天才完成。那些港仔女同學都不敢進入，說什麼聞了這個味道會頭暈。

這已是舊事一樁，我這位老友，張駿逸部長，可能已經忘得一乾二淨了吧?!

印大校園打工記

除了暑假三次打工外，我在印大布盧明頓的校園中，比較長的打工紀錄有兩處，一處是紀念堂（Memorial Hall），另一處就是我住的富利堂鄰棟的校園餐廳，換言之，也就是學生大飯堂，是一棟單獨平房建築。

我一九七五年到那裡時，這棟飯堂可能已經存在二十年了，但比目前我在台灣及中國大陸北京所建的飯堂，還要超標很多，就以廚房設備來說，都是質量最好的不銹鋼，甚至鋁鋼設備還是由美國最有名的Albert廠出品，並有設備完善的冷凍、冷藏庫、大型全自動洗碗機房，廚師、衛生、作業員工、工作程序，完全是標準的GMP水準，地面清洗方便容易，任何時間可保持乾淨與衛生。

我在廚房、麵包房、沙拉水果房、洗碗房，以及每餐的分菜派食部都工作過，幾乎從未發現有什麼蚊蟲蒼蠅的小東西。這個廚房及餐廳供應每餐約一千二百至一千五百人來吃飯，非常有規模。

他們營養食品部的主任，與我一起選修了一門「社會人事學」的課，坐在我隔鄰，他告訴我，他們部門有一個很大的檢驗生化室，我們吃的所有東西，都要做衛生營養等分析，又告訴我今天要做炸雞的營養分析，我告訴他：「你不必分析了，我在廚房是負責炸雞的工作，但我從來不吃我自己炸的像象皮或鐵皮的雞，營養再合你的標準，但是我們不吃，這個炸雞也是白費了。」

他問我：「爲何不吃這個冷凍保存新鮮的炸雞呢？」我告訴他：「把工廠生產好的預製雞，從凍庫拿出來時，還有厚厚的冰在上面，在沒有解凍的狀況下，就倒入大鍋中油炸，雖然有油溫控制設計，但是炸出來的雞肉，所有雞皮都如同象皮或鐵皮，牙齒再好也很難咬扯它，肉質也老硬的完全無口感味覺。」

我曾建議那農村來的女掌廚，先讓這些凍庫的炸雞塊解凍後再下油鍋，但是她反對，理由是怕不新鮮，丟失營養，我也只好每天爲飯堂炸這些鐵皮雞塊了。他說如眞有此事，就立刻回去更改糾正她，結果第二天我在廚房的炸雞工作就被取消了，我換到沙拉及糕餅房內工作，我也樂得換上環境更清潔，而且還有一大群年輕女學生圍繞我的好差事，我從此再也不提什麼「鐵皮、象皮雞」的事了。

甚至直到三十年後的現在，我對炸雞仍然沒有太大胃口，我的這位營養學博士，看來比不上小廚房的伙伕，畢竟先讓我愛上吃它，才能算是眞正的食物呀！吃的人不願入口，即便食物再怎麼營養豐富，也是白搭。

再說沙拉及糕餅房吧！有專屬的小冷藏間，儲藏短期使用的原料及新鮮果蔬。糕餅房的其中一面在工作時是打開的，這一面與沙拉水果間相連，這樣的設計是方便原料及人力的相互支援，夜裡把這道門關上即可。

這裡有五、六位在職女師傅，都是附近的中年女婦人；另有五、六位像我這樣的打工仔學生了，但是我是唯一的男性，從未看到有第二位男性在這區間工作，我剛去工作時，還有些羞澀不好意思。尤其是那些漂亮的女學生對我特別照顧、體貼，做糕餅麵包的女掌廚，性格也很仁慈，經常叫我先嚐嚐剛烤好的糕餅，試試味道如何，看來我倒變成大監廚了。

偶爾也叫我與那些女學生一起弄弄美國生菜、果鮮之類的工作，我常常與一位蘭西小姐（Nancy）在一起做手撕生菜的事，兩人在一起做這件活，花上兩小時以上的相處是經常的事。我在糕餅房工作，把剛出爐的蔬餅用手送到背後，此時她正在用手撕青菜及芹菜等的，看到我的小動作，她會自動從我腰後手上接下蔬餅並換上一小根芹菜給我。我們經常幹這檔偷偷摸摸的小玩意兒，不想給別人看到，也算是享受某種眉來眼去的樂趣吧！

她是一位金髮純德國後裔的女孩，身材並不高大，與我相當，而且是位少女的身材，臉兒嫵媚，笑起來很是甜蜜的。我常看到有美國男孩找她，我問她：「妳看來男朋友很多，追求的人不少。」她回說：「沒有的事，因為我會德語，這些男孩是來請教的！」不論如何，我與她相處的時間，可比其他人更多些的，她沒事的時候，常跳芭蕾舞給我看，有一次還弄了兩張芭蕾舞票，看了一場俄羅斯彼得堡芭蕾舞團在學校的表演。

某次週五的晚上，我們富利堂有一個舞會，我在中午準備午餐的時候，邀請她前來參加，她笑得很可愛，並沒有回答我什麼，只是拿了一片胡蘿蔔條給我。直到工作結束後，她脫去了工作服，走到我面前說：「西蒙，今晚我的功課很多，不能參加你的舞會，但是午夜十二點以後，我就沒事了，你可以到我的房裡來，我請你喝些葡萄酒好嗎？這張紙條上有我的房號及電話，你不必打電話，直接進來宿舍即可。」我一時很吃驚，不知如何回答，只能先點頭表示。

我有早睡早起的習慣，但是當晚我再三考慮了一番，還是決定去了，其實我很怕走進她們那棟都是女孩的宿舍，有些害羞與緊張。我進了她的房間，原來她是兩人同住，只是她的室友回老家了。她準備了一支蠟燭，熄了房間的燈，給我倒了一杯紅酒，她在燭光下，隱約能看出細白的皮膚著上了粉脂，並在嘴唇上塗上了嬌豔的口紅，她略捲的金黃長髮完全披散在背上，還噴上了香水，對我這種情愛經驗不豐的男人來說，可眞是掉進仙女迷宮了。

她對自己的打扮很有自信，我一時被迷得說不出話來，只是笑著注視著她。我們之間還是有很多話題的，平時打工並沒有太多閒聊的機會，這次眞是暢談的很愉快，大部分都是她在述說往事，學校同學及打工中未盡之言，看來她的經濟條件不太好，生活也很簡單寂寞。我常想，像她這樣的美女，如果在台灣，可眞是要被追求者打翻了天，每天送花的人，可能要排隊排到太平洋，哪會落得如此悲寂的地步呢？

她告訴我，因爲她身材不高，也僅五呎四而已（約一六四公分），所以永遠不能在美國成爲漂亮美女，但是她的金髮著實可愛的很。閒聊一個多小時以後，她送我到宿舍後門，在那寧靜的深夜裡，親吻我的面頰，也輕輕的吻了我的嘴唇，我則順手摸摸她的金色秀髮，在那個瞬間，我們之間存在著一種眞誠的友誼，也帶有幾分淡淡的男女之情。

這是我難得享受到與異國美女的私人約會，在一個羅曼蒂克的深夜，回到自己的床上，久久無法入眠。但只要一想到自己學業未成、家庭條件以及經濟困難，腦袋馬上就從情愛的氛圍中清醒過來。未曾立業，何能成家，既無力成家，又怎能追求此等美女，這是何等奢侈的事呀！我自己在這方面一直有些自卑，更無自信心，且在男女情愛上也很保守，拋不開傳統思想的束縛，最後自我否決了一切，不再存有多餘的幻想，就讓一切回歸原位吧！這麼一想，也就迷迷糊糊的入睡了。

幾個星期以後，她又再次主動邀約我深夜到她閨房一述，還要我帶一瓶紅酒過去，因為她是大學部的女生，是受到禁酒令限制的，我也答應了。但是在晚餐時，我又有些猶豫了，如果這次我赴約，看起來很可能會落入情網，但我一切都未準備好，眞能結婚成家嗎？我哪有此條件呢？何況這位異國美女，跟了我這個無根的浮萍，肯定會耽誤她的未來，因此我決定不去。

就在我猶豫時，有位台灣花蓮的老鄉同學，台灣師大數學系的老狐狸，前來與我同座共餐，我很愚昧的提到今晚的約會，他也說常看到我與蘭西小姐在一起。這位老中說：「這位漂亮的姑娘深夜約你到她閨房，不就是想與你做愛？你不想去，今晚就讓我去會會她吧！」我以為這位老中是開玩笑的，也就未加阻止。沒想到第二天到了餐廳廚房，她見到我，很不高興的批評我，但是仍為我找個藉口，給我留了些面子，但是我非常羞愧而憤怒，回去責備那個無恥的台灣老鄉。這位老狐狸向我解釋說：「我去叩門，蘭西小姐拿了酒，只謝了我一聲，就叫我回家，然後關門進房，她還以為我是來幫你送酒的呢！」

總之，這件不愉快的事，摧殘了剛出芽的愛苗，也是我的人生中做過最愚昧的事情之一。我的出言不慎，未防小人，想來眞是悔恨難當，我永遠對不起這位把我當作心上人的美麗蘭西小姐呀！

短暫回台探路外貿機會

暑假快結束了，我有些鬱悶，想回台灣看看我的母親，同時也想到台灣走走，看看是否有貿易生意可以在加州開展。還有另一個原因，就是想在台灣看看是否能找到一位美嬌娘，愈是事業無成，愈感寂寞，愈想找個伴侶。

我的這個家，嚴格來說也是難民身分，我們父母是因國共戰爭逃難來到台灣，一隔就是幾十年。我們家眞是很單薄，雙方都沒有任何親人在台灣，沒什麼親朋好友。父親雖有些軍旅工作的關係在，但是他從一九五八年就退伍，經營的事業也沒有成功，所有的長輩關係一掃而空。

我唯一可以做的事，就是去看看我在電力公司的學生何光南小姐，她的容貌、性格、背景與我都是很相配的，但是我倆有緣無份啊！當時她已訂婚了，所以這趟回台娶親的希望，也只不過是自己的幻想，自我安慰罷了！

話說我向老張借了六百元，立刻買了機票，回到三年未見的家，沒有人來機場接我，自己一人趕車回到永和四樓的住家，當時母親正好不在家。本來以為我只能見家門而不得入，突然念頭一轉，我心想，我母親有一個習慣，常把鑰匙藏在一雙我穿的皮鞋裡，那雙皮鞋仍放在門外的牆角邊，我心想，也許它還藏在那裡吧？果然伸手一試，裡面眞的有一把藏在鞋內的鑰匙，我很開心的開了門進了家，對家母藏鑰匙的愛心，眞是感激萬分，這就是母子連心的溫暖呀！

當時兄妹都已經結婚，家弟和生正就讀台大法律系四年級。我在台北期間，拜訪了三位與生意有關的朋友。

第一位是由政大會計系主任盛禮約教授介紹的台灣年輕商人，經營打火機的生意，同時代理日本的食品包裝機械，他希望我協助他推銷包裝機給我的同學張信雄，他正於可口奶滋食品公司擔任總經理一職。爲了這事，我與他特地前往台南拜會張總，雙方也吃了一頓飯，至於生意談的結果如何不得而知，因爲過後我們也沒有往來。倒是一年半以後，盛教授到舊金山灣區來傳基督教時，曾住在我的公寓兩個多星期，那時我已有女友同住，公寓只有兩間居室，我讓女友回她自己的家住，盛教授認爲沒有影響無所謂。只是沒想到當年他在政大教書時非常嚴厲，是人人懼怕的教授，我也心有戚戚焉，但這次的相處，我真的認爲他非常仁慈祥和，是很善良的傳教士，生活也很簡單樸實。我能在美國接待這位台灣會計界的名人、大教授，也是我的榮幸。

第二位是我大學同學湯慶輔，他在一家國民黨主辦的裕台貿易公司工作，旗下有不少食品加工廠，我的任務是協助他把罐頭食品推銷到美國。我回到美國曾經花了不少時間爲他找進口商，而且也成功物色有實力的食品批發商給他，最後都是因爲品質過不了關被打回票。

以四季豆爲例，台灣榮民廠生產的罐頭四季豆，美國商人發現全部帶豆筋，不符合他們的要求，但台灣方面認爲他們都是用人工細心給豆子剝筋，並請求我在美國找一台自動四季豆剝筋的機械。我請教了美國貿易商，他熱心帶我去諮詢一位食品專家。這位專家告訴我，美國的蔬菜食品是有標準的，這個標準在中西部及東部是以威斯康辛州的蔬菜爲主，而大西部是以俄列岡州的爲主。

他說：「根據你們四季豆的狀況來看，太老了些，必須提前十天收成，才不致在豆夾兩側長筋，而且美國的四季豆生長控制在同樣的生長速度，最後是用機械進行一次性的收成，才能做到少人工又品質劃一的程度。同樣的番茄也是如此，都是大規範的一次收成。」

我聽了以後，發現這個生意可不好幹呀！加上每個大貨櫃只有幾百元的毛利，眞是爲農民打工了。只有竹筍及磨菇等罐頭在美國本地沒有同產品競爭，但是這僅是東方人的次文化市場，而且也是老廣老華僑的天下了。我也花了不少功夫打市場，最後也是宣告失敗收場。

幾年以後，我在舊金山經營酒店生意，老湯前來住宿，並有機會閒聊，他已經轉職在味全食品公司工作，這是他第二次再回到味全，負責貿易方面的事務，前來美國購買乳牛，再用波音七四七貨機運送回台灣乳牛場。爲了節省運輸成本，還得專買乳牛肚子裡孕有子牛的母子牛。美國乳牛品質好，產乳量高，乳質好，但是有一個大問題，台灣不生產美國乳牛的草料苜蓿（Alfalfa）。從那次與老湯長談，我發現農業眞不是個容易賺大錢的事業。

第三位是我企管研究所一位學長級的同班同學黃秋財，這位同學不愧是位老大哥級的人物，很是講義氣，在中央信託局工作。他知道我要做生意，介紹國貿系第四屆的學長給我認識，他正經營一家貿易公司，請我成爲他在美國的貿易伙伴，專責做他的對美採購工作。後來我到了美國，非常認眞的配合他，儘管這條路在幾年內並沒有賺到什麼錢，但是也培養了我未來成功的種子，開展了我的黃金路線。我很是感激這位黃秋財同學，這裡的故事繁多，只待容後再述了。

這次回台的最大決定改變了我的人生，就是決心留在美國發展，而且準備放棄學者夢了，全心從商幹跑街的事。這個想法，幾乎讓我完全把申請印大數學系統計博士生的事拋在腦後，也不再給印大任何人聯絡方式，他們也不知道我人在那裡，後來數學系的盧教授到處打聽找我，想通知我去上學研修博士，也不得其所了。

我僅回台一月餘，就搭韓航回到美國，經韓國漢城（現已改名首爾）並停留了一日，因此得有機會在漢城市中心溜躂一番。街上有不少小販，推了一只小車，賣油炸紅薯餅及紅薯條，幾小時市內步行觀光，居然發現四起當街打架的事，我有一半時間都花在看高麗人吵鬧打架。中國歷史上，高麗人不是很溫順的民族，爭戰不停，我的第一次漢城半日遊，眞是印象深刻，我想那天應該不是他們特定的打架開放日吧！

我走到一個路邊麵店，買了一碗辣醬麵，有二十餘人站在小店門外，囫圇吞食，我也只好站著吃麵，送回碗筷餐具，這已是一九七八年秋天的事了。三十多年以後，我再前往漢城，這些場景已經沒有再看到了，但在中餐時，仍有不少人站在小店外吃麵。不過在中國北方，甚至海南都有不少人喜歡蹲著吃飯，可能是同一種文化傳統吧！古人言「見怪不怪」，可能是我多心了。

當時飛美的飛機，是所謂的三星式長途機，而非波音七四七等先進機型。我的飛機到了日本東京外海突然遇上氣流，下沉了一千多呎，瞬間我的心臟都快跳了出來，還好我正在睡覺，而且年輕膽大，不過從此三十多年來，我都不敢再坐韓航的飛機了。

由於我從美國返台時非常匆忙，把所有行李寄放在打工的美國朋友那裡，包括那部老爺水星牌車子，所以一回到美國，就立刻就趕回太浩湖城內，找到了他們，這些年輕老美七、八人住在一間有二層樓的獨棟房內，我也暫時打尖住下。其中男生都是大廚，女生都是餐廳服務員，兩位女性中，有一位是純金髮的美女，與她的大廚男友同住，聽說兩人是高中同學。由於我對他們這些高中畢業沒多久的年輕人也很是好奇，便答應留下來工作一個月，再前往舊金山務工吧！他們介紹我在高級餐廳當女服務生們的手下工作，也就是服務生的工作，收入可是比洗碗工要好上許多。

我睡在這棟房的閣樓間，從小樓梯爬上去，樓板上的空間非常矮，只能在上面睡覺，或者坐在樓板上。我與一位老美睡在上面，他告訴我，他做些小生意，所以常常三兩天都不回來睡。這些美國人，對我這些曾讀研究所的老中，還是很照顧的，也很是尊敬我。其中幾位也計劃賺點學費錢，再返回大學深造，其中一位很文雅的男生叫達威（Daven），與我在同一家飯店工作，兩人很談得來，他想在這裡住上兩年，再準備上大學，因爲他酷愛冬天滑雪運動，他想好好在太浩湖滑上兩年雪。太浩湖的夏天是避暑勝地，冬天是滑雪勝地，一九八〇年代還曾經舉辦冬季奧林匹克運動會。

此兄外表不錯，這裡的美國年輕姑娘常來找他。有一天，我睡到清晨三、四點，山上湖濱的夜裡有點涼意，我睡在閣樓的地板上，感覺到有人在拉我的毛毯，我想可能是我的另一位閣樓同居男友吧！朦朧之間，我有意把毛毯鬆動些，以便他也可以多「享用」些，沒想到在睡意濃厚的下意識中，感覺到有一股柔軟的體香，也觸摸到細綿的長髮，我立刻下意識查覺到，有可能是一位女士。我立刻把毛毯全部讓了出去，自己睡到閣樓的梯口，閣樓小小的空間，容納一人還可以，兩人則是勉強了些，我只好老實不動。但是她的長髮經常在我臉上及胸前翻動，不到五點我就起床了。

早上時刻，我的這位達威問我：「昨天你睡得可好？我把那位你認爲漂亮的女友蘇珊（Susan）送上閣樓，陪了你一夜。」我告訴他：「我們東方人的觀念是，如果與女人發生關係，就要永結同心，白頭偕老的。」他回說：「這樣不是更好，這女孩很不錯的，你們就結爲夫妻吧！」我說：「這可不行，結婚是大事，還得問過我母親，何況她是你的女友。」他回說：「原來你還是正在吃奶的男人，這種事哪需要這麼麻煩，不能當機立斷，錯失機會可惜呀！」

半年以後，我在史丹佛大學外帕羅奧多大學路街上的小餐廳遇上他與兩位女性在一起，我特地爲他付了帳，坐下來聊天，原來其中一位是他的老婆，而那位與我有過同床的女士，目前還是單身。他問我：「想不想與蘇珊做朋友？」我告訴達威：「我現在是養不起她的人，何況她頂美貌的，追的人肯定很多。」達威說：「你很聰明，除非你有錢，不然可能也保不住她。」我們相互笑笑，離開時蘇珊特別站起來，在我臉頰上親吻一下，從此我們再沒有見過面了。

此外，我的閣樓室友，有一天在那小小閣樓上的矮小桌几上放了一塊玻璃，弄了一些一毫升大的小瓶子，在那兒幹起了分裝什麼白粉的工作。他告訴我：「這是好東西，分裝了以後有十倍到二十倍的利潤，你想試試嗎？」我回答：「在中國吸毒是死刑，要被槍斃的。」他沒有回答我的話，用刀片劃了一條，用吸管吸了一下，叫我也試試，我二話不說拒絕了。

這件事使我害怕，我決定立刻離開那裡，第二天就開車前往舊金山，因爲有位同學在戴維斯加利福尼亞大學（University of California, Davis，簡稱UC Davis）修習東亞語文博士班，我就先到他那兒住了一天，問問找工作的事，打聽一點消息，開始了我人生的新一章。

舊金山灣區的早期苦行記

我第一天從加州州府附近的UC Davis開車經灣區海灣大橋到舊金山，然後向南走一〇一高速路到了密而必雷市（Millbrae），當時天候已晚，想找個公路休息站或公園，打算睡在車上省點錢，不必住旅店。灣區是美國第四大都會區，華人佔北美第一位，但是我一個朋友也沒有。

Davis加州分校的老友是位讀書人，也沒有介紹什麼人給我，他是有幸交了一位台大商學院的女同學，在印大戀愛結婚，這位女生就在他讀書的地方政府找到了一份差事，可以支持他安心完成學業。當時在美國的港台留學生，這樣的雙贏組合很是普遍的，所以當時在港台中，外表容貌條件差的女生，來到美國常常變得奇貨可居，也可能遇上一個好丈夫。可惜我沒有這種緣分，所以只好壯大膽子，凡事靠自己，凡是能省點錢的，就是最好的生存法則。

我把車開到了加州有名的國王大道（EL. Camino Real）上，這兒的山上是灣區有名的高級住宅區。我在山下一處，發現了一些樹木參天而又寧靜的好地方，以爲是公園，便把車開進去，才發現仍然是別人的住宅地區，只是富豪人家的建地較大，房大院大，林木繁茂而已。不過當下也管不了那麼多，天色已晚，地理位置不熟，臨時決定就在富豪住宅外的路邊樹林旁，在車裡睡上一夜吧！我用報紙把車窗擋住，免受遠處路燈光的影響。

不知多時，我在睡夢中，有人把我叫醒，並有強烈的車燈照亮我，吃驚的發現，原來是兩輛加州警車，四名警察，其中一名是女警，要我出來。我一走出車門，警方二話不說立刻搜身，把我的皮夾拿去詳細檢查裡面的東西，發現我的學生證，略爲盤問我的學校與學生情況之後，那位女警告訴我：「先生，這裡是別人的私宅區，你不可以在這裡停留，我們來這裡，是因爲屋主打電話報警，你可以在附近的青年會YMCA找地方住，一天只要六元。」並指導我如何前往，很是友善。

她回頭告訴一位年長的警察說：「他是一名學生，不是墨西哥的非法入境者，沒什麼事，我們可以回去了。」最後這位老警長還祝我一路平安好好開車，兩輛警車隨即離去。我也趕緊穿上皮鞋準備離開，此時我發現遠處有兩大戶人家的大門門燈大亮，外面有數人穿著睡衣緊盯著我，我瞬間意會「這些就是報警的富人」！我心中還是有些不舒服的，當我開車經過他們的房前，還大聲按了幾下汽車喇叭聲以示抗議，舒暢自己心中的不快。

很快我就在附近找到女警所指示的青年會，但是時間太晚，已無人辦公，我只好把車開到青年會的後停車場，雖然不大，但是有牆有樹，非常安靜，決定就在這停車場打尖了。我下車看見後門有一間廁所洗浴間，一般美國是不會鎖這類公用設備，果然如我所料，不僅房門未鎖，而且裡面還有洗澡設備，同時還有電源可用，我真是喜出望外，真要謝謝這位仁慈的女警。

我一天都沒吃什麼東西，立刻把車後廂的電鍋搬出來煮上了一包泡麵，並洗了一個澡，在那安靜且安全的青年會停車場樹下，好好的睡了一覺。早上起來已是九點鐘，只有兩個學生到青年會內的室內籃球場打球而已。這眞是個好地方，最後我連六元一宿的房錢也省了。

十年以後，一九八八年七月份，我在舊金山灣區買一棟豪宅，坐落在Woodside林邊市的山上，價格遠遠超那座大宅，其庭院規模紅木參天，豪華更非那座大宅能比。爲此，我特別把這事告訴家人並叮嚀他們，如有人在院外路邊停車休息，應善待他們，可是二十餘年來，並未遇到諸如我當年借宿豪宅庭院外的事情，看來我幹的這樁省錢睡車的事，還是有些缺失，值得我反省檢討的。

看官可知，十年光陰，人生有此大變，當年窮小子居然成了豪宅屋主了，怎麼能叫我不相信「麻雀也能變鳳凰呢」！

話說回來，之後我花了三天的時間，在青年會附近了解路況及環境，決定就在這兒暫時定下來，又發現附近有一家北方中餐館，就先去找個工，混混日子，然後再從長計議吧！這就是我前面提到的，認爲我有點二廚技藝，但是可能幹不久的女老闆，不過她此話可說對了，一個月後，我就在聖荷西的電子公司Four System找了一份辦公室財務計價工作。

我在青年會住了一個星期，後來我從九二公路前往太平洋海岸，發現一個州立的海濱公園停車場，地勢比海邊沙灘高出十餘公尺，有海風吹拂，可觀看大海，這種感覺就如同我年少時，在台灣花蓮的太平洋岸一般雄偉，眞是心曠神怡的好地方，也有很好的衛浴設備，我便決定遷移到海岸邊過夜了。幾個星期以後，我有了辦公室的工作，才與兩名年輕中國當地學生合住宿舍了。

我在一九七八年十一月找到了一份正式的工作，當時聖荷西的電子工業已經非常發達，蘋果的微電腦還在初期階段。我工作的公司Four System是一家專門從事醫療電腦設備的企業，我負責銷售計價，包括維修等工作，坦白說，這份工作對我是牛刀殺雞的事，一個星期以後，我就是一人做三人的工作，而且不必加班，常常提早完工。整個部門十幾人大多把最麻煩的事務交給我，經理及領班常常發現我不依常規，而是用自己的簡易方法計算，他們在審核時，用他們的常規方法常常得弄個半天，而用我的簡易公式只要十分鐘就完成了。

經理是個漂亮的中年女性，所以在她的單位裡，也用了不少漂亮的女職員，這位經理常把我叫到她的辦公室表揚我，也給我加了點薪水，但是從不考慮升個職位給我。有位留黑鬍子的老美對我說：「你這個工作只要大學生的資格就足夠了，專校也行，但是老闆（女經理）問過我，你這位老中是不是研究生？我不敢說眞話，何況你還是博士研究生，一旦被她知道，第二天肯定不再用你。」我告訴這位黑鬍子領班：「我知道這個道理。」

他同時告訴我：「女老闆想升你爲領班，但是這個單位的漂亮美女太多，都很快與高官交上特別關係，看來這個領班，將來也要排給她們的，女老闆心裡很清楚卻也沒辦法。你做了很多這些漂亮女生的工作，她們就叫我請你吃午餐。這些女生，因爲有你爲她們做事，她們就乘機請假，我也沒辦法呀！有一天你不在這裡工作，她們就要辛苦了。我是經常在研究你的計算公式，但還是不易弄懂。」

這位黑鬍子老兄是位大專生，對我很照顧，每次交派工作給我，我都能提前完成，他很是吃驚。聽了他說的這番話，我知道這裡不能久留，不過既然女老闆給我加了薪，我也因此多做了四個多月，接著就換到一家會計事務所工作了。

從未放棄創業夢

當時我還有工作身分的問題，而這家美國人的會計師事務所並不在意這件事，我如果能幹出點成績，或者考上會計師，他們也能協助我辦理身分。這是一家全美都有分公司的會計事務所集團，我上班的這家事務所就在史丹佛大學附近，上工幾天就開始派我到外面的企業，爲他們解決特別的會計問題。

工作內容的確很刺激，也很適宜我的能力，不需要說太多話，只要從帳上找出問題，或者爲企業的某項財務管理建立一個制度或提出一項建議。工作的方式經常是我一個人做事，企業內的財會人員協助，客戶大都是與電子工業有關的生產及批發的中型公司。

第一次是到一家生產電腦版有關的公司，位置在山景城矽谷的鐵路邊，有百餘個工人，老闆是一位黑頭髮的美國洋人，他要我把三年來每月銀行對帳單重新做一遍，找出為什麼他們的現金帳與銀行對帳單老是對不上。這個工作曠日廢時，不僅要為他們編制三年的每月對帳單，而且要查明原因。我的會計師事務所老闆女祕書告訴我，我老闆給我三個月的時間，但只要前期能做出一些正確可靠的東西，也可以延長至半年，她說我老闆有看過，知道這不是件簡單的事。

當時這些小企業並沒有自己的電腦，部分還是手工記帳，把資料送到會計師事務所，再打卡上電腦，過程中很容易犯錯。再加上銀行是把一大本的電腦銀行帳送到公司，基本上，銀行會計是否認真或熟悉相關銀行對帳業務，也是一大問題。我從每個月的報表與銀行的對帳單中，幾乎都能發現錯誤，甚至發現當時的加州富國銀行，少記了二十萬元的款項，這個數字驚動我老闆，親自前來公司查清問題，銀行也派人來了解狀況，這位黑頭髮的洋老闆很是滿意我的工作成果。

三個月到期時，我在那兒已無事可幹，其實在這段時間，我還花了不少時間教授他們的會計人員如何對帳，也協助解決其他的財務問題，相處得很是愉快。現在回憶起來，這家工廠的生產設備在GMP的管理上是不合格的，但這也不能責怪他們，畢竟這已經是一九七九年的事，當時在矽谷，這種企業要能做到生意興隆實屬不易，說不定這位老闆，現在已經是大企業的大亨了吧?!

這一家公司的業務完畢以後，會計師事務所的老闆，讓我晚去早歸、無所事事混了個把星期，然後派我到一家大企業德州儀器，在帕羅奧多的銷售財務部門幫忙做帳。他們正在研發汽車上的顯示文字與數字之類的技術，這部分我是完全外行。我的單位僅有十來人，女祕書給我的工作，都是一些計算成本的資料，必須具備一些成本會計的概念，只要有很好的數學腦子就能勝任，只是每天都有做不完的事，從早到晚，我不停的在計算各種成本，很多零件及產品都以編號表示，所以幹了很久，我都不知道是在做什麼產品，只知與汽車有關，也可能與飛機有關。

這個單位非常獨立，我的美國老闆就是最大頭目。在我的印象裡，他從來不做事，就是打打電話，談他喜愛的棒球賽，是個十足的棒球迷，他曾公開說：「不喜歡棒球的人，絕不提拔。」員工都很怕他。他每天最重要的工作就是開支票，偶爾我也會替女祕書用打字機幫她的忙，做這個我不應該做的事。工作環境很不錯，這位中年女祕書對我服務比對她的老闆還好些，經常煮咖啡給我，每天中午都是她買午餐三明治，偶然還買日本壽司給我，當然我的少說話且勤勞做事，讓她很是感激，也是原因之一。

將近一年的工作之後，我也略有儲蓄，買了一輛豐田（Toyota）青鳥牌的白色小車，而且終於也有了一位女朋友，並且自己租了間兩房的公寓，位置就在山景城加州路上，公寓內有游泳池、洗衣房，週末還能到太浩湖去賭上一把。

有了女友，心也安定許多，但是這種安逸生活，並沒有讓我忘記自己想做生意、發財的抱負。我與女友商量後，決定白天去跑街找找國際貿易的市場，晚上到餐廳打個工，如此收入還是可以的，她也有一份普通的工作，在電腦房打卡的技術操作員，收入還是不錯的，因此我辭去白天的工作，到一家中餐廳當服務生。

這位女友非常鼓勵我做生意的決心，不僅成就了我，也造就了她後來成爲百萬富翁，那時她才三十五歲，我在與她離婚時，把全部的金雞蛋（錢）給了她，只留下一隻雞（公司），她同情我，還把我給她的錢借給我，當做重新開始的本錢，我也感激她的支持，給了她公司百分之五的股份。這些事容後再詳述吧！在這裡，只有感嘆，人生的一個念頭，還有多麼驚人的未來結果呀！

第一段婚姻，無言的結局

我一直很想看看有沒有機會交個女友，最好是能到美國與我同甘苦的知心人。可惜我在美國期間，只對幾位女學生寫了信，未曾與任何其他異性聯繫，也無知心女友來往，雖然心中很是盼望有些姻緣，可惜完全沒有根苗，不知從何處尋找芳跡。

我離開印大時，有位準備進修醫學的日本女孩子與我聊天，她知道我的想法後，特別勸我：「當你一事沒成，心情寂寞時，想找個伴侶為你解愁分憂，註定會失敗的。最成功的婚姻，是事業有成，容光煥發，想找個伴侶與你同享快樂幸福，那時候，你才是真正有了美滿的愛情與婚姻。」

她的話，我雖然記憶深刻，可是並不怎麼放在心上，十多年後，現實的體驗才讓我驗證了這句話，果真是至理名言呀！

我在餐廳打工時，認識了兩位年輕人，一位姓陳，一位姓葉，小葉只有十八歲，小陳二十出頭，我與他們同住，共同分擔房租。

沒有多久，某天，小陳氣急敗壞的回來告訴我，同學介紹他的小姨子給他認識，對方是一位外表不錯、皮膚白細的女子，他一見鍾情，可惜對方嫌他年齡太小，這位小姐已經二十五歲了，她希望找的對象最好是比她大上好幾歲的成熟男人，因此拒絕了他的下一次約會。

小陳想不通，為什麼男人年輕幾歲對交往這麼重要呢？我告訴他：「她可能想找的是可以結婚的對象，你太年輕，沒有成家的念頭，她認為與你談戀愛無非就是浪費時間。」他聽了以後覺得有道理，心裡也就平衡些，不再那麼氣憤難耐。

接著他反問我：「你有女朋友嗎？」我說：「一個也沒有。」他說：「你頂可憐的，這把年紀了還沒女朋友，其實你的年齡及條件對她來說應該不是問題，我給你電話，對方姓段，你就在電話上與她聊一聊吧！」

當天晚上，我就打了電話給段小姐，也找些話題聊了起來。我倆很投緣，她的父親是空軍上校，湖南人，母親是四川雙流人，彼此有相似的背景。我們約了週末早上見面，當時我給她一個化名叫「張文華」，我想著，因為我早前在政治大學教書，有不少學生在舊金山灣區，開始交女友還是保守些，即使不成功，傳出去也不致名聲掃地，沒想到後來為了這個化名，差點就丟了這個姻緣。

我約了她出來玩，帶她到太平洋海邊，相處一天下來很是愉快。我倆都很滿意相互的交誼，而且看來她也正想找一個對象。我們連續兩個周末都在一起，相處的很高興，也開始有談戀愛的感覺，我回到宿舍後，還特別向牽線的媒人小陳報告我們的進度，他的態度感覺醋意有些濃厚，不過我也沒太在意，沒當一回事。

沒想到我準備再次約她出來時，段小姐在電話中把我罵了一頓，因爲我沒有把我的眞實姓名告訴她，以及我的身分是政大教授。她的二姊夫是小陳的同學，所以她二姊把我所有的情況都告訴她家裡的另兩位姊姊，於是麻煩就出現了，自己妹妹準備交的男友竟然連名字都不清楚，這醜事讓她顏面無光，所以她拒絕了我的約會。

我也認爲彼此沒有緣分了，只能自我感嘆一番，我的男性尊嚴始終是情路上過不去的那個坎。兩個多月後，我因爲在家悶的無聊，忽然決定打個電話給這位段小姐試試，所幸在電話裡，她態度非常溫柔友善，因此就決定約她第二天週末一起出遊，她也同意了，當眞讓我喜出望外。我們就約在她家附近的佛里蒙（Fremont）狼山公園（Coyote Hills Regional Park）見面，我也聰明的帶了一些證明身分的文件，以表示我的誠意。

見面時，她還是有些怒氣的，她說：「我的二姊夫從小陳那兒知道你的身分，在我家裡大肆傳開，說我竟然與一個騙子來往，實在太不給我面子了。」當然她也承認我是很有條件的男士，隱瞞的部分是我的優點而非缺點，是可以原諒的。這次開誠布公以後，我倆交往進展神速，感情像火箭一樣突飛猛進。

之後，她告訴我一段當天我給她打電話前發生的故事。那天早上，正好她與一位學電子的工程師男友約會，雙方發生很不愉快事情，也在那個當下，我給她打了電話，讓她非常心動。

她說，她姊姊給她介紹的這位工程師是一位四川人，爲人老實，她的父親及姊姊們都希望她能嫁給一位學理工科的工程師。她爲了與這位男友交往，每次約會親自坐舊金山地鐵，花上一、兩小時，從佛里蒙區前往舊金山市區。男友家裡經營一家小型的三明治早餐店，每天營業，由他母親及妹妹打理，但是每到週末，就由他替代他妹妹，讓他妹妹假日可以休息。她的這位老實男友，除了每週在矽谷工作五天外，週末還要在家幫忙，的確忙碌，所以每次約會，她就得遷就些，前往男友住的地方相會了。

每次約會，她都是一早梳理完畢就到舊金山，男友僅是請她吃個早餐，再看個早場電影，就結束了當天約會，如此草率的約會品質，常常讓她心裡不太舒服，但也只能忍耐。但就在那天，她男友吃完早餐就叫她自己一個人去看電影，他要趕回家幫店裡的忙，因爲他媽媽身體不舒服，但妹妹仍堅持要放她自己的假，他得回店裡支援。

我的這位女友，爲這事心中很是不快，電影也不看了，準備回自己的家。沒想到走在路上時，高跟鞋斷了一支，她只好用手拿著鞋，一個人走在路上，很是難看，有失面子。不巧的是又遇上她的大姊、二姊到舊金山逛街，姊姊們看到她狼狽的模樣，不但沒有安慰反而取笑她，狠狠傷了她的心。正是當天傍晚，在她情緒最低落的時候，我打了電話給她，讓她燃起一絲希望。

聽了這個故事，我心想，這通電話彷彿是上帝的安排，我們還是挺有緣分的吧！我倆感情發展得很快，她是一位非常主動的女性，我一向對女性的來往缺乏自信，總認爲自己沒有事業，無力成家，在交女友的行動上很是保守。但是這位段小姐，對我卻是非常主動安排每次的約會，相互來往很積極。我有一次夜裡兩點打電話，她立刻開車到我的公寓，爲我煮麵做宵夜。無論週末出遊、回公寓協助我洗衣、買菜等等，都是由她一手操辦，而且都是自己出錢，很能考慮我的生活細節，照顧的很周到，因此很快地，我們就同居了。

基於尊重對方，我要求去拜訪她的家人，她堅決反對，她說：「你來我家裡，我的幾位姊姊及姊夫都不喜歡你，反而影響我倆的交往。」我也沒有問明原因。有一天我倆決定結婚，我說：「這是大事，肯定要先向妳家人通知，拜訪一下，才合中國的規矩。」她說：「不行，我們就到賭城雷諾市（Reno City）私下結婚吧！結婚以後，再請她們到公寓來坐坐，請她們吃餐飯就可以了。」既然她這般要求，我也就允諾了。

結婚後，只有她的二姊常來拜訪，至於大姊、三姊以及弟妹，沒有一個到我們的公寓來，她的解釋是：「我的姊姊們對我的男人很是挑剔，你不是學工程的，又不會逢迎拍馬屁，志氣高昂，又有學者風度，而且學的又是商，沒有一項是能使我家人滿意的，肯定相處不好，還是少來往吧！」當時她說的話讓我很驚訝，但是也沒有太在意，後來我倆的婚姻出了問題，全被她的話一語道破了。

婚姻的不美滿常常來自一些想像不到的偏見問題，尤其她有如此眾多兄弟姊妹共七人，人多語雜，加上母親又喜歡搬弄是非，弄得我左右不是，痛苦萬分，到了後來，我事業有成，發了一點財，問題就更大了。最後夫妻的恩愛，都被各種是非弄得難以相處，加上她長期未有身孕，離婚時，她說了一句：「我沒有小孩，我就要全部聽從我家人的安排了，家姊們都叫我趕快離婚，可以拿筆錢吧！」而且她母親也提早爲她介紹了朋友，使我們的婚姻問題就更嚴重了。

我告訴她：「沒有小孩並不影響婚姻的美滿，假如妳眞想要一個小孩，可以領養一個，如同親生，也很好的，何況我媽也建議妳可以這麼做，眞的不必爲這小事離婚。」她說：「我媽媽及爸爸都反對領養小孩，現在我要聽的是我媽媽的意見，而不是你媽的看法。」

我與她離婚以後，仍有些往來，只是她回到加州佛里蒙母親那兒住了，我仍然在猶他州公司裡，她母親住的那棟豪華住宅就是我出錢買的，當時她母親堅持只能登記她女兒名字，否則就不搬進去住。我知道這位段小姐很孝順父母，爲了滿足這點，我答應了。

當時我倆都還住在猶他公司的簡易房內，並沒有購置任何我倆的財產。我的這位岳母常對她女兒說：「父母姊妹才是骨肉血脈相通，手心手背相連，丈夫只是衣服，隨時可以換的。」這句話看來還很有道理，但是我聽了總有些失落感。

她父親有相當重男輕女的封建思想，而她母親也命運不好，連生四個女兒，當初生下她時，她母親氣得蹬腳大哭，她父親不進產房，以示抗議，致使她母親好幾次把她送給別人領養，但最終又把她要了回來。不過她倒是眞爲她母親帶來了好運，之後接連生了兩個弟弟，可惜不幸一次騎電動車發生大車禍，兩位弟弟同時受難，大弟弟嚴重腦傷，終身殘廢無能力工作。

我的這位妻子，心地善良，孝順父母，愛護弟妹之心很是強烈，她很希望爲爲家裡多奉獻一些，也是人之常情，我也非常配合她的想法，只是我倆結婚八年之久，她始終未能有身孕，在猶他大學醫學院也訪求無數名醫，還是沒有成果。因爲早期成就事業時，她的確也對我出力及鼓勵不少，我對她有感情也有恩情，常常勸她不要把此事放在心上。

離婚以後，她來找我，要求我找醫生，爲她做一次與我有關的胚胎受孕手術，這個手術非常成功，她也很高興自己終於懷了孕。很可惜，這時她已經有了一位同居男友，此男友本身也有生育上的大問題，對她的成功受孕很不舒服，畢竟孩子不是自己的，最後也沒有保養好，最終還是流產了。

那時起，我們之間有一年餘的時間沒有任何來往。一九八九年末的冬天，她打電話找我，希望我幫助她領養一位大陸女性寶寶，我立刻答應她，還爲此事特別飛成都辦理這件認養的事。因受成都大霧影響，飛機連續誤班，我在廣州機場足足停留了三天，終於才到了成都。在這事之先，我找到四川科委會田主任協助，由於他的哥哥是四川名醫，他在成都孤兒院爲我物色了三位不到三個月大的孤兒，我依她要求的條件選了一個健康寶寶，辦了領養的手續，並找了一位善心官員王守義的妻子，撫養這位小孤兒，近半年內所有奶粉及日用品，全部都從香港採購送進來。

有一次我在美國向她報告這個屬於她的寶寶在成都的生活狀況時，她向我抱怨，她的姊姊們看了照片，認爲這個小女孩腳粗了一些，皮膚不是白色，帶有些紅色，她認爲是農民的小孩。我爲這事很生氣，我告訴她：「如果妳不要，我就自己養。」並把這件事告訴了我的美國祕書凱（Kay）及我的母親，凱很認眞的給我辦了美國領養手續。

而我母親則告訴我：「壽生你已經與她離婚了，她又有了男人，你做善事，有時吃力不討好，應該到此爲止，可以結束了，一切事情就由她自己全權做主吧！不要再與她來往了，將來你還可能結婚有自己的兒女，應爲自己想想。」

我認爲此話有道理，從那時起一直到現在，不再與她往來。半年以後，她與丈夫一同到四川成都，把這位幸運的孤兒帶回美國，這是一九九〇年的事了。這位孤兒的出生日是一九八九年十一月，生肖屬蛇，她的父母把她遺棄在火車站，並留下一張出生日的紙條，我後來把這張紙條也轉交給她，從此我再也沒有與我這位前妻有任何來往了。但是我爲自己做的這件事，還是很高興的，這個小孤兒現在應該已經長大成人了吧！

第十一章　從零開始創業，躍居豐年蝦之王

我與段小姐結婚以後，決定好好的開展一些生意，白天就到處跑跑，眞如我母親所說的「跑街了」，不過主要是找食品行業的進口商及批發商而已。

手腕怎拚得過大廠？

在美國，這些食品供應批發商，通常都是半夜上班至第二天中午就結束了。他們配送各項物品，大多利用夜間及清晨等市區交通較方便的時間進行，很多收貨的超市、零售及餐館都無須有人守候，就能直接送到倉庫，甚至溝通良好的客戶還能送上貨架，如此雙方都方便了許多，我得知這情況的時候很是吃驚。

不過這也是美國的商業信用可靠，而且治安良好有關，比起我們常說的童叟無欺還要高一等，因爲雙方只要一個電話，第二天貨物就到了，品質重量無誤，有問題立刻補上，絕不

讓客戶吃虧，價格也有公定的行情，即便是舊金山灣區的華人小批發商，也都能有信有義的在做生意。

我因爲想做國際貿易，代理台灣兩家食品工廠開展銷路，受限於諸多原因，未有任何成績，但是我尋找進口商及批發商的網路已經走到內華達賭城，基本上生意的開展，只要勤快是很容易的。當時美國批發商都很願意做貿易生意，最後之所以未能繼續下去，主要是生意可能獲利有限。我計算了一下，如果純粹做貿易掮客，而不兼任批發生意，利潤未免太薄了些，但是如果兼作批發商，我的資金本錢就是大問題，最後只能決定放棄走這個路線。

正在這時，我遇到一位政大統計系的年輕教授譚秩猶，他是湖南人，其祖父是譚延闓，是民國早期風雲人物。那時他在舊金山經營一家中央大飯店（Grand Central Hotel），實際上是一家經營權租了十五年的老式飯店，共十三層樓，每層有兩間是有洗浴間的房間，其他房間採歐式化，每層樓有公浴間及洗手廁所等，且各層樓面鋪有地毯，總共一百二十五個房間，十三樓全部自用。

飯店地點非常好，坐落在舊金山市場街（Market Street），這是市區最主要的道路。只不過房子太過老舊，被市府列爲古蹟保護建築，只可裝修內部，其他一概不可翻修更動。

譚老師單身一人，又是名人書香子弟後代，經營這個生意還是有些辛苦，他知道我想做貿易，爲了協助我，答應給我免費使用十三樓的部分房間，以便開展工作，同時也能協助他管理這家旅店，之後我們也投資少量資金入股，也算是股東了。

當時我的妻子段自誠也很高興，就在附近一家電腦行找了一份電腦打卡的工作，我就下海投入全部時間在貿易市場，因爲缺乏資金，只好與台灣當年黃秋財同學介紹的學長，開始進行一些台灣中央信託局的國家企業投標項目，與台灣國企打交道的都是一些大生意，若成功了，是不必花自己任何資金的。當時是以台灣電信局、電力公司、中油以及台鐵幾家大企業爲目標，在那個時期，貿易商有很大空間做所謂掮客的生意，以收取佣金爲主。在一九八〇至一九八二年間，我在台灣的採購投標上很是活躍，而令一些老貿易商感到頭痛，他們知道有人競爭，只好殺價了，或者必須創造技術上的障礙，保護其利益，以便阻止我搶標。

我也因此接觸到不少美國科技界的商人，爲了一些大標單而與大廠商談判，簽下金額極爲可觀的代理契約，所有生意都是以收取佣金爲主。我妻常看到一些西裝革履的人，來我辦公室談判，她也很興奮，看來她的老公是會發財的；可惜最後我並未在這些投標採購的生意上賺到大錢，一些好的生意，最後還是被台灣本地各種具有政治關係及有公關能力的商人給包辦了。

不過我仍然做了不少小生意，我說的「小生意」是以國家企業的項目來比較，其實金額項目仍然是很可觀的，只是我得到的佣金太少了而已。例如，我曾在不同時期，標得中國石油兩項採購標案，一項是賣美國蒙大拿州（State of Montana）的一種稀土，主要作爲中油海上探油使用，約一千噸，必須安排火車運送到港口；另外一項是爲中油採購探油用地震儀。此外，我也爲中油連絡美國太陽油公司的潤滑油整廠設備，建一座廢油再提煉工廠，爲了這事，我來回與他們高層談判跑了無數次，但是到了後期，中油竟與他們直接交易。這事給了我一個教訓，我是吃不到大魚的。

上述的事情發生了百餘起，小生意做了也是白做，賺不了多少佣金。大生意都在半路爲別人做了嫁衣，即使簽了約，也都會出問題，對我這種官商勾結能力不夠又靠佣金吃飯的小貿易商來說，很是吃虧，有時候拿到的佣金還不夠貼我的汽油費呀！

在台灣方面，與我互爲對手的這家貿易公司老闆，也是我政大國貿系學長，很是過意不去，於是找上了他的姊夫，是生產鵝絨衣外銷的企業，交給我一項不錯的生意，要我在美國採購鴨絨毛以供他姊夫的工廠使用。

我找到兩家美國最大的養鴨農場，在威斯康辛州（State of Wisconsin）的C&D Duck Farm，當時號稱世界第一大養鴨場，每年有九百萬隻鴨子銷售，從種鴨養殖、鮮鴨眞空包裝完成並冷藏，完全在威州密爾瓦基（Milwaukee）城郊進行一貫作業，並附有一家鴨絨處理廠，一個月能生產四個貨櫃的鴨絨，當時以一磅三．五美元的價格出貨。頭幾個貨櫃，我能在每個貨櫃上賺得近六千美元的淨利潤。

我的學長姊夫可能認爲我賺得太多，就從台灣飛到美國，要我帶他前往C&D Duck Farm拜訪。因此我們前往美國中西部的威州密城，詳細看了該養鴨場及工廠設備，以及殺鴨的過程，的確非常先進。養殖場只有六十餘人，但是殺鴨場則用了三百人，每隻鴨從孵化到成鴨（約三磅以上）只需七週飼養期，殺鴨場的設備是不鏽鋼的全套一貫作業，每隻鴨分三處有三次經由檢驗員核查它是否健康衛生，其科學化的程度非常精細，著實令我大開眼界。

看官要知，當時是一九八一年，兩位鴨場老闆都已九十高齡，還與我們共進晚餐。我的客戶很滿意，希望採購他全部生產的四個貨櫃的鴨絨，但是養鴨場的總經理只答應給兩個貨櫃，我心裡暗暗高興，如此我每月可有一萬美元以上的收入，這在當時是很不得了的。那裡知道，這位我學長的姊夫，要求C&D鴨場負責從他們的收入中負擔二%的佣金，支付給我這位中間貿易商，我只好點頭了，但是仍然有近七、八千美元的收入，看來還是不虛此行。

可惜這個好景也僅維持了兩個月，台灣的採購方通知我，因爲要降低成本，只能把二%的佣金改爲一%。看官要知，這個錢是由美國養鴨公司負擔的，他們仍然支付這筆錢，只是其中一%的部分付給台灣方而已，這時候我才意識到，這個貿易生意已經受人控制了，而且這個一%的佣金生意也僅做了一筆，就從此沒消沒息，永無音訊了。

爲了這筆生意，我也曾返台拜訪我學長的姊夫，這位採購商老闆告訴我，他每年能做上六百萬美元以上的鴨絨衣外銷，生意沒問題，只是鴨絨難求。我的學長告訴我，它的利潤至少一半以上，在當時八〇年初，眞的是很發財的生意。

這位老闆請我吃了一頓台北的豪華大宴，吃的什麼東西，我都不記得了，只記得是在一間豪華大廳內，僅此一桌，而且每人都配有女服務生一名，穿著紅花色旗袍，大部分的服務是酌酒、敬茶，而且是跪下來服務的。這種服務令我有些拘謹不習慣，胃口也好不起來，有些像在吃官宴的感覺。我的學長告訴我：「這是目前台灣商人的待客作風，我姊夫也特別招待你一回。」我當時心想，這是資本主義的腐敗吧！

豐年蝦卵生意之始，感謝丹普斯特教授指導之恩

在我回台灣台北拜訪鴨絨商以後，老學長介紹另一項業務給我，要我為他的一位屏東朋友採購一種很特別的飼料，也就是養殖魚苗及蝦苗的活體生物飼料「豐年蝦卵Brine Shrimp Eggs（Cysts）」，當時我完全不知道這是什麼玩意兒，但是對這項水生物的行業很是好奇。

對方給我二%的佣金，老實說，做下來還不夠我的汽油費，但是心裡還是想試試看吧！我告訴妻子，雖然不能賺錢，但總是一項到手的鐵打生意，不至於像投標業務，幹了半天卻雷大雨不下，總是做白工，於是我也就同意接下這項任務。

對方指定我要採購舊金山南灣的金山牌產品，我開車數次前往這家有名的「San Francisco Bay」金山牌廠，地點在我妻原來住家佛里蒙的鹽池附近，是從池中捕上來的一種豐年蝦的卵，經過處理並裝入馬口鐵罐內，這是我當時唯一的知識。這家公司老闆叫安東史密斯（Anton Smith），德國後裔，祕書兼副總是一位中年女人叫瑪麗亞（Marina），每次都是她接見我，她要求三個月前付款，然後排隊等貨，價格很硬，沒有任何折扣可言。

我心想這等生意，我的買家肯定不會答應，卻沒想到打了電話回台灣，對方決定立刻開

信用狀給我。那時做貿易生意都是透過銀行信用狀，我一收到信用狀，馬上通知祕書瑪麗亞，她告訴我一定要現金，如果錢送來就能提早給貨。這可麻煩了，雖然只是三萬美元，但是以我當時的資金能力，只能過過日子而已，看來我還是找銀行吧！

舊金山有家亞洲銀行，我找到一位女副總及一位台大畢業的經理，他們都是台灣來的大陸人，很幫忙，決定給我做現金保證付款書，而把L/C信用狀交給他們，這個方法很有效，我的供貨廠商答應了，而且大老闆安東史密斯還請我到他的房間喝啤酒，我們一共喝了十二瓶，但是我只喝了一瓶，這位德國老闆果眞是啤酒肚。

我們台灣公司急著要貨，全部空運到台灣，那時空運費非常貴，每磅空運費就要三．五美元，空運代理行的人都把我當成怪客，以爲我在賣白粉吧？美國海關與檢疫單位也都好奇的左問右問，他們以爲是水中咖啡。等我解釋了以後，他們也很配合，檢疫部門的人告訴我：「這裡有一本檢疫表，你拿回家自己慢慢塡，不必再來找我們了，反正沒人知道如何檢疫。這個生物產品的健康證明你自己最清楚，所以你寫好了，證明就算數。」

我連續在一月內訂了三批貨，卻沒想到第三批貨出貨不久，台灣方面回電報，要求退貨，因爲這批豐年蝦卵的孵化率不到九成，認定品質不及格。我收到電報後很是苦惱，幾夜未睡，對方一開始訂貨時，就說明這是自然生物，而且奇貨可居不給退貨，但我當時太老實了，我的台灣朋友認為不好，這個責任我一定要承擔下來，想來想去，決定先找人弄清楚，究竟這是什麼玩意兒，我應該對「豐年蝦卵」的生物知識有充分的熟悉才是，於是決定到美國漁業局去問一問。

這種東西是由美國野生動物局（Wildlife）負責管理，我找到了夢諾公園（Mono Park）野生動物分局查詢，其中一位官員告訴我，他可以介紹一位史丹福大學漁業生物的退休教授給我，名叫巴伯．丹普斯特（Bob Dempster），這位老教授雖然退休了，還是被舊金山史丹利水族館（Stanley Park）聘為顧問，經常在那兒上班。

第二天，我打電話找到丹普斯特教授，他非常吃驚，沒想到竟然會有人對他的專題研究有興趣，立即答應隔天早上讓我到他的實驗室見他。我到史丹利水族館的地下室時，他正在那裡工作，他年約七十六歲，在他的辦公室桌上，放滿了他寫的有關豐年蝦的文章及研究報告，大部分的時間都在二戰以前創作，所以這些文章的單行本全都發黃，充滿歲月的痕跡。

當我說明我的來意，他很高興的詳細解釋豐年蝦的生態及簡單的處理方法，最後他邀請我，每天早上來他辦公室，他教授我做一些孵化豐年蝦卵及眞空包裝等實質工作。我從那天起共去了五次，他還把他桌上的全部作品文章都送給我。他哪裡知道，他這一個星期的工作，翻轉了豐年蝦的工業革命，並造就了一位億萬富翁呀！

這位不要任何報酬的善心老教授，我的大恩人丹普斯特教授，使我成爲「King of Artemia」，這個「豐年蝦王」的稱號是業界給我的，因爲無論在捕撈、採收、生產作業以及市場推銷上，我推動了一場豐年蝦的工業革命，並創造世界養殖業的繁榮，尤其是蝦業養殖戶的暴增。

我以一個外行人之姿，成爲這方面的先驅者，在世界蝦業，幾乎無人不知「Simon Goe」，同時我也是這個行業發展、成長的見證者及推動者。

我的「紅林牌」產品行銷全球八十七個國家，北有冰島，南有太平洋的法屬大溪地及印度洋東南非洲的小島屬地，也包括南美洲各國，從千里達島到厄瓜多爾。更別說亞洲了，從日本、韓國、台灣、直到越南、印尼、泰國、孟加拉、印度、伊朗、沙地阿拉伯、以色列、希臘及早年的南斯拉夫、義大利、西班牙等等，幾乎都有我們的足跡，這些只待後面再詳述了。

我誠摯的感謝這位老教授，他活到九十歲才去世，他的研究成果經過我的發揚光大，不只富裕了我自己，也改變了全世界的水產業，他的貢獻功不可沒。

展開豐年蝦卵研究之路

話說回來，我對台灣客戶因產品品質不合格，要求我向金山牌公司索賠乙事，日夜掛在心裡，耿耿於懷。尤其我從小受到家父儒家思想教育，做人要忠義，對事要誠信，寧願自己吃虧，絕不能愧對友人，現在我的客戶受到損失，而且是由我經手的產品有問題，心中很是忐忑不安。

爲了找出解決之道，第一步我決定把這項產品研究清楚，在丹普斯特教授的教導以後，我發現這是一個商機。原因在於，首先當時台灣使用這個豐年蝦卵做爲蝦苗的必需飼料，沒有任何東西可以取代，在使用上有些獨佔性；再加上這一行業正是初見曙光的新事業，而且產地正好在舊金山灣區內的南灣鹽地，有自然生長的資源可以捕撈，簡直就是天時、地利、人和三者具備。

我決定進一步了解這個產業與相關市場性。尤其在鴨絨買賣的代理生意結束後，我內心對收取佣金的生意總有些不踏實感，總認爲這是無根浮萍的事業，做不大也不實在，應做一些有生產基礎、具備某些科技涵量的事業才是。

於是我全力開展豐年蝦卵的事業，一方面收集資料，深入了解鹽水蝦的生態、產地及可能收集到的加工處理方法，同時了解其實際應用價值。二則親自考察南灣鹽池生產捕撈的情形。我到舊金山總圖書館查詢相關書籍，很幸運的，我發現了一本英文著作的《豐年蝦文摘》，把世界所有的論文做了摘要並出版的書，這本書看起來沒有人借閱過，我可是第一人吧！它給了我世界各地鹽池生產的資料，以及其他的有用消息，幾乎成爲我初期參考的「聖經」。

爲了加強我在鹽水生物上的知識，我特別去加州海沃德市（Hayward）的 Chabot College 學院選了一門海洋生物學來學習，教授是一位史丹福大學的女博士，在倫敦海洋生物研究所工作了十年，回到灣區之後，在這所學院任教。這門課讓我受益很深，她經常帶我們前往海邊及海上收集生物，尤其是藻類及單細胞動物等等，帶回來實驗室研究觀察。爲了這項生意，我的確投入了不少精力。

最成功的一次經驗是我到鹽池考察時，發現金山牌的工人在採收豐年蝦長大的母體，而有機會與他們進行交流，獲益匪淺。有一次，我發現鐵路邊有一個鹽池，角落漂浮了不少豐年蝦卵，第二天我帶了工具採捕，收集了不少，並接連在同一地點收集了好幾天，我妻也協助我採收。這批新鮮蟲卵，使我有機會進行加工研究，並且做爲我給台灣商人的賠償貨。

在初期階段，只能用丹普斯特教授教的方法試著工作，全部作業都在公寓的小院子內進行，蟲卵的乾燥就在附近的學校籃球場上作業，幸好當時是暑假，學校放假，讓我有足夠的場地可以使用。這批貨生產出來的產品質量極佳，可能是我這一生中發現品質最好的貨品，此時是一九八二年。一九八三年，舊金山豪雨成災，海水衝破鹽田，從此那兒的自然環境被改變了，不再能生產出可足量上市的豐年蝦卵，換言之，我收集到的那批東西，也是舊金山最後一年的了，當然金山牌可能還有一些，但可能也已經售完了。

我把這批自己採收的貨，請一家猶太人的罐頭包裝公司負責眞空裝罐，並設計紅林品牌「Red Jungle Brand」，做爲對台灣商人的賠償。因爲這位客戶是我學長介紹的，他對我負責的態度很是感動，決定一半爲補償，一半就由他採購，並希望我能增加供應量。

爲了這事，我特別回台灣一趟了解市場，他們告訴我，豐年蝦卵非常缺貨，供應商從我手中拿到貨，立刻就加上兩、三倍的價格轉賣出去，更多時候還得提前付款預訂，原因就在於貨源難找。目前市場上只有金山牌乙家供應商，而且經常缺貨，我給他不合格的那一批，過了一個月，因爲缺貨，蝦苗孵化廠用更高的價格又買回去了。我的學長告訴我，這是門大生意，但是一定要找到貨源。他們爲了想把生意做好，還特別印製年曆贈送蝦農，以便打響「紅林品牌」，此爲後話。

與山打士家族的首次合作

我回到美國以後，找到了金山牌公司，他們的確也已售完存貨，而後我在海沃德市的紐曼，找到一些次貨可售，並有一次參觀其簡易工廠的機會。他的貨都是從猶他州採收來的，我把當時可售的貨全部買下來，然後我又前往猶他州鹽湖城，找到一家作熱帶水族館生意的商人，他爲我找了一批貨。當我第二次再想採購時，這位水族館老闆告訴我，生產商認爲我的量太大，要直接與我做生意，畢竟這是生物活體，有品質的問題，所以不能再與我交易。

水族館老闆把生產商的名字告訴我，因此我立刻與這家有四十年歷史、在猶他大鹽湖採收處理生產的山打士公司打交道，因爲付款問題，我又特別開車走了一趟猶他州，到俄敦城（Ogden）與山打士家族談判，請求能用私人支票付款。

當時他們的簡易工廠面積不到二百平方尺，是其祖父傳下來的事業，由三個兒子、一個女兒經營。當時在場的，有老大、姊夫以及大孫子三人在場，他們非常好奇，我採購如此大量的豐年蝦卵做什麼？經我解釋以後，他們才恍然大悟，而有意準備明年多採收一些。我因爲資金週轉取得了方便，因此連續下了三個訂單給他們，我開出的支票也如期兌現，山打士家族很滿意，但是準備下第四批訂單時，他們告訴我：「你把我們倉庫的存貨都快訂光了，我還得留一些滿足熱帶魚水族館市場的老客戶，沒法再賣給你了。」

山打士的人每次與我說話時，都用一個口頭禪「Do Your Best」，有時就簡化成「Your Best」了，不停的冒出這一句，我聽起來很不習慣。我與食品包裝公司古堡食品公司（Cascade Co）的猶太人打交道時，他常說的話是「I'll take care of you, don't worry it.」，也是不停的說這句話，他們眞是好商人，不停的在安慰對方，好說好說呀！

我很是失望，決定向紐曼買一點次貨，也就是孵化率差的蟲卵，想以去掉其外殼的方式增加孵化率及使用度。受惠於前面幾筆貿易生易，我也著實賺到一點小本錢，決定在海沃德市租個小倉庫，研究發展這一新事業。

我從葛蘭大飯店（Grand Central Hotel）找來一位上海工人協助，按照歐洲比利時國的Dr. Sogolow的文章講述的方式及配方，準備進行經濟規模的工業化生產。由於化學反應，產生不少氯氣，由於家父曾在國軍化學兵學校任主任教官，我也頗有些知識，知道這是一種毒氣，因此買了防毒面具，但是仍有餘氣洩出，爲了免除對肺部的影響，也就停止這項生產。儘管爲此花了不少錢，但我也學到正反兩面的教訓，其中一項小智慧，後來更成爲我產品的優秀特點，就是我發現弱酸處理後的豐年蝦卵，不僅可以殺菌，而且可以使卵殼軟化，在蟲卵的孵化時間及孵化率上，都能有很好的改進，此法一直使用到現在，可說是一場投資報酬率很高的實驗性生產。

在一九八二年及一九八三年間，受到聖嬰現象的強烈影響，尤其是一九八三年上半年，美國西部加州、猶他州豪雨不斷。光是三月份的兩個星期，居然有九次暴風雨侵襲那裡，猶他州的大鹽湖水，已經氾濫到州際公路八〇號上，甚至湖水漫延到大鹽湖城國際機場附近；到了六月中，由於夏初高溫來的特別早，洛磯山上的積雪融化，幾十年來的雪水，大舉沖進州府及附近城市的山邊市區。

我因向山打士採購豐年蝦卵，曾前往大鹽湖無數次，當時南湖岸邊到處都是豐年蝦卵，滿地滿湖的。我特別採收了一袋，回家研究，經過脫殼處理，濕露出橘紅色，很明顯的，這都是實質的蟲卵，而不只是卵殼而已。但是我總認爲這是去年留下來的舊東西，而且湖上的數量太大，我不敢相信這是有價值的好東西，而且我當時也未有大規模生產這東西的設備及經驗，只得放棄。那次所見的豐年蝦卵湖中盛況，以後就很少見到了，即便在二〇〇〇年時，也出現了一次豐收年，但是規模卻是小了許多。

持續進修水產行業長知識

我意識到自己在此項行業上，應學習更多的知識，經查詢得知美國農業部撥了一筆錢給邁阿密大學，免費訓練如何養殖暖水蝦，其中以厄瓜多爾的白蝦為主，共六個星期，我立刻報名參加，並把我妻也帶去，一切學雜費全免，還供應中午三明治與咖啡點心下午茶。由於前面幾筆貿易生意有所獲利，我的手頭上有些餘錢，所以我倆就住在旅店內，而不住進宿舍中。

主講老師是一位有經驗的教授，曾在巴拿馬最大的白蝦養殖場工作八年，另有助教兩名，也是學有專長，同時還有一批學員，是培訓羅非魚（Tilapia）及其他熱帶淡水魚養殖的一批和平工作團計畫下的年輕人，所以有兩個組分別教學。我們的人數僅有十六人，本來計劃三十五名，但是報名的人不多，僅收了十六名，偶爾我妻也會參加一些有趣的活動，比如到佛州最南端的鎖島（Key Island）去參觀，教育的場地在西棕櫚灘（West Palm Beach），因此我們幾乎每天都在海邊玩耍，偶爾烤火，眞像渡長假一樣。不得不說，美國政府的社教職訓很是完善，也願意花錢提供產業培訓。

受訓人員中，有一位維州（Virginia）大學來的同學，後來他到美國處女群島開了一家小型養蝦場，他說，他與他的妻子的家族都有生雙胞胎的遺傳基因，所以他妻子的第一胎是一對雙胞女孩，第二胎也可能是雙胞胎，我妻聽了很是羨慕的，因爲她婚後一直未能懷孕。另一位是從中美洲薩爾瓦多（The Republic of El Salvador）來的，他是做傢俱生意的年輕人，很富有，是駕私人飛機從薩國飛來的，我們到鎖島時，他還特別請我們夫妻搭他的飛機前往。還有一位是從波多黎各（Puerto Rico）來的，是美國的屬地，做的是美軍軍服生意。

另有一位Tim Troy則是從愛達荷州來此學習，他可能是最窮的一位，我經常在咖啡廳、酒吧爲他買單付款，他也是唯一住在訓練班宿舍內的人，與那批和平工作團的學員同吃同住。兩年以後，我請他到我獨他工廠任經理一職。一九八七年，又派他到菲律賓管理我的養蝦孵化場。

這一次的訓練，讓我對水產行業有了更深層的認識，爲未來事業開拓，貢獻了專業的知識與方向。

在我回程時，我與妻搭乘東方航空公司飛機，從邁阿密飛舊金山，飛機航行了一小時，我妻發現陽光改變了方向，轉到了另外一方，同時機長不停往機艙尾部緊張快步走動兩次，很快機長報告：「請大家安靜，放心，飛機尾部發現漏油，經估計仍然有足夠的油飛回邁阿密機場，目前正在往回飛行中。」此話報告後，機上鴉雀無聲，彷彿都能聽到大家的心跳聲及呼吸聲，前座頭等艙客人，都移到安全門附近坐下，我們也有些緊張，後座的美國夫婦則伸頭告訴我們，不要怕，這位機師是德國後裔，很有經驗的，一定會安全抵達的。

我也告訴我妻：「這次飛機票是用美國運通（American Express）信用卡買的，有一百萬美元的飛行生命保險，如果眞出事，我倆的家庭都會發一筆大財的。」她聽了以後笑說：「這樣我也安心了。」不久，飛機到了機場上空，發現下面跑道布滿消防車及救護車，我吃驚的說：「車輛如此之多，可能把邁阿密城裡的車都叫過來了吧，可見飛機漏油可不是小故障呀！」她聽了緊張得流出眼淚，頃刻間，飛機就順利著陸了，大家都高興的鼓掌，也有人高興的直擦眼淚，彷若劫後餘生，眞是緊張的一次空中飛行呀！

一小時以後，我們轉換另一架飛機安全回到了舊金山，結束了這次Sea Grand 的養蝦教育班課程。這是一九八三年六月份的事情了。

雪村——我的風水寶地

在一九八二年時，我邀請我弟弟和生前往猶他大鹽湖及山打士公司考察與談判，在這次行程中，特別到大鹽湖史丹尼島（Stanley Island）的岸邊採集了一些豐年蝦樣本回家研究，同年我又邀請他到蒙諾湖（Mono Lake）考察，因為這個湖產蝦但不產卵，且湖面太小，所以我就決定全力以猶他大鹽湖作為我的工作目標。

一九八三年暑假，我私自拖了一條買下的舊船到大鹽湖北岸，當時天氣正值盛夏，只見少量的豐年蝦卵被水沖上岸邊，但在南岸則未見任何蹤影。回到舊金山與妻商量後，我們決定遷居到猶他州，先是住在楊百翰城（Brigham Young）的車廂簡房內，一個月後，為了能找一個工作的空間，有一塊大的庭園，就搬到另外一個小村內，租金只有二百元，庭園有一英畝大，雖然是簡易房，但是三房兩廳，比前次的大了一倍之多。

我們從八月份一直住到第二年三月份，生活得很愉快，並且在北大鹽湖岸採收了一批夏末的蟲卵。我設計了一套簡易的處理加工設備，自己生產加工，至於乾燥這項工作，就在簡易房的客廳地毯上，用塑膠布及電風扇來處理。基本上，還可以生產出孵化率達百分之六十以上的產品。我把這些約一百五十箱的原料送到了Cascade Food Co.，請這位見到我就愛說：「I'll take care of you, don't worry it.」的猶他人老美幫忙真空製罐，然後賣到台灣。

執照申請，合法採收

我與我妻在九月份的採收工作中，遇到一位猶他州的狩獵警官（Wildlife Dept.police），他告訴我，這種生物品在夏天的貨色不好，最好冬天再來採收，蟲卵的顏色轉變成更朱紅的色澤，才是好貨。但是他也警告我們，還是要到州政府野生動物資源局（Wildlife & Natural Resource Dept.）申請一份採收執照，才能合法採收，並告訴我們去找主管史東先生（Mr. Stone）。

第二天一早，我就到局裡找上了史東先生，他客氣且帶著開玩笑的口吻對我們說：「這是湖中的垃圾，你們居然有興趣採收垃圾，這是好事。我可以給你大鹽湖北湖的獨家採收權，如何？」我回說：「不必了，只要給我採收執照，我就很滿意了。」他拿了一張簡易表給我填寫，並收取了執照申請費二十元，告訴我回家等消息，他會打電話給我。

我回到加州海渥市租的小工廠內等消息，第三天就接到史東先生的電話，通知我申請已經批准，有資格在大鹽湖採收豐年蝦及蟲卵了。我們很高興的再次前往大鹽湖北岸，進行原料的採收作業。

有一次，我想到一處沙灘廣闊的泥灘區域尋找蟲卵，我獨自一人走了很長的一段路程，天氣炎熱，這時湖中生長一種馬蠅，飛來咬我。不一會兒，一大群馬蠅開始集體攻擊咬我身體皮膚的各部分，很是凶猛，勢不可擋，我又叫又跑的往岸邊奔去，我妻在遠處看到了，不知道發生什麼事，很是緊張。還好當時年輕，身體強壯跑得快，回到岸邊陸上才逃過一劫，但是全身被馬蠅咬得又痛又癢，回家休息了幾天才康復過來。

另有一次，我們趕早開車到鹽湖北岸，車行在廣大的麥田碎石路上，因爲我妻家中姊姊們的一句閒話，以致我妻與我爭吵了起來。當時車子是租來的，也許我尚未習慣駕駛它，也沒控制好速度，在碎石路上車行太快，整車翻倒在麥田裡。所幸當時正好有一位老農開車經過，把我們從車裡救了出來，又送我們到雪村（Snowville）裡。接著有位中年婦人很熱心的把我們送到了Tremonton鎮上的地區診所內，診治後我只是皮膚有些傷口，打了破傷風預防針，而我妻則是腳部嚴重扭傷，必須用拐杖才能行走。我租房地區的村長，也是教長，特來醫院關照我們，並帶我們回家，不久，他還帶來晚餐及一大塊的新鮮牛肝給我們補補身體。

我妻大約休養兩個月才完全康復。

雪村是一個很漂亮的地方，屬於雲雀鳥谷地最大的村鎮，居民有五百人。雪村位於猶他州北面，鄰近愛達荷州，從鎮上向北走到愛州的州界僅三公里而已。這個谷地是南北縱長，兩個州界區內約一百多英哩，合約兩百公里長，是一個三不管的世外桃源。

往谷地向北走三十里，另有一個希伯來（Holbrook）小村鎮，此外都是牧場的散戶農家了。在第二次大戰期間，這個谷地住了將近兩萬人，有初、高中及數間小學，也有很大的教堂，大部分的人家都是牧場主人，以養牛爲生，當年養乳牛的農場非常多。但這個谷地的人口目前已是大減，只住了兩千人而已。

如果把雪村南方的麥田地，一直到大鹽湖北岸的所有平坦谷地算在一起，肯定有三個以上中國內地縣轄區大小，如算上山地，腹地更是廣大。美國的確地廣人稀，二戰期間，大部分平坦地都是牧場，種著苜蓿草，山坡則是麥田，品質很好，日本人從這兒進口，來養他們的神戶牛及乳牛。

由於美國牛乳生產過剩，肉牛也太多，價格不好，以致這些谷地的人都向城市移居；早年，很多土地都被政府以一畝四十美元的價錢收回「廢耕減產」，以便提高農產品價格。

谷地內有個水庫湖是釣魚、遊船的好去處。湖邊有一個州立公園，美輪美奐，唯一的缺點是遊客太少了。有一天清晨，我去湖邊釣魚，忽然發現一群奇怪的「訪客」，看官可知，那可是一群美國狼呀！谷地水草豐富，獵季來臨時，城裡的人都拖著旅行車，來這兒野營好幾天，不打上一、兩隻鹿絕對不回去。一片大好荒地長滿雜草，入秋時期，野鴨成群，就是打野雞、野兔的好獵場，我在那兒特別做了藏點，可以玩上幾季打獵野鴨的遊戲。

話說在我們受傷的這段時間，已經是冬天了，這個冬天至今回想起來，可能是我與前妻最愉快的日子，雖然窮一點，但是我們很高興能有一項很好的生意在做，有了奮鬥的希望及目標。因為這場車禍，她也想開了，不再為家裡姊姊們的謠言及小事與我爭吵。

在那美麗的鄉間，地上滿是白雪，附近的鄰居都很友善，冬天早上仍有不少各種鳥兒在屋簷下歌唱，並築上鳥巢在窗邊屋簷下與我們做鄰居，很有生活在世外桃源的滿足感。夜裡非常寧靜安祥，睡覺時彷彿獨身在天地之間，可享受到一種說不出的安眠感受。

四一　愚人節入駐工廠，奠基雪村鎮

我對當時救我的那位雪村的中年婦人及老農表示感激，特別前往致謝，交談中，她知道我們前往大鹽湖北岸的目的是爲了採收豐年蝦卵，建議我們買下她丈夫去世前留下的小工廠，如此路程更近，對我們在作業上也方便許多。

這個小工廠原來是生產炸泡麥粒，做爲沙拉的添加食品，可以增添口感。男主人因心臟病去逝，女主人就把生產技術及商業這一塊賣給愛達荷州的一位商人，於是廠房就空下來了。

最重要的是，她答應七年分期付款，眞是一筆好交易，果然「塞翁失馬，焉知非福」呀！而且當初把我們從車底拉出來的那位老農也住在附近，工廠開工以後，我們請他專門爲我們清潔垃圾，運到堆集場，彼此相處愉快。

四月一日是愚人節，就在這一天，我們入住到這個倉庫裡，工廠近三十號公路邊的正前門，左右邊各有一個辦公室，我用右間做爲寢室，左邊做爲辦公室，進正門的一間爲會客室。內部分三進的工廠間，設備機器已經出售，留下一些不鏽鋼的長方型裝原料及成品的大盛器，我就留下來使用，再把以前自己設計的簡單生產設備及工具搬了進來，如此可以處理一些一九八三年冬收集的蟲卵。

但是乾燥方面是個難題，我找到鎮上的一位木匠，與好萊塢大明星是同名的John

Wayne，剛好也懂一些電工及焊工的活，來協助我們改造倉庫，並設了一間乾燥間，用送風、抽風及除濕等原理設計而成，效果不錯，只是產量不大，而且用人工量也很可觀。於是第二年，我們又在原有基礎上擴建兩次，都是這位小鎮技師提供的協助，他不僅熱心、收費低廉且很有工程知識，如果說他具有一位工程師的水平，絕不爲過。

至於雪村這個小鎮雖然交通方便，有八四號大高速公路經過，但離大一些的城鎮也需四十分鐘的車程，到愛達荷州的大城鎮就需一小時了。到猶他州的首府鹽湖城（Salt Lake City）需一個半小時，至國際機場也需一小時四十分的時間，但高速公路暢通，絕對不會有交通阻塞的可能，交通方面還是挺方便的。不過因小鎮屬猶他州管轄，何況我們採收豐年蝦卵的大鹽湖屬於該州境內，所以我們無論上街或是採購工廠用品等活動，全集中在當地州內。

我們工廠就在雪村的鎮中心地區，十月份鎮上的兩家咖啡廳，生意很是繁忙。我每年都會收到一隻工人贈送的鹿，足足可以吃上半年。當然治安更是完美，因爲谷地的居民彼此相互認識，外來人不易做什麼壞事，從未聽說過治安上的問題。我這位老中更是家喻戶曉，只要是我的中國朋友到這兒訪問，偌大谷地的人都很友善對待，他們知道一定是Simon的朋友。

我們公司在那兒是最大的雇主，我也是首要的富人，很多農莊牧場的家人，都有一份子及成員曾在我的公司工作過，其中雪村的教長夫人及水廠廠長是我的祕書，村鎮的鎮委員會成員也有好幾位是我的員工。我也捐點錢及做點好事，給谷地裡的教會及學校，這是我對地方的回饋。

我的工廠坐落在雪村鎮中心，並在工廠旁建造一個自己的莊園，仿美國西部、猶他及愛達荷的老式古風，有三層樓的高度，內有酒窖、大酒吧與大型火爐，並有一個大型書房，由我現在的妻子設計裝飾，故而帶些北歐及俄羅斯的風格。

此外，應我的要求，加添了一間日本古式榻榻米房，並另外建有高級客房，以及大型室內溫水游泳池、網球場及跑馬場，養有名駒，並特別挖了一個大魚塘，種有楓樹及水果樹林及一個大花園。

三十年來從事豐年蝦卵及飼料生意的努力辛勤，嚐遍人生奮鬥的酸甜苦辣後，想爲我自己餘生，給上一個退休獎勵，以彌補我失去太多青春年華的歲月，想要體驗陶淵明詩下「採菊東籬下，悠然見南山」的那種寧靜日子呀！

在美國這個自由市場經濟的社會，法治健全，人們的企業道德、政府的公正平等作風，對我這種不太會與官員做公關及打交道的人來說，打造出一個很好的生存空間。尤其我當時沒有做生意的實戰經驗，這個新移民的老中在美國這個人生地不熟的地方，採收他們的資源，還能成功建立自己的企業王國，簡直是創業者的天堂！

比起我在六年後回到自己心愛的祖國，帶了雄厚資金，有親戚朋友的幫忙，熱心想爲國家做貢獻、想開展事業，經歷六年磨合期，發覺兩相比較，這個常被中國政府批評的美國，無論在文化、制度還是道德上，都要強上許多，或許這是我祖國人們應深加思考的問題。我回憶到這裡，心中充滿感激，感激這個新大陸美國的環境，創造了我生意上的成功，遠超過我自己的努力與奮鬥呀！

雪村打獵生活

話說我的廠房木匠John Wayne不只工業技術好，人品更好，也很幽默，常邀請我們到他家吃飯聊天，並送了一隻小白狗給我們，我給這隻小狗取名「來喜」，就是希望能有一個孩子。牠活了十四歲，在牠去世那一天，正好是我大女兒Jaulie 出生的日子。

我與牠有深厚的感情，尤其是我第一段婚姻離婚後，那時正是我盛年期間，無子女無妻室，隻身一人過了一段很長的日子，就是這隻小白狗來喜的忠誠可愛，與我相依為命的，就在牠年老體衰之時，我也盼到了一個漂亮女兒！是我永遠懷念的小白狗「來喜」。

John Wayne家附近有個工人，我叫他小矮子，約一百六十公分高，是從美國中西部明利蘇達州來的白人，在猶他州任空軍士官，因爲身材矮小，能爬進戰鬥機的尾部工作，所以他的任務是清理及修理戰鬥機的機械士。由於退伍閒賦在家，所以想到我的工廠打工，他是我們聘請的第一位長工，人很好，也很勤勞友善，唯一的缺點就是話太多，不過他經常帶我去打野鴨及釣魚，偶爾我們也去打打獵。

從一九八四年到一九八六年間，我的生意還在初期發展階段，全部時間都留在雪村這個地方，因此有很多空閒機會得以享受鄉間的田園風光，還有釣魚、打獵等活動。

谷地內有個水庫湖是釣魚、遊船的好去處。湖邊有一個州立公園，美輪美奐，唯一的缺點是遊客太少了。有一天清晨，我去湖邊釣魚，忽然發現一群奇怪的「訪客」，看官可知，那可是一群美國狼呀！

谷地水草豐富，獵季來臨時，城裡的人都拖著旅行車，來這兒野營好幾天，不打上一、兩隻鹿絕對不回去。十月中旬以後，有兩個星期是猶他州法定獵鹿的日子，John Wayne 及小矮子邀請我到山裡打鹿。由於我沒有打獵經驗，一大早，天還未亮，我們就先到附近農田邊的山腳下狩獵，木匠叫我在山下中間的山口駐守，他們兩人，一個在左邊的山口，一個在右邊的山口。

天亮了，我用望遠鏡遙望到一群鹿，從農地草原裡出現，準備返回山裡，而且正向我的這個山口谷地走來。我很驚喜，立刻把槍準備好並上了子彈打鹿，只能一槍射中，否則鹿聞槍聲就會立刻快速奔跑逃走。我的伙伴們知道我的槍法很好，但是沒經驗，肯定會先開槍，所以安排我在中間的山谷入口，只要我的槍聲響了，鹿就會分向左右兩邊的山谷入口逃避，他們就可以乘機射殺。

州法規定只能打公鹿，母鹿是被保護的對象，雖然他們的計畫並未事先告訴我，但我還是清楚這條法規的。可是這次是一群鹿向我這兒走來，約有九隻之多，由於我們使用的是來福槍（Rifle），射程很遠，我見到第一隻走進我的眼力可及範圍內，就立刻開了一槍，說時遲那時快，群鹿狂奔逃向兩側，我本以爲他們會開槍，哪知竟然沒有半點動靜，正感到奇怪時，他們兩人都向我的方向跑來，在那寧靜的清晨大叫：「Simon，你打到母鹿了，這一群全是母鹿呀！」我才知道自己爲了搶功幹下違法的事了。

我回說：「他們看來都有鹿角呀！」小矮子說：「Simon，那是母鹿的長耳朵，不是公鹿的鹿角，你弄錯了。」我回說：「看來你是對的，我弄錯了，但是距離很遠，我可能沒有射中吧？」沒想到竟聽到John Wayne回說：「你打倒了一隻，我在望遠鏡裡看到了。」於是我們急速奔向農地草原處，小矮子已經把那隻倒在地上的鹿用雙手抬了起來，展示給我看。

我有些緊張，不知該如何是好。很快的，小矮子當機立斷，把鹿交給John Wayne，自己把獵袋中的小軍刀拿出來，開始殺鹿，而木匠就用小軍刀與鏟子，在地上挖了一個洞，把他們不想要的鹿皮毛、內臟及骨頭等物埋葬，僅將最好的精肉裝進準備好的塑料袋內，放回背袋內，手腳快速，乾淨俐落，不到半小時就處理完畢。

木匠說今天的狩獵就此結束，打鹿常常只有一槍響聲的機會，如果不成，今天就是白費了，因此我們準備打道回府。他還提醒我說：「Simon，你下次要注意，有角的才是公鹿，不可以看到有長耳朵就開槍而誤殺母鹿，這次幸好我們有準備工具把牠處理掉，狩獵官不會找我們麻煩，下次可要小心些。」

第二天中午，木匠的妻子請我及我妻到她家去吃烤鹿肉，在聊天的時間裡，小矮子說今早他去了一次山上，發現一隻六個角的成年大公鹿，可惜還未開槍，這隻大公鹿就機警的跑了。木匠問明地點，二話不說，就表示他要到鎮上「幹點事」，馬上回來。我與他的妻子及小矮子，並未有疑，繼續聊天，並協助他妻子做燒烤的午餐。

一個小時後，木匠急促的跑回來，高興的告訴我們，他把小矮子今早發現的大公鹿給射殺了，但是這條鹿是一個足足有兩百磅的傢伙，需要我們幫忙搬出山下。小矮子聽了大怒，這等狩獵的好事，爲何你John Wayne一個人跑去幹了，而不邀請他同往呢？更何況這隻鹿還是他發現的，現在才來找他做抬鹿下山的苦差事？

雖然他的怨言很多怨氣很大，但是打到大鹿仍然是一件値得高興的事。我立刻好奇的問木匠：「是如何打到的？」他回說：「我聽到小矮子發現大公鹿的消息，知道此鹿不會走遠，爲了避免太多人干擾，決定立刻獨自前往。」因在附近的山上，他在山上的高處向山谷的林間望去，發現這條大公鹿正躺在一棵樹下休息，立刻舉槍瞄準，一槍射中鹿的心臟部位，大鹿吃痛立刻站起來，但是很快倒下。他下山坡找到倒下的大公鹿，把從政府那買來的打鹿執照放在鹿角上。不過這是一條大鹿，自己無力搬出山裡，只得趕緊回來請救兵幫忙。

我們中餐都沒吃，很興奮的跟著他上山，見到這條龐然大鹿的眞面目。木匠很有經驗地帶了滑輪及繩子等工具，我們從下午三點起，把鹿先從山谷拖上山頂，再把牠拉下山谷，直到晚上九點多鐘，才把這頭鹿拖上小卡車，運回家裡。他們把鹿掛在我的工廠倉庫風乾三天，然後才分割放入冰箱，我花了半年時間才「享受」完這份大禮，眞是一次有趣的狩獵經驗。

雪村這裡人煙稀少，山林水草豐沛，大部分良地，都是些養馬牛羊的牧場，野生動物鹿、兔、雞、鴨都很多，也常常可以看到狐狸及美國野狼（Coyote）等野獸，鎮上有一家小雜貨店以八十美元的價格收購野狼生毛皮。

我的工人小矮子，對打射野狼很有興趣，而且打狼不需要執照，也沒有季節時間限制。那兒的野狼很多，數量成長的速度很快，而且這種野狼並不特別成群結隊，大多都是獨行俠。

當地有不少牧羊人，他們每家至少都有十萬隻羊以上。我有個好朋友丹楊（Don Yang），家裡有四十萬隻長腳綿羊，羔羊是好品質的羊肉。他們這些牧羊人都有私人飛機，我們公司早期曾請他們用飛機，協助搜尋湖上的豐年蝦卵，並指導採收船能快速到達目的地。有一次丹楊家的羊，一天被狼咬死了四十多隻，他們唯一的解決方法就是獵殺牠們，以免繼續危害羔羊的生命。想要在幾十平方公里的廣大草原獵殺野狼，最好的方法就是使用飛機來完成這項任務。

我被邀請負責做劊子手「空中獵人」，他負責開飛機。這一趟空中打獵，讓我體會到空軍的厲害與優勢，只要看到野狼，牠很難有逃走的機會，從高處開槍射殺也比較容易，那一趟飛行，我爲他打了三條野狼。

事後告訴小矮人，請他開車去收取狼皮，第二天他就從雪櫃中，取出兩張凍好的生狼皮，這是他前一日辛苦找到的，至於另一張皮，他很肯定的說：「那隻狼沒被射中，活著逃走了。」我無從佐證，對他說的話也只好認了。

一九八六年秋季後期，冬雪初下時節，成群野鴨從加拿大遷到大鹽湖，不少野鴨就飛到我們雪村附近的雲雀谷地水庫及池塘地安居。每年秋天，十月以後，就能看到天上成群遠道而來的野鴨在空中低飛，並發出不好聽的沙啞叫聲。

我的工人小矮子及木匠邀請我在下午放工回家時間，到離工廠不到二十里的水庫及小池塘一帶打野鴨。當時猶他州規定必須買執照，鎮上小店及咖啡廳都有出售，每張執照僅需十元而已，如同一張郵票，上面有野鴨圖片，貼在一張有自己名字的執照紙上。如果想打野雞，就要另加十五元，也是野雞票一張，貼在同一張紙上。

下午五點多鐘，小矮子帶著那隻被他自己車子碰傷一條腿的大黑狗，加上我與木匠三個人，一同到了小池塘湖區。兩個小湖泊之間有水道相連，小矮子特別花了一些工夫，在兩湖的水道中間岸邊高處，挖了一個如同防空洞的隱蔽守獵點，上面還蓋了樹枝、樹葉，看來是在躲避鴨子在空中發現我們的存在，看來他們很專業，經驗豐富。小矮子還有簡單的設備，可以自製各種散彈，從二號打鵝的散彈，到四、五號用來打野雞的子彈，都能自己製造，這樣可以省下很多錢。我與木匠兩人都不放心用他的自製子彈，而是使用市面上買的名牌貨。

他們兩人叫我到一個野鴨成群的小湖上去守獵，實際上是叫我一個人去那兒趕鴨子吧？我到了池邊，因爲沒有經驗，發現滿池都是鴨子，慌忙間就亂放了幾槍「碰！碰！碰！」所有鴨子驚嚇得從池塘中分成幾批飛往另一邊的小湖，我發現即便在如此慌亂的情況下，野鴨群仍然很快的又組合成隊如人字形低飛，沿河道水上方衝向我的獵伴那兒，也就是小矮子及木匠守獵的地方。

頃刻間，我聽到他們的槍聲響起，幾聲以後，我正往回順水道，跑向他倆的位置，很快地，群鴨又飛返剛才我守獵的水塘地，飛行時帶有「沙沙」之聲，偶爾還有鴨叫聲。我反應迅速，立刻躲到一棵矮叢樹下，瞬間鴨已飛至我躲的樹叢上方，這時我的獵槍已經瞄準正上方，群鴨成一字形飛來，我開槍打中一隻鴨，一字形中出現一個缺口，但卻不見鴨子，就在我遲疑的兩秒間，那隻被我打中的野鴨立即落在我的胸前，我很驚喜自己終於有了成果，而且是打了個正著。

等我見到我的同伴時，他們正在指揮那隻黑狗游在水裡，尋獲獵物，他們兩人共打了三隻。木匠看了我打的那一隻野鴨以後，直搖頭說：「Simon，你這隻鴨中彈太多，至少有十餘粒鋼珠在身上，這樣是不能吃的。打鴨子可不能瞄得太準，中彈愈少愈好，最好是打頭及側翼的翅膀就可以了，如此身體不受傷，保持完整，才便於烹飪。」我恍然大悟，原來還有此道，這次初獵，我又學到了一課。

雪村海星公司開創記

我們搬進雪村後，早期仍然使用在加州舊金山成立的通用聯合公司（General Union Co.）來進行交易。這家公司是我在一九八〇年親自到舊金山市政府辦理的，也不過是私人個體戶，領了一個商業國稅稅號而已。

我在猶他州安定下來以後，找了布里格姆城（Brigham City）的Grey Frid律師，在一九八五年上旬正式成立海星國際公司（Ocean Star International Inc.），這才是正經八百、道地的有限公司。

因爲雪村不大，沒有明確的地址與街名，住戶都是用小郵局的郵箱聯絡，這也成了地址的一部分。我因爲成立公司，所以就自己定了街名及街號爲「No.1，Main St.（主道街1號）」，這個號碼用了很多年，地方上才正式定了路牌街名，我們公司就改爲「No. 65，North Stone St.（石頭路北方65號）」了。

頭一年在那裡，我們開始郵寄，外銷到世界不少國家，數量不大，但郵資可觀。雪村的個人小郵局如同一個警衛站崗的位子大小，上面連升兩級，小郵局局長也會跟著加薪升等。我新請的祕書凱（Kay）告訴我：「你的郵件，成箱的單位空郵國外，可能方圓幾百里，沒有郵局能有這種大生意，看樣子這個五等郵局，很快就要升爲一等，並且蓋上新的大房子了。」

此話後來果眞應驗，兩年以後，雪村郵局就升爲二等，並撥款蓋了一個頗大的房子，正好就在我祕書家的對面。那位郵局長是位胖村姑，後來把自己的女兒找來做副手，她退休以後，這個郵局局長就由她的副手女兒接任。後來我們公司都用快郵公司或UPS等物流公司，雪村這個漂亮郵局，成爲當地繁榮地位的標竿，也是鎮上的閒談謠言中心，說好聽一些，是大家交流開心的地方。

這一年，我把一九八四年辛苦在湖岸採收的原料，加上我妻與小矮子及當地婦人女工的協助，產製了不少產品。其中辦公室及銷售工作由我自己一手承擔，主要是銷售到台灣，其中一部分則郵寄國外以及美國本土熱帶魚市場，並在美國水產雜誌登了四分之一頁的宣傳廣告，也爭取到不少國內外散戶。

現在手上也略有點資金，可以請少量工人來幫忙採收原料。最早幫我採收的年輕工人Loren，是一位非常聰明的高中學生；到了一九八五年暑假，我又請了當年與我一起在佛羅里達州養蝦訓練班Sea Grand計劃受訓的Tim Troy夫婦來幫忙，請他做了經理，主要是協助採收的工作。

當時政府除了發放執照外，也要求我們每年要上報一次採收的數量。漁獵官會到廠裡察看一番，允許我們全年都能採收，當時採收方法很簡單，都是在岸邊作業，把湖水沖上來的蝦卵，從沙灘上弄一小袋，然後運回來放在倉庫內，慢慢進行生產處理、乾燥、眞空包裝等作業。我在一九八六年，從台灣進口第一台眞空製罐機，過去我們是用租來的卡車，把乾燥的蟲卵運到舊金山Cascade Co.猶太人那裡，請他們包裝貼牌，猶太人態度非常客氣祥和，但是他收我一罐一美元的價格，現在看來的確太貴了。

我每次運貨到舊金山，或者把大卡車開回來猶他州時，常經過洛磯山的希拉山脈，在冬天冰雪遍地，我用的車又非四輪傳動的吉普車，而且我也不習慣在車輪上加上鐵鍊，只好小心慢行，現在想起來，沒有在大山路上出事，眞是老天保佑呀！

貨運家務風波冤事一件記

一九八六年，我有五十箱的貨運賣到日本，他們開了L/C信用狀，我爲了能儘快拿到錢，親自從工廠運往奧克蘭（Oakland）碼頭，由於天色已晚，就在碼頭南方十幾哩的佛里蒙城邊的一個Motel 6廉價汽車旅店休息，等到次日再去碼頭交貨給船公司，並辦理手續。

由於我的小卡車沒有後車蓋，貨物顯露在外，我上床休息了一會兒，心裡始終不踏實安定，想著如果少了一箱，可能船公司的貨單數量就對不上L/C信用狀的數量。此時想起我妻告訴我：「二姊現在租了三姊的房子，一人獨居，老公是三姊夫的長兄，目前在遠洋船上工作，兩年才可能回家一次，你如果需要，可以在她那兒打尖住上一夜。」她二姊是唯一與我關係還可以的一位，但是三姊就與我關係不是很好。我也怕她的三姊，因爲我妻告訴我，她三姊與老公吵架時，可是會拿菜刀去追砍她老公的，所以我打算絕對不住進這棟三姊是屋主的房子。但是爲了生意上不致出問題，貨物能安全，還是勉強自己到二姊那兒，希望能住下。

當時時間很晚了，二姊很客氣的做了宵夜，並與我聊天，她特別喜歡問一些我與妻的私人生活細節。可能是因爲我們沒有小孩，她關心的事非常多，我雖然回答了一些，總感覺孤男寡女還是不能談太多隱私之事。

我表明要休息，在床上睡了一會兒，心裡總是罣礙她的三姊，我著實怕她，夢到她拿刀進門趕我走，我想現在已是清晨兩、三點鐘，如此深夜貨物放在車上應該很安全了，決定提早回旅店！因此我就叩二姊的房門準備辭行，她說：「我想洗澡，等我洗好，你再進來與我睡吧！」聽了這話，我懷疑自己的耳朵是不是聽錯了？但我沒說什麼，直接回到房裡把東西收拾好，立刻到車房開車回旅店了。

第二天，當我把貨送到船公司以後，我心中仍然忐忑不安，深怕我半夜叩二姊的門，又沒說明原因，致使她產生誤會，而決定打個電話向她解釋一下。沒想到這通電話反而把事情弄得更糟，頗有「此地無銀三百兩」，作賊心虛之嫌了。

在電話中，我只說了一句話：「昨夜謝謝你。」只是她的態度冷漠，以我對她家姊妹們的了解，二姊肯定會亂告狀，但是我也只能保持沉默，很是無奈。果然數月以後，我妻質問我，爲什麼事後不把此事詳細向她報告？這中間肯定有問題。

她爲這事很不高興，我只得把詳情描述一遍，她頻頻點頭，最後告訴我：「總之，你與她也沒有任何關係，二姊根本不應該跟我提及這件事，她肯定是男人在船上，沒回家，想男人想瘋了。不過她把這事告訴了大姊、三姊，她們原本就嫌棄你，與你處不好，這可給她們機會，在母親那兒搬弄是非了。」

我無話可說了，只是提醒自己以後要更小心，這等冤案一定要小心避免再發生。只不過，我與妻家母姊的關係已經走到絕路上了。

婚姻宣告破局

受惠於一九八五年有一些收成，一九八六年起，一些客戶的訂單就能自己足量供應了。我記得一九八六年二月，我收到三百一十二萬美元的貨款，而且以後生意還會繼續發展下去，我終於意識到，原來自己不再是窮人了，百萬富翁指日可待。

這遲來的好運讓我彷若作夢，還不適應這種夢想成眞的轉變，幾乎頭痛了半年，我妻更是高興得笑了半年。爲著此事，台灣有位陳姓鋼鐵公司老闆，也是我的客戶，就特別提醒我，小心發財後，會出現家庭糾紛等問題，包括夫妻不和等等，當然他是以自己爲例，也向我解釋其中原因。

不過我當時正沉浸在成功的喜悅中，哪裡聽得進他的話，但是他提到我的痲煩，可能來自妻家這一點，也著實讓我害怕。我與妻的蜜月關係只維持半年，就開始出現問題，都是些不愉快的事，而且問題完全來自她家裡，所以我也不想多說什麼。那年冬天，我與妻就分居了，實質上也等於婚姻破裂，只是這事來的太快，萬萬沒想到，我這位客戶也眞是料事如神啊！

申請多項專利成產業先驅

一九八四及一九八五這兩年的採收，我首先發現豐年蝦卵浮在水面上的品質最佳，而且這種浮性，應該可以在技術上多加利用，以更科學的方法直接從水面上採集，不僅品質好，含雜質少，孵化率更高，同時採集量更大，更方便，讓我想到可採用石油公司採集水面浮油的工具。

因此在一九八五年八月，我要求Tim Troy儘快採購一種浮在水面的浮網，也稱「Boom」，網深十八公分或十二公分，浮漂約六公分直徑，首先購了一百英尺，呈黃色外表。

我們立刻將之使用到大鹽湖北湖西邊，近鐵路橋的角落地點，找到一個長形沙灘半島地帶。湖上的東北風將蝦卵吹向長型沙灘，沿沙灘自然匯集到這沙灘半島的底部，如果我們在這個半島沙岸的中段放上浮油Boom網，就可以很好的攔住這些漂浮過來的豐年蝦卵，匯集在我們的浮油Boom網上。加上風力的吹動，將蝦卵愈集愈厚，不僅便於收集，更不需等待這些浮性蝦卵被吹到岸上沙灘變得稀薄，反而難於採收。

由於風向在大鹽湖會經常改變，所以我用這種浮油Boom網，還可以在風向未改變前把所有的蝦卵用浮網圈住並封閉它，不致於因風向轉變，而把匯集的蝦卵吹向水中它處。

我的這項創新採收技術，收效極佳，是全世界第一個在豐年蝦卵的採收方法上，劃時代的技術，成爲這個工業的革命性創新。也由於這項技術的使用，讓船舶直接在湖上採收的方法，成爲可能。同時我在一、兩年後，又把如何設置浮網Boom的各種方法及技巧，以及如何利用風力來匯集豐年蝦卵的技術，申請了美國發明專利。

一九八五年秋天，大鹽湖僅有三家公司競爭，另有山打士公司及鹽湖豐年蝦公司（Salt Lake Co.，也是金山牌公司的分公司）。很快地，另外這兩家公司就發現我們新採收的技術具有很大的優越性。山打士公司立即設法模仿，在一個月以後，就空運了幾百呎的浮網Boom來到我們附近的大鹽湖採收點，而鹽湖公司花了幾個月的時間，仍未能找到浮網的資源，沒有買到我們使用的浮網Boom。但是隔年，他們也提早準備了，從此大鹽湖豐年蝦卵的採收，就成了設Boom浮網大戰，老式方法已經被淘汰了。

大鹽湖豐年蝦卵主要採收的最佳季節是每年秋天九月以後至次年二月底。一九八六年秋到一九八七年春的採收季節，我們三家公司幾乎改變了舊有方式，大家都使用浮網Boom的方法，由於我是發明人，在使用方法上最熟練，不僅收到大量的蝦卵原料，而且品質也極爲上乘。

從那時起，短短兩、三年的時間，我的「Red Jungle」紅林品牌打響了名號，以日本爲例，我的品牌市場佔有率近八成，幾年以後，國際市場每年的主要價格參考，就是以「紅林

Red Jungle」爲主。

台灣南部的養殖業，早年居東南亞的領導地位，我在一九八八年前往高雄拜訪市場客戶時，當地養蝦業的孵化場，已經從一九八一年的數十家發展成三千多家，對蝦卵的使用量也是排在前位。當時南部養殖業界，聽說「老茍Simon要來了」，都說「颱風來了」，因爲我一到那裡，代理商的貨源就由我分配，甚至我還爲山打士的貨源代行安排，在價格上可能也會有所變動，因此大家都很緊張。

以當時的養殖技術，豐年蝦卵的使用在孵化場來說，佔了九成以上的飼料比例，還沒有任何替代品，成爲主要育苗成敗的關鍵。現在回想起來，我當年很是老實，並未隨意提高價格，經常還給商人優惠，以那時的市場情況，我絕對可以好好的提價發點大財，但我反而給予代理商多賺了不少利益。一九九五年以後，我開始操縱市場，得心應手的提高價格，可惜一九九八年以後，猶他發大水，大鹽湖豐年蝦卵減產了兩年，以致這個行業大換血，此點只好容後再述了。

話說回頭，我發現豐年蝦卵的生產技術仍然太落後了，以致影響品質。當時的孵化率，僅能維持在百分之七十左右，如果能達到八成以上，就是最優良的品質，所以我的紅林牌

Red Jungle又加上了「Pro 80」，亦即保證百分之八十以上的孵化率。其實從一九八七年以後，我就能生產百分之九十以上的品質了。

此外，生產效率及工藝上也很原始，問題很多，我先從工藝上改進。在研究上，經常直接大規模上機做實驗，而非小規模、小數量的研究，雖然有時因原料使用量大而損失慘重，幾百磅的蝦卵轉眼間就損失在一次實驗中，但從另一方面來看，反而能迅速解決問題，不僅保證成功，而且可以更確切、更快捷，立刻進行大量商業化生產，著實受益匪淺。這可能是我在研究發展先人一步，以及生產創新上最大膽而冒險的手法，令其他公司無法與我競爭的關鍵之處。

我在一九八七年開始，申請了豐年蝦卵的「生產處理程序及方法」的美國專利，同時又申請「第一次的乾燥機械的專利」，一九八九年申請了「豐年蝦卵乾燥機械的第二次專利」，同時在水上採收的「浮漂蝦卵收集器」上，也申請了新的發明專利，而且所有的專利，我都是最早最原始的首家專利者，也因此長期間，我能成爲這行業上領導這項產業的技術革命者、先驅者，一直處於領導地位而不衰。

我當初努力進行研發創新工作時，也從未料到自己後來能成爲這行業的生產技術、市場營運、品質標準、價格政策的世界領導者，這也是自然形成的，後來業界稱我是「豐年蝦之王（King of Artemia）」，其來有自。

大鹽湖採氣候與水文之變遷

一九八二年起，北猶他地區因南美聖嬰現象（El Nino）的影響，雨雪大增。一九八三年更是猶他大鹽湖五十年難遇的大水，南大鹽湖水上漲，不僅湖水氾濫溢上公路，也氾濫進了國際機場，而且水位高漲，漫過橫渡南北湖區的太平洋鐵路。

這條鐵路的路基也是分隔南北大鹽湖的長堤，由於這條長堤，南湖水位高於北湖十多米，水的鹽分也大大低於北湖鹽水的含量，同時有兩條河流直接流入南湖，相形之下，北湖幾乎沒有淡水內陸河流入。南湖有一條熊河（Bear River），水量很大，雨雪湧入南湖，所以經常保持湖水鹽度，很適於豐年蝦的生長。以前山打士公司都是在南湖岸邊採收，可是一九八三年的大水，造成南湖水鹽度太低，鹽水豐年蝦生長環境因鹽分減少而不適於生長，以致我們蝦卵的採收被迫停止。

大鹽湖北湖由於鹽分過高，豐年蝦生長受到限制，但是高鹽分反倒便宜了附近一家鹽場抽鹵水製鹽的大生意。可是一九八三年的大水，太平洋鐵路公司橫斷南北湖的路基受損嚴重，南湖水面太高，湖水大浪打擊路基，從鐵路上方溢入北湖，而且大水也危及飛機場。因此猶他政府議會決定兩件事，一面將太平洋鐵路路基炸毀一小段，並築一橋，以便南湖水能流通至北湖，減少南湖高水位沖洗沿岸。由於北湖接受南湖的湖水，所以在一九八四年九月左右，由於鐵路炸堤，南湖水湧向北湖，造成北湖水位大漲，水的鹽度也大大降低，反而更適宜豐年蝦生長，從那時起，北湖開始成爲豐年蝦卵的主要採收地點，南湖幾乎無人問津了，而且產量極少，品質很差。

由於北湖有不少早年原生蝦卵保存在鹽池底及鹽結晶體中，品質非常好，所以一九八四年在北湖採收的蝦卵，可以說是我經營這門生意以來，品質最爲優良的一段時間。

一九八四年以後至一九八九年，北大鹽湖蝦卵產量很豐富，只是我們幾家公司使用的採收技術都很原始，雖然從一九八六年開始，我們採用了浮油Boom的方法，但是並未快速進步到直接用船在水上作業的方式。我們在一九八七年已經開始有效使用船的技術了，但也僅是協助陸上的採收工作而已。

一九八五年十月份，猶他下大雪，還一連下了兩星期，我們公司與山打士公司採收的蝦卵，大多部被大雪封在湖邊路上無法行車。次年二月，山打士與我們存在湖岸的大量蝦卵，全都被雪浸濕發臭，損失慘重。一九八六至一九八七年，仍然雨雪豐沛，從一九八八年以後，大鹽湖的水量開始減少，到了一九九〇年，北湖的水已經大減，鹽分太高，超過二〇〇ppt以上，蝦卵大量減產，豐年蝦生長環境也已不適宜，我們又開始南移到南湖採收。

我們公司地址坐落在北湖正北雪村所在地，每年採收時，有很多地理上的方便，一九八七年底，我們公司就與北湖西部的牧羊人地主談判，租了大部分大鹽湖北湖西部岸邊的土地，並立牌警告「外人不得私下入界」，爭取到地理上的極大優勢。同時在一九八八年，我們又與北湖東岸的牧場主，取得了使用他們牧場通路及土地使用獨佔權，作爲豐年蝦卵採收之用，目前仍積極進行購買北湖東岸十公里沿湖的一塊土地。

從那時開始，各家公司紛紛爭取湖岸土地的使用權，以便取得通道，方便沿岸運輸及採收工作，同時大家也開始建立船隊。換言之，各家使用「海軍」搶收浮在水面的豐年蝦卵，取得更先進而有效率的方式，全面改進水上採收技術。

媒體採訪是利還是弊？

在一九八九年，美國最大的電視公司CBS電視台，表示想對我們這個新行業進行採訪，我請公司的馬克李蒙出面接受訪問。他們立刻用直升機載來三名人員，在我們公司前面雪村摩門教會的大草坪上下機，拜訪公司。對方同時要求到北湖西部沿岸工地，採訪我們工人的現場工作情況。

他們的電視節目出現在全國早晨時間，在猶他州則在晚上黃金時間約五分鐘廣播，大標題是「浮在水上的黃金礦」，並稱我們是美國西部的「水上淘金者」（Wild Wild West）。雖然這次的宣傳，讓我們公司一時有名了，但是副作用可不得了，競爭者從原來的三家公司，在兩、三年內快速增加了十餘家，四年以後更增加到了三十家的廠商。這次CBS電視台的採訪，令競爭者爭相投入這個產業，對我公司而言損失可觀，利大於弊啊！

這次採訪以後，紐約《華爾街日報》也加入採訪，接下來陸續約有四十個相關單位表達想要採訪我們，向我們公司取得第一手情報，對於各種上門來的採訪邀約，我全部拒絕了。回想此事，的確是一次最大的誤判，媒體採訪的必要性，的確必須好好考慮。從此以後，我非常害怕再出這種風頭，也不再接受任何採訪，尤其回到中國大陸，面對報紙記者及電視台的採訪邀約，我幾乎一概拒絕，但是仍然有所遺漏，常常看了最後登出的內容，總叫我啼笑皆非，在此就不重述了。

事業的貴人，資深參議員海契

歐林．海契（Orrin Hatch，下稱海契）是美國共和黨的聯邦參議員，一九七〇年後期，成爲美國猶他州選出來的聯邦參議員，換言之，他在任長達四十一年，歷經福特、卡特、李根、老布希、克蘭敦、小布希、歐巴馬到川普八任總統，直到二〇二〇年因眼疾才退休。

海契是共和黨在聯邦參議會最重量級的人物，主持了法規委員會、財政預算委員會及國際貿易委員會的主席職務。參議會六年一次選舉，猶他州是以摩門教爲多數的保守派州，一般都支持共和黨出身的聯邦議員，所以海契得以連選連任，成爲聯邦參議員中最資深的一位。

他的能力極強，在議會中代表共和黨與民主黨共商各項法案及提案，尤其早年民主黨的小甘迺迪（Tod Kennedy）是民主黨的龍頭，其兄是有名的約翰．甘迺迪（John Kennedy），爲政治世家。

我第一次與他打交道是在一九九八年，前往中亞地區的土庫曼斯坦（Turkmenistan）開採豐年蝦卵原料。由於我們的競爭對手（比利時的英偉公司Inve. Co.）請他們的外交部長經由莫斯科當局的介紹，專程前往土國協助英偉公司，見了當時的土庫曼巴希（Turkmenbashy）總統，而在爭奪原料產地上搶了先機，於是我們決定找參議員海契，打通政治層面，請求當地美國大使館的協助。

我們寫了一份投資開發報告，加上生態（Ecosystem）保護評估，希望能面見土國總統，給我們如同英偉公司相同的權利。當時我們共四人前往土庫曼斯坦，我本人、馬克博士、新收購的山打士公司總經理David Aldridge以及一位美籍土耳其人「阿山」，他曾與David同在芝加哥銀行工作，後派駐香港，曾任職土耳其駐香港的總領事。

我們四人入住土庫曼首都最大的賓館，第二天一大早，駐土庫曼的美國大使請我們到大使館見面。當時一位年輕的政務參事到賓館，很緊張地告訴我們，前一晚海契參議員親自打電話到領事館給他，他驚嚇得一夜未眠。我們幾位私下認爲，應該是參議員的首席祕書打的電話，而非海契本人。看來這位大使館的政務參事在這小國家，從沒什麼大人物與他聯繫，所以緊張得一大早來找我們，把一個六人的民間教育考察團放下不管，全力辦我們這一項受參議員交代的大事。

早上近十一點，我們去了總統大宮殿，在宮殿外有一座十二層的高塔，塔上有一座全金的金人雕像，面向太陽轉動，由法國雕塑大師製作，由此可見土庫曼巴希的帝王形象（又稱沙王）。總統的首席祕書三十六歲，曾經留學美國，負責接見我們，並安排第二天在總統府與內閣閣員開會，要我們事先準備好各項投資材料。

第二天開會時，一共來了六位部級閣員，會議氣氛很好，還聊了一些美國生活的事。我們準備了一張衛星照射的土庫曼斯坦全國衛星照地圖，David告訴我，這是他們駐美華盛頓（Washington D.C.）大使館給他建議應攜帶的禮物，因此他就特別找了一張該國衛星地圖，在那時，這張衛星地圖還是很有價值的東西。

這次會議雖然沒有具體結果，但是我們取得一張特別通行證加優待卡，出行經常由高級官員陪同，甚至有部級官員同行。唯一遺憾的是，我沒有弄到他們的一匹名馬（汗血馬），也就是漢武帝找尋的所謂「天馬」，畢竟土庫曼斯坦可是珍貴名駒「天馬」的原產地啊！

兩國貿易紛爭起，助解爭端

第二次找上海契是在二〇一五年，當年眞是大運不佳，同時在中國大陸及印度兩國發生拒絕我們公司的豐年蝦卵進口事件。

中國大陸這裡是因爲寵物飼料出口美國，被驗出「三聚氰胺」蛋白質欺騙事件，造成美國的寵物遇難死亡，致使美國禁止進口所有中國生產的寵物飼料，包括貓、狗、熱帶魚等產品，此後又包括雞、豬等一切有關飼料的進口；中國也立即採取相應措施，禁止美國出口到中國的所有原料，包括魚粉、禽類動物等產品。

當然中國大陸自然也必須拿出一個禁止的理由。我們公司的親身經驗是，他們認爲我們的豐年蝦片，這種飼養魚蝦幼苗的配方飼料，發現有致癌物質，並給了一份檢查報告，在禁止這項產品的同時，也順便禁止我們豐年蝦卵原料的進口。事實上，從二〇一〇年開始，我們主動不在國內做成品買賣銷售，只進口半成品加工、包裝及品質管理等，這項加工具有高技術性及複雜性，成品分裝後經香港銷往東南亞、日本、印度、歐洲及南美。上述兩項產品禁止進口，是非常嚴重的問題，尤其豐年蝦卵更是我們的大生意。

二〇一五年三月開始，我們不停地忙碌奔波，設法解決中美兩國的國際貿易問題。首先針對中國大陸提出的產品中含有致癌物質的問題，經過在中、美兩地重新檢測，以國際標準而言，我們的產品是低於該標準的，但是中國方面的標準太高，美國檢測單位認為這個標準不可信，因為還沒有任何進步的儀器設備能夠檢測到如此低含量的物質。

美國農業部要求中國方面說明，他們是用什麼儀器及方法來進行檢測，但中國質檢單位對美國農業部完全不予理會，幾經交涉也沒有結果。

我只好從北京上層，用個人關係見到中國北京質檢最高單位負責人，位於中央質檢單位三棟大樓的高層樓房，有五千人在那兒辦公。接見我們的是負責動物及植物的兩位主管官員，其中一位在一開始交談時，就明確表示他們是不能隨便見我們外商的，見我們是特例，表示他們的任務非常特殊。又說他們曾批准進口基因改造的黃豆和玉米，數量高達五千萬噸，消息一傳出，美國芝加哥期貨市場立即連漲了兩個星期。

負責動物的主管告訴我，他開放美國豬肉進口，很快大陸沿海的十二個海港船運不停，後來我諮詢汕頭海關關長：「眞的如他所說的這般嚴重嗎？」關長告訴我：「的確如此。」

那天交談氣氛很好，不過他們要我們把產品的生產技術、品質管理、採收及GMP的一切資料交代清楚，並且用數字、圖片說明，中英文翻譯，中國方面需要專家審核之用，看來我們的產品專利及技術也無從保密了。

事後我們通知美國農業部，他們的中國農業部負責人告訴馬克博士：「你們是第一個被中國政府考慮有申訴機會的公司，如果成功了，也許是所有其他美國出口商的救星，尤其是魚粉，個案與你們完全一樣，而且金額龐大。」

聽了這番話，我們特別努力，常常公司同仁加班加點工作，並與美國農業部聯繫，同時與美國駐北京大使館的農業官員溝通。在北京美國大使館內，共有七位專門負責農業貿易工作的官員，可見中美農業貿易的採購量及金額之龐大。

這件事，我全盤考慮後，認爲爭取人工輔助飼料「豐年蝦片」是屬於寵物飼料，成功機率不大，且佔公司總利潤收入的比例很低，豐年蝦卵才是重要的產品，且是養殖業的活性食物，最重要的是，占公司收入的九成以上。我們認爲，前者是中國有意報復，由於美方停止寵物飼料進口的手段，已經屬於政治問題，後者豐年蝦卵根本就是池魚之殃，因此就在申訴中強調必須恢復豐年蝦卵的進口權。

進行到最後階段，我要求馬克博士通知美國農業部的主官，想到北京的美國大使館，見見爲我們談判的使館專員，他很快就安排了時間。我也通知汕頭工廠林挺青總經理，帶了英文祕書趕來北京。第二天到美國大使館，除了這位使館農業女專員外，還來了一位美籍瑞典人，給了我一張名片，他告訴我，他昨晚從東京飛來北京，是專程爲我們這案子來見我的，是負責美國太平洋區農業產品貿易的主管，美國農業部通知他一定要全力了解與協助海星國際豐年蝦卵的案子。

當天我與他聊起天來，談笑風生，他告訴我，應教導我們中國公司的林總多與中國官員喝酒，喝得愈多，事情愈好解決，當然這是半開玩笑，但其實多少也有些眞實性。

事後，林總經理每天查閱政府公報，是否有批准我們豐年蝦卵進口的紀錄，但是公報從未出現過。某天，汕頭海關質檢局局長通知林總，北京來電話，口頭通知允許我們進口，事實上，在很長的時間裡，批准都沒有上正式公報，這也是官方的另一種特例。

由於最高當局點頭了，汕頭海關及質檢官員知道我們上面及美國有人，從此對我特別客氣，好幾次我到汕頭，他們的海關主管還請我吃大餐，很是佩服我不屈不撓的精神。當然這趟美國政府與中央上層的相互交涉，無論是汕頭海關還是我們大家，都好好地學了一課。

由於長期與海契來往，我們也認識不少參議員，尤其是他退休後接任他在參議會部分職務的Mike Lee年輕有爲，也與我來往愼密。我是一位商人，並不參與政治，但當然也能接受他們非建制派共和黨的主張。

二〇一五年的另一個致命戰場是印度，在中國方面，是我們的半成品運進去加工並包裝，但不銷售，是不折不扣的進口加工外銷，但在印度則是銷售的大市場。

印度政府對豐年蝦卵的管制很嚴格，原則上只能進口美國原產地的東西，因為他們生產的養殖蝦、冷凍蝦出口美國、日本及歐洲，尤其是出口美國，需要嚴格的品質管理，如果豐年蝦卵來自美國，則對外銷到美國的養殖大蝦（成蝦）的品質檢驗上非常有幫助。

因為印度面積大，生產量可觀、以外銷為主，因此他們很重視品質檢驗，各個地方都有自己的一套方法，中央如果加強管理，地方也會更加嚴格。當然各地也出現繁文縟節的官僚現象。

這一年，美國歐巴馬總統把動物質檢中，其中一項本來由猶他州單獨負責的項目，轉移到美國農業部（U.S. Department of Agriculture, USDA）加州總部統一檢驗。

原本猶他州當地有位Dr. Hoo何博士，負責發放我們海星國際的出口衛生證明，每批貨的質檢衛生報告都很務實，也很配合，如果印度方面要求一些不合理的病毒檢查，他也順其自然做一遍檢測，加上無菌說明即可，例如要求檢測豐年蝦卵上是否有「瘋牛病毒及口蹄疫病毒」，必須是無病毒，並明示於衛生證明上才行。

何博士對此類要求檢測的病毒一概沒問題，因爲豐年蝦卵是在鹽水湖收集，不可能存在此類病毒，所以也配合做了樣本檢測，但是USDA加州總部不願出具這項衛生證明，他們認爲是印度政府有意刁難，要求一些不可能存在的多餘檢測；再加上印度農業部及貿易部又再增加新的病毒檢疫項目，美國加州認爲印度海關更加無理取鬧，而印度方面卻堅持這些「不必要」，表示這些「不可能」出現在鹽水湖的病毒，都必須檢驗、並將這些病毒陰性報告清楚記錄在我們美國產品出口衛生證明上，否則不准進口印度，但USDA加州總部堅持反對做這種無中生有的出口衛生報告。

雙方的堅持，令我們的生意幾乎停擺，而且印度養蝦業的蝦苗繁殖也受阻，大蝦池無苗可放，此事甚至登上水產養殖地區的各大報頭條新聞。在水產養殖及養蝦業上，豐年蝦卵的重要性具有獨佔條件且不可取代，是初期最重要的幼體活體飼料。印度養蝦協會會長因此前往印度首都新德里申訴，美國駐印度人使館的農業專員也出席，與該國農業部長及貿易部長交涉商議，印度貿易部長很堅持而且傲慢，當場生氣離席；農業部長則請美國印度大使館農業專員及我們的代理商等轉告我們，希望我們能建議美國主管單位接受印度政府不合理的檢疫要求，把此事的責任推向美國USDA。

我們得到消息後，心情沉重，畢竟有三分之一的產品銷售到印度，而且也擔心可能對其他國家產生骨牌效應，看來得從美國這邊下功夫了。

美國農業部USDA加州總部的負責人同樣很是傲慢，堅持有理不肯退讓，我們解釋：「印度的民族自尊心很強，爲了增加美國出口，在出口衛生證明上，多做些病毒與疫病檢驗也未嘗不可，實在不必以學術理論的理由爭論，把生意做成才是正途。」但美印兩邊都在爲這事站理不讓，我告訴馬克博士：「只好走政治路線施壓」。

因此我建議請海契參議員幫忙。我們寫了一封信，此信改了兩次，並附上一些文件給參議員，很快他就回信，並答應三天以後，他的一位負責貿易談判的助手出差回來，就立刻著手辦理此事。我們也把副本給了美國農業部，很快農業部專門負責印度事務的主管打電話給馬克博士，說參議員的首席助手已向他質詢此事，不到一個星期，馬克博士接到電話通知，安排了一個重要的電話會議，要我必須參加。

我與馬克飛到了猶他州雪村的海星國際（O.S.I.）公司所在地，第二天約正午時刻，我、馬克博士與美國政府有關人員，包括美國國際貿易談判代表處三位、農業部副部長Paul、負責印度業務的主管專員、美國西區USDA的副主任（主任生病請假）及相關人員全部共十位，舉行了這場重要的電話會議。

開會前大家在電話報上名字及職稱，接著會議由美國國際貿易談判代表處的主任Susan主持，當然農業部副部長Paul是政府方面的首席人物。Susan提出不少問題，大部分是我們與印度官方來往的資料中，然後我們也表示此事應該由美國方面退讓，全盤接受印度當局方面的要求，雖然要求未必不合理，但爲了讓生意順利往來，且美方也沒有什麼實質傷害，何不答應對方的要求。

我們特別提醒他們，印度官方人員認爲他們是一個大國，有強烈的自尊心，尤其對美國的業務更是堅持，我們拋出此話，副部長Paul非常贊成我們的看法。會議完畢後，貿易談判處的主任Susan特別對我說：「Simon！What you want we do for you.（西蒙！任何你的要求，我們會依此而爲。）」我告訴馬克博士，這事成功了！

兩天後，美國西區USDA送來一份給印度進口商的產品衛生證明，把印度官方要求名列的所有病毒及疫病檢驗陰性結果，全都列在衛生證明上，而且做了兩份略爲少許不同的衛生證明樣本，要我們送給印度，由他們選擇。我們公司的貿易部經理Jennifer很高興，立刻用電

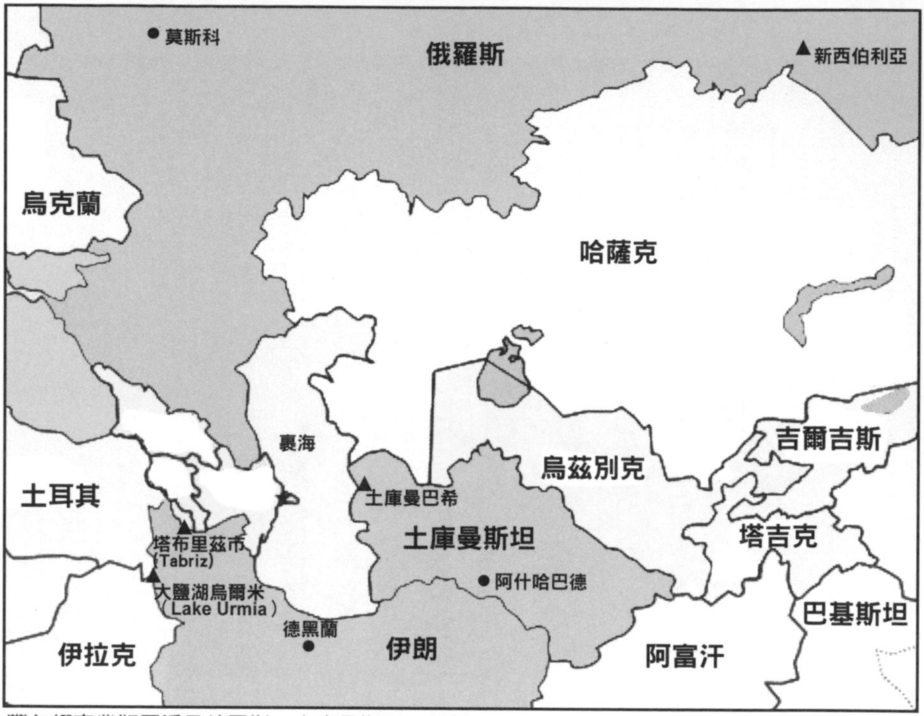

豐年蝦事業版圖遍及俄羅斯、土庫曼斯坦、伊朗

子版送到我們印度貿易代理商那裡，請他們交由官方選擇其中之一。我們大開香檳慶祝，手上的五百萬美元訂單，終於可以順利出口了！

看官可知，幾天後，印度方面的回覆是，在我們提供的那張檢驗報告上，又多加兩項病毒檢驗要求，其中一項是瘋狗病。總之，出口豐年蝦卵居然要做一大堆不可能出現的病毒檢驗，眞叫我們啼笑皆非！

此事由於參議員海契的參與，終於完美收場。他那時正是參院國際貿易委員會的主席。無論是我方還是美國，都從這個貿易事件中，清楚知道印度的厲害，眞是不好搞啊！

第十二章　立足美國輻射世界，躍登業界龍頭

開拓日本市場記

一九八六年，我決定前往日本一趟，開拓市場，如能打開日本這個高度科技化的漁業養殖國，對我的產品行銷全球肯定很有助益。豐年蝦卵原來只在水族熱帶魚市場被廣泛使用，市場受到限制，而在水產養殖方面則是剛起步階段，我認爲未來尤其在養蝦業，市場肯定前途無量。

日本是最早發展養蝦催卵育苗的國家，台灣的東港水試所所長廖一久博士，把這項技術用在暖水草蝦的研究，而發展出新的母蝦催熟育苗技術，很多農民及技術員因爲這項技術都發了大財，買了賓士車、勞力士錶。我也正是這個行業的起頭者，尤其我掌握了最重要的豐年蝦卵的生產資源及技術。

廖一久博士也是亞洲水產協會創辦人及永久名譽會長、台大博士班指導教授，對我採收生產的豐年蝦卵很有興趣，而於一九八六年夏初，特別要求到猶他大鹽湖及我工廠進行研究了解。我安排他住在Tim Troy的家裡，他住了將近十天，我們還安排他用飛機到湖上考察。

後來他回台灣時，也邀請Tim Troy到他水試所訓練，學習如何養殖草蝦的技術。他因爲在日本留學，與日本關係很好，因此介紹日本寵物（Japan Pet）給我。當時正好我收到了來自U.S.C公司的一封電報，來自U.S.C.公司尋求我的產品。我依據這兩家的未來客戶資料，回信表示，我要到東京拜訪。

八月份我到了東京，這是我第一次前往在我大學時期，同學們都很羨慕的進步國家日本。當然我對日本的印象也很好，市容清潔衛生，市面上的東西，從汽車、電器到食品、衣服等等，都是日本製造，幾乎看不到進口品。人們穿著整齊，男人都是打了領帶，在在顯示這是一個高度發展的文明國度。

我找了羽田機場附近的一家五星級賓館住下，買了張日文地圖，圖上的中文字我還是看得懂的。第二天，我坐了一程地鐵，下站後，U.S.C.的一位只有二十三歲剛從東京帝大畢業的小伙子上山弘（Hiro Mi Mi Ueyama）來接我，然後轉車到他的辦公地點。這個公司頗有規模，佔有兩層樓的辦公地點，在東京算是大型公司。主要業務是代理Conoco石油公司的大部分副產品，水產部門則是剛成立的環保部門，但是什麼生意都做。

我在他們的董事長辦公室開會，這個辦公室既寬大又氣派，完全不像日本人的風格，反倒有著美國人的大氣派，果然公司的老闆就是上山弘的副總哥哥。副總兩兄弟都在美國舊金山出生，在二戰時期從美國跑回日本，副總高橋（Takahashi）從美國來日本時，剛滿二十歲，英文非常好，我的祕書Kay告訴我，他的美國口語之優美，就是一般美國人都比較不上。

東京豔遇遺憾記

會議結束以後，他們告訴我搭乘地鐵的方法，我上了地鐵，但不清楚我要去的飛機場必須在哪一站下車，只好問車上的一位年輕女學生，她聽不懂英文，而坐在她旁邊的一位成年漂亮女士，順勢回應我的問題。我看她略有打扮、塗有紅色唇膏，穿了一件漂亮工作服，是一家叫「銀座百貨公司」的資生堂化妝師的制服，是一位時尚女性。她用流利的英文告訴我，她正好要去飛機場趕機回家，能順便帶我回賓館，我喜出望外，眞沒想到能有一位成熟、時尚而高貴的日本美女陪我回住宿地。

不多時車就到了機場站，她指著那家賓館給我看，說：「你是第一次從美國來日本東京，應該多玩玩，可惜我要回鹿兒島家裡，否則我能陪你玩幾天。」我聽她如此友善的待我，便在她未上飛機的空閒時間，請她在咖啡餐廳吃了一份日式生魚片晚飯；她也把自己的電話及地址給我，並說她已經二十六歲了，還未結婚，希望能到美國生活，我也表示願意與她保持聯絡，下次到日本會特地拜訪她。

當我送她上飛機時，她要求親吻我，這又是一個熱吻呀！因爲有她的口紅脣印，所以她把一塊手巾送給我擦拭嘴脣。這是第一次見面，也是最後一次，但卻讓我記憶深刻。

回到雪村不到一個月，就收到了她的來信，打開看了一下，心裡卻害怕被妻發現，她可是很有妒性的，就把這信丟了；沒多久，她又來了第二封信，我根本沒看，隨手就藏在一個角落。當年秋天起，我與妻的關係就很不好，因爲暑假時，她邀請家人及姊弟前來雪村渡假一個多月，同時將公司的成品私下交給其弟銷售，所得款項作爲支助其家人的贈與；加上人多話雜，我剛從國外旅行回來，日子實不太平，而且情況每況愈下，不多久，我們分居了。

之後，她回母親家居住，我才想起這位日本資生堂化妝小姐的來信，很遺憾這第二封信，我是藏在辦公桌下的垃圾桶內，而非那個角落裡。由於我沒有這位日本小姐的地址及電話，之後也沒有再收到她的來信，看來郎君有意，落花無情。離婚後，我常想到這段豔遇，如果我能與她魚雁往來，肯定會有共結連理的機會，只能感嘆有緣無份了。

日本寵物公司，第一個來訪我公司的外企

話說回來，我這次拜訪日本，也造訪了日本寵物公司，他的辦公室就小多了，在日本東京能有一個一百平方尺的辦公室，都是中小企業的夢想。老闆的父親曾在東京養殖錦鯉，有上好幾畝土地，隨著東京地價飛漲，老闆也因此有了雄厚資金，發展了好幾項產業，日本寵物是他的主要事業。

接待我的總裁正是他的大學同學，很有君子風度，是學歷史的。他曾告訴我，他的住家很小，但是洗澡間有一個大桶可以泡熱水澡，如有客人且家中只有一桶水大家用，洗完澡才到熱水桶中「泡澡」，使用順序是客人第一，家主人（指父親）第二，接著是小孩，最後才是女主人，如此才能節省熱水。

我到他們辦公室，老闆接見我，他堅持要我給他日本的獨家代理權，我也很頑固，堅持

不答應，最後他氣得連晚餐都不出席，由他的總裁及經理陪同。在辦公室裡，女職員都非常有禮且安靜，從不走在男人的前方，甚至不會並排而行，也不陪客人吃飯的。

我與日本寵物從那次開始，一直做生意到現在，將近三十個年頭，互相誠信來往，相互禮讓，並且在歐洲及亞洲還為他們介紹客戶。只不過第一次與我見面的那位大老闆，我倆從那次不愉快的談判以後，彼此從未再見面，十年以後，他把業務全部交給他的兒子，我與他兒子倒是相處甚佳。

我回猶他公司後的一個月，我給日本寵物的經理取了一個英文名Tony，他一直沿用至今，後來他也是總經理了。這位經理也是一位水產博士，之後日本寵物的總裁及經理兩人前來猶他大鹽湖，參觀我們的採收及生產，當時的方法很簡單，他們也在湖邊沙灘上做了一點活，這可是我們公司第一位來訪的國際客戶呀！

「神戶日本國家水產研究養殖中心」拜訪記

一九八九年，我再次前往日本，當時上山弘（Hiro Mi Ueyama）邀請我前往Kobe神戶國家水產養殖研究中心訪問，當時中心主任很禮遇的接待我，他告訴我：「你可以參觀我們研究養殖中心任何地方及部門，你是我們中心最特別的客人，只有三個人享有這種特權，你是其中之一。」

我問他另兩位特別客人是誰，他回答我：「一位是我們的天皇，明仁太子（現爲明仁上皇）時常來拜訪，因爲他專修漁業生物。還有一位是英國查理斯王子（現爲英國國王查理三世）。」我非常感謝他如此禮遇我，當然我心中有數，他在炫耀前面兩位大人物曾到他的國家水產研究中心參觀，表示他們的地位崇高一流吧！

由於我們海星公司的豐年蝦卵供應給他們，而且他們使用這項主要產品的用量很大，貨源及品質保證對他們而言至關重要。這家研究中心的確堪稱世界一流，佔地及投資都相當可觀，坐落在海邊，在海上還有金槍魚、鮪魚等箱網養殖場，從成魚到魚苗應有盡有，而且很多是日本本土的名貴品種。

在那個年代，他們號稱世界第一，我認爲當之無愧，何況日本是漁業大國。再者，這個水產養殖研究中心又是政府國家撥款的機構，生產大量的魚苗，每年放流成千上萬的魚苗到日本沿海，增加沿海成魚的數量，以便漁民有足夠的魚可以捕撈。

我參觀後，出席了一個座談會，有十多位專家與會討論。我以產品生產商的身分出席，與會的專家看起來都是我的客戶吧?中心主任一開口就說:「你們美國大鹽湖能生產如此高質量,而且幾乎占世界產量的百分之九十。美國不只能生產世界上所需要的任何東西,居然也能生產如此大量的豐年蝦卵,太讓我們日本人嫉妒了。豐年蝦卵是培育魚苗必備活體飼料,而日本人又是以魚為上席的民族,豐年蝦卵在我們日本,可以稱得上是國防物質了,沒有豐年蝦卵就沒有魚苗放流到日本沿海,我們就抓不到魚,所以你賣的不是什麼飼料,而是一種可以控制日本人生活的國防物質呀!」他當著十餘位專家面前說這種話,我的確很榮幸也很驕傲。

這些專家都上來與我握手並交換名片,我坐下來仔細看過這些名片後,其中有十位博士全是漁業生物及水產方面的專家,讓我大吃一驚。我定了定神,這些日本博士,英文可不會比我好到哪裡去,何況今天討論的主題是豐年蝦卵,我在這方面可是專家呀!此外我還修了一點海洋生物的課,一些專有通俗名詞我還是知道的,加上美國馬克博士已為我工作近三年,我從他那兒還是有些水產方面的真傳理論。

這個會議居然開了三個小時,我的一分學問,三分用本領,在這一天充分發揮了。現在回憶起來,眞是年輕時有一種傲人的智慧,現在遇到這個場面可能差遠了。會後因時間不多，我要坐火車回東京，他們拿了一些生魚片給我品嚐，又喝了一杯綠茶、一點清酒，這些博士們都很高興，能從我這兒得到他們認爲珍貴如同國防物質的豐年蝦卵的第一手知識及產業情報。

我與上山弘匆匆到了車站，已是下午兩點了。吉田買了快車上的便當，給了我一個，裡面的菜色有兩片黃色蘿蔔、一片豆干、兩條小鹹魚，有點芝麻在白飯上，我肚子有些飢餓，胃口很好。吃便當時，不禁回想起在台灣坐火車也吃便當，內容物有些近似，日本人還是與我這位在台灣生長的中國人很近似，怪不得我在台灣上大學的同班同學，很多人都有哈日情結，我這時也對日本頗有好感。

黃種人生活習慣相同，都有中國文化的傳統思想，某些部分他們甚至更受儒家思想及佛教的薰染，而且也彬彬有禮。我父親在抗戰期間與日本人打過仗，我的母親在四川盧州，有次日機丟炸彈，前後各一個，差點沒了性命，但是我很少聽他們罵日本人什麼的。而且日本客人來美國造訪，我母親還很熱情招待，倒是我父親對共產黨有點意見，可能與我祖父被冤枉鬥爭槍殺有關吧？我的三叔、四叔，一個是鄉長，一個是中學校長，也在家鄉被解放時，無緣無故被鬥爭槍殺。自己人殺自己人還是很野蠻的，我想不透，總感覺再大的罪，即便是政治鬥爭，也不必用槍殺死刑來解恨吧！

日本飼料會社邀約之箱根溫泉遊記

我與上山弘回到了東京，這時有位台灣的客戶，也是一位老朋友，叫吳萬響，他比我年紀大約十來歲，一口流利的日文，中文也還可以，雖只有小學程度，但與他交談還是很有學問，生意做得很成功。

他告訴我，因為做豐年蝦卵並兼營養蝦孵苗場，幾年工夫就賺了一棟四層樓房，坐落在高雄市新區的大街邊，我去參觀過，很是氣派，當時他已五十來歲，說經營豐年蝦卵是他一生中最賺錢、最成功的生意。

那天他帶來了一位他的日本生意伙伴，野田先生，我與他做了好多筆生意，是我的另一位日本代理，年齡有七十歲了。由於他代理我的產品較晚，所以我兩商量給他沒有牌子的白罐，由他自己定牌子出售，以免與上山弘的USC公司發生衝突。

當天晚上，上山弘要我邀請野田與他及兩位手下吃飯，老吳告訴我，他們之間有了矛盾，希望我吃飯時把他也帶上，因為他能說流利的日文，到時可以調解一下，緩和相互的衝突。於是我就在大飯店租了一間小型會議室，一共有六個人開會，上山弘那邊是三人，我這邊有老吳及野田。

會議一開始，上山弘就拿出一張傳眞，當時生意往來是以傳眞件爲主，交給野田看。這張傳眞是我寫的，由我祕書Kay傳給野田公司，但是她弄錯了，傳給上山弘的公司，原來是張冠李戴了；而且傳眞中還提到，如果野田想用「紅林牌」我海星公司的主要品牌名譽出售，他可以自由決定。

上山弘公司的人非常憤怒，但是他從未把這事反映給我，只是在這次會議時才把傳眞文件拿出來，質問並責備野田用不正當的手段搶生意，他的兩位手下還站起來，一副想打架的樣子，把這位野田先生嚇壞。所幸老吳用日語不停爲這事解釋說明，最後老吳叫我出面和解，並表示永遠不讓野田銷售「紅林牌」的產品，只可以賣無牌的白罐，此事才算解決，大家也很愉快的言和了。當然這個飯局就由野田請客，但也是匆匆結束，很快散去。

飯後，老吳告訴我，日本動物飼料株式會社的一位經理，要好好的招待我，到箱根溫泉風景區渡假五天，問我能否抽空五天，我立刻答應了。他告訴我，因爲日本飼料生產的蝦苗飼料B.P.，在台灣及東南亞的銷售，全部是透過我的代理商網路，成績非凡，每年淨利高達三百萬美元。他們很感謝我的提拔與介紹，讓他們的產品很快就有成功的推廣，還特別邀請我到該公司參觀。

第二天，該公司負責B.P.部門的經理到了我住宿的飯店，約了老吳及野田先生一起參加。日本飼料會社在日本排名第三，有五十多家工廠，與第二大飼料企業的規範接近，但與日本最大的「全農組合」會社相比就差遠了。

他們在東京有一整座的辦公大樓，很現代化，當時正在開會研究新出品的鮭魚飼料在加拿大箱網養殖的試驗成果，會後有一個鮭魚生魚片品嚐會，請我參加，一箱新鮮鮭魚剛從飛機場運來，有專廚爲我們烹製。他們的總經理特別請我品嚐後發表感言，我說：「肉質的確鮮美，而且肉色是金紅色，很是特別。」他回說：「這個金色的鮭魚肉就是只有用我們的飼料，才能如此，這就是我們飼料的最大賣點呀！」

晚上我在附近一家日本館吃飯，並在附近一家日式酒店住了一晚，特別爲我開了一間套房。第二天吃完早飯，我們就匆匆上路到箱根溫泉了，路上經過一個風景絕佳的環山深水湖，湖光山色很是美麗。到了溫泉區，大小日式酒店林立，溫泉水是由一家大公司有系統的用管道供應，水色略混濁，有清淡的硫磺味。

我們住進一家老式日本酒店，我與老吳、野田及日本飼料的經理四人共用一間榻榻米的大房間，有一位年近四十歲的日本女服務生，穿上和服，專門在屋裡侍候我們四人。

野田及這位經理都能說中國話，因為野田在二戰期間是日本天津領事館的陸軍少佐，屬半文職的領館人員，二戰後就回國住在大阪市，有三位小孩，能書寫中文，但不特別流利。那位經理為了與東南亞我的華僑代理商做生意，特別勤學中文三年，說得很好，但是能否書寫，我就未曾得知了。

我們四人進了房裡，一切以日本舊式方式，接受女侍服務，她跪下來為我打理，並替我換上日本和服，送上綠茶及日本式白飯糰做的三角形點心。我們都在榻榻米上睡了一個多小時，這位女侍叫醒了我們，準備洗澡泡溫泉。

溫泉池坐落在室內，是屬於大池子，分男女兩間房，但水池則是共用一個，中間用大塊的毛玻璃隔開；洗澡的地方，則是用水泥牆完全分隔成兩個單位。

我在洗澡時很不習慣，一些日本男人不穿衣服，裸體沖浴，我只好用了兩塊毛巾，用一隻手把下體遮住，但是其他日本人則視若無人，裸體走來走去，大家跳進大溫泉池泡澡。

我很快發現很多泡澡的男士不停的潛水，老吳笑著告訴我，因為隔壁的溫泉池是女性在使用，水是相互流動的，他們聽到女人說笑的聲音，認爲潛在水下，就有機會能看看女人洗澡的，我回說：「這個水很混濁，是不可能看到什麼的。」老吳接著講：「這是心理作祟，雖然看不到，但是每個男人都還是想潛下去試試看。」我又說：「這些潛水想偷看女人洗澡的人，眼睛都被溫泉水弄得發紅，但他們還是樂此不疲，眞是活受罪。」老吳告訴我，這家旅店很有檔次，不少人是公司的高管或董事長。聞言，我與他相視，相互笑了起來。

溫泉水池內約有十幾人，並非豪華裝飾，但是整齊清潔，洗澡的每個人都很自愛、有公德心，不會大聲言笑，更不會用奇怪的眼光瞄視他人，我們很有一些隱私感，也自得其樂，不會覺得附近的人有什麼干擾。

泡澡完畢，回房穿上清潔的和服，到酒店後間花園邊的一間日式榻榻米房，享受一頓豐盛的日式傳統晚餐。日本飼料會社的經理，安排三位穿飾整齊和服的藝妓坐在我們鄰座，其中一位最年輕漂亮的藝妓，特別爲我而來。

坐定以後，大家舉杯互敬清酒，老吳緊張的向我耳語一番，我以爲他想要我的年輕藝妓陪伴他，他趕緊回說不是，然後重複一遍，我終於明白了，原來他要向我借兩萬日圓現金，想回宿舍住房，找那位「歐巴桑」中年女服務生做愛。我偷偷給了他兩萬日圓，他立刻向我們告辭，約一刻鐘光景，他滿面紅光、笑嘻嘻的回來了。此時日式菜點也已上桌，請他品嚐，他小聲的告訴我，那位「歐巴桑」已在房內等他，所以才會完事得如此快，他非常滿意這位日本女人的服務，我爲他乾了一杯清酒。

老吳是一位標準的市井商人，食色兩全，對其他賭與抽的興趣就不太大了。這次日式晚宴，還是由老吳主導，我的鄰座美女，也都由老吳安排唱歌、敬酒，熱鬧了一番。我不會日語，因此做了觀衆陪大家喝了幾杯，但是很有節制。看到從不喝醉的老吳有點醉意，主人（日本飼料經理）立刻叫停，大家回房休息了。

第二天我們上山看溫泉，蒸溫泉蛋，大家在談笑遊山加採購中玩了兩天，眞是難得的記憶，很是甜蜜愉快的一次商務旅遊。我們四人中，吳萬響在一九九八年去世，而野田也在八年後去世，他可算是高壽了。我記得有一次野田請我吃飯，他一人獨飲了清酒一打，酒量奇佳。一九九一年，老吳與我曾在香港吃了一次大餐，容我再細細道說吧！

吳萬響的香港豪華宴

我在一九八六年前往菲律賓，準備投資一家蝦苗孵化場，在呂宋島南部八打雁（Batangas）

海灣購買近海邊的兩公頃土地，在一九八七年建築了一家現代化的育苗場。老吳很想前往觀摩兼指導一番，因爲他在台灣建了兩家養殖場。

我倆就在一九九〇年在馬尼拉見面了，老吳是位大饕客，菲律賓的海鮮也頗有名氣，我特別交代我的菲律賓總經理薛先生Thomas，每餐必須要有美食，因我並非酒徒，所以美酒就可以免了。

我的這位公司總經理薛先生，平時生活簡樸，哪裡能點出什麼絕佳好菜，給老吳這位走遍港、台、日本各地的江湖老饕呢？每餐吃下來，老吳很有意見，批評不斷，讓我很沒面子，我的薛總後來更是嚇得跑進廁所「尿遁」，拒絕不再點菜，所以我們飛到菲律賓最有名的宿霧島時，我爲老吳弄了一隻十六斤重的超級巨無霸龍蝦，來上一蝦五吃的豪宴，老吳雖然滿意，但是對他們的烹飪方法還是很有意見。

最後他愼重邀請我、我的母親與家妹金燕，前往香港享受一餐眞正的港式豪華宴席，他自己也邀約了三位台灣高雄老友（也是我的朋友），及一位香港朋友參與。我們分別通知他們趕辦手續，買飛機票，爲了吃這一餐飯，專程飛到香港一趟。

這場豪宴是在港島灣仔東區的「佳寧娜」總統包房開席，服務生數人，大廚兩位，專在室內負責烹製。鮑魚、魚翅、海參等名菜，肯定樣樣齊全，其中聯合國認定的一級保護古巨蚌，也搬上了桌面。當時那一桌的花費是四萬九千港元。這是一九九〇年的事，對我來說，這次大宴眞是空前絕後了。

守節持義的長者高橋

我在一九八六年第一次拜訪日本U.S.C.公司時，出面談判的高橋（Takahashi），當時年約六十多歲，一口流利的加州英文，與我家母同年。他的一生很是滄桑，出生在美國，約二十歲時（大概在一九三九年左右），從美國舊金山返回日本，經過二戰及日本戰後重建，直到二〇〇六年去逝，一直生活在日本。妻子在他六十多歲時病倒，臥床不起，他照顧愛妻十八年，僅僅比他早四年多去逝。

由於他膝下無兒女，常把手下的年輕人視若親生子女，上山弘就是他的手下大將，常稱呼高橋爲他的老父，我第一次見到上山弘，他年僅二十三歲，剛從東京帝大出校門的年輕人。我從一九八六年與他來往至今，高橋曾到猶他雪村海星公司兩次，舊金山我家一次，上山弘更是每年都來，不計其數，我母親還烹飪過好幾次早晚餐來招待他們。

高橋老人不僅有日本儒家文化，更有美國人的民主、人權思想。他富有美國式幽默性格，行為上則具有溫文典雅的君子作風，可以說是一位通情達理、守信義的好人。

他生活平淡節儉，我從來沒有聽他因膝下無子女或是妻子生病在床，而有什麼怨言，把一切事情都看得很自然、很平淡。他常常帶我在東京小吃館解決午餐及宵夜，有一次我們去吃豬耳朵，上山弘說：「這是他的最愛。」另有一次在火車站地下食場吃醬湯熬蘿蔔及大塊豆腐，當然每次都喝上幾小盅清酒。

有一次，約在一九九六年，他帶了上山弘及另一位年輕人來我猶他州工廠，兩位日本年輕人看到我衣櫃中有把來福槍，要我帶他們試試槍法，於是我帶他們到山邊的垃圾場，設上了靶標，幾槍下來，肯定是我的槍法最好了。此時上山弘把槍交給他的老闆高橋老人，要他也表演一下。當我還在為他擔心是否恰當，不清楚他是否玩過這種長槍時，他很從容的拿起槍來射了六發，而且居然發發中彩，讓我們大吃一驚。他說：「我年輕時在舊金山，就常常與我的兄長、父親去山上打獵，所以槍法很好，雖然長期未用槍，但是技藝還是在地。」他的兩位手下包括上山弘，不禁對他肅然起敬。

上山弘結婚較晚，太太是一位有名的心臟科醫生，很有日本風格的女性，婚後來我家度蜜月，這已是二千年的事了，我妻子娜佳特別招待他們。三年後的某一天，上山弘來美國，我與他在林邊市、我家花園品嚐美國紅葡萄酒，他接到妻子電話，告訴他懷孕了，上山弘立刻打電話訂了當天下午最早的機票飛回東京，我恭喜他，並送他到飛機場。一年以後我遇到他，提及此事，他搖頭說：「流產了。」從此他們就未再有喜訊了。兩人都已年過四十，讓我感嘆他的命運，在這方面也如同他的老闆「義父」高橋老人。

我很幸運，一生走來命運坎坷崎嶇，但是我妻娜佳給我帶來了一對親生兒女，這也要感謝上蒼對我的厚愛了。

菲律賓市場開拓記

一九八六年，我的生意開始發展了，手上也有些餘錢，豐年蝦卵是水產養殖業最上游產品，它的最主要客戶就是蝦苗養殖場。當時的蝦苗場利潤豐盛，我因多種因素，決定到海外投資一家苗場。工廠經理Tim Troy是美國人，因在佛羅里達養蝦訓練班Sea Grand相識，他一再鼓勵我投資蝦苗場，而且表示希望爲我主持經營，於是在我遊歷菲律賓及泰國之後，決定選擇菲律賓作爲基地。

一九八六年夏季七、八月份，我到馬尼拉馬卡弟市（Makati）住在一家小酒店（Rest House），當時，我在菲國一個朋友也沒有，完全是盲人摸象。

當時菲律賓正發生軍事革命，軍人佔領馬尼拉大飯店，我的小酒店也屬危險戰區，夜間有流彈打到我住的四樓窗外牆上。白天我只敢在酒店門外與警衛保安聊聊天，酒店坐落在馬卡弟高級地區且最熱鬧的街上，因有不少外國人在那兒，所以政府派有重兵保護，路口及街上都有軍隊站崗；我因沒事做，只好找酒店的總經理聊天了。

這家酒店是菲國最富有的華僑商人鄭先生的產業，他擁有捲菸廠、啤酒廠、銀行、商場、數家五星級飯店以及菲律賓航空公司。這位小酒店總經理，十幾年以後晉升爲馬尼拉喜來登（Sheraton）及希爾頓（Hilton）兩家五星級飯店的老總了。

我向他說明我到菲律賓的來意，想投資蝦苗場，身邊沒有任何人可以協助我，希望他能幫點忙，他立刻介紹他的妻舅薛先生湯姆士（Thomas）與我見面。湯姆士是菲國中正大學畢業，顧名思義，是蔣介石辦的一所華僑大學，老蔣很重視華僑工作，加上當時美國副總統尼克森也建議老蔣多做一些東南亞華僑的教育，以防共產黨滲透及利用，所以我對湯姆士很是傾心相交。

由於他在一家日本漁網公司做事，時間上不能全力以赴爲我工作，所以他把他的三姊夫鄭荷西（Jose Ty）介紹給我，請他來協助我。他也是華僑，中文較差，但英文及機械工程很行，他大學時學的是電機工程，曾在山上作伐木場的總經理，統領二百餘人，每年只能下山兩次，每次兩星期。由於這段時間菲國很亂，山上的工人正在大罷工，所以他也暫時失業。所幸有他們兩人幫忙，令我在很多事情上都順利許多。

爲了順利工作，我花了很多時間教育他倆有關水產養殖和蝦苗場的知識，並參觀附近及離島的蝦苗場，同時包租了DC-3的中型飛機，調查呂宋南方八打雁灣及明島的海域沿岸狀況，選擇環境良好無工業及農業污染、水質優良的海岸爲場址。最後決定在八打雁的一個村子旁找上了一塊地，並且緊鄰菲國東方銀行老闆的海灘別墅。

荷西與村長打上了交道，並且捐款給當地小學，分兩次向不同的賣家地主收購三・一六公頃近海灘土地，地下有很豐富的淡水，並擁有長達八百公尺的沙灘海岸。由於八打雁灣的海域是屬於深水灣，因此水質極佳，漁類豐富，各項條件很適宜設置高技術的魚蝦孵化場。

我在那兒足足住了一個月，返美回到猶他州雪村時，當時我妻很有意見，這次我再前往時，她是很不樂意的，但是我有一股成就事業的雄心，她也沒法阻止我。由於薛先生及荷西的鼎力配合，成立了公司，並設計了工程藍圖，由荷西負責施工，一九八七年，正式開始生產運作。

信賴美國員工遭背叛，台灣養蝦師傅又亂來

一九八六年底，我派美國的Tim Troy到台灣東港水產試驗所受訓三個月，給予很優惠的條件，並分給了一成的股份，享有美式的薪資及福利。他在一九八七年帶了嬌妻來到八打雁海灣的蝦苗場工作，我為他在岸邊建了一個別墅，同時買了一台鋼琴，這是為了滿足他妻子的要求。

對此，荷西很是反對，他認為養殖場的工作必須很辛苦，有時必須二十四小時提心吊膽，這位美國人帶著嬌妻，如同渡假一般，不像做大事業的作風，如此肯定會失敗的。再者，海邊鹽氣很大，海風會損害鋼琴，而且當時菲國治安很壞，在近海灘處建別墅一座，目標太明顯了，有安全上的疑慮。當時我很相信Tim Troy，一切都盡量滿足他，但是不到一年，荷西的話完全應驗了。

首先是工作勤勞問題，Tim Troy每星期六、日必定要休假玩耍，以致蝦苗場育苗不成

功，並且引發工人反感。最要不得的是，他喜愛在附近地區交遊地方官員，甚至結交軍方人員，以致引人注目。當時菲國到處有人民軍反政府游擊隊，有一天剛入夜，反政府份子故意放槍射擊這座沙灘別墅，三顆子彈打到內屋牆上，把他妻子嚇得住進了醫院；我一得知消息，立刻飛到馬尼拉，表示安慰，並研究如何解決問題。

荷西認爲Tim Troy這個美國人太活躍了，不了解當時菲國環境，而且一般反政府人民軍，最喜歡找美國人出氣。我請教我的當地大律師，他也抱持同樣看法，何況他還結交當地軍方人士，更是麻煩多多。我見了Tim Troy，並到醫院看望他的妻子，這時他妻子已有身孕了，爲了這件事，他妻子要求在醫院待產，因此住在那裡一個多月，後來生了一位女兒，我也付足了所有的醫療住院費用。

事後Tim Troy要求辭職，我曾與他簽有必須工作五年的合約，也就作廢了。只是多年後我才得知，原來他早與新加坡一家澳洲公司簽約，派他前往越南領導水產育苗的工作。我對他是無微不至的照顧，待遇優渥至極，這是我在事業上，第一次遇上用人不當。

Tim Troy離開後，我請薛先生做總經理，荷西擔任廠長，荷西是自學有成，爲了提升他的技術，我特別從台灣高雄請來兩位有經驗的老師傅工作半年，成績還是可以的。只是這兩位台灣南部來的師傅喜歡玩女人，兩人不到半年都得了性病，送到醫院，兩個星期的治療後，我要求送他們回台灣，從此以後，這家水產育苗場，就由荷西一人負責。

荷西在山上伐木場工作多年，勤勞負責，是一流水準，加上他有些電機及工程方面的知識，的確經營得很成功。我們接著在原址擴張第二廠，更加現代化並進行一些研究實驗，同時也養殖石斑魚苗等開拓新的育苗地域。荷西是一位非常忠厚而能幹的廠長，我以中國解放前北方流行的「老長工」及「老掌櫃」來形容他，後來我特別以海外企業的負責人名義，讓他移民到美國，協助猶他海星公司的管理。

財務經理五鬼搬運偷錢案

我的總經理薛先生負責馬卡弟公司辦公室工作，並請了三位小姐協助，有位女生是菲國知名大學財務管理系畢業，成績優越，外表普通，能說一點國語和閩南話，父親是廈門人，母親是菲律賓當地人，家中有十二個姊妹，她排行第八。

她平常沉默寡言，看來很是老實。有次我與她聊天，問她父親職業，她告訴我，其父到處收集魚貨，然後交由貿易商出口，經常不在家，但是家裡的經濟還是由父親全力照顧，並不缺錢，只是母親喜歡亂花錢，經常去賭錢，因此父母感情並不太好。爸爸回家都是自己做飯，常常做上一大鍋大燴菜飯或燴菜粥，她們姊妹則幫忙洗衣服，母親很少做家事，看來家裡還是有點不合，但是她對父親還是充滿敬愛之情的。

薛總很相信她，一切支票、金錢都全權交由她管理，與大銀行打交道也完全由她出面。工作數年以後，薛總叫她把一筆準備好的九千美元及一張二十萬元菲幣披索的支票取現給我，她兩天都未拿出來，我感覺不太對勁，晚餐時告訴薛總要詳查一下她的帳。第二天薛總到辦公室，另一位菲國姑娘叫NeNa，接到這位女財務經理請假的電話，薛總嚇壞了，意識到事態嚴重，立刻打開保險箱，這才發現現金、支票都不見了。我叫他趕快到銀行查一下帳，當時銀行內有數百萬菲幣披索的存款，他忙了一個早上，清點銀行的錢被她取走了一半以上，原來是她偷仿薛經理的簽名，成功騙取這一大筆款項。銀行也因這件事，開革了五位員工。

薛總立刻找律師報警，並且到她家裡等了一天一夜，才在半夜等到她回來。問明原因是，她在前一年交了一位六十歲的男人，此人是一位外表紳士但實爲一個大賭徒，經常帶她到菲國賭場casino豪賭，因爲賭輸了錢，爲了翻本就把腦筋動到公司頭上，開始到公司來偷錢。她爲了這個賭徒男友，失身不說，破財還得坐牢，她哀求薛先生不要把她告到官裡，否則肯定要坐大牢了。

這時我人已到了香港，薛總打電話給我，非常生氣，表示要立刻叫警察把她抓起來。我告訴他，這樣對我們無濟於事，讓她寫張借據，並寫明還錢的方法，而且要她的男人也簽名保證，同時要她寫一份改過自新，不再和這位賭徒來往的申明，也不再嗜賭了，我們就放她一馬，別告她了。

最後，她都照做了，也跪下來向薛總表示感謝我們的寬恕，但是那大賭徒男人，早知東窗事發，不知藏哪兒去了，她也找不到人，找他簽名也就不可能了。我這樣做，只是給她一個不坐牢且能改過自新的路，我很清楚她肯定是無法還錢的，只是藉此教訓她，不可以再賭罷了。

一年以後，我問薛先生此事，他說：「事情辦完後，警察還是找上她了，因爲那個男人很有問題，銀行也在找她，她嚇壞了。現在她早已離家逃到外地去，或者當外勞去香港或到哪裡打工去了。」一位聰明的名校大學生，居然弄得如此下場，我回想起來，她曾告訴我：「她媽媽因嗜賭弄得家務不管，夫妻不和。」眞是「上樑不正下樑歪，有其母，必有其女啊」！這位受了高等教育的年輕姑娘，同樣也因嗜賭吃了大虧。這已是二十多年前的事了，希望因爲我的寬恕，她能改過自新，走上正途，過上一個好日子。

與菲國美女國會議員母女風情記

我在一九八七年後，因婚姻問題觸礁，心情很壞，加上事業又剛開始發展，隻身一人須承受各方壓力，因此薛經理特別關照我在馬尼拉的生活。一九八七年以後的三年期間，有時候我在馬尼拉停留的時間長達一個月以上。早期菲幣與美金的兌換率是七比一，之後菲幣披索就開始不停貶值，亞洲金融危機以後，菲幣與美元的兌換率成了五十五比一之差了。

我常帶美元到菲國，向一位銀樓兌換菲幣披索，這個銀樓坐落在馬卡地市一座大樓廿層，珠寶金銀只是門面生意，兌換黑市外幣才是大生意；由一位華人做經理，背後眞正老闆是當時菲國農業部長的妻子，年約四十餘歲，看起來僅三十出頭的年齡，高貴美麗，頗有大家小姐氣質，加上她有些西班牙後裔血統，渾身散發出洋人的高雅風度。

當時我找她換了幾十萬美元的外匯生意，所以每次她見到我，就要請我吃飯、喝咖啡，甚至在大飯店夜總會跳舞。我的養殖蝦業屬於農業部的管理範圍，因此每次她的邀請，薛先生都叫我參加，每次薛總也都陪同，當然每次都是我埋單付款。

每次只要她到任何大飯店，一路上都很醒目拉風，她的美麗高雅自然是原因之一，但我認爲她的部長夫人身分，也是原因之一吧！有一次她與我跳舞，我的舞藝僅能跳普魯士、倫巴之類的慢步，在跳舞時，她告訴我：「我與丈夫已分居了，目前一個人。」她說在她與部長結婚前，曾與一位富有的華商生了一個女兒，不過華商已有了妻子，所以自己再找上現任部長結婚，但這位華商仍然會給與經濟上的支持，上次競選國會衆議員，就是這位華商捐助的政治獻金。

原來她竟是國會衆議員？我腦袋立刻清醒，與我跳舞的美女，居然是國會議員?!我因此明白，這就是爲何她到每個地方吃飯喝咖啡，都有大飯店經理前來打招呼的關鍵，此女人眞是非同小可，與衆不同，原來她是一個政治人物呀！

而後她的銀樓經理告訴我：「如果你喜歡她，可以交往她成爲你的女友。」我回說：「她有一位部長丈夫，我豈能輕舉妄動？」經理對我說：「她與丈夫分居，兩人不來往了。」我不了解他的意思，他只得詳細說明：「菲國是天主教國家，教規及法規是不可以離婚的，但是如果辦了分居手續就算離婚，法律效果是相接近的。」這時我才明白，這位有個部長丈夫的女人，怪不得能如此自由，常常請我出來吃飯跳舞，原來已分離了。我還曾爲此事擔心一番，怕被她丈夫知道把我槍殺，如不是薛總每次跟著我，我還眞是不敢招惹這位宮廷貴夫人的！看來她的銀樓經理有意爲我拉這條線，當我倆的紅娘。

事後，我請教薛總的看法，聊起這事兒，他很是反對，原因在於她的關係複雜，又是政治人物，反倒是他提到她的女兒，叫我考慮一下。

這二天，她請我與薛總到她在圭松市、馬尼拉近郊的別墅去玩，享受一下菲國西班牙式的晚宴。我們中午就到了她的大別墅，這時女兒也出來迎接，的確是位大美人，鴨蛋臉，大眼睛，白人血統下的白皮膚，菲律賓女性的野性身材，還有一份中國人的清秀文靜風格與氣質，果眞是非常吸引人的倩女。

我在閒聊中，很快感覺到這位外表美麗的混血兒，其實內心與思想上，完全遺傳西班牙人好逸惡勞、虛榮的心態，也是溫室裡的花朵，對這個世界太不了解，總有一天，定會被哪個壞男人騙著的。她母親唯一的管教方法，就是把她關在家裡，但是她並不學好，常常偷溜出去玩。她年齡僅有十九歲，吃晚飯時，她提及想買一輛豐田牌小汽車，我當時有鑑於她母親的議員身分，爲了建立更好的關係，立刻表示「我送妳一部吧」！後來薛總的確爲她弄了一部小車，約一萬多美元。

這位部長夫人、國會議員告訴我，她近期要到台灣去開大會，由台灣政府邀請，希望我能陪她女兒到台灣遊歷一番，薛總立刻爲我答應了。我告訴她們：「過幾天我就要到泰國做商務拜訪，此事只好延後一下了。」這位美麗的倩女，彷彿想逃出惡魔島一般，立刻在她媽面前，要求隨我一起去泰國，然後再轉往台灣。我因從未遇到這樣的混血美女相伴（中、菲、西班牙），心中還是很高興的，薛總也立刻爲我答應下來了。

當時菲國屬東南亞五國盟協成員之一，可以免簽證。到了泰國，我找了政大國貿系同學泰僑老饒幫忙，他找泰國台灣駐泰辦事處協助取得簽證，許可這位菲國議員的女兒返台旅遊。那時老饒是泰國的廣西旅泰華僑同鄉會理事長，很順利就爲我辦好這件事，我也把我的生意介紹給他，他便派了自己的妻舅前往菲國八打雁我的蝦苗場，學習三個月，回國後開了兩家蝦場，生意做的不錯，只是他錯過了代理出售我的「紅林牌」豐年蝦卵的生意機會，這才是能賺大錢的所在。十年以後，他又來找我，希望我能給他代理權，我仍然答應了，只不過最好的時機已逝，其他代理商都已佔領地盤，最後他只得放棄了。

這位菲國議員之女，與我到了台灣一個多星期，我妹金燕陪她上街，並帶她到沙龍作頭髮，所有髮姐都以爲她是菲國的電影明星。倒是我母親見了以後，告訴我：「她不適宜當壽生你的女人，因爲這位溫室的花朵，愛慕虛榮、好逸惡勞，總有一天會被別的男人騙的。她的美貌正是她招惹壞命運的蜜糖，誰娶了她，也會跟著一起招禍惡運的。」

我回到美國後，她幾乎每星期都有電話及卡片情書郵寄而來，很是多情浪漫，不到半年，薛總告訴我，她被她的媽媽關在菲國有名的碧瑤避暑勝地的別墅裡，可能無法再與我來往了。不久，我也收到她的信，信裡說道：「一年內暫時無法與我聯絡。」也未說明原因，我也未追問她原因何在，但是我猜想，她是天主教徒，很可能在外面交上什麼男人，懷了身孕，依照不可墮胎的教規，很可能被她媽媽關起來，準備生小孩了吧？這正是與她媽媽早年生她時，是同一個命運吧！

一年多以後，她突然通知我要到美國來，路過舊金山時，想來我處拜訪，並住上一段時間。當我到飛機場接待她時，嚇了我一跳，她抱了一個只有五個月大的男孩。我招待她住了十餘天，小孩看來很像是一個日本人後代，經我詢問她一切經過，果然如我所料，她結交了一位日本商人，最後這位日本人遠走高飛回國了，從此再永無音訊，但她沒料到自己竟然懷孕了，只好生下了這個小孩。

她的議員媽媽把這事告訴她的中國華僑生父，她父親打了她幾個耳光，揚言永遠不認這個女兒，母親只好把她藏在碧瑤風景區別墅，並且找了她在美國科羅拉多州的嬸母照顧，設法把她弄到美國過日子。我知道她的打擊很大，也挺可憐她的，但同時我也想到我媽說的一句話：「她早晚會被別人騙，因爲愛慕虛榮，又太天眞愚昧。」我特別幫她小孩及她買了一些衣服及東西，並且還給了她一些錢，我告訴她：「跟妳嬸母好好過日子吧！妳還年輕，兩三年後，找一個美國人結婚吧！」她對我很是知恩感激，我想她心地還是很善良的。最後我送她上飛機時，看到她眼眶流下眼淚，我也爲這位美女感到可惜，但是我相信，她的美貌及善良，由於這次被騙的教訓，未來反而會帶給她長遠的幸福，我也祝福她能過上好日子。

菲國海星蝦場的最終命運

一九九七年一月份，我與我妻娜佳兩人從香港到菲國宿霧市渡假，曾前往八打雁的海灘蝦場考察。廠長荷西告訴我，目前海水水質不佳，養殖很不容易成功，主要原因是蝦場附近不到二百公尺處，建了一座大鋼廠，是由日本企業與菲國大財團合作的，隔壁東方銀行的別墅也已賣給他們了，聽說東方銀行也是投資方之一。

大鋼廠建在海邊，主要是可以築一條寬約三十公尺、長二百公尺的水泥鋼架長橋，伸向海中，我們座落的這個八打雁海灣是一個深水灣，從岸邊伸向海中一百公尺，水深就達十幾米以上了，所以萬噸以上的大船，是可以利用這個鋼架水泥橋運輸原鋼及鋼製成品的。他們並建了一座水泥廠在附近，看來我們是遇上大麻煩了。

我叫薛經理找上菲國馬尼拉我的律師Bosa，他找了頭號助理出面向該公司爭取補償，或者要他們把我們的土地蝦場也收購下來；由於我們有地上建築，又是高科技水產育苗場，他們不肯出好價格，此事也就被拖延下來。一年以後，我在舊金山辦公室附近的一家小人國西式飯店遇上了Bosa，特別約他在他的旅店討論此事。他在菲國馬尼拉代表日本三菱株式會社，是大企業的特約律師，很有些能力，但是他告訴我，這個大鋼廠來頭很大，我們沒有抗爭的力量，還是趕快把它賣給別人吧！

最後我只得通知薛先生，立刻設法把土地及廠房給賣了吧！我們出售了土地及廠房，獲得的菲幣披索金額總數比我原來投資多了四倍，但是我換算成美元，虧損了一半，十幾年的努力，最後換來的是損失慘重。主要原因在於菲幣披索狂貶，從七比一變成了五五比一，我在這種落後國家投資，開始意識到其中實在有太多的不安定性及變數，沒想到學國際貿易的自己，也會糊塗的做了完全錯誤的判斷。

越南市場拓展記

二〇一六年，我們最大的市場越南的兩個代理商，同時被越南政府海關懲罰，原因是他們進口豐年蝦卵未能繳納海關進口貨關稅，當時是五%，被罰款百萬美元，再加上未來每單抽取五%的額外稅款，對他們來說是不小的金額。

許多國家基本是免稅的，而且越南並不生產豐年蝦卵，該國是養殖王國，蝦及水產品的出口，幾乎是他們全國外匯來源的第三位。我得了這消息立刻又找上了參議員海契，並提供了幾個免稅國家的資料。當時他仍是聯邦參議會國際貿易及財務委員會的主席，手上握有權力。事實上，經過上一次的美印貿易糾紛，我因此特別參加數次他的私人集會及宴會，有一次是他宴請猶他州長的晚宴，僅有七個人參加；另有一次在加州矽谷集會，地點在史丹佛大學的Stanford Duck Club，他的祕書請我擔任主要支持者（Key sponsor），我的內人娜佳（Nadja）、女兒（Jaulie）以及兒子（Daniel）闔家出席，與他的關係已非常密切。

爲了越南海關徵稅及對我們的代理商罰款一事，我們基本上只爭取免稅待遇。越南也是

TPP（Trans-Pacific Partnership）成員之一，當時我們求助參議員海契時，並沒有得到他的任何回覆，但也把此事通知越南的兩位代理商，他們對於能減少五%的關稅很感興趣，但也不抱任何希望，我也沒有針對此事，進一步與參議員聯繫。

三個月後，越南方面傳來捷報，由於美國的交涉，他們海關立即減了十%的關稅，比我們原本要求的五%還增加一倍，同時更免除兩位代理商偷欠關稅的罰款，這是每筆一百萬左右美元的金額，我與美國公司的兩位同仁都很吃驚。越南代理商正在頭痛此事，而我們竟輕易為他們解決，他們從此對我們海星國際（O.S.I.）能出力爭取減免關稅一事，心誠佩服。

一年後，越南海關通知貿易代理商，應該只減五%的關稅，他們弄錯了，多減成十%，希望能恢復成五%的關稅，話雖如此，我們的貿易代理商也額外多賺一年因海關錯誤而獲得的特殊利益。我與馬克嘆息道：「美國的經濟力量眞是可怕！」居然把越南海關嚇壞，讓利過了頭。

泰國市場拓展紀實

一九八年代後期，泰國政治安定，民風淳樸，與美國、日本、台灣及歐洲等民主國家關係密切，自由市場經濟施行的很徹底。由於華僑衆多，在當地頗有經濟實力，大部分華僑都能說流利的中文，水產養殖業的氣候條件極佳，治安良好，我認爲是未來養蝦業發展的天堂。

我在一九八五年第一次到泰國時，曾在曼谷市中心路上，發現有人用小車在賣椰子水，我曾好幾次當街買椰子水，而且站在路中就品嚐起來，路上行人也不太多，車子更少。但是十多年以後，我到泰國曼谷市同一條路時，已經是兩旁高樓大廈，滿街名車奔馳，再也看不到當時叫賣椰子水及冰水的小販了。泰國經濟也的確在二十世紀的後二十年，突飛猛進，高速成長，我也是眞實的見證人，幾乎每年我都會前往泰國兩次以上，那裡眞是一個美麗和平而友善的國家。

一九八五年我到泰國拜訪時，蝦苗育苗場不到二十家左右，到了一九九五年時，蝦苗育苗場快速擴展到不下萬餘家，已經成爲世界第一大的草蝦及淡水大蝦的養殖及出口大國。從一九八八年開始，我的海星公司「紅林牌」豐年蝦卵成了泰國育苗養殖戶的主要供應商，約佔當時泰國全年使用量的三分之二，約四萬多箱的美國大鹽湖豐年蝦卵供應到泰國。早期幾年，全部是以空運從美國出口到泰國，成爲當時舊金山灣區空運報關貨運行的大客戶，聲勢之浩大，令許多商人非常好奇，不知我做的是什麼生意。

我也經常前往東南亞做一些商務旅行，泰國是最主要的地區之一。我在讀書時代，曾與一些華僑學生交往，對東南亞地區華人的強大商業力量有些了解，所以我開拓市場時，強調以華僑作爲主要尋找代理商的理想對象，這一點最後證明非常成功，因爲華商比當地人講誠信，作生意相對上道很多。

一九八五年泰國市場行

我早期的市場是以台灣及泰國爲主。一九八六年開拓了日本、菲律賓以及印尼等市場。第一次泰國之行，是我研究所同學何瑜國的幫忙，這位山東來台的外省籍同學，原來是我政大同屆企管系畢業，人品高尙。我見他的時候，他已結婚，有幾個兒女，家庭美滿，因爲他與華僑關係較好，所以介紹一位泰僑給我做代理，因此讓我有機會去拜訪泰國；並且也有一位Niphon先生（侯先生）的Tana Sunton公司也與我連繫，順道前往接觸。

早期階段，這些準代理商對產品的了解及知識有限，甚至完全無知，只知道這項生意是一項新東西，是一種生物原料、養殖魚蝦的必需品，很有生意前途，甚至會爲了好奇而來會面。

每每我拜訪未來準客戶，事前也都有心理準備，他們對豐年蝦卵一無所知，我必須帶樣品，甚至是孵化器材，準備做現場表演，以便介紹一些產品知識。當然這種推銷活動，對東南亞的國家還是很有用的，但不適用於台灣及日本，因爲他們已相當內行，有時還會給我一些意見，尤其是日本方面最熱心。

在一九八五年冬季，我到泰國時，曾走遍泰國東南部，之後也去了泰國湄南河以西的中部沿泰國灣海岸。當時泰國淡水蝦苗養殖較普遍，但都是小規模，海水草蝦養殖的蝦苗孵化場可能不到二十家。

我在東南部的南洋地區，參觀了一家世界銀行貸款支助的草蝦苗場，以我當時的眼光判斷略有規模，但是養殖技術及效率並不高，有點科研性質出身的學者型作風，遠不如台灣的草根型、創新型的生產效率及產量；但是僅短短三年，泰國就成爲世界第一大市場，擴展神速，到了一九八〇年代末期，已有萬餘家之多，甚至國會議員及總理都下海一試，投入這項產業，賺取熱門蝦金。當時聯合國也直言，稱這行業是落後熱帶國家的蝦金行業。

我這位好同學何兄介紹的朋友，初期還是認眞的，但是他想爭取獨家代理，因此看到我與這位泰國侯先生見面談生意，非常不高興，他的父親尤其生氣，就想放棄了。我曾勸說他兒子：「先打開市場，目前是初期階段，是否獨家並不重要，我也不會找太多代理商，肯定會維持少數幾家代理的寡佔局面，大家都有錢賺的。」但他父親仍然不願接受，決定不幹了。

而侯先生經我解釋以後，很虛心的接受了我的產品學術教育，從完全無知變成行業專家，十幾年以後發了大財，他親口告訴我：「我目前的財富，全是從豐年蝦卵的生意上帶來的，我已是好幾億的富翁了。」而且在泰僑的政治上，他也當上了僑領，做了祕書長的位置，同時投資房地產及其他行業，果眞是成功的生意人，一位懂得抓住機遇的人。

十多年以後，前面那位何兄介紹的朋友又來找我，我特別優惠開例，讓他做代理，但是他調查市場以後，發現自己機會已失，頗爲後悔遺憾。我告訴他：「上帝是公平的，會給每個人一生中都有幾次好機運，你丟了一次，就少了一次，只能怪你當時心氣太大，想一口吞吃，而失去了這個發財機會。」

一九八七年以後，我最早在泰國開始發展了四家代理商，一家是侯先生的Tana Sunton公司，他能說流利的中文，我在很多地方也給他不少優惠，特別照顧他。早期三年，他是最大的客戶，他也因此發了大財。

此外是，是位老道的純生意人，很難與他有朋友交情，因此做起生意來，並不太適宜我的性格及我的學者熱情背景；但是在純商業交易上，我仍然給了他大量的貨。儘管在折扣及優惠上，他肯定是吃點虧的，可是他賺到的錢，可不比侯先生及其他人要少，甚至有過之而無不及；原因在於他很能觀察市場，在進貨及銷售上很能掌握機運。

我的產品品質優良，與代理商的關係互動密切，從一九八七年以後，就開始掌握世界幾個主要市場的主導權，尤其在價格的決定上，大家都以我的價格爲主要標準，其他幾家生產商的市場訂價都以我的價格爲基準，向下降低百分之十至百分之十五左右。基本上，我的產品年年缺貨，實在可以調高價格以獲取更高的利潤，也可以用價來限制量的採購，不至於每年提早缺貨，這種市場道理，我還是很清楚的。

但是我有另一個想法，在一九九六年以前，幾乎從未調價，而且還給代理商一些折扣優惠，我認爲這個行業利潤很豐厚，我已經非常滿足了。代理商與我之間關係如同朋友，他們也很辛苦，希望能讓他們發點財；更重要的是，下游用戶育苗場的蝦農都很清楚，豐年蝦卵的生產與銷售，掌握在少數大鹽湖廠商的手上，頗有獨占生意的味道，尤其我的優良產品，更是唯一絕佳而不可取代的。我如果頻頻漲價，可能會造成世界各國在養殖業方面的惡劣情緒。當時我的思想還是頗爲善良，君子愛財取之有道，廣積善德之心。

不過我的作法也害苦了另外幾家大鹽湖城的競爭對手，他們因我之故，也不能隨便漲價。每年市場開市初期，這些廠商尤其是山打士，都希望我能漲價，但是我只回答「考慮一下」，最後還是未做任何大變動，盡力把市場價格維持在一個穩定的水平。

一九九五年冬天及一九九六年初期，大鹽湖的豐年蝦卵收成欠佳，我考慮再三，並就市場的需要盤算了一番，明確判斷一九九六年將會嚴重缺貨，所以當年一月份開市時，我就決定宣布漲價；當然代理商有點不滿與抗拒，但是後來也接受了。這一次漲價，我感覺市場反應及跟進很是理想，立刻決定每月漲一次價，讓代理商明白知道，我每月初會有一個新價，對他們的採購，也做了一個數量的配額限制。

話說回頭，我這位泰國寵物公司老闆是最聰明的人，我給他每月一千箱的配額，他要求多加二千箱，自動提高採購價格到下個月的預期漲價上，而且還囤積居奇，買了貨，僅售小量到市場的老式生意人的作風。那一年他告訴我，他在正常的每年利潤收入外，又額外多賺了三百萬美元。我並不喜歡他的猶太人生意手段，但我也要敬佩他，的確是一位厲害的生意人呀！但是他並不是誠實厚道的人，做假牌子，眞假牌、優劣產品混在一起，各種魚目混珠的生意勾當，他全做的。

到了二〇〇〇年以後，他把生意交給自己女兒來負責，眞是有其父必有其女，在商場上唯利是圖，不知誠信何在，因此我也停止與他交往了。

從另一邊來考慮，這些華商，還是要比當地泰國人好很多，他們的不講誠信，也僅限於生意的手法上，或者騙騙他自己的客戶，絕不會在金錢上賴帳，或有土匪及強盜的行爲，騙取你而不給錢的事發生；或許也會找你多要點折扣與補償，但做法上還是明白的打交道，你只要小心點或者拒絕往來，就可省掉麻煩或不愉快，但不會吃大暗虧的。不像是與泰國當地人做生意，可能一開始的第一次接觸，就遇上一個有心的騙子了。

後來我到中國大陸做生意，居然大出我所料，大陸人比這些泰國本地人更可怕，他們常把騙人的污事，當作是做生意人的正常行爲，是聰明的表現。這就是我在上海，有人告訴我：「成功的生意人，要先從騙取家人、朋友開始，不會騙父母的人，是做不了大生意的。」我在大陸做生意，與人交往經常被騙，比起泰國本地人來說，大陸人又更可怕一些。現在回想起來，Thai-Pet泰國寵物老闆，還是一個好生意人。

至少這十餘年打交道，我還是從他那兒賺了不少錢，他也從未欠我一筆款子，不過就是用我的名字買了一些假貨，偷了不少我的技術情報，借了我的產品名自立門戶……嚴格說，這也是當今商場上的常態，我也不能在商場及道德兩者上，太過度要求了吧！

代理商的二三事

話說回頭，泰國市場另外兩位代理商客戶，一位是London Trading Co.，由兩位女士主持，姊姊是位上了年紀的婦人，有個厚道的兒子，丈夫從事橡膠園的經營，這位能幹的女士，使得她那位可憐丈夫七十多歲都不能退休，被使喚著幫她的忙。

她的妹妹是位大學教授，年輕時長相應是不錯，我見面時，她已是五十多歲的人了。因爲是獨身女士從未結婚，所以把空閒時間都貢獻在她姊姊的生意上，每次與她們在一起談生意，都是兩人一起參加。

這位大姊級婦人，是一位上道的生意人，喜歡貪點小便宜、要點小折扣及送點貨之類的，基本上還是很誠信的，因此我們的生意也維持了很長一段時間，她也承認因爲賣我的豐年蝦卵發了不少財。

但是她的未婚女士妹妹，與我相處得並不愉快，因爲我從一九八七年以後，將近十年實質上處於單身時期，那時正值盛年，事業有成；這位教授級的單身女士，言談中對我個人帶了不少有色眼鏡看法，說出來話有些不太好聽，我抱著做生意爲主的態度也就勉強忍耐。每次來泰國見到她時，心中總有些不太舒服。這位老處女的大姊，可能也已察覺她的妹妹態度怪異，因此到了後期，經常只帶著兒子前來見我，也以此爲由，不再讓她妹妹陪伴了。

由於一九九八年的大鹽湖風雪過多，造成大鹽湖豐年蝦卵大歉收。一九九九年，當地政府決定停收一年，世界市場一時恐慌，價格飛漲，倫敦貿易公司的這位大姊利令智昏，被大陸山東一批人招商騙了，到山東租地養殖豐年蝦，以便採收豐年蝦卵，花了數百萬美元，最後大虧而歸。她非常後悔未事先請教我的意見。

在那時，前述Tana Sunton公司的侯先生也有意前往中國大陸發展，他已經談好了條件，可以說箭在弦上了。當時他人在北京打了一個電話給我，要我到那兒見面，並合作共同投資，我在電話裡立刻拒絕了，並說明這完全是大陸人的招商騙局，不可能養殖成功的。他聽了以後說道：「你是專家，如果你不參與，我也絕對不會做這事的。」兩、三年後，他很驕傲的感謝我，這場虧本的生意遊戲，因爲我而逃過一劫。

也因爲這次失誤，倫敦公司的大姊老闆，決定收兵退休，可是她的七十多歲老公在山東那鳥不生蛋、無風起大浪的鹽灘地上多住了兩三年，簡直活受罪。

第四位代理商，是位我很佩服的年輕華僑生意人Pairat，他是汕頭人，能說潮州話，與我用英文交流。他出生在泰國，十六歲就到泰國寵物（Thai-Pet）工作，半工半讀，早期泰國寵物的豐年蝦卵生意，都是由他負責銷售及向銀行理財。

一九八九年以後，他來找我，我倆開始直接交易，他在幫忙泰國寵物的期間，我從未見過他的面，所以我對他以前的事完全不知情，他的早年經歷是從其他人那裡聽到的，泰國寵物的老闆也從未提及他與Pairat的關係，當然那些傳話給我的人，多少有些不懷好意。

我並不重視這些，完全是以做生意的態度與他交往。他的爲人處事很是君子作風，交際上也不太虛狂誇大，在事業發展上更是穩健，他是我唯一的一位客戶代理商，始終忠心在豐年蝦卵的生意上，絕不因爲發了財，而亂投資、亂開發別的行路，換句話說就是，「此人用情的確專一」。

從二〇〇三年開始，我在泰國市場大大減少銷售活動，由於俄羅斯及中國貨的競爭，以及最大競爭對手Inve公司把總部設立在泰國，所以市場價格年年下滑。因此我改變經營方式，只找Pairat一家全權代理我的產品，他也設立了一家與我同名「Ocean Star Trading Co.」的公司在泰國，目前仍然是我們的泰國全權代理。

我們雙方並沒有簽訂任何合約，只是相互口頭及行爲上的默契，我們與他的誠信度已經達到金石不朽的地步，很多事情交涉上只是一句話，他一、兩百萬美元就匯到了香港。我當時選擇他作爲我的總代理，主要他是年輕人，當然現在也近五十了，比起其他三位年輕許多；第二是他握住豐年蝦卵生意不放，絕不把錢亂投資，有長期性的未來，當然相互間建立的良好誠信關係更是關鍵。

他早期還經營佛教和尚袈裟的製衣廠，我曾參觀過，但是利潤不高，他也就放棄出售了，目前仍然全力經營我們品牌的豐年蝦卵生意。當年我初到他家拜訪時，他最大的小男孩也只有五歲，目前已經大學畢業，在家協助他打理生意。

泰國目前仍然是世界上頂尖的水產養殖業王國，但在我的生意上，已經不是最重要的市場。從二〇〇二年以後，我把重心移轉到越南、印度、孟加拉等地，尤其是越南，OSI品牌的市場占有率已達百分之八十以上。我的移轉策略後來證明非常成功，也很明智，容我再述了。

俄羅斯之行，喜遇美嬌妻

一九九五年，海星國際（O.S.I.）參加德國紐倫堡（Nuremberg）的世界寵物展覽會，包括貓狗及魚類等各種寵物產品，爲世界最大型的寵物展覽之一，規模宏偉。我們海星國際當時生產及銷售熱帶魚類飼料，與荷蘭最大的一家公司合作在紐倫堡展出。

當時俄羅斯剛從蘇聯共產國家解體，走向新的政經環境，美國也開放人民前往那兒旅遊及做生意，我在資料上也查到他們可能有不少鹽湖，對這個中國的鄰居——俄羅斯大帝國也很好奇，想去看看，就約當時公司副總馬克．雷蒙博士（Dr. Mark Lemon）及一位朋友王盛傑一起前往。

飛機從法蘭克福直飛聖彼得堡（Saint Petersburg），我們住在最知名的阿斯托里亞酒店（Hotel Astoria），這是二戰時期希特勒指定攻打下來作爲慶功宴的所在地，裡面房間特大、富麗豪華。我們下樓每人喝了一瓶啤酒，感覺有些醉意，問了一位服務生，才知道該啤酒的酒精濃度高達十八度，我們恍然大悟，這是什麼都不一樣的俄羅斯。

我們一行三人，看了一場芭蕾舞及兩位俄羅斯大帝的宮殿，當時還是開放初期，並未修繕，但依然宏偉狀況。三天後飛往莫斯科，有位新的導遊女士，聖彼得堡大學外文系畢業，服務很好，只是有些酗酒，中午休息時間居然喝了不少酒，我們的馬克博士對此有些意見，一再提醒我注意。

有次聊天，我們問到她有關俄羅斯女孩的生活態度、家庭觀念，她的回答是俄羅斯女人很尊重男人，對愛情也很專注，對家庭比較保守，她的評價是比日本女人更尊重男人，當然這是一九九五年的時候，一位四十餘歲的俄羅斯女導遊之言。我把她的名片電話要下來，但開始對俄羅斯女子很有好感，準備下次再來，請她幫忙尋找俄羅斯境內的大鹽湖，因為發現大鹽湖就有可能找到豐年蝦卵。

那時是五月份，同年八月份我再一次單獨前來莫斯科，並與她通了電話，提到大鹽湖的事。她很認眞的告訴我，她的老公是前任駐聯合國的俄羅斯外交官，當時已退休，這位很有風度的紳士，把俄羅斯的大鹽湖介紹了一下；但是他強調裏海邊上有個湖，此湖平常比較乾旱，因為近年雨量甚富，目前裏海水大漲，流入此湖，可能會是很好的豐年蝦生長環境。

我對他的話半信半疑，他怎麼知道如此多，可能是他猜的吧？我也不完全放在心上。閒時遊覽莫斯科，偶爾也單獨在各地走走，單獨逛飯店，我常在莫斯科河邊散步，對這大帝國的人文環境印象非常好。雖然當時他們窮一點，但看起來，社會上是很文明且體面自重的，乞丐也是排成一行，或者說是一群乞丐，只要你給一人錢，所有的乞丐都會稱謝，其他人就不會再求乞，更不會蜂擁而上，競相追著求乞，我對此印象極佳。

俄羅斯年輕姑娘的確很漂亮，此時我已離婚多年，回到美國，把所見所聞告知母親，出身上海的她立刻建議我找一位洋婆子，她說：「你離婚多年，無子女，又略有事業，早晚還是要娶妻生兒育女，若找一位洋人，更能夠適應美國社會的生活；而且你交往的中國女性，沒有一個成功，可能換換西方白人會更適合你。」

我決定第二年再度前往莫斯科，此時在舊金山公司內我有一位女祕書Allison，因爲我幫她拉紅線，在紐倫堡的展覽會上，她認識我們合作的荷蘭代理商的年輕經理。她在一年後，一九九六年前往阿姆斯特丹與他結婚，每次我到莫斯科都經她那兒中途轉機，並在阿姆斯特丹住上數日，她有意介紹西方女子給我。在此機緣下，她介紹一位在英文補習班任教的俄羅斯女老師南西（Nancy），爲我介紹她的俄羅斯女學生見面。

娜佳（Nadja）是南西介紹給我的第一個女孩，從此我到莫斯科時經常與她約會，一九九六年幾乎連續三個月，我住在莫斯科河邊最豪華最貴的飯店，沒事經常散步於莫斯科河邊，清晨與黃昏。大飯店座落在克里姆林宮（Moskovsky Kreml）對面，當時俄羅斯正在經濟困難時期，那時他們的公共建設、城市規劃，仍然非常雄偉，頗有泱泱大國風采。由於我的事業也頗有成就，心情也很舒坦的享受這異國情調，展望莫斯科城市的建設及人民的行爲，都有一定的文明水準。

由於我國小到研究所在台灣受教育，看過蔣中正先生的《蘇俄在中國》一書，彷彿對俄羅斯有什麼國恥家仇、奇恥大恨之感；而這幾個月的見聞，我把這些思想完全拋諸腦後，很平靜地欣賞這個大帝國的優點及美麗。尤其是俄羅斯女人，勤勞而不虛榮、尊重男人，北方豪放性格，不會爲小事情找麻煩，落落大方。我雖不會說俄語，但是到處通行無阻，喝咖啡、吃午飯，完全用英語或比手畫腳，交流得很愉快；同時我個人還走進莫斯科最大的皇家芭蕾舞院，買票看全場《天鵝湖》（Swan Lake），僅花了五美元，對我這位美國遊客來說，簡直像是身在天堂。

在這個所謂沒有自由的集權國家，反而自由自在，比美國這個自由世界享受的還有過之而無不及。看官可知因爲他們沒有美國那麼多規定及法律，顯然也沒那麼多歧視，我是一個中國人，對待我都客氣有加。

到了八月下旬，氣候開始涼爽，九月初我到西伯利亞的Novosibirsk（新西伯利亞城），爲俄羅斯第三大城，城市規劃與莫斯科相同，蜘蛛網狀，全程有地鐵相通，交通便利，位置在北京與莫斯科的中間，有國際航線飛北京。當時氣候已入深秋，夜間很冷，我入住新西伯利亞飯店，兩天以後，有位商人負責接待，此人曾在芝加哥大學學物理，他與另外兩位生意夥伴驅車帶我到南方近哈薩克斯坦（Kazakhstan）的一座邊城小鎮。當地首長請我吃飯，另外一位與生意有關的地方大佬作東，告訴我他是當地的黑市首長，他們都很坦白，在飯店裡，五、六位女服務員都是金髮碧眼、年輕苗條的漂亮小姐，不太說話，但是滿臉笑容。

那位地下首長告訴我，這些女孩全是德國後裔，幾年以後，我與公司副總馬克博士再去拜訪，因馬克會說一些德語，主動與她們用德語交談，看來她們是聽懂了，只是仍然笑容滿面，不太答話。

在那次商業拜訪中，我了解到他們對這行業完全無知，因此給他們上了幾堂課。當地的地下首長，有十來個帶槍的僱員，我主動問他們打獵的事，他們很高興地帶我去打黃羊及西伯利亞大鵝，開了一台軍用吉普車及一台俄式特大輪子的軍用車，準備了午餐及野餐用油爐，七、八人浩浩蕩蕩駛往西伯利亞南部大草原。

清早出發，草長得又高又密，車行駛了一百五十多公里，車速達一百五十公里以上，而且沒有公路，就在草原上飛奔，我眞擔心車子撞上石頭會翻車，但他們告訴我，方圓五百公里根本找不到任何石頭，地下肥沃黑土地深達八十公尺，換言之，八十公尺深的表土，都是黑土地，從不用肥料，而且那片草原，看來從來無人耕種務農使用過，是片處女地。

車子仍在急速行駛時，忽然有人叫道：「黃羊群就在那兒！」立刻交給我一把軍用衝鋒槍，頃刻間，就聽到車中一人開槍四射，車速並沒有減，持續追著野羊群，我沒開槍，但是很驚訝這樣密集的射擊，居然沒有一隻野黃羊倒下。沒多久，我們的地下首長立刻叫車停下，奇怪的是，車子停下後，所有的野黃羊也跟著停下不跑了，更吃驚的是，有好幾隻被打中的野羊，立即倒下。後來我才得知，車子如果不停，這些被打中的野羊可能還在飛奔逃竄。

車上工人下車，把幾隻倒下的野羊放回大輪子軍車內。因爲還有一些時間，接近黃昏，正是打鵝的好時光，我們驅車到鄰近的湖邊打野鵝，比大雁要大而且色白，他們叫「goose」。穿上下湖的防水皮衣，我拿了一把散彈獵槍，與美式槍略有差別，當我下湖準備走到湖邊一叢水草區時，由於湖水太深及湖底爛泥影響行動，他們就叫我原地不動，沒過多久，我看到幾隻大鵝從草叢中飛起，我立刻舉槍射擊，沒有射中，反倒驚動湖上的鵝群，紛紛往天邊夕陽方向飛去，彷若一幅雁落夕陽紅的油畫美景。

我在那漠北西域的塞外大草原住了一個星期，參觀他們的化學工業區，也看到一望無際的葵花田，因爲九月中旬就有可能下大雪，當時也已近葵花成熟收成時期，我問農場（集體農場）經理：「爲何不收割？」他回答：「收割做什麼？我們的農場書記出差莫斯科，還未下達收割指令，且收了也不知如何處理，每年最多只收成三分之一。」我再問他：「那麼爲何種如此大片葵花呢？」他說：「上面指示的計劃，依計劃而行，加上是飛機撒種，不種白不種，土地肥沃，而且每年收成的葵花子已經堆滿倉庫，無地存放，三分之一都成垃圾廢棄了。」

我建議他可以賣掉賺錢，或是生產葵花子油，但是他完全沒有這種理財做生意的思維，雖爲大農場經理，但做生意的腦筋眞比不上我家鄉的四川農民鄉親了。

鹽湖環境不佳，最終放棄開發

有關豐年蝦卵的事業，我是他們有史以來第一位有知識及經驗的人，給他們帶去第一手生產技術及市場情報。從那次之後，美國San Francisco Brand公司的猶他分公司（Artemia Co.）

經理Newman也去訪問了他們，最後這個生意落在比利時公司Inve. Co.的名下。

我是第一位進入俄羅斯原料產地的人，此後共去過三次，二十年後也曾再拜訪了一次，而第一次去見到的地下黑市首長，現已成爲俄羅斯阿爾泰省的國家杜馬議員。雖然有數次拜訪，我們仍然沒有做上一筆生意，主要原因是當地豐年蝦卵品質不佳，必須在低溫鹽水中孵化，一般養蝦場都在熱帶及亞熱帶地區，因此使用上很不方便。加上其豐年蝦卵採收來自許多不同的小鹽水湖，品質及大小不均，而我們海星國際（O.S.I.）以品質第一爲營業目標，目前價格幾乎高於俄羅斯豐年蝦卵一倍，我們經過幾次考察後，終於決定放棄此項開發與合作計畫。

不過我在俄羅斯也不是全無收穫。我第一次到西伯利亞是一九九六年，回到莫斯科後，就把全部精神投入與娜佳交往，她也放棄進入研究所學習的目標，幾個月後有機會取得她母親的邀請晚宴，介紹人南西知道此事以後，特別與她母親通了一個三小時的電話，溝通我們這對異國情侶的文化與背景，清楚解釋了不少疑慮。

南西第二天與我吃早飯時，特別告訴我這一個好消息：「娜佳的母親基本上接受了你，而且也準備把女兒嫁出去了。」我也高興的準備安排娜佳訪美，以及來一趟旅遊法國的浪漫之行。

一九九七年十一月，我與娜佳這位俄羅斯藍眼美女結婚了，在舊金山灣區林邊市（Woodside）定居，這是有名的富人區，早期有名望的童星雪梨・鄧波爾（Sherry Temple）正住在那裡。一九八九年大地震，她特別造訪我家，拜訪家母問安，雷根總統的國務卿（蘇茲）也居住於此鎮，同時也有許多矽谷高科技大公司的老闆也是我的鄰居。

土庫曼斯坦鹽湖勘查記事

大鹽湖被太平洋鐵路在一九六〇年代築的鐵道從中橫斷，形成一道大堤。一九九八年經多年乾旱，湖水驟降，淡水河流只進南湖，南湖也快無卵可收，豐年蝦的生長受到限制，蝦卵產量減少。

早在一九八九年，由於CBS電視台及報紙的渲染，一群阿拉斯加的漁民蜂擁而至來採收蝦卵，原來的三、四家採收公司增加到三十餘家。政府發現情況不妙，可能影響生態環境，所以在一九九四年宣布禁止發放新的採收執照。因此一九九八年我們和世界各地採收豐年蝦卵的廠商開始打專利官司，迫使只有少數幾張執照的小公司準備出售或被併，而大公司也就設法另尋新的原料產地。

故而一九九八年，我收購了當時排名第一、也是最早的採收者之一的山打士公司，由於鹽湖產量減少，我也開始向全世界尋找可能有豐年蝦存在的鹽湖，除了到上述俄羅斯西伯利亞鹽湖尋找新原料外，並且從新收購公司得到信息，在土庫曼斯坦國的裏海邊有一個新增的大湖，盛產豐年蝦卵。

當時新收購的山打士總經理，畢業於哈佛大學，建議我前往土庫曼斯坦看看，而當時一個新加入豐年蝦競爭的比利時大公司Inve. Co.已經捷足先登，且成果豐厚。此時，我們公司的馬克博士與我決定邀請山打士的David Aldridge一起前往查明眞相。David邀請他在Chicago Bank工作時的一位同事同行，他是土耳其人。

我們經土耳其伊斯坦堡轉乘土耳其航空飛土庫曼首都阿什哈巴德（Ashgabat），此城曾在俄共時期遭遇過一次八級地震。該國當時的外交政策已往中立國路線方向靠近，領袖是當時前蘇聯的地區總書記，是一位絕對的獨裁者，並用七十公斤全金塑造自己的金人像，面向太陽轉動，大權在握，老婆是位漂亮的俄羅斯姑娘。

土庫曼有十五％的俄羅斯後裔，本地人絕大部分是土耳其血統人種，本地方言說土耳其語，但俄語仍是第一官方語言，學校教育的官方用語仍是俄語，俄語也是法律及官方文書是唯一語言。當地基本是沙漠地區，有少數的冰雪融化的綠洲，我們去的首府就是山下的綠洲，靠近伊朗邊境，土庫曼人口五百餘萬，土地約有五十萬平方公里，地廣人稀。沙漠綠洲僅佔土地的五％左右，但瓦斯及原油豐富，號稱中亞的科威特，所以當地人家用瓦斯電力都是免費的。在一九九七年時，當地的汽油價每加侖僅兩分五，美國加州已是兩元五角。

我們從土國首都乘飛機到土庫曼巴希，一個靠裏海的海邊城市，飛行約一個半小時，機票僅美元七元五角，機上還奉上一塊大型巧克力糖及礦泉水，仍然有美麗的空姐服務。

我們一行四人住進當地海邊沿岸上建的豪華賓館，僅三十五美元，我住過三次，經常安靜得如同私家別墅，彷彿僅有我們這些貴客，最吃驚的是，早餐還有裏海魚子醬。

該城只有七萬五千人，但是有一座好大的煉油廠，是蘇聯時期建造，換言之，土庫曼巴希這座海邊城市就是一座油城。當地位於沙漠，所有水都是來自哈薩克斯坦，由於油廠供油給哈薩克，俄國解體後經濟困難，他們沒有收到哈國的油錢，因此土國就停止免費供油，哈國也不客氣停止供應淡水，土國就從俄羅斯要了大量水箱送給每戶人家一人一個，組織了五十輛的送水大軍，每天從一百五十公里外運水到城裡。

市裡官員告訴我，這些車子是俄羅斯免費贈送的，航空公司飛機也是俄羅斯給的，他們提煉的油，經由俄羅斯油管運出，賣油的現金俄羅斯收下，但是土國可以向俄羅斯要東西，飛機、汽車等全部都是油錢交換的，可以說是沒有成本。

這五十輛運水車全是俄聯邦新運來的，開車司機每月薪水五十美元，汽車的汽油也是煉油廠自己提煉的油，政府免費提供，不僅增加就業，而且解決哈薩克禁運水的困境，比原先付油買水還是便宜很多。聽到市政官員此番話，我們大開眼界，這個窮國家，在某些方面居然比富有的美國做事還要氣派，水、電、汽油、瓦斯全部不付錢。

鹽湖生態環境不佳，只得放棄

因爲我們來此的目的是考察鹽湖，該國化學工業部的副部長帶我們去附近的一個大鹽湖，行程百餘公里，只見白色大荒野，草木不生，如同冰雪世界。

我問他：「你帶我們去大鹽湖，何時才能到達？」他道：「現在就在大鹽湖上行走。」我回答：「不是吧？附近有小火車及鐵軌，怎麼會在湖上呢？」他說：「你看到的就是眞正的大鹽湖，湖上白色就是結晶鹽，厚達二十餘尺深，因此火車可以在上面行走。」

沒有多久，我們到達一處開採鹽的地方，他們使用大型工具在湖面弄了一塊開出的大洞，再用巨大的鐵鋸把鹽湖的鹽塊鋸開，打撈上來並打碎，再用輸送帶運送到附近火車車廂內。我看了以後問部長：「這鹽品質極佳，不僅無污染、如同水晶狀，價格如何？」

他回答我：「二十元一車廂，還可以運到湖岸車站，其他的包裝運輸就要自己想辦法了。」

我發現這眞是門好生意，我想了幾個晚上，就把消息傳給日本一位老友，Conoco Phillips 的總裁，並寄了樣品。他找人研究以後發現，的確品質極佳，可惜最後這生意未能做成，原因在於最佳的運輸是從伊朗出海，或是經裏海至黑海的運河出海，但是運費可觀且政治環境複雜，也就不考慮了。

裏海與我們尋找的大鹽湖的接連處是打開的運河水道，上面建築新水泥橋一座，當時裏海水位太高，想將多餘的洪水流入此大鹽湖，以減輕裏海水位高漲的壓力，因此開通一條運河，引水入這乾涸的大鹽湖。

我們在橋邊發現不少鹽水豐年蝦，並採收了一些豐年蝦卵，帶回賓館研究，最後發現品質極佳，很是高興，但是測量鹽湖及運河的湖水鹽度，已接近二〇〇 ppt（海水是三十

ppt），就我的經驗，豐年蝦可能已經到生長極限，很快就要消失了，何況裏海的淡鹽水（二十ppt）的流入量已大量減少，而此大鹽湖本身全是結晶鹽，很快部分生態環境就回歸原位，湖水鹽度大增，不可能有豐年蝦在生長。因此我與馬克商量，決定不把重心放在土庫曼斯坦了。

由於美國大鹽湖生態環境惡化，所以我仍然前往土庫曼好幾次，有一次他們推薦一個新的地點，靠近烏茲別克斯坦有一個鹽水大湖，由於我要見一位部級官員，所以就叫馬克博士一人前往，他考察回來，告訴我湖中有不少內陸鹽水湖的湖魚生長，看來是不可能存活這類高鹽度的鹽水蝦了。

但是馬克述說這次行程的不少趣聞，他坐的飛機，雞、羊同機艙，飛機起飛，大家往一邊倒，下降亦然。飛機並不小，俄國給土庫曼不要錢的飛機，沒幾個人在機上，倒是貨物及雞羊不少。

從他描述這次行程，我聽聞以後發覺，沒有去成實在是我終生的遺憾。因爲他經過了一個古城，有近三千年的歷史，目前沒有人煙，經由陪同他的官員介紹，原來這就是當年中國漢朝張騫到西域最遠的一站，因爲是沙漠地帶，城池仍保留，馬克也很吃驚。但是相對我這位有相當中國史知識的漢人，不僅吃驚，更是深感遺憾，我知道以後我不會再有機會造訪這個眞正的張騫在土庫曼的古城池了。

我們第一次到化學工業部的副部長那兒見到一位處長，想問他索取競爭對手比利時Inve. Co.公司與土庫曼簽的獨家鹽池豐年蝦卵採收合約，一位與我們同時前往的土耳其顧問阿山兄（美國籍）建議，給了他顧問費五千美元，這位處長很高興收下，而且公開放在桌上，還告訴辦公室數人，這是顧問費，因此他的上司化工部副部長，在回教齋戒日請我們一行四人前往他家夜宴。

他有三位老婆，由二老婆主廚，大女兒負責招待，地毯上放了十幾瓶不同的洋酒。我一時想不明白，回教徒也能喝酒啊？阿山兄問他十六歲的女孩找到未婚夫了嗎？副部長回答已有兩位候選人，並且已經決定選擇其中一位男士，因爲該男士家裡提供百隻羊作爲聘禮，這是非常可觀的大禮。

我們的同伴對我說，這是標準的買賣婚姻。我問這位大姑娘：「妳高興這樣的安排嗎？」她回答：「很好，我母親也是這樣的。」

大家席地而坐手抓羊肉，還有不停送上來的蒙古磚茶，我不喝酒，其他人就在此回教齋戒日大喝其酒，看來酒量很好，居然沒人喝倒啊？阿山兄告訴我，此地的穆斯林，信仰只是表面，但心裡並沒有那麼眞誠，信仰已經改變了很多，我猜想，這可能是俄羅斯長期統治的關係吧?!

我們第一次去土庫曼，我找了美國聯邦老牌重量級參議員海契，他是猶他州選出來的參議員。由於他親自打電話給土庫曼美國大使，「這還了得？」接到電話的大使館上下快速動員，立刻全力爲我們服務，並聯絡總統府，由總統府祕書長、一位三十六歲留美的年輕人，召集外交、經濟、化學工業、土地資源、投資貿易等六位內閣部長，與我們開會。

會議中，我們要求的正題「開採鹽湖豐年蝦卵」一事，他們並不熱忱，倒是提供一大堆其他投資方案，其中最有趣的是開發鋁土（Aluminum）提煉的項目，優惠條件是免費給予瓦斯開採權，鋁土礦權、土地、稅捐等全部免費贈送。可惜當時我們全無興趣，幾年後，聽說美國最大鋁業公司（Alcoa）到那兒投資了。

至於鹽湖豐年蝦卵採收一事，我們實地研究結果，認爲湖水很快就太鹹，如果天旱或得不到淡水流入，其生態環境立刻消失，因此對此地的鹽湖興趣缺缺，後來證明這個判斷非常正確！

伊朗市場勘查之行

由於我發現伊朗西部有一個大鹽湖烏爾米（Lake Urmia），土耳其人阿山兄有商人朋友在德黑蘭，因此請他先行開路調研一下，我們新買的山打士公司總經理David認爲伊朗不是友善國家，不願意前往，而馬克博士因爲只有美國護照，也決定暫時不去，因此最後只有我與阿山兄的朋友前去。

從一九九八年到一九九九年這兩年期間，我進出伊朗十餘次，當時伊朗政策比較寬鬆，頗有與美修好的形勢，我仍然是用台灣護照前往，菲律賓華僑荷西及我弟弟和生，也前往準備長期住下，同時安排兩、三位墨西哥技術工人（Jose Castro與Defrin T）持墨西哥護照前往。

第一次去伊朗時正値夏季，我對豐年蝦卵是最有經驗的人，爲了解眞相，包了一架小飛機，從德黑蘭飛到烏爾米大鹽湖，繞湖上空飛行，發現湖面有大量的棕紅色浮游東西，令我驚喜萬分，這不就是豐年蝦卵嗎？爲了證實判斷，我決定找一個小艇下湖近距離再看看，並收集樣本，送到實驗室做些孵化檢查，當天就完成這工作。

回到住地，我檢查孵化結果，發現有些異樣，但確實是豐年蝦卵，而且此湖面積很大，產量必定豐富。由於美國環境改變，鹽湖可能沒什麼收成，當時市場上豐年蝦卵價格已飛漲，因此我決定投資採收。

我們把當時的德幣馬克（Mark）經由德國銀行匯入，先成立一家公司，好向伊朗漁業單位申請執照，因爲是野生動植物類，必須先經過伊朗政府環境保護部批准，總部座落在德黑蘭的一個山坡上，於是我們前往伊朗環境生態保護部提送資料並說明，每次都是部長接見我們。我們經過數次拜訪，當面說明，最後他們基本上答應了，但是希望我們能取得烏爾米省地方環保局的批准。

我與當地成立的公司聘用的總經理哈桑（Hansen），再一次坐飛機到烏爾米省環保局見局長，局長是位當地庫爾德族人，金髮白人。到辦公室與他見面，如同上法庭進行審判一樣，又像中國古時的縣老爺辦案，他坐在上方櫃檯前，我們在下方站著回答問題，我感到有些壓迫感，立刻心情不佳，此次會面，雙方有些爭議。哈桑總經理曾在英國工作數年，很有一些辦事經驗，他告訴我，還是另闢出路吧！

他找我到當地一位「穆拉」伊朗回教的教師阿訇（hong），告訴我這就是回教的和尚。

後來一位五十歲的「穆拉」來見我，他告訴我家中有二妻六個小孩，生活很是困難，開口要借五萬美元。當地人要錢都是借錢，甚至還給一張借據，但是不能寫上利息，他們認為收利息不符合回教教義，事實上，對我們外國人，異教徒，這筆借款是永久不會還的。

這類事情我已經有多次經驗，最大的一筆是給當時女副總統馬蘇梅・埃卜特卡爾的夫君哈希米五十萬元借款，借據目前還保存著，此人兩年後就當上了伊斯法漢省長，為波斯帝國的古都，曾邀請我們到德黑蘭市郊山間的私人別墅一遊。最讓我吃驚的是，他招待我們抽黑色鴉片膏，我告誡國外來的數位員工，不得好奇試用。席間大家也談到鴉片問題，主要產地在阿富汗，在很多高級餐廳桌上會備有漂亮精緻的水煙器，伊朗成年男士有九成抽鴉片，這個比例是哈桑告知的，鴉片的確在那兒是常用品，因此阿富汗的鴉片是否豐收會影響到價格的高低，這是他們很關心的事。

上述回教教師「穆拉」的確收錢「借款」，也辦了事，烏爾米省生態環保局也接受了我們申請。當地湖中最有名的鳥類，是一種粉紅色的大鶴，成群飛翔，到處可見，也是他們最主要的保育對象。湖的東北部有座古代有名的大城塔布里茲市（Tabriz），亞歷山大大帝及成吉思汗孫子旭烈兀的兒子阿巴哈在位後，遷都於塔布里茲，為四大汗國之一伊利汗國的首都，統治了包括伊拉克、伊朗及阿富汗等廣大地區。

烏爾米湖西岸約有八千平方公里的肥沃綠洲，盛產葡萄，到處都是葡萄汁工廠，以白葡萄爲主。伊朗是回教國家，嚴禁飲酒，所以這些葡萄成爲果汁的原料。有一天，阿山兄送給我一個裝鞋子的盒子，看似一雙新皮鞋，打開一看，是兩大瓶礦泉水，正在疑惑時，哈桑開了一瓶，立刻酒氣撲鼻，這是當地亞美尼亞（Armenia）人用葡萄釀造的伏特加酒。因爲伊朗有幾百萬信仰基督教的亞美利亞人，政府給予特權可以釀酒，他們也因此發了不少財，我們這兩瓶酒，應該是從他們那兒搞來的。

伊朗因爲與美國關係不佳，我們在那兒行事也非常小心謹慎，但有些事還是掛著頭在拚命，比如向漁業局申請執照。當時漁業局局長是位坐在輪椅上的兩伊戰爭受傷的英雄，做事嚴謹，但是他下面的官員無一不貪，而且開口驚人，幾次交涉之後，突然某天邀請我參加其家宴，我弄清楚後，得知他們答應給我們執照，原來是我們總經理私下交易「借款」給他們，而且也有單位借款的正式收據。眞是高明一等，至於此款是給單位大家均分，或是一人獨吃，已經不是我們的事了，也心知這筆借款永遠收不回來。在那兒行賄是要砍頭的，但是借錢是合法的，看官可知，「道高一尺，魔高一丈」，嚴法之下，還是勇士成群啊！

當時美國對伊朗有金融管制，美元是不得換成伊朗里拉的，我們的金額也比較可觀，只得先把所有的美元匯到杜拜，再由那兒的錢莊把美元轉成里拉，在德黑蘭銀行支付，很是方便。反之，也可把里拉轉換成美元，在杜拜提取，或存入當地銀行。

話說回來，伊朗的豐年蝦卵採收冒險，由於伊朗豐年蝦卵品質欠佳，而美國大鹽湖氣候環境改變，我預測對豐年蝦的生長有利，當機立斷決定退出伊朗，但此事必須祕密進行，這是一九九九年的事。畢竟我們有不少採收船隻都是特製，而且具有採收專利權及高級導航設備，當時從美國運到烏爾米湖邊，必須立即再運回美國大鹽湖，以便趕上大鹽湖的採收開始日期二〇〇〇年十月一號，經過周密計畫和安排，他們把船舶提前轉運到美國後，人員立刻撤出，一切驚心動魄，但最後總算順利。

這是一個特別的伊斯蘭回教國家，工作非常不順利，很多麻煩與障礙都是很難預知的，也非常理可以判斷。這個曾是古老的波斯大帝國，如今仍然有他特殊的文化。我的這次商業冒險，在經濟上也損失慘重，而且美國另外幾家豐年蝦卵採收公司也受我的影響，跟隨著我進入伊朗搶收烏爾米湖的豐年蝦卵，這些公司同樣遭受可觀的損失。兩年後我還被伊朗政府因爲一張稅務保證書告到美國法院，這場官司打了四年，最後高院認爲我是美國愛國者，退回伊朗的訴狀。這場國際官司特別在史丹佛大學法學院開庭，此案也成了美國高院的法例專案，在網上查「Simon Goe」可知詳情。

此案因為我的勝訴，也救了不少其他美國公司，因為與伊朗打交道做生意而引發爭議的類似案件，包括某大油公司的未決案，總算得以依我的案例獲得解脫。

歐生製藥暨紅林製藥的深耕築基

一九九三年，美國海星國際（O.S.I.）經過香港海星公司向大陸從深圳、湛江、廣州、廈門、溫州、寧波、上海、連雲港、青島、煙台到大連，遍及中國大陸沿海，銷售了七千萬人民幣的豐年蝦卵，生意火旺，我們生產技術進步，品質絕佳，養殖業也正興盛，整個市場一片大好。

可惜大陸當時匯率非常不穩，已經達一美元對十二元人民幣等黑市價，同時銀行系統也不健全，常常進行商業匯款時，銀行可以無故扣下來不及時轉帳，而且這樣的情形經常發生，以致許多筆鉅款停留在國內各銀行動彈不得。

我有次到四川見到外經委張主任，吐了苦水，張主任非常認眞親自打電話與銀行溝通，雖然有些成效，但銀行押款已是常有的事，因此科委會田主任、張主任（外經委主任）及另一位張主任（統戰部部長）都建議我留下這些資金在國內投資。

於是我買了一塊地，也投資了一家新的藥廠，當時取名爲歐生藥業（O.S.I. Pharmaceutical Co.），並計劃建立一家商業管理學院，後來負責這所學院工作的人，竟然把資金轉到新疆放高利貸，某官員建議我，還是取消這件事吧！所以最後只專心經營藥業公司。

但老實說，我完全沒有這方面的概念與經驗，在一九九三年這個年代，中國大陸因爲鄧小平南巡講話，全國一片追風熱，向錢看。政府官員也思想大開，鼓勵做生意，某些人聊起天來，彷彿錢來自長江流水，取之不盡；有些人的口氣大得驚人，認爲只要設一個公司，就能賺得盆滿缽盈，什麼手段都可以用。

我在藥廠開張營業之前，很嚴肅的告訴外經委張主任，我來自美國，守法是我的習慣，不論如何經營我都會依法規而爲，張主任立刻笑著對我說：「老兄，你這樣守法，生意肯定做不成，因爲政府的法規沒規範，很多地方無法規可言，就算有，很多法規也不合時，什麼時候能把法規修好無人知，你還是依你自己的需求工作吧！」

我當時最不滿的是企業土地使用權僅有五十年，投資企業都是百年大計，而且我當時在四川成都買塊地，就是其鄉長寫個紙條，給個紅線圖紙，就算手續完成了。經我透過找關係，找到四川省委書記楊崇惠，他把溫江縣長叫來吃飯，縣長嚇得在我身邊不停的敬酒表示聽命首長，一定會辦好這件事。第二天把鄉長找來，是位女士，口才很好，她說：「芶先生，你放心，這塊地你怎麼用都可以，用到你死也不會有人干涉，有我鄉長簽字的東西，保證可以相信的。」當時我出了幾百萬，在兩條國道的交錯，選了這個風水位置絕佳的寶地，沒有肯定的法定文書，是不能安心開發並謀求永續性；後來經過一番努力，縣府與市府商量，特別做了一份正式文件，確定這片地的所有權屬於我們「四川歐生製藥公司」，明定所有權五十年，這是一九九四年的事。

我為了保護這塊來之不易的土地，特別修了一座紅色磚牆，把這塊三十畝的地圍起來，鄉政府見這塊空地沒有使用，就在未通知下，自主租給搞園林木育苗的商人，經營了育苗場，租金一年三萬元，而且鄉政府還收了租金，我知道此事也就算了，因為育苗場的老闆告訴我：「鄉長說你是美國人，很有錢，花了幾百萬買這地，對這幾萬元租金絕對看不上眼，所以要求承租人把錢給了鄉政府。」

有一天園林育苗場老闆找到我公司的人，說附近的村民、當地的農民把紅磚牆推倒了，要我前去解決問題，我公司的人找到了鄉長，她說：「這個問題很難辦啊！」派出所的警官告訴我們公司的人：「農民要求見土地主人，即芶老闆。」我因此特地飛到四川，親自帶了幾位公司的人，去溫江土地現場看紅磚牆被破壞的情形。一到達現場，已經有四十多個男女農民在那兒大聲吆喝，很清楚地聽到他們齊聲說：「芶先生，這不是你的錯，你也是被冤旺的。」我立刻就問：「那麼你們爲什麼要推倒我的紅磚牆？」

有位中年女性，可能是頭頭，四川女人比較潑辣，她走到我面前，衆人都安靜下來，她大聲告訴我，推倒圍牆主要是爲了引起政府的注意，把土地補償的錢，如數盡速的補償給他們。他們看來情報很靈，當地鄉政府的一舉一動，這些農民全知道，他們告訴我：「我們的人，全程跟蹤盯著官員。」

我驚嘆：「你們眞厲害，有謀有略，且行動有方。」

我也沒有責備他們，而且答應向省政府反應，當時省政府的幾位官員我都可以直接溝通，就把此事轉報給他們。不到三天，那位帶頭的農民女士來公司找我，並帶了點茶葉及土產表示謝意，而且當地派出所警員也很感謝，說：「這些農民集體鬧事，我們很難處理，而且也容易得罪人，更不敢向上級長官匯報，非常謝謝你幫這個忙。」

看官可知，事後我自己又花了二十餘萬人民幣，把圍牆重新修好，這位女鄉長也不再與我來往。過了四年，在一九九八年，她突然帶了一些當地的小特產來見我，希望我把這塊地賣回鄉裡，每畝加給二萬人民幣。當時我對四川投資興趣缺缺，也不想研究她收回的動機及原因，立即答應賣回，因此找了找了手下的張經理處理此事。

二〇〇二年，我正安排把歐生製藥遷移至北京，這時我也有一項新的投資在海南三亞進行，是養殖海蝦及各種魚類，這位三亞公司總經理叫王光遠，也是四川人，早年是在三亞做房地產及信託銀行投資業務，他告訴我：「苭兄，你賣掉的那塊地，目前已轉手三億人民幣給開發商了，而且是成都西區近溫江的地王。」這件事對我已是一樁羅生門，三億人民幣也只有去夢中求了。

話說回頭，歐生製藥公司從一九九四年在成都市物質大廈成立，到後來搬到城南錦繡花園三層樓房內，廠房設在紅運花園（草金路）。

由於當時大陸西南地方中醫發達，西藥普遍簡單些，因此人才不易獲得，我決定要提升高科技規範的水準，肯定要遷移到資訊及人才更豐富的地區，因此把目標放在廣東深圳、上海及北京三地方。在那兒我也有些朋友，包括深圳的高新科技區總經理唐紹開，上海有宣傳部長方全林，北京有組織部長楊部長；經過幾番拜訪，他們都很熱心，最後決定在北京懷柔區雁棲經濟開發區懷柔鎮宰相村，將公司更名爲北京紅林製藥有限公司。

當地官員告訴我，此地是一塊寶地，出了不只一位宰相，而且懷柔鎮地下是一個大湖，湖心就在我們公司地下，水資源豐富。懷柔地區自來水全是抽地下水，水質極佳，可媲美優質礦泉水，我們初期住在那兒，都直接喝自來水；看來我們是建廠在一塊風水寶地上。

當地政府也用盡全力促成這次投資，北京藥監局局長得知我們在懷柔投資藥廠，立刻約我喝茶表示歡迎，從二〇〇二年底開始建廠到二〇〇三年十一月，就通過所謂的GMP審核。由於我們手上的藥批品種不足，而且缺乏技術性及市場價值高的拳頭產品，我決定全力從事研發好產品的工作，招聘了數位藥學博士及碩士，並與美國的黃博士（Dr. Steven Huang）研討。

當時我提出新藥的申報目標是以西藥製藥（generic drugs）爲主，此乃能力所及，並以國家醫保能接受的產品，保證在原料的取得上不致發生困難。當時並無意自行生產原料，爲了不被藥業激烈競爭快速淘汰，盡力走高端技術的仿製藥品，因此提出以「緩控釋製劑開發」爲主的模式，當時國內的緩控釋技術還很落後，尤其控釋劑型，更是初期階段。

這個指導方針，後來證明非常正確，而且我們在幾年時間，走過國內藥業生產的大風大浪，在二〇一〇年相繼被國家藥監局藥品審評中心，批復了一批緩控釋劑型的高端品種，尤其是高血壓和糖尿病兩個滲透泵型控釋製劑，當時是中國首仿的大藥品，並申請了多項專利。

當時有一家國企公司上海「現代」和山東淄博「萬杰」，各有一個同類產品，完全是特殊關係得到藥審合格的批文。到二〇一五年後，政府要求所有仿製藥重新經歷新一輪的「一致性評價」認證，乃模仿美國早年的嚴格藥物審核監督，重做要求臨床審核；這兩家控釋製劑藥品都無法如期通過，而且他們還需要改變處方，才能進行試驗。

反之，紅林製藥的兩個產品，都能在第一時間通過「一致性評價」，從此等同於原研廠家開發的藥品，例如高血壓的硝苯地平控釋片等同德國拜耳公司的產品，糖尿病的格列比嗪控釋片等同於美國輝瑞公司的產品。本來這些高技術產品的研發成功，應該取得很好的市場利益，但是在醫藥行業的複雜競爭之下，對手採用非市場活動的手段。在一個依靠政商關係與腐敗手段，即可取得特殊優惠及利益的不正常商業社會中，我們成了失敗者，市場未能突破。在北京的最基本定價上都受到嚴重打擊，未能得到公正處理，自始至終，北京發改委沒有訂定地方價格，以至於全國銷售極為困難；同時在藥審中心的批文上，又把此類控釋產品強行批為緩釋劑型，在各地省市招標上阻礙重重，價格頗受影響。

紅林製藥長達二十年的經營，可說損失慘重，直到二〇一八年以後企業才開始盈餘，因為政府「一致性評價」政策的出爐，紅林製藥產品成功通過新的「滲透泵型控釋片」命名，以及產品等同於原研藥的官方肯定，企業盈利開始數倍增長。

爾後生產無法滿足市場，立刻在二〇二〇年於江蘇鎮江著手蓋第二廠，規格比懷柔廠大上三倍，如此已成為大陸全國控釋劑型的最大生產基地之一，有足夠實力與德國拜耳的產品「拜新同」在大陸市場上競爭。產量上，我們鎮江新廠建成後，能夠擁有拜耳產量的八成，可以足量供應，這是大生意，如能完成七、八成，就是驚人的成績。

目前北京懷柔公司的銷售利潤，已能滿足鎮江廠的廠房建築及機器設備投資，這也是我的經營理念，沒有必要絕不借款投資，更不想玩弄財務的槓桿原理。我認為，社會經濟環境變遷太快，存在太多市場外在環境變動及市場上非理性競爭的突發因素，借債投資的合理分析，永遠玩不過前述的兩種突發因素。再加上現代產業革命的速度加快，我自認不敢冒險，常常幾年的新研發及生產改進的投資尚未完成，就被競爭對手搶先一步，眞是「壯志未酬身先死」。

成功正是失敗的開始，而且在國內私有資產保護不夠明確、法律不清楚、土地產權又非永久，智慧財產保護更是紊亂，雖然政府在努力改進，但民間及國企總是魔高一丈，想出更多巧門，增加企業創新與投資的風險。中國有浩大的市場，但是也有無盡的投資風險，我本人是學企業管理和國際貿易的，但是經營自己的企業，完全是保守而理性的作風，不借錢、不上市（IPO），獨資經營，有多少錢做多少事，企業如能賺錢，盡力改善員工待遇及工作條件，不爭第一，做生意能心安理得爲最高原則。

在這樣的經營前提下，北京紅林製藥從成都歐生製藥遷移到北京懷柔區，經營了二十年都未賺錢，二〇一五年以後才出現利潤，從此每年以倍數成長，不僅償還這十餘年的巨額債務（公司向我私人借款），並且將盈餘投資鎮江的新廠區，還是很心安理得的成果，更棒的是，擁有一批忠心勤勞的幹部及員工，持續爲紅林集團拚搏！

小記

老兵芶開文後記

我爸爸抗日戰爭勝利後，帶了家人包括母親、姊姊、哥哥及我返回家鄉四川旺蒼尚武鄉老家，並有一班兵員隨行，沿途放炮竹，頗有衣錦還鄉之氣派。

鄉里人也都熱烈歡迎，祖父更是高興，每日早餐的酸菜稀飯中加上肉塊，當時曾祖母有眼疾，視力不佳，她吃到豬肉還有不悅之色。祖母告之，大兒子回家了，尤其還有大孫子也回來了，因爲媽媽是上海人，稱下江人（長江出口），老家也依外地城裡人的風俗，我們全家與爺爺、曾祖母同席吃飯。

曾祖母眼睛不好，吃到了肉，心裡很不舒服，批評爺爺浪費。爺爺雖然是當地首富，擁有三座煤礦場，加上桐油山、絲綢廠、良田數百畝，並辦有小學一間，親自教學上課，但是仍然省吃儉用；大兒子離家多年如今返鄉，才殺豬慶祝，這是一九四五年的事了。

幾天後，鄉下有位芶性遠親芶開滿，前來跪地拜見家父，直呼：「老爺，救救命吧！」家父問明原因，原來他有一兄弟芶開文，被鄉長關押起來。

芶開文年僅十五就由紅軍招募新兵帶到延安，當年李先念及其他紅軍在旺蒼住了年餘，所以旺蒼也稱爲紅軍的革命根據地，紅軍離開時帶了不少當地人跟紅軍部隊參加了革命。

芶開文不知何原因去了延安，整整住了兩年餘，因爲想家，溜出來返家看望父母。哪知回家不久就被人告密，被當地政府抓起來，送給鄉長處理。鄉長看他年輕，就叫他在鄉里馬房當馬夫，不給糧餉。他的哥哥希望家父把他從鄉長手中救出，放在我爸軍中找口飯吃，終身跟著大人，以報答救命之恩。

家父立即答應，叫副官通知鄉長放人，鄉長親自把人送到我家裡，家母說，他來時就只有一件舊衣，穿了數年破爛不堪，內衣也沒有，而且鄉長不給飯吃，所以人是面黃肌瘦。母親叫班長過來，把他們的衣服捐了出來，後來芶開文就跟著我們家來到台灣。

爸爸給他在軍中補了一個士官的缺額，但大部分時間都在家裡幫忙，他沒有念過書，所以找人教他認字讀書，並學習駕駛及修車，由於他很有學習天分，很快就能精通車輛等工作。

幾年後，政府不允許家中使用勤務兵，我父親就把他送回兵工學校，即後來的中正理工學院，現在的國防理工大學，擔任車輛系的助教。他自己還開了一間自行車修理店，雖然是個士官，但很能弄錢，而且小心謹慎，頗有些儲蓄，對我家忠心耿耿。

家父一九七一年去世後他經常來我家裡看望，軍中退休後住進退伍軍人榮民之家。一九八二年，我從美國返回台北，見他略有些蒼老，但精神還很好，我告訴他，大陸正在開放，從菲律賓轉至香港，可進入大陸探親，他很是高興，我答應他會與他同行回一趟老家，眞是「少小離家老大回，鄉音無改鬢毛催」。

他一直單身，之前二十年家母曾安排一位漂亮的泰雅族女孩，並以三萬元的現金代價取得女孩全家同意，把這位漂亮的原住民姑娘帶回我家與苅開文相親。這位老實溫柔的美麗姑娘，讓這位一生孤獨的老士官看了非常驚豔，但他考慮了一個星期，告訴家母自己年齡略長、身體也差，如果成婚生了兒女，可能無法供養成人，不僅害了子女，更叫這位原住民姑娘如何生活下去?家母勸導他不必擔心太多，先結婚再說，後來的事我們也能幫助。

但苅開文還是堅持不做對未來沒有把握的事，並且把三萬元的聘金全數贈送給這位原住民姑娘，當時三萬元可是筆巨款，這位大陸來台的老士官眞是一位有眞愛的男人。

親人在四川，孤獨老兵的回家夢

他的返鄉夢想經我這一番引導，心情忽然開朗起來，並告訴我經過這些年，儲蓄了一筆錢，放在他的床墊下，當時我也不在意他的這番話。那年過農曆新年，初三晚上，我媽媽打電話到美國來告訴我，芶開文在晚上看電視時，氣喘病發作去世，母親一人在家有些驚恐，我立刻打電話給哥哥Mike及妹夫錢志剛前去處理此事。

後來他們告訴我，芶開文身後遺下四十餘萬元。這一位大陸來台，無家無子女的老兵，居然如此節省，我心想這筆錢可能是告老還鄉補貼家用的，眞是戰爭時代的悲劇。我當時便決定要把他的骨灰埋葬回他的家鄉，「浮生流離在外，死能歸葬故鄉」，這事可能要由我來完成了。

一九九九年夏季，我在成都的歐生藥業公司，接到老家四川旺蒼的台辦主任一通電話，告知：「有位孤兒叫趙軍，他說是你芶董的親戚。」一時我也傻眼了，但是立刻叫人問了一下關係，原來他的外祖父是芶開滿，立刻明白了，此乃芶開文的侄外孫，便遣人請台辦主任專程送到成都，再到汕頭新的紅林生物技術公司，爲其安排工作。

一年後，林總經理告訴我，趙軍來公司後，薪資不夠用，到處向員工借錢，而且他也沒什麼不良嗜好，不抽菸不賭博，我要求他查明借款金額及原因。爾後得知是他父母去世後，長年與外祖父過日子，家境極貧，十五歲就到新疆建設兵團煤礦挖煤，兩年後存了兩千元，帶回老家孝養生病的外祖父。外祖父因營養不良，得了肺結核，在家鄉旺蒼期間，趙軍也在當地一家小煤場同操舊業挖煤，一個月所得僅三百元人民幣，爲外祖父醫病借了不少錢。

知道原因後，我立刻叫他們協助他把借款還清，同時叫趙軍老實交代，是否還有其他借款。他告知在家鄉向某人借了三萬元，當時是一筆巨款，我立即遣了公司人事經理黃勇利飛到旺蒼老家，查明此款，並立即還清。這位隻身過日子、借款給趙軍的老先生也是一位農民，傷心痛哭起來，黃經理覺得奇怪，問明原因，他坦白說道：「不知道我的女兒怎麼辦？以後如何過日子？」我立刻明白了，問趙軍：「你想要這個姑娘嗎？」他肯定的回答：「願意！」我就立刻通知黃經理叫這位姑娘坐飛機來到汕頭，亦即紅林生物技術公司。

目前兩人已成婚，並有一子。一年後，趙軍體檢發現染有肺結核，可能是其外祖父傳染的，當時林總經理特別照顧他，讓他留職停薪在家休養了整整一年，痊癒後改任公司廚房班長。

二〇一七年家母去世，我決定把大姊玉燕、父親等人的墳墓遷到美國加州舊金山灣區，面向太平洋的一片墓地，合葬一起。而把芶開文的骨灰葬回廣元旺蒼家鄉，與其弟弟芶開滿、亦即趙軍的外祖父合葬於旺蒼嘉川鄉，趙軍親自送骨灰回去，我也支助他尋找墓地，辦理此事。

這一段國共內戰後被遺忘的可憐窮人，因內戰而分離，「生前遙望故鄉，死後魂歸故里」，哀哉！

雪村葡萄園的豐沛資源

雪村是一個環境很優美的谷地，座落在猶他州北部，八四號州際高速公路邊，是Curlew Valley的一個小鎮。谷地以雪村爲中心，南北各八十公里，向南到大鹽湖，向北至愛達荷州的美國瀑布城（American Falls），谷地在愛達荷州內有一個泉水溪叫Deep Creek Lake，此深水溪雖然不大，但是在歷史上最乾旱的日子，仍然保持相當的水量。

早年在西邊有美國印地安人部落群居，二戰期間，谷地有兩萬多人，很多北歐的移民，以乳牛業爲主，並生產最好的洋芋（potato）。二戰期間，這個Curlew Valley擁有初中、高中及三間小學、三座教堂，乳牛及農莊遍及谷地每個角落，一片繁榮。

谷地中的一個老鎮Holbrook及雪村，還有二戰戰士的英雄墓地，不少英勇的年輕人參加歐洲二戰及太平洋對日戰爭，爲國捐軀的英魂埋葬在那兒。但是二戰後，社會經濟工業化、城市化，年輕人紛紛遷到外地工作，人口大量減少，幾乎大部分的年輕人都不想留下來。

我們公司附近的一家莫根乳業（Morgan Dairy），是最後一家乳牛牧場，Morgan老先生準備退休，一直經營到二〇一六年，就先把他飼養的五百條乳牛分批出售。他平常能保持飼養在一千條乳牛左右，每天生產出售兩輛大型奶牛罐裝車的鮮奶，運至附近的大型牛乳加工廠。他也想出售農場土地及所有飼養乳牛的廠房設備，但是沒有人願意購買，

三年後，他找到我的女祕書談及此事，說明願意賣出土地，而在土地上的房產及大量乳牛場的建築設備完全贈送。女祕書告訴我這件事，我立刻表示同意：「沒問題，都是老朋友，而且他也是雪村長期的市長，但是你要求他打一個小折扣，如果交易成功，這小折扣就作爲你的獎金酬勞，而你也必須負責辦理所有的手續及交易事務。」

女祕書聽我這麼說，立刻熱心起來，當然她也拿了一筆酬勞。在美國農地買賣必須請專

業測量公司重新測地，如果用作農地，必須要把水權弄清楚，水的來源是否有持續性，不受乾旱影響，土壤條件也應該了解。

我們買了這塊地，第二年就種植具有專利權的北歐特殊葡萄種苗，特點是耐寒、耐凍，屬於四類及五類種苗，可以耐寒到攝氏零下三十五度，北猶他州的溫度，冬天在低溫降至零下二十度是常有的事，但在零下三十度並不常見，基本上還是很安全的。

水源在那兒的深水溪上游谷地內，有一座當地水庫，爲谷地農用灌溉之用，水源很豐富，水庫多餘的水已經流到五十哩外的另一個玫瑰湖（Rose Lake）中，而且我們的乳牛場擁有大量的水票（Ticket），加上申請了一口地下水井，豐富的水資源也是我們很樂意接手的原因。

葡萄種植的當年，我們發現附近的牧草場有不少蝗蟲入侵，很快吃了好幾畝地的葡萄苗，立刻灑藥殺蟲，從此我的綠色自然葡萄泡湯了。接著又發現有一種地鼠爲害，經過幾番折騰，問題也不嚴重了。後來又發現某地區的葡萄葉呈淡黃色，經猶他州大農學院幾位教授的討論，認爲是土壤中缺鐵質，隨即改善，這幾百畝的葡萄園，看來很有葡萄大谷地之景觀風貌。

有一天，我遇到了老祕書 Kay Arbon，問：「妳認爲這谷地的人，對我們種植葡萄有何看法？」她回說：「他們都說，你是在建築一個wonderful land（奇異世界）！」這個答案我也非常滿意。

我在當地幾十年的努力，經常照顧當地社區做些善事，每學期招待小學生來莊園一遊、每月給當地唯一的摩門教會捐款，也捐款給當地購買緊急救護車、並培訓護理救護人員等。這個美麗豪華莊園以及衛生乾淨的GMP工廠，爲谷地居民增添了更高貴的感覺。我在當地咖啡店吃早餐，經常有純樸的農民付帳請客，叫我不知如何感謝，這是一個善良的美國西部農村。

我們種了葡萄，目的是釀酒，本來是玩玩的，但種的葡萄數量太多了，開始正經考慮商業化。此時我們請馬克博士到加州 UC Davis 加州大學戴維斯分校，全世界最有名的釀葡萄酒研究機構及學院，尋找一位釀酒專家查理（Charles），爲我們建築一座猶他州最大的葡萄酒廠。

這位有豐富經驗的專家問我要建多大的釀酒廠，我告訴他準備計畫生產一百萬瓶酒的規模，並且選用歐洲及美國最好的設備。他大吃一驚，在他想像中，認爲我只願意花五十萬美元購買一般設備、建一座普通私人酒莊，但得知我的目標是一座大型酒莊，光是機器設備就需要四、五百萬美元，因此高興的向大家坦白表示：「採購這樣大金額高端的機器設備，我能收到一筆可觀的佣金，這筆佣金足夠支付我建廠的顧問費，至於每小時一百五十美元的諮詢顧問費，就可以免了。」

他要求把酒莊建築設計師介紹給他，由他直接聯繫了。一年後，瑞士、法國最有名的釀酒設備製造商（Bucher Vaslin）總經理來到加州，請我們公司及我內人娜佳吃了一頓法國大餐，並品嚐了他自帶的法國名酒。

某一天，財務經理問我，是否仍要支付顧問鐘點費給 UC Davis 的這位教授顧問，我叫她詢問馬克博士及建築師，「他的服務到位嗎？」兩個人都很滿意，因此我要求財務經理仍然支付顧問鐘點費給他，計算下來，比原先估計減少了一大半有餘，以我這位中華文化教養下的商人，的確感覺這個教授確實是明白人，不收暗錢，賺錢服務兩項皆好。

由於二〇二〇年新冠疫情衝擊美國，我們的酒廠建設受到原材料的影響延後了一年，最主要的是鋼材，猶他政府規定要用當地伯明翰鋼廠生產的鋼，Nucor 公司生產的鋼架，因爲伯明翰鋼廠的鋼材是電力煉製的，沒有環保污染問題，是非常標準的清潔能源鋼材。而知名的 Nucor 公司製作的鋼架是採用伯明翰提煉的鋼，從此我學到了污染問題的重要性，一切事情不親身經歷，不知道世道之艱難。

而在建廠前，政府要我們花大錢，在我們的私有土地上修築一條高級公路兼具下水道的系統，所有的費用全部由我們支付，政府只願意承擔二十%，且此筆款項要等到建廠完成後才發給我們。

公路建築在我們的私人土地上，我感覺他們的要求比中國大陸任何招商經濟區引資還要可惡，但事後當地政府告訴我們，酒廠附近的地區是一個規劃中的市立公園，還有一個人工湖泊計劃明年興建，不會要我們出任何錢。此外，還由州政府花費數億美元興建一座市區高速公路，經過繁華區通到鹽湖城（Salt Lake City），距離酒廠僅二百公尺。

這的確是一條旺市的消息，而且已立案開工，一年後就能完成，預計每天有數萬輛車經過。大家得知這條新的高速公路的消息後，各個都開心得眉飛色舞，對於當地政府侵佔私地並要求我們花錢修建的標準公路，也就能心平氣和，沒有意見了。

在城裡Plainsview的大型酒莊，佔地十英畝地、有大型地窖、三層樓高，因為新冠疫情延誤了工期，我又決定在雪村建一座小型的酒莊，座落在海星國際大門內的右邊的一棟四千呎的平房內。公司請來的釀酒師、酒廠經理願意負責這件工作，很快就提前把設備安裝完成了，並釀製了幾噸的新葡萄酒，大家品嚐後很是滿意。

這位釀酒師是David Makieve，加州大學Davis校區畢業後，有八年的大酒廠工作經驗，我增加了不少投資預算給這個小型酒莊，並重新改建這棟房子的外觀與內部，還有品嚐及試飲招待室，因爲我們大部分的葡萄都種植在雪村谷地內，這小酒莊就更有價值了。

大酒莊在Plainsview，距離雪村有一小時高速公路的車程，距離鹽湖城僅有半小時車程，近鄰猶他州第二大城歐頓（Ogden）僅十五分鐘。Plainsview附近有一個大淡水湖，背依大山，湖光山色絕美，是有名的釣魚、划船玩水的風景區。

名駒夢山客Dream Hiker

夢山客（Dream Hiker）出生於二〇一八年四月，地點就在雪村，父母皆爲名駒，自幼聰明可愛，善體人意，兩歲即進入雪村新建的鄉村馬訓練學校初級班。

馬校主人也是訓練師J.D. Jonhson，其妻是獸醫，他們發現夢山客特別聰慧，應該訓練牠爲美國最盛行的馬賽「NRCHA（National Reined Cow Horse Association）」，有些像美國本地的足球賽Football（美式橄欖球賽），因此大家把NRCHA視如馬的橄欖球賽，從上世紀初美國西部開始流行，目前已發展爲全國各地年年都在舉辦。

每次比賽有數百隻馬參加初賽，須付費繳錢參加。分三種內容、三場比賽，依Rein、Cow、Herb 三次的總分決定名次，有獎金、獎品，每年多場比賽的累計獎金，決定這匹馬的排名地位。

夢山客在幼馬賽的幾百名競爭者中得到冠軍，並在德州最大賽中得到第三名，目前進入Derby青少年賽程。但因爲牠在幼馬賽中表現優秀，已在美國全國頗有名氣，冬天美國南方各地馴馬俱樂部，免費邀請夢山客前往過冬住訓。

馬師J.D. Jonhson 也同去，並帶了牠的新妹妹前往，牠僅兩歲大，是二〇二一年在德州高價標得的一匹阿拉伯種黑駒，遺傳基因很好。

最初我只是送夢山客進馬校訓練一下，有一天，我們從加州飛到雪村，我妻娜佳很久沒見到了自己的愛馬，想去學校拜訪一下，到了學校，有二十餘匹馬在訓練場地，不知道哪一匹馬才是我們的夢山客。忽然馬場中，一匹馬大叫一聲，並急速向我們衝來，我妻認出是多時不見的愛駒，馬到了她身邊，立刻把牠的臉貼在我妻的臉上，如同數年未見的子女，其愛撫之情，我是旁觀者都淚水直流，「好一匹友情忠誠的小傢伙」。從此我們對牠額外喜愛，立刻要求馬師給牠加營養，好好地特別照顧。

自從牠在西部各州得名以後，我決定把牠的獎金交給海星國際（O.S.I.）並付費邀請退休的老祕書Bunker夫妻參加牠的各地賽事，爲夢山客加油，並順便報告牠的生活與健康；同時我們組織了一個O.S.I. Dream Hiker夢山客的愛馬比賽俱樂部。

目前牠僅四歲餘，經由三年的Derby青少年馬比賽，要到成年馬賽，還有很長的路要走。展望未來，希望能夠名列前茅，接著再安排牠到歐洲、德國比賽，期許牠能前程遠大，一切愈來愈好。

作者簡介

芶壽生（Simon S. Goe），地球人（多重國籍），二次大戰末期，中國出生，國共戰爭，逃難臺灣，落腳花蓮。花蓮初商、高商畢業後任春日國小教師一年，政治大學國貿系、企

研所畢業。曾任政大公企中心研究組及政大國貿系講師。美國印第安那大學博士班肄業，陰錯陽差從商，初爲貿易商，後來以美國猶他州大鹽湖爲基地，專攻美國媒體譽爲「floating gold」豐年蝦卵的採收、烘乾等「生產」技術，靠自學及研習實驗，取得該行業九十五%的專利權，蝦卵銷售全球，取得該行業的龍頭地位。轉投資項目有北京及鎮江藥廠，猶他州雪城葡萄酒莊園。所有企業皆獨資經營，不連累人，也不爲人所累。

PEOPLE 488

豐年蝦之王（KING OF ARTEMIA）：一個億萬富翁經歷的真實故事

作　者—芶壽生
特約編輯—葉惟禎
主　編—謝翠鈺
企　劃—鄭家謙
封面設計—陳文德
美術編輯—SHRTING WU、趙小芳

董事長—趙政岷
出版者—時報文化出版企業股份有限公司
108019 台北市和平西路三段二四〇號七樓
發行專線—（〇二）二三〇六六八四二
讀者服務專線—〇八〇〇二三一七〇五
（〇二）二三〇四七一〇三
讀者服務傳真—（〇二）二三〇四六八五八
郵撥—一九三四四七二四時報文化出版公司
信箱—一〇八九九　臺北華江橋郵局第九九信箱
時報悅讀網—http://www.readingtimes.com.tw
法律顧問—理律法律事務所　陳長文律師、李念祖律師
印　刷—勁達印刷有限公司
初版一刷—二〇二二年十月二十一日
初版二刷—二〇二二年十一月二十八日
定　價—新台幣六八〇元
（缺頁或破損的書，請寄回更換）

時報文化出版公司成立於一九七五年，
並於一九九九年股票上櫃公開發行，於二〇〇八年脫離中時集團非屬旺中，
以「尊重智慧與創意的文化事業」為信念。

豐年蝦之王（KING OF ARTEMIA）: 一個億萬富翁經歷的真實故事 / 芶壽生作 . -- 一版 . -- 臺北市 : 時報文化出版企業股份有限公司 , 2022.10
面； 公分 . -- (PEOPLE ; 488)

ISBN 978-626-353-004-1(精裝)

1.CST: 芶壽生 2.CST: 傳記

783.3886　　111015542

ISBN 978-626-353-004-1
Printed in Taiwan